정치레시피

호모폴리티쿠스

양극화와 부동산문제 해법을 밝힌다

'2030세대'가 정말로 원하는 것을 찾는다

대한국민 '주권자행동 10계명'을 제안한다

서문

책 제목을 '정치 레시피-호모 폴리티쿠스'로 정했다. 오랜 시간 다양한 채널을 통해 독자(대중)의 요구를 수렴하다 가장 공감이 컸던 아이디어를 반영한 네이밍이다. 각 분야 전문가 등 네트워크를 통해 얻은 집단지성의 성과물이다.

레시피(recipe)는 '음식 만드는 방법'을 이른다. 요리(料理. 여러 조리 과정을 거쳐 음식을 만듦)라는 의미 보다 '요리'(要理. 긴요한 이치나 도리)에 주목했다. 정치 레시피라는 조어는 정치소비자인 유권자(주권자. 호모 폴리티쿠스)가 정치영역에서 자주적으로 주역으로서 역할을 높이는 원리와 방향을 강조하기 위해 작명했다. 물론 '레시피'가 독자대중에게 친숙한 언어이고 친밀하게 소통할 수 있는 접점이라는 착안점도 있다.

아리스토텔레스가 정치학에서 설파한대로 '인간은 본성적으로 폴리스적 동물이다'. 인간이란 정치(국가)공동체를 이루면서 살아갈 수밖에 없는 존재라는 말이다. 인간은 태생적으로 사회적 존재이고, 뼛속까지 정치적이다.

인간은 공동체 사회에서 의식주에 기반한 생로병사의 삶을 살아가기 때문이다. 개별 국가나 지구촌 세계는 구성원 간 평화로운 공존과 지속가능한 번영을 지향한다. 이를 실현하기 위해 '호모 폴리티쿠스'(Homo politicus. 정치를 통하여 사회생활을 영위하는 인간)가 세상과 정치의 중심으로 등장한 시대다. 호모 폴리티쿠스(정치적 인간)가 '정치 레시피'를 통해 자주적으로 자신의 운명과 정치를 요리(要理)하는 길을 찾아 나섰다.

이 책을 출간한 목적은 대한민국 정치에서 '주권자 중심의 정치'를 세우는 계기와 장을 만들기 위해서다. 21세기 들어 정치가 정당(정치인)과 후보자 위주가 아닌 '유권자 중심 정치'로 대전환했다. 정치가 후보자(대리인)에서 유권자로 넘어왔다. 세상이 바뀌었다. 국민이 유권자(有權者)에서 '주권자(主權者)'로 진화하고 있다. 대한국민(大韓國民) 1700만 여명이 동참한 2016~2017년 촛불항쟁은 주권자행동의 표상이다. 행동하는 유권자시대로 진입했음을 명징하게 보여주는 역사적 사실(史實)이다. 촛불항쟁 이후 대한민국 정치는 '유권자에서 주권자시대'로 본격적으로 발전하고 있다. 국민을 이기는 국가는 없다. 국민을 섬기지 않고 이기려는 정권은 몰락했다. 진정한 국민주권시대, 시민정치시대가 열렸다. '호모 폴리티쿠스'가 정치의 주역으로 전면화 되고 있다.

하지만 존재와 사회적 지위는 '유권자'이나 자신과 공동체의 좋은 변화를 위해 참정권을 실천하지 않으면 주권자라고 볼 수 없다. 유권자가 후보자 들러리나 서거나 양극화된 진영과 이념의 '허위조작정보(페이크 뉴스)'에 매몰되는 것은 민주주의의 주인답지 않고 대한민국 헌법정신에 역행하는 퇴행적 행태다.

'대한국민' 주권자행동의 방향은 '주권자의 자주적 삶을 지향하며, 투표(선거참여)를 기본으로, 입법청원 등 일상적으로 참정권을 실천하며, 불의하고 부당한(헌법을 위배하는) 권력에는 능동적으로 저항하는 민주주의의 주체로서 책무를 다 한다'가 중심이다.

대통령을 비롯한 정치인은 국민의 민생(의식주)을 해결할 책무가 있다. '대한국민(大韓國民)의 밥 · 일 · 꿈'을 돕고 공동체의 평화로운 공존과 행복한 미래를 위해 국민을 섬기는 것이 사명이다. 정치인(권)은 자연발생적으로 스스로 자기혁신을 하지 않는다. 주권자의 비판 · 견제 · 감시를 통해 개혁을 수용한다.

'정치 레시피-호모 폴리티쿠스'를 통해 난마처럼 얽힌 대한민국의 고통과 숙제를 해결하는 방향과 해법의 각론을 구체적으로 안내하고자 한다. 중심내용은 '양극화와 부동산문제 해법을 밝힌다' '2030세대'가 정말로 원하는 것을 찾는다에 집약했다. 실천적 문제해결을 위해 '대한국민 주권자행동 10계명을 제안한다'를 구체적인 대안으로 제시한다.

책 내용은 모두 5부로 구성돼 있다. 특히 3부 '2030세대'가 정말로 원하는 것을 찾는다, 4부 시대 키워드 : 2022 선택 '양극화'를 '균형'으로, 5부 특별 대담 〈시대를 살피다. '대한국민'을 말하다〉는 한국사회 각 분야 대표적 전문가와 최고 지성의 콘텐츠 집대성이고, 현장 중심 심층취재의 결실이라고 감히 자평한다. 그리고 박준규 내일신문 기자와 공저는 나름 '신의 한 수'였다.

1부를 관통하는 핵심가치는 '호모 폴리티쿠스'다. 호모 폴리티쿠스는 유권자인가? 결론은 주권자다. 사회정치적 지위는 '유권자'이나 자신과 공동체의 좋은 변화를 위한 역할을 하지 않으면 진정한 '주권자'가 아니다.

앞으로 한국정치는 진보냐 보수냐 보다 더 중요한 것은 '주권자 중심이냐, 아니냐'로 나뉜다고 본다. 국민들 속에서 '유권자운동(有權者運動, voter movement) · 정치 주권자운동'이란 새로운 흐름이 형성되고 있다. 정치 주권자운동은 '주권자 대중의 자주적 삶 실현과 민주적 질서의 공고화'가 요체다. 한국정치 혁신의 주역은 주권자 '호모 폴리티쿠스'라고 명명하고 지향하자는 제언을 담았다.

'정치 주권자 자주성' 실현에 허위조작정보가 끼치는 폐해와 극복방안에서는 정치 주권자 자주성과 뉴미디어 활성화의 순기능, 대의 민주주의에서 합리적 공론 형성의 중요성을 담았다. 그렇기 때문에 '허위조작정보'의 역기능과 정치적 폐해의 실상을 조명하는 것이 중요한 시대라는 점을 강조했다.

온라인 정치가 활성화된 시대에 허위조작정보는 주권자의 정치적 자주성을 가로막는 '공공의 적'이라고 규정하고, 뉴미디어 정치 발전의 퇴행적 장애물인 '허위조작정보' 극복방안을 제시했다.

이 책을 통해 독자, 유권자들에게 한국정치의 혁신을 위한 실천적 대안으로 〈대한국민(大韓國民) '주권자행동 10계명'을 제안 한다〉를 천명한다.

주권자 '대한국민(大韓國民)'은 헌법 전문의 '전민항쟁' 헌법정신과 제1조 '대한민국의 주권은 국민에게 있고, 모든 권력은 국민으로부터 나온다'는 법치주의를 투표장과 광장에서 행동으로 실현했다는 대전제에서 출발했다.

2부의 내용은 필자가 내일신문에 게재한 시론(時論) 35편을 중심으로 정리해 실었다. 원문의 맥락을 견지하며 시간의 흐름을 반영해 일부분 수정 보완했다. 필자는 2010년부터 내일신문 정치팀장을 맡은 이래 중앙일간지 사상 최장수 정치팀(부)장으로 일하고 있다. 그 동안 이명박 박근혜 문재인 대통령을 경험했고, 19대 20대 21대 국회의원 총선과 세 차례의 지방선거를 치렀다. 전국민의 항쟁인 촛불항쟁과 헌정사상 초유의 현직 박근혜 대통령 탄핵, 구속수감과 재판을 광화문 광장과 법정에서 목도했다. 그 역동적인 역사적 과정을 현장취재(촛불항쟁 시기 연수 포함) 하며 공론장에 올릴 원천소스를 체득하는 행운을 얻었다. 그 체험과 영감, 취재원 휴먼 네트워크와 소통을 집약해 시론을 생산했음을 밝힌다. 언론인이 써 내려간 모든 글은 시대의 증언이라는 사명감을 가지고 있다.

2부의 주요 맥락은 내년 3월 9일 대통령선거 · 6월 1일 전국동시지방선거 관련 국민의 요구와 정책과제, 시대정신을 조명하고 주권자(대한국민) 주역 정치시대의 민주주의 원칙을 짚어봤다. 또한 민생회복과 정치개혁을 위한 리더십 혁신의 길에 대해 문제제기를 하는 내용을 담았다.

3부는 '2030세대'가 정말로 원하는 것을 찾는다. 2030세대 MZ세대, 그들은 누구인지 역사적 고찰을 하며 현재의 실상을 깊숙이 들여다보려는 적극적 도전을 했다. 서이제 작가, 강민진 청년정의당 대표, 장경태 민주당 청년위원장(국회의원), 한승은 아이리시스 대표 등 청년이자 각계 분야 전문가들의 인터뷰를 통해 입체적으로 조명해보려 했다.

지난 4월 7일 서울시장 · 부산시장 재보궐선거에 표출된 2030세대의 투표성향(행태)에 정치권도 국민도 많이 놀랐다. 인터뷰이들은 '정치권의 짝사랑엔 결정적 맹점'이 있었고 '말로는 2030 우선하지만, 실제는 과소대표' 되는 등 청년을 대하는 정치권의 이중성을 지적했다.

과연 2030세대가 원하는 것은 무엇인가? 그들은 '일자리, 양극화 해소 그리고 공감에 목말라 있다'는 분석과 대안을 내놓았다.

4부 주제는 〈시대 키워드 : 2022 선택 '양극화'를 '균형'으로〉다. 차기 대선과 전국동시지방선거를 앞두고 내일신문 창간 28주년 특별기획 5회 시리즈로 마련한 대담 내용(전문)을 반영했다.

주요 테마는 첫째는 분열의 정치, 타협의 정치 : 이념 · 권력의 양극화와 해법, 둘째는 갈등공화국, 대통합 전략 : 대통합 · 대타협으로, 셋째는 선택 강요당하는 외교안보 : G2 사이 균형전략, 넷째는 경제양극화, 해법을 찾아서 : 양극화 해소와 지속가능한 국가, 다섯째는 수도권-지방, 다 같이 사는 법 : 자치와 분권의 미래상으로 진행했다.

당대의 석학과 최고 전문가, 지방자치 책임자들과 함께 각각의 현장에서 제기하는 디테일한 사안부터 차기 정부(리더십)의 주요 정책과제 제안까지 폭넓고 실질적인 대안 제시를 정립해봤다. 차기 대통령이 바로 실행할 수 있는 현실성 있는 아이디어와 제안이 담겨있다.

5부는 특별 대담 〈시대를 살피다. '대한국민'을 말하다〉로 기획했다. 당대의 지성인 장명국 내일신문 대표이사(발행인) · 조선민족대동단기념사업회 회장을 초대해 한국사회 각 분야에 대한 지혜와 대안을 경청했다.

장명국 대표는 내일신문이 초지일관 견지해온 '유권자(주권자) 운동'의 실천과 지향, 그리고 현재 한국사회 최고의 난제인 '주거복지, 부동산문제 해법'을 제시한다. 동시에 내년 대통령 선거와 전국동시지방선거의 핵심 키워드와 시대정신이 무엇인지 밝힌다. 한편 내일신문의 4차원 경영원리와 경쟁력 있는 시스템인 '사원주주시스템에 기반한 자주관리경영' 사례와 미래 지향을 소개한다.

후세는 역사에서 교훈을 얻는다. 항일독립운동을 했던 '조선민족대동단'과 총재 동농 김가진을 아시나요? 3.1운동이 일어난 해 국내에서는 조선민족대동단이 결성돼 비밀리에 독립운동을 전개했다. 대동단으로 서훈을 받은 분은 현재까지 단일조직으로는 최다인 80명이나 된다. 그럼에도 불구하고 대동단은 아직 교과서에서조차 제대로 다뤄지지 않고 있다. 여기에 '조선민족대동단' 재정립의 필요성과 역사적 의의가 담겨있다. 마지막으로 우리 대한민국의 미래인 2030청년세대에게 전하는 동시대 대선배의 애정 어린 조언을 담았다.

첨언하자면, 필자가 준비하는 다음 책은 '청소년 주권자운동'에 관한 내용이다. 대한민국 정치 생태계의 근원적 혁신을 위해 청소년 주권자운동을 시작해야 한다고 본다. 청소년과 청년세대가 새로운 주권자정치의 역사적 지평을 열어야 한다.

'정치 레시피, 호모 폴리티쿠스'는 사람과 소통의 힘으로 탄생한 작품이다. 집단지성 총화의 성과물이다. 이 책이 나오기까지 참으로 많은 분들께서 도움을 주셨다. 사회적 생명력을 키워주신 정치의 스승 장명국 내일신문 대표이사(발행인)를 비롯한 내일신문 가족들, 특히 공저자로 찰떡 공조한 박준규 기자와 정치팀 후배들의 협동 덕분에 졸저가 세상의 빛을 봤다.

또한 책 출간 동기를 부여해준 친구인 '걷는 자의 기쁨' 저자 박성기 깊은 샘출판사 대표와 책 제목 아이디어 등 영감을 준 빅데이터 · 메타버스 전문가 미소정보기술 안동욱 대표, 박사학위 학문 동지인 은효경 스테디셀러 작가에게 깊은 고마움을 전한다.

필자를 언제나 어디서나 응원해주는 유튜브 '김종필tv' 써포터즈들, 르네상스 포럼 · 포럼 글로컬 · 사회공헌포럼 · 밥일꿈 · 의리 커뮤니티 · 동국 7080모임 가족 등의 성원이 원동력이 됐다.

어머니는 '김종필tv' 개국 하루 전 2019년 7월 16일 뇌출혈로 쓰러지신 후 수차례 생사의 고비를 넘기시고 기적처럼 소생하셨다. 강인한 생명력으로 자식들을 지켜 주시는 어머니, 사랑하는 아내와 딸에게 무한한 고마움과 애정을 전한다. 병환 중인 어머니와 세상과 사람에 미친 형을 헌신적으로 돕는 '의리맨' 동생 김종승에게도 애틋함을 전한다.

이 책이 출간되기까지 실무적으로 공조를 아끼지 않은 장민환 석탑출판사 대표에게도 감사한 마음을 전한다.

2021년 11월 내일신문사에서

저자를 대표하여 김종필

추천사

저자 김종필 선생은 어떠한 특별함도 내비칠 줄 모르는 소박하고 겸손한 언론인으로 보는 것만으로도 입가에 웃음이 떠오를 정도로 농담과 유우머를 즐긴다. 나는 이런 그를 '팔방인'이라는 신조어를 만들어 표현하고 싶다. 한 마디로 그는 소통의 천재로 '너는 틀리고 나는 맞다'는 아집과 독선에서 본능적으로 비켜나 있는 사람이다.

거의 대부분 언론인이 마치 인스펙터 같은 태세로 자신만의 시각을 강요하는 세태에서 그의 이런 유연한 편안함은 한 줄기 청량한 샘물처럼 우리 의식에 스며든다.

언론사의 정치팀장이라는 외줄기 길을 한 평생 천착해온 그가 낸 책이 예사로울 리는 없을 거라 생각했지만 선정된 주제만 보면서도 그가 가진 내공과 문제를 해결해 나가고자 하는 방향에 절로 고개가 끄덕여졌다.

많은 언론인이 엇비슷한 책을 우박처럼 쏟아내는 현실이라 그 천편일률적 내용에 식상해 목차만 후루룩 훑곤 하는 나로서는 한눈에 이 책의 진정성을 깨닫고는 갱도 속 깊이 걸어 들어가지 않을 수 없었다.

이 책이 특히 2030에 주목한 것은 매우 큰 의미를 가지고 있다. 우리 사회를 통시대적으로 고찰하면 자본주의의 경험이 일천했던 기성세대가 2030의 밥상까지 먹어 치워버린 역사의 실수가 있었던 것이다.

누구의 도움도 받지 못한 채 척박한 한국 사회에 휑뎅그렁하게 내던져진 2030은 기성세대가 가장 이해하기 어려운 방향으로 피신, 혹은 변신했고 그 결과는 결혼기피와 출산율 저하 등 불을 보듯 뻔한 미래의 붕괴로 귀착되어 가고 있다.

이에 대해 기성세대는 반성은커녕 게으르다, 절실함이 없다는 등 비난과 질책으로 일관하는데다 이제는 길어진 수명으로 열심히 일해 나를 봉양하라는 부담까지 지우는 게 작금의 현실이다.

얼마 지나지 않으면 젊은이들은 자신이 얻는 수입의 반을 '어르신' 봉양에 내놔야 하는 지옥에 진입하게 된다.

무척 늦었지만 그나마 지금이 그들을 위한 코페르니쿠스적 제도와 정책을 마련할 마지막 기회이기에 저자의 문제제기에 진지한 공감과 성원을 보낸다.

머리 한 쪽에서는 일제 침략시대의 국채보상운동에 맞먹는 청채보상운동을 벌여야 하지 않나 라는 자책감까지 모락모락 피어오르니 이 책의 사상사적 가치 또한 심대하기만 하다.

소설가 김진명

목차

2. 민주주의 원칙과 주권자(대한국민) 정치시대

3. 민생 회복과 정치개혁, 리더십 혁신의 길

4부

시대 키워드 : 2022 선택 '양극화'를 '균형'으로

5부

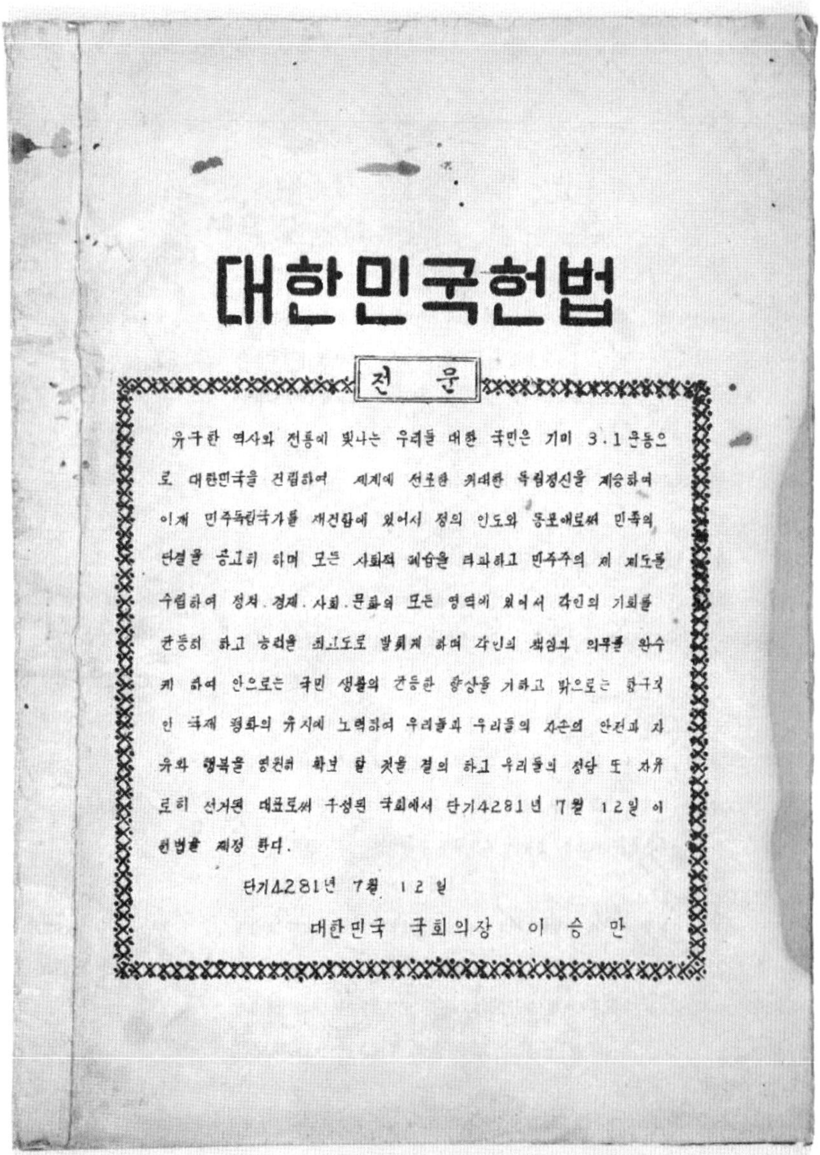

대한민국헌법

전 문

유구한 역사와 전통에 빛나는 우리들 대한 국민은 기미 3.1운동으로 대한민국을 건립하여 세계에 선포한 위대한 독립정신을 계승하여 이제 민주독립국가를 재건함에 있어서 정의 인도와 동포애로써 민족의 단결을 공고히 하며 모든 사회적 폐습을 타파하고 민주주의 제 제도를 수립하여 정치. 경제. 사회. 문화의 모든 영역에 있어서 각인의 기회를 균등히 하고 능력을 최고도로 발휘케 하며 각인의 책임과 의무를 완수케 하여 안으로는 국민 생활의 균등한 향상을 기하고 밖으로는 항구적인 국제 평화의 유지에 노력하여 우리들과 우리들의 자손의 안전과 자유와 행복을 영원히 확보할 것을 결의하고 우리들의 정당 또 자유로히 선거된 대표로써 구성된 국회에서 단기4281년 7월 12일 이 헌법을 제정 한다.

단기4281년 7월 12일

대한민국 국회의장 이 승 만

대한민국 헌법 전문

1부

'호모 폴리티쿠스'는 유권자? 주권자!

1

한국정치 혁신의 주역,
주권자 '호모 폴리티쿠스'

한국정치의 주권자 '대한국민'

'인간은 본성적으로 폴리스적 동물이다'(아리스토텔레스. 정치학). 인간이란 정치(국가)공동체를 이루면서 살아갈 수밖에 없는 존재라는 말이다.

인간은 태생적으로 사회적 존재다. 아니 뼛속까지 정치적이다. '호모 폴리티쿠스'(Homo politicus. 정치를 통하여 사회생활을 영위하는 인간)다. 인간은 공동체 사회에서 생로병사의 삶을 살아간다. 개별 국가, 지구촌 세계 모두 구성원 간 평화로운 공존과 지속가능한 번영을 지향한다.

21세기 들어 역사가 바뀌고 있다. 정치가 후보자(대리인)에서 주권자로 넘어왔다. 국민을 이기는 국가(정권)는 없다. 세상이 바뀌었다. 국민이 유권자(有權者)에서 주권자(主權者)로 진화하고 있다. 바야흐로 '호모 폴리티쿠스'가 정치의 주역으로 전면화 되고 있다. 사회정치적 지위는 '유권자'이나 자신과 공동체의 좋은 변화를 위한 역할을 하지 않으면 진정한 '주권자'가 아니다. 정치는 후보자와 유권자, 두 영역으로 나뉜다. 정치의 '의미 있는 변화'는 참정권을 실천하는 주권자가 창출한다. 정치인(권)은 자연발생적으로 스스로 자기혁신을 하지 않는다. 주권자의 비판 · 견제 · 감시를 통해 개혁을 수용한다.

민주주의의 핵심 원리는 '국민주권 · 주권재민'이다. 대한민국 헌법 1조는 '대한민국의 주권은 국민에게 있고, 모든 권력은 국민으로부터 나온다.'고 명시하고 있다. 한국 정치의 주역인 주권자는 '대한국민(大韓國民)'이다.

한국 현대정치사는 '정치 주권자'의 자주성 실현, 쟁취의 역사다. '전 국민(주권자)의 민주항쟁(전민항쟁. 全民抗爭)'으로 민주주의를 실현하고 발전시켜 왔다. 그 정수가 대한민국 헌법 전문에 명확히 반영돼 있다. 대한민국의 헌법 전문(前文)은 '유구한 역사와 전통에 빛나는 우리 대한국민은 3 · 1 운동으로 건립된 대한민국임시정부의 법통과 불의에 항거한 4 · 19민주이념을 계승'한다고 밝히고 있다. 국가가 우선이 아니고 국민이 나라의 주체이고 헌법의 주어다.

'촛불항쟁'으로 극명하게 표출된 주권자 중심 정치시대

주권자인 대한국민은 헌법정신을 투표장과 법과 제도개선 활동, 그리고 광장에서 행동으로 구현한다. 촛불항쟁은 국가의 주체인 국민이 한국정치의 혁신을 위해 주권을 행사한 유권자행동의 본보기다. 정치가 후보자에서 유권자로 넘어온 대표적 사례다.

'내일신문–서강대 현대정치연구소 특별기획–촛불 1년, 그리고 한국정치'에 따르면 촛불시민은 기존의 부실한 대의제(간접민주주의)에 대해 불만족하며 문제제기를 하고 있다. '국가의 중요한 정책을 결정할 때는 국민의 의사를 직접 묻는 국민투표를 실시해야 한다'는 주장에 90%가 찬성의견을 밝혔다.

박명림 연세대 교수는 "촛불혁명은 계속 악화된 공공성, 법치, 헌법, 시민참여, 연대, 평화라는 공화적 가치를 민주주의와 접목시킨 역사적 대사건"이라고 높이 평가한다.

윤여준 전 환경부장관은 촛불항쟁으로 보수가 몰락했다고 보지 않는다며 '촛불은 자유민주주의 국가의 핵심인 공공성과 법치주의를 파괴하고 권력을 사유화한 수구의 몰락'이라고 주장했다. 그는 "송복 연세대 명예교수가 '한국 정치는 사이비 보수와 사이비 진보의 극한 대립'이라는 표현을 쓴 걸 봤는데, 정확한 진단이다. 그간 한국의 보수를 자처한 이들이 무얼 했나. 자유민주주의의 이름으로 자유민주주의를 탄압했다. 국가의 핵심이자 공동체를 묶어주는 가치는 공공성이다. 그런데 역시 자유민주주의라는 이름으로 공공성과 법치주의를 파괴했다"고 진단했다.

그는 정치소비자운동을 강조하며 '정치를 상품시장에 빗댄다면 소비자는 국민, 정당은 생산자인데 국민이 스스로 나서서 생산자 역할을 했다. 국가가 정상이 아니라는 문제의식을 갖고 국민이 주권을 행사해 정치를 이끌었다.'고 강조했다.

2016~2017년 촛불항쟁은 진보진영이나 진보적 유권자대중의 전유물이 아니다. 1700만여명의 국민 모두가 공감하고 동참한 역사적 항쟁이었다. 탄핵촛불집회 참여자들이 특정 이념이나 정파성에 치우치지 않았기 때문에 가능했던 것이다. 촛불집회는 국민주권을 위배하고 헌법정신과 법치주의를 무너뜨린 구시대적인 낡은 권력자에 대한 주권자의 국민적 저항이었다.

촛불항쟁 이후 한국정치는 '내가 나라의 주권자'라는 집단적 자각을 통해 나라와 미래를 바꾸려는 주권자의 정치적 주권 실천운동이 확대되고 있다. 앞으로 한국정치는 진보냐 보수냐 보다 더 중요한 것은 '주권자 중심이냐, 아니냐'로 나뉜다고 본다. 명실 공히 '유권자운동(有權者運動, voter movement) · 정치 주권자운동'이란 새로운 흐름이 형성되고 있다. 정치 주권자운동은 '주권자 대중의 자주적 삶 실현과 민주적 질서의 공고화'가 요체다.

정치 주권자의 자주성 실현의 길

정치 주권자의 자주성 실현의 경로와 방법은 두 가지 방면으로 '제도권 내의 실천과 제도권 밖의 항거'에 의해 실천했다. 제도권 내에선 대표적으로 선거(특히, 보통선거권의 의미가 중요)가 있다. 1987년 6월 민주항쟁에서 대통령 직선제를 쟁취해 평화적 정권교체가 법과 제도적으로 가능하도록 했던 역사적 의의가 크다. 또한 주권자운동의 정형화된 방식으로 국회참여입법시스템 국민동의청원과 청와대 국민청원 같은 입법청원 활동이 있다. 비정형적 방식으로는 '각종 캠페인 등의 사회운동'이 있다.

비제도권적 항거로는 3 · 1운동, 4·19혁명, 5·18민주화운동, 6·10민주항쟁, 촛불항쟁 등의 역사적 경험이 있다. 촛불항쟁 정신 구현은 현재 진행형이다.

2

'정치 주권자 자주성' 실현에 허위조작정보 (가짜 뉴스)가 끼치는 폐해와 극복방안

1. 정치 주권자 자주성과 뉴미디어 활성화의 순기능

21세기는 뉴미디어 활성화시대다. 온라인 정치시대를 맞아 레거시 미디어(Legacy media)뿐만 아니라 다양해진 온라인 매체 SNS 등이 주권자의 정치적 역할 고양에 순기능 하는 측면이 크다.

내일신문의 보도에 따르면 촛불항쟁 이후 유권자들의 광장열기가 뉴미디어로 확산돼, 유튜브 · SNS를 통한 선출직 후보자 선택에 영향이 커졌다. 21대 총선 관련해 한국정치학회와 한국정당학회가 중앙선거관리위원회로부터 제안 받은 연구용역보고서 '제21대 국회의원선거 외부평가:선거제도, 과정, 관리, 지역별 분석'에 따르면 정치인 · 정당의 유튜브에서 영상을 시청해본 경험이 있느냐는 질문에 28.5%가 '그렇다'고 답했다. 이들 중 '정치인이나 정당의 유튜브 채널이 정치에 대한 정보를 얻거나 정치인과 소통하는 데 도움이 된다'는 답변이 84.9%(약간 도움 72.1%, 매우 도움 12.8%)에 달했다.

내일신문이 확보한 연구용역보고서는 한국정치학회와 한국정당학회가 2020년 4.15 총선 직후부터 5월초까지 전국 18세 이상 남녀 1044명을 대상으로 면접방식으로 조사한 내용을 기반으로 작성됐다.

온라인에 의한 정치소비(주권자 참여) 행태는 중앙선관위 조사에서도 뚜렷하게 나타났다. 중앙선거관리위원회가 한국갤럽에 의뢰해 총선 직전인 4월 5~6일 유권자 1500명을 대상으로 면접 실시한 '21대 총선 유권자 의식조사'에 따르면 '21대 국회의원 후보자 선택에 필요한 정보를 주로 어디에서 얻느냐'는 질문에 31.2%가 '인터넷과 소셜 네트워크'라고 답했다.(신뢰수준 95%, 오차범위 ±2.5%p) 4년 전인 20대 총선 직전에는 인터넷·SNS(22.5%)에 비해 언론보도(26.4%)가 더 큰 영향을 미친 것으로 확인됐다.

박영득 포항공대 교수는 앞의 용역보고서 중 '정치인의 YouTube 수익활동에 대한 쟁점과 제언'에서 "유권자의 정치인·정당 유튜브 시청은 단순히 정보제공과 소통 강화에만 기여하는 것이 아니라 유권자들을 정치적으로 활성화시키는 중요한 기능을 가지고 있다는 것 또한 확인 가능하다"며 "최근 정치인과 유권자를 매개하는 소통 수단으로 부상한 유튜브는 유권자에게 대중매체에서 얻기 어려운 유형의 정치정보를 제공하고 정치인과 더욱 긴밀한 소통수단이 되고 있다"고 설명했다.

이어 "유튜브와 같은 소셜 미디어 공간에서 정치적 양극화가 심화하는 것에 대한 우려가 없지 않으나 유튜브 공간을 활용해 정치인과 유권자의 거리를 좁히고 더 나아가 민주주의의 질적 심화를 이루어 나갈 수 있는 가능성도 존재한다고 평가할 여지가 있다"고 강조했다.

하지만 포커스를 미디어의 역기능, 특히 가짜뉴스(허위조작정보)의 문제에 집중해 천착해보면 민주주의 발전을 저해하는 양상이 적지 않다. 페이크 뉴스(Fake News. 가짜뉴스)는 진보와 보수의 진영논리를 극단적으로 양극화하고 확대재생산 시키고 있다. 페이크 뉴스는 속성이 '디스인포메이션'(허위정보. disinformation)이다. 허위조작정보를 통해 진보와 보수, 여야의 진영논리를 극단적으로 양극화하고 확대재생산 시키고 있다. 정치에 관한 허위조작정보(가짜뉴스)는 유권자의 정치적 자주성 실현에 장애물이자 훼방꾼이다.

온라인 활성화의 물결은 한국 정치권과 유권자 대중에게도 정치적 자주성 실현의 새로운 지평을 열어줬다. 포스트 코로나 시대로 진입하며 언택트가 일반화됐다. IT, 온라인을 활용한 정치의 변화가 후보자(정당)와 유권자의 일상 속으로 빠르게 확산되고 있다.

시대적으로 정치혁신과 대한민국 공동체 번영을 위한 '미디어 주권자행동'의 중대성과 시급성이 강조되는 추세다. 허위조작정보(페이크 뉴스)를 변별하고 극복하는 사회정치적 대안 모색이 필요하다. 정치 주권자의 자주성을 고양시킬 실효적인 실천이 요구된다. 정당 영역과 유권자 영역, 두 영역에서 성찰과 대안 창출을 위한 '정치 주권자 운동(유권자의 정치적 주권 실천-미디어주권자운동 등)'이 사회적으로 확산 될 필요성이 긴요한 시기다.

허위조작정보인 페이크 뉴스(가짜뉴스), 디스인포메이션(허위정보)를 변별하는 원칙과 기준은 '주권재민 · 국민주권'의 민주주의 원리와 대한민국 헌법 전문(헌법정신)이다. 정치는 유권자 영역과 후보자 영역, 양 측면으로 대별되고 한국 정치의 주역(주체)인 주권자는 '대한국민(大韓國民)' 이라고 본다. 본질적으로 민주주의 발전과 유권자의 정치적 자주성을 고양시키고 주권자의 능동적인 정치사회적 역할을 실현하기 위해 허위조작정보는 극복해야 한다.

2. 대의 민주주의에서 합리적 공론 형성의 중요성

민주주의에서 여론은 막강한 영향력을 행사한다. 프랑스의 정치학자인 알렉시 드 토크빌(Alexis de Tocquevilie 1805-1859)은 19세기 초 미국의 민주주의를 관측한 후, 민주주의에서 여론의 힘은 왕정에서 왕의 힘보다 더 클 수 있다고 봤다. "왕의 권위는 물리적이며 따라서 사람들의 행위는 통제하지만 그들의 의지까지 억제하지는 않는다. 그러나 다수의 여론은 물리적임과 동시에 도덕적이며, 따라서 사람들의 행위뿐만 아니라 의지에도 영향을 미치며 나아가 모든 다툼뿐만 아니라 모든 논란까지 억누른다."고 설파했다.

허위조작정보(가짜 뉴스) 등의 해악으로 합리적 공론 형성이 왜곡되거나 부재하면, 정치적 갈등 격화 등을 통해 대의민주주의의 원활한 작동을 심각하게 저해할 수 있다. 상업주의적 저널리즘과 분단체제에 기반한 레거시 미디어의 냉전적 수구적 보도행태, 온라인 활성화에 따른 무분별한 유튜버들의 진영에 매몰된 허위조작정보가 우리나라 유권자들의 정치적 태도와 인식의 양극화를 부추기고 있다.

'당파적 편향(partisan bias)'이나 '확증 편향(confirmation bias)'이 그 핵심 원인의 하나라고 할 수 있다.

3. '허위조작정보(가짜 뉴스)'의 역기능과 정치적 폐해의 실상

허위조작정보인 '가짜뉴스'라는 신조어가 전 세계를 휩쓸고 있다. 진짜보다 더 진짜 같은 가짜뉴스가 활개를 치고 있다. 인류가 역사상 한 번도 있어본 적이 없는 코로나19 바이러스 재앙을 겪고 있다. 그런데 코로나를 빙자

한 가짜 뉴스가 범람해 WHO(세계보건기구)는 이른바 '인포데믹'(거짓정보 유행병) 이란 신조어까지 만들어 내고 있는 세상을 살고 있다.

'가짜 뉴스'는 마치 유령처럼, 존재하지만 존재하지 않는 존재다. '가짜뉴스'는 사람이 사는 곳 어디에나 있다. 그런데 그 누구도 자신이 가짜뉴스를 보고 있다고 믿지 않는다. 존재하지 않는 듯 하지만, 존재하는 유령(가짜뉴스)과 싸움이 벌어지고 있다.

2019년 9월 한국을 방문한, 워터게이트 특종으로 유명한 밥 우드워드(Bob Woodward) 워싱턴포스트 기자는 "가짜뉴스라는 말을 폐기했으면 좋겠다. 이 프레임 자체가 트럼프에게 놀아나는 것이다"라고 말했다. 트럼프가 언론의 신뢰를 저해시키고자 하는 의도로 사용하는 '가짜뉴스'의 의미가 확산되면서 언론에 대한 불신이 확산됐고, 가짜뉴스라는 표현은 결국 사회정치적으로 이용될 수밖에 없다는 주장이다.

2018년 이후 가짜뉴스와 허위조작정보를 구분하는 해외사례가 소개되면서 가짜뉴스라는 용어를 폐기하자는 주장과 오정보 · 허위조작정보 · 가짜뉴스의 개념을 각기 다르게 보자는 논의, 가짜뉴스를 대신할 용어로 오정보와 허위조작정보를 구분하여 사용하자는 논의 등이 진행되고 있다. 오정보(misinformation)는 허위의 내용을 담고 있지만 해를 끼칠 목적으로 생산된 것은 아닌 반면, 허위조작정보(disinformation)는 허위의 내용을 담고 있을 뿐만 아니라 특정 개인, 특정 단체, 특정 국가에게 해를 끼치기 위해 일부러 만들어진 것을 말한다.

구글 검색창에 '가짜뉴스'를 입력하면 약 30,300,000개의 검색결과가 나온다. 공론장에서도, 일상에서도 익숙하게 불리고 쓰인다. 무엇이 가짜뉴스라는 주장도, 가짜뉴스를 검증한다는 콘텐츠도 온라인 세상엔 차고 넘친다.

가짜뉴스(fake news)라는 용어가 세상의 주목을 받기 시작한 건 2016년 미국 대선을 전후해서다. 영국의 브렉시트(영국의 EU탈퇴) 사태와 미국 대선을 거치며 가짜뉴스 현상이 세계적으로 주목을 받았다. 당시 '포스트 트루스(post-truth)' 즉 '탈(脫)진실'이 올해의 단어로 선정되기도 했다. 우리나라의 경우는 박근혜 전 대통령 탄핵을 겪으면서 fake news의 번역어인 '가짜뉴스'가 일반인에게도 널리 확산되었다.

하지만 그때까지만 해도 국내에서 '가짜뉴스'란 용어는 아직 생소했다. 한국기자협회 기자협회보 분석에 따르면 한국에서는 2017년 초 탄핵 정국과 조기 대선을 거치면서 가짜뉴스라는 용어가 언론에 자주 등장하기 시작한다. 2017년 가짜뉴스라는 말이 들어간 언론 기사는 2795건으로 전년 대비 40배 가까이 급증했다. 그리고 2018년엔 4056건으로 다시 1000건 이상 늘었다. 그 당시 이낙연 국무총리가 가짜뉴스 엄단 방침을 밝히고 국정감사에서도 크게 이슈가 됐기 때문이다. 문재인 대통령도 직접 가짜뉴스에 대한 단호한 대처를 주문하자 정치권에서 논쟁이 일었고, 언론 보도도 따라서 급증했다. 일련의 흐름에서 알 수 있는 것은 가짜뉴스에 관한 언론보도 양상이 사회정치적 상황 변화와 무관치 않다는 점이다. 실제로도 가짜뉴스를 가장 많이 언급한 건 정치뉴스였다. 2016년 10월부터 2019년 7월까지 가짜뉴스로 검색된 전체 기사 9284건 중 정치기사는 4259건으로 45.9%를 차지했다.

가짜뉴스라는 용어 사용이 보편화하면서 사용자들의 인식도 달라졌다. 한국언론진흥재단은 가짜뉴스라는 말이 널리 쓰이기 시작한 2017년 3월 전국의 성인남녀 1084명을 대상으로 온라인 설문조사를 실시해 가짜뉴스에 대한 일반 시민들의 인식을 조사했다.

당시 응답자의 76.2%(826명)가 가짜뉴스라는 것을 들어본 적이 있다고 답했는데, 이들 중 40.1%만이 기존 언론사들의 왜곡 · 과장보도도 가짜뉴스에 해당한다고 답했다.

2019년 2월, 성인남녀 1200명을 대상으로 한 언론진흥재단 조사에서 '언론보도 중 사실 확인 부족으로 생기는 오보'를 가짜뉴스로 생각한다는 응답자는 '메신저 등을 통해 유포되는 속칭 찌라시'(92.5%), '뉴스 기사 형식을 띤 조작된 콘텐츠'(92.0%)에 이어 89.6%를 기록했다. 조사 대상이나 조사를 진행한 업체도 질문의 유형도 다르지만, 기존 언론을 가짜뉴스 생산 주체로 생각하는 사람이 그만큼 많아졌다고 볼 수 있다. 당시 연구를 진행한 양정애 한국언론진흥재단 선임연구위원은 "일반 시민들이 '가짜뉴스'라는 용어에서 더 중요하게 받아들이고 있는 부분이 '뉴스'가 아닌 '가짜'라는 것을 방증하는 결과"라고 설명했다.

문제는 이 '가짜'라는 말이 항상 객관적이지도, 중립적이지도 않다는 것이다. 여당이 주장하는 가짜뉴스와 야당이 주장하는 가짜뉴스 사이에 교집합은 사실상 없다. 가짜뉴스는 정치권에서 흔히 '편 가르기'를 할 때 동원되는 수사다. 언론에 대해서도 이념이나 정치적 성향에 따라 선을 긋고, '내 편'이 아니면 가짜뉴스라고 몰아세운다. 사실이냐 아니냐보다, 내 마음 드는 뉴스냐 아니냐로 구분하는 왜곡현상이 발생하는 것이다.

대표적인 예가 도널드 트럼프 전직 미 대통령이다. 트럼프 대통령은 당선 후 '가짜뉴스', '대안적 진실(alternative truth)' 등과 같은 신조어를 전 세계로 확산시켰다. CNN, 뉴욕타임스 등 자신에게 비우호적인 언론을 가리켜 '가짜뉴스'라고 공격하곤 했다. CNN의 무슨 보도가 구체적으로 어떻게 잘못됐는지 지적하기보다 CNN 자체를 가짜뉴스로 매도하는 식이다.

어떤 기사나 매체를 가짜뉴스로 부르는 순간, 그 매체의 신뢰도는 하락한다. 미국의 미디어 연구기관인 포인터연구소(Poynter)가 소개한 논문에 따르면 가짜뉴스 주장에 노출되는 것이 미디어에 대한 개인의 신뢰도를 떨어뜨리며, 진짜 뉴스(real news)를 식별해내는 정확도도 함께 낮추는 것으로 확인됐다.

정치권은 자신의 정치적 이해관계에 따라 가짜뉴스라는 주장을 펼치고, 언론은 이를 단순 전달하거나 확성기 역할을 한다. 그뿐만 아니라 언론 스스로도 가짜뉴스 비판에 앞장서기도 했다.

영국의 언론 규제 기관인 IMPRESS는 가짜뉴스 자체의 악영향보다 "가짜뉴스라는 용어의 무기화"를 우려한다. 조나단 히우드 IMPRESS 대표는 2017년 '웨스트민스터 미디어 포럼' 연설에서 "가짜뉴스와 나쁜 저널리즘을 혼동하는 것은 잘못"이라고 지적했다. 그는 "이 용어를 사용하는 데 있어 매우 정확해야 하며, 가짜뉴스를 당신이 동의하지 않는 나쁜 저널리즘이나 뉴스와 혼동하지 않아야 한다"면서 "우리가 주관적인 방식으로 이 용어를 사용한다면, 지금까지 생산된 모든 뉴스는 누군가에게 '가짜'일 것"이라고 말했다.

임종섭 서강대 커뮤니케이션학부 교수는 2017년 봄 '관훈저널'에 기고한 글에서 "뉴스를 진짜와 가짜로 구별하는 행위 자체는 뉴스의 존립을 위협할 수 있다"고 경고했다. 그는 "언론이 가짜뉴스 현상을 보도할수록, 보도 자체는 다시 가짜뉴스 현상을 구성하고 유지함으로써 언론보도와 가짜뉴스 현상이 맞물리게 된다"고 말했다. "언론 스스로 뉴스에 진짜와 가짜가 존재한다는 모순적인 처지에 빠지게 되며, 이는 뉴스의 품격을 떨어뜨리는 결과를 가져 온다"고 지적했다. 백영민 연세대학교 언론홍보영상학부 교수도 2019년 2월 '디지털사회'에 쓴 '가짜뉴스의 진짜 문제'라는 칼럼에서 "가짜뉴스라는 용어로 인해 '뉴스 그 자체'를 잃을 수도 있다"면서 "가짜뉴스의 진짜 문제는 바로 정보의 진실성을 담보하던 사회적 커뮤니케이션 권위가 소멸되었다는 것"이라고 말했다.

임종섭 교수는 “국내외 언론사들이 무비판적으로 유통시키는 가짜뉴스라는 표현 대신에 정확하고 적절한 용어를 사용해야 한다”고 주장한다. 이미 유럽에선 가짜뉴스란 용어의 사용을 지양하고 대신 disinformation(의도적으로 조작된 정보), misinformation(실수로 인해 발생한 잘못된 정보), malinformation(유해정보) 등 구체적으로 구분해서 쓰고 있다. 유네스코에서 발간한 〈저널리즘, ‘가짜뉴스’ 그리고 허위정보: 저널리즘 교육과 훈련을 위한 핸드북〉에서도 가짜뉴스라는 용어가 그 자체로 모순이라며 대신 허위정보라는 표현을 사용했다.

김익현 지디넷코리아 미디어연구소장도 가짜뉴스라는 말을 그만 쓰자고 제안한다. 김 소장은 “원래 ‘fake(페이크)’가 속임수 비슷한 의미인데 이게 ‘가짜뉴스’로 번역되면서 언론사의 오보나 잘못된 주장까지 가짜뉴스라는 이름으로 남발되고 있다”면서 “올바른 보도냐 잘못된 보도냐를 진짜와 가짜로 구분하는 건 논리적으로도 맞지 않다. 용어 정리가 필요하다”고 말했다.

한국언론진흥재단에서 제공하는 뉴스분석 툴인 빅카인즈로 검색해보면 2021년 한 해 동안 우리 언론에서 ‘가짜뉴스’가 언급된 기사는 1,998건이었다(54개 언론사 대상). 기사를 분야별로 분류해보면 정치(1,551), 국제(588), 사회(357) 순으로 많았다.

그 가운데 허위조작정보(가짜뉴스) 폐해가 가장 깊고 광범위하게 악영향을 끼치는 영역이 바로 북한 관련 경우이다. 남북분단 냉전체제에서 대북 가짜뉴스는 꾸준히 발생했다. 북한 관련 기사는 언론이 가장 쓰기 어려우면서도, 동시에 쉽게 쓸 수 있는 분야다. 북한 내부를 직접 취재하기 불가능하다보니 북한 매체가 무슨 보도를 하는지, 중국 등 주변국 움직임은 어떤지 정황 수집과 간접 취재에 의존할 수밖에 없는 형편이다. 북한에 대한 신뢰성 있는 정보 접근이 대단히 제한적이기 때문이다.

문제의 심각성은 추측과 미확인 전언이 수두룩한 북한 뉴스가 국내에 미치는 파장은 너무나 크다는 점이다. 특히 냉전적 수구적 남북 분단체제에 서식하는 북한 관련 허위조작정보(가짜뉴스)의 폐해는 대단히 심각하다.

대북 가짜뉴스 사례로는 2019년 국내 모 언론사가 김영철 북한 통일전선부장이 하노이 북미정상회담 결렬로 노역형에 처해졌다는 기사를 보도한 바 있다. 그러나 4일 만에 김영철이 공개 석상에 모습을 나타내 오보로 판명됐다. 특히 2020년 4월 터졌던 '김정은 국무위원장의 사망설 · 수술 건강 이상설' 오보 사태가 대표적 경우다. 한 북한전문매체가 '김 위원장이 묘향산지구 향산진료소에서 심혈관 시술을 받았다'고 보도했을 때만 해도 파장이 그리 크진 않았다. 그러나 다음날 CNN이 김 위원장이 심혈관 수술을 받고 위중한 상태라는 정보를 미국 정부가 주시하고 있다고 보도하자 상황이 급변했다. CNN 보도 당일 코스피 지수는 한때 3% 가까이 떨어졌고, 원 · 달러 환율도 급등했다. 청와대가 이례적으로 김 위원장 동선 설명을 비교적 소상히 내놓았지만 추측성 보도는 잦아들기는커녕 오히려 증폭됐다. 북한 뉴스에 민감한 일본의 한 주간지는 중국 의료관계자로부터 전해 들었다며 김 위원장이 심장 스텐트 시술을 받은 뒤 식물인간 상태에 빠졌다고 보도했다. 가정을 전제로 한 '~~라면' 기사도 쏟아졌다. 김 위원장의 위중 · 사망을 전제로 한 후계구도를 예측하는 기사들도 줄을 이었다. 이 같은 상황은 당시 탈북민 출신 국회의원 당선인들이 '김 위원장이 스스로 일어서거나 제대로 걷지 못하는 상태다' '수술 쇼크로 사망했을 확률이 99%'라는 말을 보태며 정점을 찍었다.

탈북자 출신 모모 의원들의 근본적인 해악은 한국의 국익보다 미국 등 열강의 이익을 위해 의도적으로 허위조작정보(가짜뉴스)를 적극 유포하는 활동을 한다는데 있다. 이는 대한민국의 헌법정신인 '조국의 평화적 통일' 지향에 역행하는 반통일적 행위이다.

대한민국 헌법 4조에 '대한민국은 통일을 지향하며, 자유민주적 기본질서에 입각한 평화적 통일정책을 수립하고 이를 추진한다.'고 명시했다. 헌법 제66조 3항에도 '대통령은 조국의 평화적 통일을 위한 성실한 의무를 진다.'고 적시하고 있다.

대통령중심제 국가인 한국의 헌법 제69조에는 대통령은 취임에 즈음하여 다음의 선서를 한다. "나는 헌법을 준수하고 국가를 보위하며 조국의 평화적 통일과 국민의 자유와 복리의 증진 및 민족문화의 창달에 노력하여 대통령으로서의 직책을 성실히 수행할 것을 국민 앞에 엄숙히 선서합니다."고 밝히고 있다는 점을 분명히 환기할 필요가 있다.

또한 대북 정보를 사실상 독점하고 있는 정부의 일관된 부인에도 불구하고 북한 최고위층의 '위중설·사망설'을 다루려면 반박하기 힘든 수준의 명백한 근거가 있어야 한다. 그럼에도 익명의 소식통과 외신 보도에 기대어 무분별한 기사를 쏟아낸 분단체제에 함몰된 상업적 언론과 극우 편향 유튜버들의 의도는 명백하다. 사익을 편취하고자 클릭 수를 높이기 위해서나 자기 진영의 정치적 경제적 이득을 취하기 위함이라고 볼 수밖에 없다.

4. 온라인 정치시대, 허위조작정보는 주권자의 정치적 자주성 가로막는 '공공의 적'

청와대 국민청원에 온라인 상소문 시무(時務) 7조를 올린 '진인 조은산'. 네이버 카페 부동산 스터디 '정부가 집값을 안잡는 이유' 시리즈의 주부 블로거 '삼호어묵'. 사이다 논객 '좌은산 우삼호'는 평범한 애 아빠 애엄마다. 이들은 문재인정부 실정을 촌철살인 질타하며 민초들의 처지와 심정을 대변해 SNS에서 국민들의 폭발적인 호응을 얻은 바 있다. 고단한 민생에 힘겨워하는 시민이 온라인 정치시대 주역으로 등장했음을 보여주는 대목이다.

여야 정당들은 당의 미래와 주요 현안을 온라인 전 당원 투표로 결정하는 등 세상의 변화에 적응하기 위해 안간힘을 쏟는 실정이다. 정치가 온라인 세상으로 넘어갔다고 해도 과언이 아니다. 이 도도한 흐름은 과학기술의 진보에 힘입은 바 크다. 4차 산업혁명시대 인터넷 등 온라인 통신의 발달은 눈부시다. 특히 우리나라는 촛불항쟁을 겪으며 유권자대중 중심의 민주주의 정치가 온-오프라인에서 전면화 됐다. 코로나19 사태에 따른 언택트 현실에 직면해 온라인 소통이 더욱 고양되는 측면도 있다.

그러나 온라인 정치시대의 현실은 빛(순기능)만 있는 게 아니다. '가짜뉴스'(Fake News)를 유포하고 진영에 매몰돼 '허위정보'(disinformation)를 확대재생산하는 낡고 음습한 그림자(역기능)도 함께 드리워져 있다. 바로 혹세무민(惑世誣民)하는 유튜브 채널들이다. 이성과 과학의 빛이 사라진 중세 암흑기시대처럼 세상을 어지럽히고 국민을 속이려 든다. 주권자의 소중한 생명을 앗아가고 공동체를 몰락케 하는 역기능이 매우 크다.

'오늘도 뇌는 거짓말을 한다'의 저자 알베르 무케베르는 "인터넷은 독자로서의 발언권을 누구에게나 주면서, 가짜 전문가나 진짜 선동가의 출현을 위한 최고의 전달 매체가 되었다"고 지적했다. 움베르토 에코는 "사회에 그 어떤 영향력도 주지 못하는, 술집에서나 떠들던 사람들에게 오늘날 노벨상 수상자나 가질 법한 발언권을 주게 되었다"고 신랄하게 독설을 날렸다.

레거시 미디어뿐만 아니라 다양해진 온라인 매체, SNS 등이 직접 민주주의를 활성화하고 주권자의 정치적 자주성을 실현하는 순기능을 했다. 하지만 편향에 빠진 '허위정보'를 통해 진보와 보수, 여야의 진영논리를 극단적으로 양극화 획일화하는 폐해를 낳았다. 이미 생산된 가짜뉴스는 진짜뉴스와 마찬가지로 어딘가에 저장되어 소멸되지 않고 새로운 채널과 플랫폼을 타고 재생산된다. 가짜뉴스라고 판명되어 제거될 경우, 그 정보를 믿고 있는 사람들은 반대파들이 자행한 일이라고 생각하면서 더욱 그 정보에 신뢰를 표한다. 그리고 이것은 기존에 지지하는 세력에 대한 더욱 강한 신뢰로 이어지는 악순환이 반복된다.

특히 한국사회에서 가짜뉴스(허위정보)의 뿌리는 이념 과잉의 냉전적 분단체제와 기득권적 상업주의 저널리즘의 이해관계다. 좌우 편향의 양극단세력이 쏟아내는 허위정보는 민주주의 공동체를 무너뜨리는 '공공의 적'이다.

전문가들은 이런 현상이 '확증 편향'(confirmation bias. 선입견이나 신념을 굳건히 하는 정보만을 선호하려는 경향, 그에 반대되거나 모순되는 내용은 거부하는 편향)에서 비롯됐다고 진단한다.

5. 뉴미디어 정치 발전의 퇴행적 장애물 '허위정보(가짜 뉴스)' 극복방안

뉴미디어 정치시대에 역기능하는 허위조작정보(가짜뉴스) 대응방법은 민주주의 선진국을 비롯한 각국의 대응을 지켜보면서 극복방안을 마련할 필요가 있다. 우리나라 언론계의 능동적 자기혁신을 전제로 한 대안 제시가 선행되는 게 더욱 바람직하다. 동시다발적으로 시민사회의 공론화 과정을 거쳐 우리나라에 적합한 방식을 고안해야 할 중대한 시기이다.

정치 주권자의 주체적이고 책임 있는 정치참여를 위한 사회적 노력이 확대되고 있다. 뉴미디어 정치시대에 건강하고 균형 있는 공론 형성을 위해 가짜뉴스의 폐해를 극복하려는 방안 모색이 활성화 되고 있다. 언론 신뢰성 제고를 통한 해법 등 국내외적으로 대안 마련을 위한 움직임이 활발히 일고 있다.

국제적으로는 온라인상의 허위 정보를 근절하기 위한 혁신적 미디어 자율 규제 계획 '저널리즘 트러스트이니셔티브(JTI)'가 2018년에 발족했다. JTI에는 국경없는기자회, AFP 통신, 유럽방송연맹, 글로벌에디터네트워크가 참여해 '언론 신뢰성에 관한 공신력 있는 표준'을 만드는 노력을 기울이고 있다. 언론 스스로가 신뢰도 및 투명성에 관한 표준을 제정해 미디어 환경을 자율적으로 규제하겠다는 의지를 밝힌 것이다.

그리고, 가짜뉴스는 그것이 제작될 때부터 증오나 금전적 이익, 정치세력 확보 등의 특정 의도가 내재되어 있기 때문에 정보제공자와 사실 및 내용 적절성 등을 확인할 것을 제안하고 있다.

또한, 대부분의 전문가들은 페이크 뉴스(허위조작정보)의 진위여부에 대한 판단과 이해는 수용자들의 몫이라는 지적에 동의하고 있다. 즉 지적 시민(informed citzen)이라면 수많은 정보에 대해서 그 정보의 옳고 그름을 확인하는 판단을 끊임없이 해야 된다는 것이다. 이를 위해서는 스스로 미디어 리터러시를 키우고 페이크 뉴스를 신고하고 제보하는 것이 필요하다는 의견을 제시한다.

더 나아가 언론개혁적 관점에서 뉴스 소비자이자 정치 주권자인 국민 대중의 '미디어 주권자운동'이 요구된다는 흐름도 일고 있다. 가짜뉴스와 편향된 진영논리로 공동체가 무너지는 재앙이 생기지 않도록 '미디어 주권자운동'을 활성화 할 필요가 있다.

온라인 뉴 미디어의 폭발적인 확장 등 언론과 미디어 환경이 급격하게 바뀌었다. 세상이 4차 산업혁명으로 빛의 속도로 변화하고 있다. 대중들은 진지한 보도보다 정치인, 유명인의 의도된 가짜뉴스(허위정보)에 더 민감하게 반응하고 있다.

중요한 건 이런 '허위조작정보'가 사람들의 일상, 주요 국가정책, 지도자 선정에 이르기까지 삶의 모든 중요한 영역에 파고든다는 점이다. 사람들은 각자 합리적인 판단 아래 뉴스나 의견을 이해하고 의사결정은 하고 있다고 착각하고 있다. 허위정보는 인간의 가장 취약한 부분, 즉 사람들이 '믿고 싶은 사실'을 정확히 건드려 판단력을 흐려 놓는다. 개인이 크고 작은 피해를 입는 것은 물론 잘못된 정책으로 다수의 삶이 불편해진다. 또한 수준 미달의 정치 지도자가 뽑혀 한 나라가 휘청거리는 것도 허위조작정보(페이크뉴스)의 악영향 때문이다. 요즘엔 일반 대중 가운데 '권력지향적 유권자'들이 유튜브 등의 뉴 미디어를 통해 더 적극적으로 허위 · 조작정보를 퍼뜨리는 것도 심각한 해악 중 하나다.

퓰리처상을 수상한 세계적인 저널리스트 제임스 볼은 저서 '개소리는 어떻게 세상을 정복했는가'에서 "대량생산되는 개소리는 이에 맞서 공정하고 정확한 보도를 하려는 착실한 매체에 큰 부담을 준다. 언론 매체는 그들의 문화와 규범 때문에, 특히 정치논쟁이 벌어질 경우 양쪽 모두에게 똑같이 귀 기울이려는 뿌리 깊은 관행 때문에, 개소리의 맹습에 맥을 못 춘다. 개소리꾼을 상대하는 주류 미디어는 칼을 들고 총에 맞서는 격 일지도 모른다"고 밝히고 있다. 제임스 볼은 팩트체크 조차 할 수 없는 가짜뉴스가 얼마나 대중을 유혹하는지에 대해 "진실의 가장 큰 적은 거짓말이 아닌 개소리를 믿고 싶은 당신의 마음이다"라고 신랄하게 지적했다. '진실보다 강한 탈진실의 힘'이 판치는 현상에 대한 강렬한 문제제기다.

독일의 경우는 BPB(독일연방정치교육센터)에선 가짜뉴스를 '위조된 뉴스', '허구(날조)인 뉴스' 개념으로 정의한다. 가짜뉴스는 없던 내용을 새롭게 만드는 한편으로 현존하는 사실 또는 진짜뉴스를 조합하여 그럴 듯하게 보이도록 꾸미기도 한다. 독일에선 가짜뉴스 대응정책 언론사와 소셜 네트워크 사업자에게 각각 적용되는 이원화된 규제체계를 마련했다. '저널리즘-편집'의 원칙에 따라, 콘텐츠를 제공하는 온라인 언론사들은 자신들이 가입한 독립기구(자율규제기구 또는 독일언론위원회 등)를 통해 기본 저널리즘 원칙 준수여부를 평가받는다. 소셜 네트워크 사업자에겐 '소셜 네트워크집행법'을 통해 네트워크 사업자가 모욕, 비방, 욕설의 내용이 담긴 콘텐츠를 제거하는 활동이 의무화되었다.

그러나 규제에는 늘 한계가 있기 마련이다. 독일에서 마련한 가짜뉴스 대응전략은 언론사와 소셜 네트워크에 적용된다. 개인이 생산하는 가짜뉴스는 규제 틀에서 벗어나 있다. 최근 들어 가짜뉴스가 메신저를 이용한 개인 활동을 통해 확산되고 있기에 이를 해결하지 못한다면 이 정책들의 효과는 미미할 수밖에 없다. 그렇다고 해서 언론 외의 단체나 개인들에 대해 가짜뉴스 제작이나 유포를 제한하는 것은 거의 불가능에 가깝다. 자유로운 의견형성과 교환이라는 민주주의의 기본가치가 훼손될 여지가 있기 때문이다.

문제는 가짜뉴스(허위 · 조작정보)에 대한 제재가 강해질수록 확증편향이 더욱 심해지는 악순환의 무한반복과 자가증식이다. 우리가 늘 경험하는 일상처럼 가짜뉴스는 쉽게 사라질 위협이 아니다. 차별과 혐오가 가짜뉴스가 배양될 토양으로 작용하고 있고, 권력획득에 매몰된 정치세력이나 이익집단들이 그 열매를 나눠주고 있기 때문이다.

온라인 정치시대 주권자가 지향해야 할 기준은 '건전한 상식을 가진 생활인'의 자세다. 국민 스스로가 공정하고 신뢰할 수 있는 공론형성의 주역이 될 수 있다. 극단적 획일적 사고와 이념과잉에 빠지지 말고 이성과 과학의 힘으로 주권자의 자주성을 발휘해야 할 필요가 있다. 진실만이 좌우편향의 진영몰이를 물리칠 수 있다. 보다 적극적인 정치적 실천으로는 가짜뉴스 횡행의 서식지인 분단체제를 해체하기 위한 범국민적 통일운동(통일방안 정립 등) 실천이 요구된다.

한반도 분단체제 하에서 정치 주권자의 자주성 실현을 가로막는 반자주적, 반민주적, 반통일적 가짜뉴스 극복은 시대적 과제다. 냉전체제 극복이 조국의 평화적 통일 실현과 민주주의 발전에 조응한다. 대한민국의 평화롭고 지속가능한 미래와 진실을 구현하는 방향은 '자주를 기반으로 민주를 중심으로 통일을 지향'하는 범국민적 주권자행동이다.

필자도 내일신문에서 언론인으로 일 하며 '김종필tv'라는 채널을 운영하는 유튜버로서 더욱 경각심을 갖고 노력하려 한다. 허위조작정보 폐해 극복과 대한민국 주권자인 국민들의 정치적 자주성 실현에 기여하는 방향으로 역할을 하고자 한다.

3

대한국민(大韓國民) '주권자행동 10계명'을 제안한다

주권자 '대한국민(大韓國民)'은 헌법 전문의 '전민항쟁' 헌법정신과 제1조 '대한민국의 주권은 국민에게 있고, 모든 권력은 국민으로부터 나온다'는 법치주의를 투표장과 광장에서 행동으로 실현했다.

정치가 후보자(대리인)에서 유권자로 넘어왔다. 유권자(有權者)라는 사회정치적 지위를 넘어 주권자(主權者)로 역할을 높일 때 한국정치의 의미 있는 좋은 변화가 이루어진다.

촛불항쟁 이후 한국정치는 '내가 나라의 주권자'라는 집단적 자각을 통해 나라와 미래를 바꾸려는 주권자의 정치적 주권 실천운동이 확대되고 있다. 이제 진보냐, 보수냐 보다 더 중요한 것은 '주권자 중심'이냐, 아니냐이다. 명실공히 유권자운동(有權者運動, voter movement)이란 새로운 흐름이 형성되고 있기 때문이다. 유권자운동에서 진화한 주권자운동은 '유권자 대중의 자주적 삶 실현과 민주적 질서의 제도화'가 요체다.

사회정치적 지위는 '유권자'이나 자신과 공동체의 좋은 변화를 위해 역할을 하지 않으면 진정한 '주권자'가 아니다. 권력자와 정치인(권)은 스스로 혁신을 하지 않는다. '행동하는 주권자'의 실천이 한국정치를 미래지향적으로 공동체를 지속가능하게 바꾼다.

내일신문은 1992년 '일하는 사람들의 대선참여운동본부' 활동경험을 배경으로 출발했다. 당시 각계각층의 일하는 사람들이 대통령 선거에서 '당선가능한 야당을 찍자'는 집단적 의견을 신문광고 등의 방법으로 표출하고 투표에 참여하자는 유권자운동을 실천했다. 이후 1993년 10월에 사원주주제에 기반한 자주관리경영 시스템을 골간으로 내일신문사를 창간했다. 그 역사적 경험을 토대로 한국정치 발전과 대한민국 공동체의 미래를 위한 〈대한국민(大韓國民) '주권자행동 10계명'〉을 제안 한다.

'행동하는 주권자'가 정치를 바꾼다

첫째, 대한민국 헌법 전문을 낭독하고 이를 실천하기 위한 사회적 캠페인을 확산시키자.

헌법 전문은 헌법정신의 정수이니 주권의식도 높이고 투표참여 책임감을 공유할 수 있다고 본다. 만18세 이상의 국민에게 투표권이 주어지는 매년 5월 10일 유권자의 날에 함께 모여 헌법 전문을 낭독하는 사회적 실천도 좋은 방안이 되리라 생각한다.

둘째, 모든 중대선거(대통령 선거, 국회의원 선거, 지방자치 선거) 투표에 꼭 참여하자.

정치성향이 진보, 보수, 중도 관계없이 투표로 자신의 자주적 의사를 반영해야 공동체의 역동성과 지속가능성이 담보된다.

내년 3월 9일 제20대 대통령선거와 6월 1일 제8회 전국동시지방선거가 실시된다. 우리나라는 권력구조(정부형태)가 대통령중심제 국가인 만큼 차기 대선에서 배우자 고르듯 후보자를 신중하게 변별해 꼭 투표하자. 또한 민주주의의 토대가 되는 지방자치선거는 우리들 일상생활과 가장 밀접한 정치이니 투표에 꼭 참여하자.

셋째, 10만원 소액 정치후원금(전액 세액공제)을 지지하는 후보에게 공익 차원에서 기부하자.

후보들의 공약과 정책을 꼼꼼히 살펴보고, 자신의 가정과 직장 그리고 공익에 유익한 후보를 선택해 후원하자.

이런 노력이 불법 정치자금 수수 풍토를 개선하고 정치인의 깨끗하고 올바른 정치활동을 이끌어 내는 계기가 될 수 있다. 일반 국민의 정치후원금은 시놉티콘(Synopticon. 대중이 권력자를 감시할 수 있는 것으로 파놉티콘의 반대 개념) 효과를 가져 올 것이다.

넷째, 풀뿌리 민주주의의 산실인 지방자치 발전과 시민의 삶의 질 개선을 위해 '풀뿌리 시민단체'에 가입해 생활정치의 토대를 굳건히 하자.

유권자 삶의 질 개선은 유권자의 참여 없이는 불가능하다. 자신의 생활터전이 속한 지방자치 영역에서의 다양한 활동이 지방자치단체의 정책과 행정을 발전시키는 길이다.

다섯째, 직접민주주의 실천 차원에서 '입법청원'에 적극 참여하자.

유권자의 생활과 직결된 각종 요구를 법안으로 만들어 국회(입법부)를 통해 온라인 청원하는 제도를 상시적으로 활용하자. 유권자가 원하는 법을 만드는 입법부의 활동에 관심을 가지고 참여해야 유권자가 요구하는 법이 제정된다.

여섯째, '호모 폴리티쿠스'를 운동으로 확산시키자.

대한민국 공동체의 주권자로서 정파와 진영에 빠지지 말자. 헌법과 법률을 위배하는 부당하고 불의한 권력(자)에 능동적으로 저항하는 '촛불항쟁'의 정신을 계승 발전시키는 것을 '호모 폴리티쿠스'라 명명하고 널리 퍼뜨리자. 정치에서 소외되는 것이 아닌 주인이 되는 정치적 인간이 되자는 의미이다.

일곱째, 허위조작정보(가짜 뉴스)에 매몰되지 않는 '미디어 주권자행동'을 실천하자.

허위조작정보를 가려내기 위한 판단 기준에 대한 사회적 합의과정에 적극적인 관심을 기울이자. 정파와 진영의 사슬을 끊고 상업적 저널리즘에 휩쓸리지 않는 균형 잡힌 언론, 검증된 미디어를 적극 후원하자.

여덟째, 범국민 요구를 반영한 〈국민공천 기준안〉을 마련해 대통령선거 · 총선 · 지방자치선거에서 여야 정당이 반영하도록 하는 주권자행동을 실천하자.

세계의 변화와 시대정신에 맞고 국민의 밥 · 일 · 꿈을 돕는 진취적인 공약을 제시하는 후보와 정당을 선택하도록 집단지성을 발휘하자.

아홉째, 국민 기본권 강화 등을 향한 국민주체 '개헌'과 헌법정신 실현에 능동적으로 나선다.

1987년 개헌 이후 시대변화에 조응하고 무한경쟁 세계시장 속에 지속가능한 번영을 준비하는 국가체제 개선은 주권자의 역사적 책무다. 촛불항쟁을 통해 진화하는 정치주권자운동은 새로운 나라 제7공화국 완성을 향해 전진하고 있다. 주권자운동은 '국민대중의 자주적 삶 실현과 민주적 질서의 제도화'가 요체다.

열 번째, '대한국민(大韓國民) 주권자 행동 10계명(대주행)'을 실천하자. '대주행'의 사회적 확산에 동참하자.

우리들의 밥 · 일 · 꿈 실현을 위한 '주권자행동 10계명' 캠페인의 확산을 위해 노력하자.

주권자들의 이러한 노력만이 촛불항쟁 이후에도 기득권과 특권에 구태의연하게 안주하고 있는 정치권에 진짜 변화를 가져올 수 있다. 촛불항쟁 정신 구현은 현재진행형이다.

결국, 주권자가 행동하는 만큼 한국정치가 바뀐다.

2부

1.차기 대선과 시대정신을 밝힌다

2. 민주주의 원칙과 주권자(대한국민) 정치시대

3. 민생 회복과 정치개혁, 리더십 혁신의 길

4. 남한헌법 주어 '대한국민', 북한헌법 주어 '김일성 동지'

*남한과 북한 '헌법정신'의 차이는?

대한민국의 헌법 전문(前文)

유구한 역사와 전통에 빛나는 우리 대한국민은 3 · 1운동으로 건립된 대한민국임시정부의 법통과 불의에 항거한 4 · 19민주이념을 계승하고, 조국의 민주개혁과 평화적 통일의 사명에 입각하여 정의 · 인도와 동포애로써 민족의 단결을 공고히 하고, 모든 사회적 폐습과 불의를 타파하며, 자율과 조화를 바탕으로 자유민주적 기본질서를 더욱 확고히 하여 정치 · 경제 · 사회 · 문화의 모든 영역에 있어서 각인의 기회를 균등히 하고, 능력을 최고도로 발휘하게 하며, 자유와 권리에 따르는 책임과 의무를 완수하게 하여, 안으로는 국민생활의 균등한 향상을 기하고 밖으로는 항구적인 세계평화와 인류공영에 이바지함으로써 우리들과 우리들의 자손의 안전과 자유와 행복을 영원히 확보할 것을 다짐하면서 1948년 7월 12일에 제정되고 8차에 걸쳐 개정된 헌법을 이제 국회의 의결을 거쳐 국민투표에 의하여 개정한다.

대한민국 헌법 제 1조

① 대한민국은 민주공화국이다.
② 대한민국의 주권은 국민에게 있고, 모든 권력은 국민으로부터 나온다.

대한민국 헌법 전문

조선민주주의인민공화국 사회주의헌법 서문(序文)

조선민주주의인민공화국은 위대한 수령 김일성동지의 사상과 령도를 구현한 주체의 사회주의조국이다.
위대한 수령 김일성동지는 조선민주주의인민공화국의 창건자이시며 사회주의조선의 시조이시다.
김일성동지께서는 영생불멸의 주체사상을 창시하시고 그 기치밑에 항일혁명투쟁을 조직령도하시여 영광스러운 혁명전통을 마련하시고 조국광복의 력사적위업을 이룩하시였으며 정치, 경제, 문화, 군사분야에서 자주독립국가건설의 튼튼한 토대를 닦은데 기초하여 조선민주주의인민공화국을 창건하시였다.
김일성동지께서는 주체적인 혁명로선을 내놓으시고 여러 단계의 사회혁명과 건설사업을 현명하게 령도하시여 공화국을 인민대중중심의 사회주의나라로, 자주, 자립, 자위의 사회주의국가로 강화발전시키시였다.
김일성동지께서는 국가건설과 국가활동의 근본원칙을 밝히시고 가장 우월한 국가사회제도와 정치방식, 사회관리체계와 관리방법을 확립하시였으며 사회주의조국의 부강번영과 주체혁명위업의 계승완성을 위한 확고한 토대를 마련하시였다.
김일성동지께서는 《이민위천》을 좌우명으로 삼으시여 언제나 인민들과 함께 계시고 인민을 위하여 한평생을 바치시였으며 숭고한 인덕정치로 인민들을 보살피시고 이끄시여 온 사회를 일심단결된 하나의 대가정으로 전변시키시였다.
위대한 수령 김일성동지는 민족의 태양이시며 조국통일의 구성이시다.
김일성동지께서는 나라의 통일을 민족지상의 과업으로 내세우시고 그 실현을 위하여 온갖 로고와 심혈을 다 바치시였다. 김일성동지께서는 공화국을 조국통일의 강유력한 보루로 다지시는 한편 조국통일의 근본원칙과 방도를 제시하시고 조국통일운동을 전민족적인 운동으로 발전시키시여 온 민족의 단합된 힘으로 조국통일위업을 성취하기 위한 길을 열어놓으시였다.
위대한 수령 김일성동지께서는 조선민주주의인민공화국의 대외정책의 기본리념을 밝히시고 그에 기초하여 나라의 대외관계를 확대발전시키시였으며 공화국의 국제적권위를 높이 떨치게 하시였다.
김일성동지는 세계정치의 원로로서 자주의 새시대를 개척하시고 사회주의운동과 쁠럭불가담운동의 강화발전을 위하여, 세계평화와 인민들사이의 친선을 위하여 정력적으로 활동하시였으며 인류의 자주위업에 불멸의 공헌을 하시였다.
김일성동지는 사상리론과 령도예술의 천재이시고 백전백승의 강철의 령장이시였으며 위대한 혁명가, 정치가이시고 위대한 인간이시였다. 김일성동지의 위대한 사상과 령도업적은 조선혁명의 만년재보이며 조선민주주의인민공화국의 륭성번영을 위한 기본담보이다.
조선민주주의인민공화국과 조선인민은 조선로동당의 령도밑에 위대한 수령 김일성동지를 공화국의 영원한 주석으로 높이 모시며 김일성동지의 사상과 업적을 옹호고수하고 계승발전시켜 주체혁명위업을 끝까지 완성하여 나갈것이다.
조선민주주의인민공화국 사회주의헌법은 위대한 수령 김일성동지의 주체적인 국가건설사상과 국가건설업적을 법화한 김일성헌법이다.

조선민주주의인민공화국 헌법 서문

1
차기 대선과 시대정신을 밝힌다

심판이냐, 미래비전이냐

내년 대통령 선거에서 누가 승리할까. 대부분의 여론조사 추세를 보면 정권심판론이 정권안정론보다 우위를 유지하고 있다.

엠브레인퍼블릭 · 케이스탯리서치 · 코리아리서치 · 한국리서치 등 4대 기관의 20대 대선 전망 여론조사에 따르면 '국정운영 심판을 위해 야당 후보에게 투표'(정권심판론)는 51%, '안정적 국정운영 위해 여당 후보에게 투표'(정권안정론)는 38%였다. 4자대결 지지도에서는 윤석열 국민의힘 후보 39%, 이재명 더불어민주당 후보 32%, 심상정 정의당 후보 5%, 안철수 국민의당 후보 5%를 기록했다.(8~10일. 1009명. 이하 중앙선거여론조사심의위 홈페이지 참조)

한국갤럽이 머니투데이 의뢰로 실시한 조사(8~9일)에서도 '여당 후보가 당선되는 것이 좋다'고 응답한 비율은 30.9%에 불과했고, '야당으로 정권교체'에 대한 응답은 56.6%로 나타났다. 25.7%p 격차다. '대선후보 지지도'는 윤 후보가 41.7%를 기록해 이 후보(32.4%)를 9.3%p 앞섰다.

'대장동' 특별검사 도입 목소리는 야권 후보들뿐만 아니라 국민들 내에서도 커지고 있다. 한국갤럽 지난달 26~28일 조사에서 국민 65%가 특검도입에 동의했다.

'대장동 · 고발사주 의혹' 특검 수용하고 미래비전 경쟁해야

국민은 민중권력도 지배권력도 거부한다. 여론은 기득권 정치권 적폐를 대청소하라고 요구한다. 보수적폐도 진보적폐도 모두 심판한다는 것이다. 심판의 목적은 '진짜 좋은 변화'다. 선두에 서 있는 이-윤 후보가 대선에서 정말 이기고 싶다면 '대장동 · 고발사주 의혹 쌍특검'을 수용하는 게 해법이다. 국민 집단지성의 힘을 믿지 않는다면 어찌 대선 후보의 자격이 있겠는가. 여야 대선후보 구도가 정립됐으니 '대한국민'의 밥 · 일 · 꿈을 위한 미래비전 경쟁에서 진검승부를 펼쳐야 한다.

최근 여론조사 추이를 살펴보면 '무당층'이 늘고 있다. 한국갤럽 11월 둘째 주(9~11일 조사) 정당지지도 조사에서 국민의힘 36% 민주당 34% 무당층 22%였다. 20대(18~29세)에선 10명 중 4명이 무당층으로 나타났다.

2030세대를 중심으로 대선 투표에서 기권하고 싶다는 여론이 일렁이고 있다. 여야의 진영싸움과 이념갈등에 지치고, 여야 유력 대선주자들의 각종 의혹 논란에 마음을 닫고 있다. 유력 후보들에 대한 역대급 비호감은 세계적 수준이다.

차기 정부의 리더십에 대한 불안감도 고조되고 있다. 국민은 격렬한 여야(진보대 보수) 진영 대결로 국정과 공동체의 불안정성이 심화되는 것을 불안해한다. 각종 의혹과 게이트 여파로 여야 후보 중 승자도 패자도 감옥행

이라는 정치보복적 경고까지 시중에 난무하는 지경이다. 전형적인 '오징어 게임' 중이다.

정권교체 민심이 상대적으로 강한 덕분에 야권에서는 대선 낙관론이 높지만, 누가 대통령이 되든 '성공한 정부'가 될 수 있을지 불신이 커지고 있다. 각 정당(후보자)만 내년 3.9 대선과 6.1 전국동시지방선거 승리를 위한 진영 결집에 몰두하는 것은 아닌지 돌아봐야 한다. 코로나19 생명의 위기와 주거고난에 신음하는 유권자들의 척박한 현실과는 너무나 동떨어진 별세계다. 선거판이 권력추구 후보자와 좌우 확증편향에 빠진 권력형 지지자들의 게임장이 되고 있다는 비판이 높다.

새로운 미래로 가기 위해서는 무엇을 어떻게 혁신해야 할까. 그 답은 현재권력 문재인정부에 대한 유권자의 부정적 지적에서 찾을 수 있다. 대통령 직무수행 지지도 조사에서 부정평가 이유를 순위별로 보면 부동산정책(36%), 경제 · 민생 문제 해결 부족(9%), 전반적으로 부족하다(6%) 순으로 응답했다.(한국갤럽 9~11일 1000명)

'대한국민'은 제왕적 대통령 보다, '섬김의 리더십' 원해

비록 선거판이 개판이고 설령 국민 눈높이에 후보가 다 고만고만해도 참정권(투표)을 행사하자. 주권자가 좌우 진영에 휩쓸리지 말고 미래를 향한 선택을 해야 대한민국이 전진한다. 최악을 막는 차악을 선택하게 됐던 전례를 넘어서는 주권행사를 해야 정치판이 바뀐다. 작은 차이라도 최선이 아니면 '차선'을 뽑는 지혜를 발휘하자.

여야 대선 후보는 국민의 '주거복지' 해결 등 민생 살리기, 4차산업혁명시대 글로벌 경쟁력을 고양시키는 대한민국 미래비전에 전력투구해야 선택받는다. 제왕적 대통령의 권력행사(power)가 아닌 주권자 섬김(service)으로

의 대전환이 시대정신이다. 국민은 이런 미래비전을 실현할 수 있는 리더십인지 아닌지를 심판할 것이다.

2021-11-15

'대한국민'의 집단지성과 차기 대선

대한민국은 21세기에 문화종주국을 이룩했다. 한류문화(K-Culture)를 전세계로 수출하고 있다. 세계인을 열광케 하는 K-영웅들의 맹활약은 눈부시다.

넷플릭스 서비스 국가 83개국 모두에서 1위를 기록한 드라마 '오징어게임'을 만든 황동혁 감독. 세계에서 가장 성공적인 보이밴드 방탄소년단(BTS). 전세계 '유튜브 조회수 기록의 전설'이 된 '강남 스타일'의 싸이. 아카데미 최고 영예인 작품상 및 감독상까지 거머쥔 영화 '기생충'의 봉준호 감독. 이외에도 세계인을 황홀하게 하는 K-스타들이 즐비하다. 세계인이 열광하는 한류문화의 바탕은 바로 5000만 '대한국민'이다. 우리 민족의 흥과 끼, 한의 정서가 원천적 에너지다.

오늘날 한국의 경제력은 세계 10위권이고, 군사력은 6위다. 구매력기준 1인당 국내총생산(GDP)은 일본을 넘어 영국 프랑스와 비슷한 수준으로 도약했다. 이렇듯 대한민국의 대한국민은 위대하다.

국민이 위대한 대한민국, 비호감 대결로 가는 20대 대선

세계가 인정한 대한민국 민주주의의 백미 '촛불항쟁'. 촛불항쟁에 자발적으로 참가한 누적 시민은 1700만명에 이른다. 독일의 프리드리히 에버트 재단은 '촛불시민'을 '2017 에버트 인권상' 수상자로 선정했다. 비폭력 평화집회를 통해 대통령 탄핵을 이끌어내고 민주공화국 대한민국을 나라다운 나라로 재정립한 점을 주목했다. 세계 유례가 없는 한국 국민의 성숙한 주권자행동을 세계 민주주의의 모범으로 평가했던 것이다.

촛불시민은 촛불항쟁 5년을 맞아 지금도 "박근혜 탄핵은 옳은 결정"(95.2%) 이라는 자긍심과 확신이 여전했다. 하지만 촛불 참가자 중 압도적 다수는 "촛불은 아직 미완성이고, 그 원인은 문재인정부 능력과 의지 부족 때문"이라고 혹평한다.〈내일신문 창간 28주년 기획 10월 8일, 12일, 13일자 참조〉

국민은 진정한 '변화'를 원한다. 민주당 지지 유권자들은 대선 후보로 여당 내 야당 역할을 한 이재명 경기지사를 선택했다. 민주당 지지층도 문재인정부 시즌2나, 문 대통령 짝퉁 후보를 원하지 않는다는 사실을 보여준 것이다. 국회의원 '0선' 윤석열 전 검찰총장이 야당의 유력한 대선후보로 자리잡은 것도 변화에 대한 국민 갈증이 배경이다.

20대 대선이 역대급 '비호감 대결'로 치닫고 있다. 비호감 대선으로 치닫게 된 중심에 여야 유력주자들의 각종 의혹과 논란이 있다. 여론조사에 따르면 국민의 61%는 성남시 대장동 개발사업 특혜의혹에 "이재명 후보가 사건에 개입했을 것"이라고 답했다. '고발사주' 의혹에는 국민 53%가 "윤석열 국민의힘 예비후보가 검찰 고발사주에 개입했을 것"이란 의견을 나타냈다. 대다수 국민은 "대장동 특검 및 국정조사에 찬성한다"(73%)고 밝혔다.(케이스탯리서치가 10월 11~12일 여론조사. 자세한 내용은 중앙선거여론조사심의위원회 참조)

여야 정치권이 코로나19로 생명의 위기에 처한 국민과 자영업자 등 파탄난 민생경제 회복, 서민의 주거고난 극복을 위해 결단을 해야 한다. 특단의 해법으로 '대장동 의혹과 고발사주 의혹'을 수사하는 특검 수용을 제안한다. 검찰과 경찰의 지지부진한 수사와 여야의 소모적 정쟁에 국민은 폭발 일보 직전이다.

이 시점에서 국정에 대한 무한책임을 가진 집권 민주당 이재명 후보의 대승적 결단이 필요하다. 평소 헌법정신과 법치주의를 전가의 보도인양 외쳤던 윤석열 후보도 국리민복을 원한다면 적극 수용하길 기대한다. '특검 수용'이 정쟁과 불신의 늪에서 탈출하는 정공법이다.

'대장동 게이트' '고발사주 의혹' 특검 수용이 해법

맹자는 일찍이 '백성이 가장 존귀하고, 사직(국가)은 그 다음이며, 임금은 가볍다'는 '민귀군경'(民貴君輕)을 설파한 바 있다.(진심편 하) 과연 차기 대선에서 어느 후보가 국민의 마음을 더 얻을까. 한국갤럽 여론조사(10월 11~12일)에 따르면 '정권교체 56.7%'인 반면 '정권유지 35.6%'로, 격차가 21.1%p에 달한다.

대한국민은 바보가 아니다. '집단지성'의 지혜와 역동성으로 우리 민족의 저항정신을 구현해 오늘의 대한민국을 건설해왔다. 국민은 모든 의혹의 실체적 진실이 밝혀지길 원한다. 이명박 · 박근혜 전 대통령의 불행한 흑역사를 반복하길 원치 않는다.

국민의 집단지성을 진정 믿는가. 시민 국민 주권자 대한국민을 믿고 미래로 뚜벅뚜벅 가라. "나보다 우리가 똑똑하다"가 민주주의 역사다.

2021-10-18

차기 대선에서 누가 이길까

내년 대통령선거를 전망하는 핵심 관전 포인트는 두 가지다. 첫째는 여당의 '정권재창출'이냐, 야당으로 '정권교체'냐에 대한 지지여론의 흐름이다. 이는 현재권력의 리더십에 대한 심판과 여야 대선후보들의 미래비전에 대한 민심의 평가를 반영한다.

둘째는 문재인 대통령의 직무수행에 대한 여론 지지도 추이다. 이 사안은 문 대통령의 레임덕과 집권여당 차기 후보의 문재인정부 차별화와 연동돼 있다.

단단했던 정권교체 여론이 흔들리고 있다. 4.7재보궐선거 민주당 참패 후 한국갤럽 4월 셋째 주 조사에서 '정권교체론'(55%)이 '정권유지론'(34%)보다 21%p 많았으나, 8월 첫째 주 조사에선 정권교체(47%) 정권유지(39%)로 격차가 8%p로 크게 줄었다.(이하 자세한 내용은 중앙선거여론조사심의위원회 홈페이지 참조)

대선의 캐스팅보트인 중도층에서도 정권교체론이 올해 초 56%에서 8월 초 51%로 줄었다. 하지만 중도층 유권자 과반 수 이상이 지난해 12월부터 정권교체 쪽으로 여전히 기울어져 있다.

흔들리는 '정권교체론', 대선 본선경쟁력 요체 '중도확장성'

한국갤럽 8월 3주차 '차기 정치지도자 호감도 조사'에서 이재명 경기지사 40% 윤석열 전 검찰총장 29% 이낙연 전 대표 24% 최재형 전 감사원장 17% 순으로 나타났다. 문 대통령 직무 수행 지지도는 8월 2주차 36%에서 4%p 올랐다. 직무 수행 부정 평가 이유로 '코로나19 대처 미흡'(22%), '부동산 정책'(21%), '경제 · 민생 문제 해결 부족'(9%) 등을 지적했다.

요즘 여야 정치권은 대권놀음에 빠져 자중지란에 휩싸였다. 내전(內戰)이 본격화됐다. 차기 대선후보를 뽑는 경선이 선의의 정책 대결, 리더십 검증이 아니라 사생결단의 네가티브전으로 변했다. '차라리 경쟁정당 후보가 당선됐으면 좋겠다'며 내부 총질도 예사다.

K-방역이 위태위태하다. 코로나19 감염자가 한 달 넘게 네 자릿수이고 최근엔 매일 2000명대를 오르락내리락 하고 있다. 백신수급 대책도 부실해 국민 불신이 커지고 있다. 부동산대책을 25차례나 내놓았지만 집값과 전세값 폭등은 갈수록 태산이다. 여야 정치권은 국민 생명의 위기와 주거 고난은 뒷전인 채 집안싸움에 골몰하고 있다.

이 판국에 민주당은 "독재시대 기사 검열 · 언론통제" "권력형 비리보도 원천 봉쇄"라며 한국기자협회 등 6개 언론단체와 세계신문협회가 반대하는 '언론중재법'의 입법독주 강행에 목매고 있다. 정권재창출 민심과 멀어지는 퇴행이다.

국민의힘과 소속후보들도 정권교체를 희망하는 과반수 유권자들의 요구와 반대방향으로 내달리고 있다. 윤석열 전 검찰총장도 중도층에 소구했던 강점이 사라졌다. '공정과 상식, 탈여의도' 이미지는 빛바래고, 당내 경선을 염두에 둔 보수 회귀에 몰입해 차별성이 실종됐다. 국민의힘 초선 의원에 따르면 "중도 확장에 대해서는 요즘 얘기하는 사람도 없다"고 개탄했다. 본선 승리를 위해 야권통합 차원에서 추진한 국민의당과 통합협상도 파국을 맞았다. 중도를 표방하는 제3지대 안철수 대표는 독자 레이스를 선언했다. 결국 11월 선출될 국민의힘 대선후보와 안철수 대표 간 담판으로 공이 넘어갔다. 국민의당과 안 대표의 여론조사 평균지지도는 2~7%대다. 내년 대선이 보수와 진보 양자 진영대결로 치러질 가능성이 큰데 양 진영이 총결집하면서 '49(패자) 대 51(승자) 구도'가 만들어질 것이다. 5%p 이내에서 박빙 승부가 펼쳐질 가능성이 크다. 때문에 차기 대선에서 중도층 유권자 획득이 여야 모두에게 상수, 큰 승부처가 됐다.

중도확장 키워드 '유능한 실용적 리더십과 새 시대 미래비전'

중도획득 진검승부에서 이기려면 민주당은 송영길 대표도 대국민사과를 했듯이 '조국의 강'을 건너야 한다. 친문세력 결집체 '민주주의 4.0'도 '도로 친문당' 적통경쟁 보다, 후보가 대통령과의 차별화전략에 유연성을 갖도록 해줘야 승률이 커진다.

4.7재보선에서 확인됐듯이 '중도층(무당층)' 유권자의 마음을 얻기 위해선 민생 · 경제문제 해결에 유능하고 겸손한 실용적인 리더십(국가경영능력)을 발휘해야 선택받는다, 스윙 보터로 부상한 2030청년세대의 분노를 4차산업혁명시대 미래지향적 대안으로 풀어내야 지지를 얻을 수 있다. 중도층 유권자를 향해 진보진영 후보(당)가 먼저 우향우하느냐, 보수진영 후보(당)가 먼저 좌향좌 혁신을 하느냐에 따라 본선 승부가 갈릴 것이다.

2021-08-23

'꼰대정치' 종말과 정치변혁

꼰대정치가 종말을 고하는가. '꼰대 · 기득권 · 수구꼴통 세력은 물러가라'는 격랑이 거세고 거침없다. 여야 정치권 예외없이 정치변혁의 소용돌이에 휩싸였다.

'정치권 세대교체'의 필요성에 대해 90% 여론이 '필요하다'고 답했다. 여야 당대표 직무수행에 대한 기대감은 더불어민주당 송영길 대표의 경우 긍정적 38% 부정적 39%로 팽팽했지만, 국민의힘 이준석 대표에 대해서는 긍정적 69% 부정적 19%로 평가했다.(엠브레인퍼블릭 · 케이스탯리서치 · 코리아리서치 · 한국리서치 2021년 6월 14~16일 전국 18세 이상 1004명 대상 6월3주차 전국지표조사(NBS) 조사. 중앙선거여론조사심의위원회 홈페이지 참조) '정치권에 세대교체가 필요하다'고 답한 응답자는 무려 90%에 달했다.

한국갤럽의 6월 1주차 조사를 보면 차기 대선에서 '야당 후보가 당선되는 것이 좋다' 50%, '여당 후보가 당선되는 것이 좋다' 36%로 나타났다.

2030세대, 기득권체제의 세대교체 넘어 시대교체 앞장 서

'꼰대'란 지위나 권력이 높은 쪽이 낮은 쪽에게 거들먹거리는 걸 뜻한다. 영국 BBC방송은 '자신이 항상 옳다고 믿는 나이 많은 사람(다른 사람은 늘 잘못됐다고 여김)'이라고 풀이했다. 기성세대가 자주 쓰는 '라떼'(나 때는 말이야)도 꼰대 대열로 간주한다. 꼰대정치는 낡고 기득권적이다. 수구적 행태로 권력독점과 지배를 추구한다. 즉 자신의 권력 지탱을 위해 꼼수를 일삼고 진영논리에 기생하며 무능함에도 '내로남불' 태도를 보인다.

국민들의 정치 불신현상은 입법부에 대해 가장 크고 강하다. 국회는 17개

기관 신뢰도 평가에서 꼴찌를 기록했다. 불신은 81.4%로 최고치였다. 2030세대는 혐오에 가까울 정도로 그 강도가 더 세다.(한국행정연구원 사회통합 실태조사)

헌정사 최초로 제1야당 신임대표에 당선된 '원외 0선' 1985년생 청년 이준석. 국민의힘은 이준석 당대표 당선 후 온라인 입당 당원가입이 10배 늘었다. 최근 벌어지고 있는 '이준석 돌풍'은 어디에서 비롯됐을까. 문재인 대통령 등 집권세력의 무능한 정책실패와 오만함 등 낡은 정치에 반기를 들며 시작됐다. 집권 기득권세력이 개혁대상인데 왜 개혁주체인양 꼰대 짓을 계속 하느냐는 반격이다.

사실 2030세대가 정치적 발화자로 등장하는 조짐은 계속 있어 왔다. 강고한 기득권 정치집단이 된 86세대를 작심 비판한 책으로 큰 반향을 얻은 '386 세대유감'은 80년생들이 공저자다. 또한 지난해 청와대 국민청원에 '시무7조'를 써 신드롬을 불러일으켰던 논객 조은산과 '정부가 집값을 안 잡는 이유'를 온라인에 연재해 화제를 불러 일으켰던 목동의 워킹맘 삼호어묵도 80년대 생이다.

'20대 열풍'이 뜨겁다. 지난 4.7 재보선에서 20대 유권자가 야당 후보에게 압도적 지지를 보내면서 '90년대생'이 정치권 화두가 됐다. 'K-를 생각한다'의 저자 94년생 임명묵 작가는 "이준석은 2030세대가 키운 아바타"라며 실제 청년층은 '위로 올라갈 공정한 기회를 달라'고 분노하고 있다고 강조한다. 청년세대들은 이제 한국 정치를 쥐고 흔드는 캐스팅보터로 꿈틀대고 있다.

2030세대는 촛불항쟁과 박근혜 대통령 탄핵을 거치면서 다른 세대보다 정치 효능감이 높아졌다. '투표를 통해 정치를 바꿀 수 있는지'를 물어 본 한국갤럽의 1월 1주차 조사에서 20대(18~29세)는 약 5년 사이에 54%에서

74%로 상승했고 30대는 55%에서 79%로 뛰었다.

2030세대는 기득권체제의 세대교체를 넘어 시대교체를 향해 앞장서고 있다. 시대교체로 전진해야 진정한 정치혁신, 역사발전이다.

'인적쇄신 · 정책쇄신' 통해 '유능한 개혁정부' 실현하는 리더십

여야 대표가 국회 연설에서 밝힌, 인적 · 정책적 자기혁신 없이 분칠만 한 청년과 대국민 구애는 울림이 없다. 집권 민주당은 '부동산 투기 의혹' 12명 의원 탈당 처리도 말만 무성할 뿐이다. 쇄신 · 반성은 외면한 채 민심과 무관한 '대선경선 연기론'을 둘러싸고 사생결단식 대결에 몰두하고 있다.

국민의 마음을 얻으려면 과거 자신의 진영 대통령을 뛰어넘는 '감동적인 인적 쇄신과 혁신적인 정책 쇄신'이 답이다. 이준석도, 86세대도 결국 자기 자신이 문제다. 변화의 출발점은 '정치변혁'이라는 초심으로 돌아가 자신을 성찰하고 낮은 데로 임하는데 있다. '유능한 개혁정부'는 진보와 보수를 넘어 모두의 요구다. 국민 삶의 근간인 의식주를 책임지고 '밥일꿈' 실현을 도와주는 리더십이 선택받는다.

국민대중은 투표를 통해 심판했고, 촛불항쟁으로 정치적 의지를 표출했다. 정치변혁을 위한 도전을 두려워하지 않았다. '나라다운 나라'를 향한 주권자의 미래지향적 전진은 계속된다.

2021-06-21

대선공약과 국회의원 국민소환제

탄핵받지 않는 무소불위의 권력 국회의원을 견제하는 '국회의원 국민소환제'. 이재명 경기지사, 이낙연 전 민주당 대표, 추미애 전 법무부 장관, 김동연 전 경제부총리 등 차기 대선주자들이 '국회의원 국민소환제'를 20대 대선 공약으로 제시했다.

19대 대선에서는 문재인 홍준표 안철수 유승민 심상정 등 5당 후보 모두가 국회의원 국민소환제 도입을 공약한 바 있다. 2018년 문재인 대통령이 발의한 개헌안에도 국민주권 실현을 위한 정치개혁 차원에서 국회의원 국민소환제를 담았다.

2004년 17대 국회부터 20대 국회까지 '국회의원 국민소환제' 도입을 추진했던 전례는 무수히 많았으나 결국엔 흐지부지 무산됐다. 2019년 10월 정의당 심상정 대표는 비교섭단체 대표연설에서 "국회의 국민신뢰도는 1.8%로 사실상 불신임상태다. 국민이 요구하는 국민소환제를 도입하자"고 주장했다. 그러나 20대 국회에서도 관련 법안이 5건 발의됐지만 처리되지 못하고 자동 폐기됐다. 당시에도 국회는 민심과는 동떨어진 선택을 한 것이다.

국민주권 실현 정치개혁 '국회의원 국민소환제' 도입해야

21대 총선 당시 더불어민주당은 공약으로 '국회의원 국민소환제'를 내건 바 있다. 21대 국회 들어 열린민주당은 당론 1호 법안으로 '국민소환에 관한 법률 제정안'을 제출했다. 하지만 21대 국회 초반 6개의 관련 법안(김병욱 민형배 박영순 박주민 이정문 최강욱 의원 각각 대표발의)이 제출됐으나 상정조차 안 되거나 상정 후 한차례도 논의되지 않은 채 방치된 상황이다. 국회의원이 제 목에 방울달기를 거부하고 있기 때문이다.

국민소환제(國民召還制, recall)는 국민들이 부적격하다고 판단하는 국회의원을 임기 도중에라도 투표를 통해 파면시키는 제도다. 다른 말로는 '국민파면' '국민해직'이라고도 한다.

직접민주주의적 요소를 반영해 대의민주주의를 보완할 수 있는 제도로 꼽힌다. 우리나라에선 지방자치단체장과 지방의회 의원에 대해서만 '주민소환'이 가능하다. 대통령 판사 등도 탄핵되는데 국회의원만 예외인 셈이다. 국회의원도 국민들이 뽑아 놨는데, 자신들의 정치적 이익이나 사적 이익에만 몰두할 때는 국민이 리콜할 수 있어야 한다. 선거 결과를 불복하고 정치적인 도구로 악용하려는 부작용은 법률로 보완하면 된다.

문재인정부 출범 후 국회의원 국민소환제 도입에 대한 청와대 국민청원에는 21만명 넘게 동의했다. 대부분의 여론조사에서도 찬성 의견은 80%를 넘는다. 내일신문은 국회의원 국민소환제의 법제화를 정치혁신의 핵심정책으로 일관되게 제기해왔다.

최근 김승원 민주당 의원이 언론중재법 통과 무산 후 SNS에 박병석 국회의장에 대한 욕설을 연상케 하는 글을 올려 파문이 일었다. 국회의원 윤리가 바닥으로 추락했다. 국회 차원의 자정능력이 부재한 탓이다.

국회 윤리특위는 무용지물이 된 지 오래다. 15대 국회부터 24년이 지난 현재까지 249건의 징계안이 올라왔지만 가결처리된 것은 18대 국회 1건 뿐이었다. 처리건수가 적은 것보다 더 큰 문제는 심사자체가 이뤄지지 않고 있다는 점이다. 21대에서는 12건의 징계요구가 들어왔으나 단 한차례의 심사도 이뤄지지 않았다. 미국은 의원 윤리규정과 윤리 매뉴얼이 책 한권이라는데, 우리는 종이 한장이다.

‘견제 받지 않는 권력’ 국회의원, 삼권분립 헌법정신 위배

국민 대다수가 국회의원을 국해의원(國害議員)이라고 냉소한다. 나라와 국민들에게 해를 끼치는 의원이라는 의미다. 국민 세금을 쓰면서도 ‘내로남불’을 일삼고 치외법권 지대에 머물러 있는 특권층이라고 보는 것이다. ‘국회의원 특권만 누리고 국민의 코로나19 생명의 위기와 주거 고난을 풀어가는 법안발의는 뒷전인 식물국회 의원, 가짜뉴스 유포하며 자신과 진영의 정치적 이익을 위해 앞장서는 동물국회 의원, 대권 권력놀음에 날 세우며 일하지 않는 의원을 파면하라’는 것이 주권자들의 요구다.

21대 국회 개원 1년 반이 지나고 있다. 170석의 민주당은 ‘국회의원 국민소환제를 1호 법안으로 하겠다’는 총선 공약(초심)을 준수해야 한다. 절대과반 의석을 가진 여당이 의지를 갖고 기득권을 내려놓는다면 법제화가 어렵지 않을 것이다.

견제 받지 않는 권력은 삼권분립의 헌법정신에 위배되고 민주주의의 적이다. 여야 차기 대선주자들은 압도적 다수 국민이 요구하는 ‘국회의원 국민소환제’를 공약하라는 명령에 응답해야 한다.

2021-09-13

대권 후보 NO, 대선 후보 YES

대권(大權)이냐 대선(大選)이냐. 이를 달리 풀이하면 '큰 권력'이냐, '큰 선택'이냐다. 대권의 영문 표기는 Royal prerogative, 즉 '왕(여왕)의 특권 특전'을 뜻한다. 유래는 '관습법상 인정되는 영국왕의 특권'에서 비롯됐다.

그렇게 보면 대권은 큰 권력을 추구하는 후보자 중심 관점이고, 대선은 국민에게 봉사하고 민주주의를 실현할 큰 선택을 한다는 주권자 중심의 관점이다.

대한민국 헌법에는 '권력'이란 단어가 단 한차례 나온다. 제1조 2항의 '대한민국의 주권은 국민에게 있고, 모든 권력은 국민으로부터 나온다'이다. 헌법에 따르면 대권은 후보자에게 있는 것이 아니다. 국민에게 있다. 제2항은 국민주권주의를 천명한다. 이 조항 이후의 헌법 조항은 모두 권력이 아니라 권한에 불과하다. 국가(모든 헌법기관)의 모든 행위는 주권자인 국민으로부터 위임받은 권력을 한정적으로 행사하는 권한에 불과하다는 것이다.

특별사면권 폐지 등 제왕적 권력 제한하는 개헌 필요

헌법 제67조 제1항 '국민의 보통 · 평등 · 직접 · 비밀선거에 의하여 선출'된 대한민국 대통령의 권력은 제왕적이다. 다른 국가와 비교해 가장 강력하고 막강한 대권의 핵심 권한이 '사면권'(赦免權)이다. 특히 특별사면권이다. 전제군주의 은사권에서 유래된 사면권은 법을 초월하는 군주의 권위를 상징하는 것이었다. 사법적 절차에 따라 어떤 처벌이 예정되어 있거나 또는 집행 중에 있더라도 군주는 이를 무효화할 수 있는 권한을 보유했던 것이다.

특별사면은 헌법 제79조 제1항에 '대통령은 법률이 정하는 바에 의하여 사면 · 감형 또는 복권을 명할 수 있다'고 규정하고 있다. 일반사면과 달리 국회 동의가 필요하지 않아 대통령이 결정하면 시행된다.

문재인 대통령은 신년기자회견에서 “사면의 대전제는 국민 공감대가 형성돼야 한다는 것”이라고 했다. 이명박 · 박근혜 전 대통령의 특별사면에 대한 입장을 밝힌 것이다. 민심의 반영인 각종 여론조사에서 사면반대가 과반을 넘는 흐름을 수용한 것이다. 민주적 리더십을 칭하려면 대통령도 국민의 뜻을 따라야 한다. 더욱이 촛불항쟁 이후엔 주권자의 요구를 외면할 수 없는 시대가 됐다.

헌법 제11조 제1항은 ‘모든 국민은 법 앞에서 평등하다. 누구든지 성별 · 종교 또는 사회적 신분에 의하여 정치적 · 경제적 · 사회적 · 문화적 생활의 모든 영역에 있어서 차별을 받지 아니한다’고 법치주의의 본령을 명시하고 있다. 대통령의 고유 권한인 특별사면권은 무소불위의 제왕적 권력으로 법치주의를 훼손한다는 거센 비판을 받아왔다. 끊임없이 사면법 개정논의가 제기되는 이유다. 정부수립 이후 단행된 역대 정권의 특별사면은 주로 권력형 비리와 부정부패를 저지른 자들에 대한 구제조치로서 남용돼왔다. 전직 대통령이든 그 누구든 죄가 있다면 벌을 받아야 한다. 그렇지 않으면 큰 권력을 휘두르다 퇴임 후 비극적인 말로를 겪었던 대통령 잔혹사, 흑역사가 악순환 될 것이다.

만인은 법 앞에 평등하다. 그게 천부적인 헌법정신이다. 사면제도를 폐지하는 개헌이 대안이다. 존폐와는 관계없이 대통령 사면권의 남용에 대한 법적 · 제도적 통제를 강화해야 할 것이다.

21세기 시대정신은 주권자 중심의 ‘분권’이다. ‘추–윤 갈등’ 등 요란하게 진행되는 검찰개혁도 국민에게 서비스를 잘하기 위해 권력을 나누는(수사권과 기소권의 분리) 작업이다. 독점 독선 권력집중의 시대는 저물고 있다.

직접민주주의 전문가 토마스 베네딕토(이탈리아 경제사회학 교수)는 저서 ‘시민주권 시대, 직접민주주의를 말하다’에서 ‘더 많은 권력을 시민에게 옮겨야 한다’고 설파한다. 민주주의는 권력의 힘이 약해지고 국민의 힘이 강해지는 것이다.

정치권이 큰 권력만 추구하니 싸움이 그치질 않고 국민의 고통만 가중될 뿐이다. 대통령을 비롯한 위정자들이 국민의 생명과 민생 · 경제를 돕는 서비스에 전력투구하는 길이 진짜 리더십이다.

주권자의 선택을 의미하는 ‘대선’이 적합한 표기

내일신문은 ‘대권’ ‘대권후보’라는 개념을 쓰지 않는다. ‘대선’ ‘대선후보’가 헌법정신에 적합한 표현이다. 언론부터 국민, 주권자의 관점에서 대권후보가 아닌 대선후보로 보도하자. 여야 정치권의 ‘대권놀음’이 아니다.

국민들도 ‘큰 권력’이 아니라 주권자의 ‘큰 선택’이라는 입장에서 정치적 자주성을 스스로 획득하자. 대한민국은 대한국민이 주권자인 나라다. ‘주권재민 · 국민주권’의 민주주의 원칙과 헌법정신에 따라야 한다. 대권 후보 NO! 대선 후보 YES!

2021-01-21

혁명과 반혁명, 그리고 촛불항쟁

촛불혁명. 촛불혁명정부라고? 문재인정부는 개념(콘셉트)을 잘못 잡았다. 촛불혁명정부가 아니다. 문재인정부는 혁명부대가 아니다. 물론 '혁명정부'라고 지칭하지는 않았다. 하지만 문재인정부는 '촛불혁명으로 탄생한 정부'임을 분명히 했고 지난 4년 사실상 혁명정부처럼 행세했다.

문재인정부는 촛불시민으로부터 '나라다운 나라' 건설을 위임받아 탄생한 행정부다. 헌법의 주체로 대한민국 주권자인 '대한국민'의 지상명령에 조응해 집권한 세력일 뿐이다. 즉 국민을 위한 봉사자라는 민주주의 원칙을 초지일관 지키면 됐다.

2016~2017년 촛불항쟁은 특정 정파의 투쟁이 아니다. 국민 모두가 공감하고 동참한 역사적 항쟁이었다. 탄핵촛불집회 참여자들이 특정 이념이나 정파성에 치우치지 않았기 때문에 가능했던 것이다. 하지만 정부와 여당은 국민으로부터 무소불위 전권을 위임받은 듯 권력을 사용했다.

하지만 집권 4년, 문재인정부 성적표는 초라하다. 한국갤럽의 3월 3주차 조사에서 문 대통령 국정 지지율은 취임 후 최저(37%)로 떨어졌다. 대통령 당선 당시 득표율(41.1%)보다 추락했다. 문재인정부 출범 후 원래 지지층 외에 끌어 모았던 중도 지지층이 대부분 이탈했다는 의미다.

윤석열 전 검찰총장을 반혁명 표상 만들어

정부여당 입장에서 볼 때 4.7서울시장 보궐선거 전망은 우울하다. JTBC와 리얼미터 여론조사(20~21일, 서울시민 1007명, 중앙선거여론조사심의위원회 홈페이지 참조)에 따르면 오세훈 국민의힘 후보는 53.4%를 얻어 박영선 민주당 후보(31.4%)를 큰 격차로 앞섰다. 보궐선거 성격을 묻는 질문에는 '집권여당을 견제하는 선거'에 공감한 응답이 62.2%로 '보수야당을 견제하는 선거'(24.2%)보다 훨씬 높다. 오 후보 우위 구도가 쉽게 변하지 않을 것임을 보여주는 대목이다.

이런 흐름은 촛불혁명정부라는 독선적 자만이 부른 후과다. 자만이 오만으로 넘어가니 추락은 필연적이라 할 것이다. 지금 민심은 집권여당에 대해 '선한 척 하지만 위선적으로 보이고, 말은 많은데 유능하지도 않다'고 보고 있다.

문재인정부는 시작부터 스스로를 '촛불혁명정부'라고 자리매김했다. 하지만 그게 자신의 적을 만들버렸다. 이른바 혁명이 '반혁명'을 부른 형국이다. 현재 윤석열 전 검찰총장은 반문의 구심점, 반혁명의 표상이 됐다. 프랑스혁명 등 역사를 돌이켜보면 혁명에는 구체제(앙시앙 레짐)의 반혁명이 꼭 뒤따랐다. 문재인정부도 스스로가 청산해야 할 적을 만든 셈이다. 엄밀하게 말하면 문재인정부는 구체제 적폐를 정교하게 해소해 새로운 미래를 제대로 건설하지 못하는 사이에 오히려 반작용이 커졌다는 얘기다.

지금 민초들 가슴에 화만 쌓이고 있다. "내가 이 꼬락서니 보려고 엄동설한에 촛불을 들었나"라는 자조와 탄식이 늘었다. 국가미래연구원의 '민생지수' 최근 보고서에 따르면, 실질세금과 실질전세가격 상승이 작년 4분기 민생지수 하락을 주도했다고 한다. 공무원과 세금은 꾸준히 늘고, 노후 대비할 연금도 제대로 준비돼 있지 않은데 코로나19로 양극화는 심화되고 있으니 서민들은 죽을 지경이라는 의미다.

그 중에서도 서민들 화병(火病)의 주원인은 '내집' 문제다. 서민들은 평생 공 들여 내집 장만하려고 발버둥친다. 한국토지주택공사(LH) 등 공직자들의 부동산 투기는 이런 성난 부동산민심 불길에 기름을 부었다. 사실 시중에서는 문 대통령 취임 당시부터 "강남에 집을 얼른 사 놓으라"는 얘기가 번졌다고 애기한다. 노무현정부 시절의 역대급 강남 집값 폭등이 재현될 것이라고 본 것이다. 이런 부동산 민심을 잡지 못하면 문 대통령은 결국 실패한 대통령이 될 가능성이 높다.

성공한 대통령이 되려면 역사에서 배워야 한다. 기득권 세력의 반격에 실패한 조광조식 사정개혁은 길이 아니다. 다산 정약용 선생처럼 편가르기와 배척을 하지 않고 '1식 3찬' 하는 솔선수범식 개혁을 실행해야 한다.

촛불국민은 '행동하는 호모 폴리티쿠스(정치적 인간)'

촛불국민은 다시 촛불을 들어야 하는 불공정한 현실과 역사의 반작용에 직면하고 싶지 않다. 국민은 좌우 진영에 편향된 민중권력도 지배권력도 배격한다.

촛불항쟁의 주역은 '호모 폴리티쿠스'(Homo politicus. 정치를 통하여 사회생활을 영위하는 인간)다. '대한국민'의 대한민국이다. 참다운 호모 폴리티쿠스의 구현은 국민주권의 실현, 즉 투표로 말하는 것이다. 4월 7일 서울 · 부산시장 보궐선거와 내년 3월 9일 대통령 선거에서 촛불항쟁 주권자의 심판이 기다리고 있다.

2021-03-25

대통령과 여당 대선후보의 시간

"다음 대선후보는 누가 될까." "민주당 대선후보는 최종적으로 누가 되나." "이낙연은 지지도가 계속 내려가고, 이재명은 격차를 벌리며 1등으로 치고 나가는데 민주당의 진짜 제3후보는 누구야." "윤석열은 야당 후보로 나올까."

설 연휴동안 "코로나는 언제 끝나려나" 다음으로 많이 들었던 질문들이다. 임기 5년차를 앞둔 문재인 대통령에 대한 관심보다, 차기 대선주자들에 주목하고 있다. 대선을 1년여 앞둔 올해는 현재권력인 문 대통령과 미래권력인 여당 차기 대선후보 간 곡예의 시간이다.

대통령 임기 5년차, '현재권력과 미래권력 간 곡예'의 시간

역사상 현직 대통령은 숙명적으로 두개의 과제에 직면한다. 첫째는 '성공한 대통령'이고 둘째는 '정권재창출'이다. 문 대통령뿐만 아니라 역대 대통령 최우선 관심사는 자신의 정부 국정과제의 성공적 완수다. 5년 임기 내에 이루려는 열망을 늘 견지하고 있다. 나머지는 모두 다음 순위라 해도 과언이 아니다.

이를 가늠해 볼 만한 사례가 있다. 차기 대선주자로 고공행진 하던 이낙연 민주당 대표의 급격한 추락을 불러온 전직 대통령 사면 공방이다. 이 대표가 지지율 하락추세 반전을 위해 올해 초 이명박 박근혜 전 대통령의 사면을 제기했다. 그러나 이 대표의 기대와 달리 부정적인 여론이 비등해지자 문 대통령은 신년 기자회견에서 민심의 요구를 근거로 일축했다. 문재인정부 국정운영 추동력에 균열을 주지 않겠다는 의지의 발로다. 이렇듯 대통령과 차기 대선후보는 운명적으로 연결돼 있으면서 역사 흐름 속에 엇갈린다.

문재인정부의 안정적인 마무리와 정권재창출을 희망하는 민주당 내부를 들여다보자. 그 중심에 친문세력화의 요새인 '민주주의4.0'이 있다. 레임덕 없이 문 대통령을 지키는 '순장조' 역할과 퇴임 후 검찰수사 등에 대응하기 위한 의원모임이다. '민주주의4.0'은 민주당 의원 174명 중 친문 내지 친문에 가까운 56명(32%)이 회원이다. 이 모임 제안자로 당대표에 도전한 홍영표 의원은 대선은 '후보 위주'가 아니라 '정당 위주'로 치러야 한다며 민주당 주도를 강조한다. 민주주의4.0을 통해 당권을 획득하고 친문체제로 차기 대선후보 선출과 대선 승리를 이끌어가겠다는 노선을 분명히 하고 있다.

친문진영의 힘은 '당내 경선'의 키를 쥐고 있다는 데 있다. '문빠 · 친문'의 폐해에 대한 문제제기에도 문 대통령과 친문세력은 침묵하거나 '양념' '민주당과 참여민주주의 동력' 등 순기능으로 미화한다. 문 대통령도 친문세력도 '호랑이 등에 타고 질주하는 형국'이다. 민주당 권리당원이 80만명에 이르고 대부분의 광역, 기초단체장이 민주당 소속인 현실을 인정하고 정치를 해야 한다는 것이다.

대통령 선거는 민심이 상수다. 변수는 여러가지가 있다. 제1포인트가 4월 7일 서울시장, 부산시장 보궐선거다. 재보선, 특히 서울시장 선거에서 지면 문 대통령의 국정장악력이 약화되는 레임덕이 본격화될 가능성이 있다. 이 중 서울시장 선거결과는 차기 대선주자의 명운에도 심대한 영향을 미친다. 여야 대선 후보의 판도가 바뀔 가능성이 크다.

집권여당 대선후보군의 현재와 미래를 당내 역학관계를 중심으로 살펴보자. 이재명 경기도지사는 여론조사에서 '1강'으로 치고나갔다. 앞으로도 30% 이상 지지율을 안정적으로 지속하면 친문도 수용할 수밖에 없는 상황이 도래할 수 있다. 반드시 통과해야 하는 숙제다.

이낙연 당대표는 추락의 끝이 어디일지가 주목할 지점이다. 만일 서울과 부산시장 보선 패배 시 몰락할 가능성이 크다. 반면 서울시장 선거를 승리로 이끈다면 반전을 노릴 기회를 얻을 수도 있다. 정세균 총리는 코로나19 방역 사령탑 책임완수 여부가 운명을 가른다. 호남민심이 전략적으로 선택할 제3후보로 도약하려면 방역 성과와 함께 의미 있는 지지율을 확보해야 한다.

대선은 민심이 상수, 민주당 후보는 친문의 선택이 주요변수

안개 속 여권 대선 구도는 이재명 · 이낙연 · 정세균 '삼각축'을 넘어, '13룡 쟁투'의 형국이다. 13룡은 '이재명 · 이낙연 · 정세균'을 포함 '김경수 김두관 김부겸 박용진 이광재 이인영 임종석 양승조 최문순 추미애' 등이 꼽힌다. 여기에 친문진영에서는 역동적인 카드로 민주당 혁신위원장 김종민 최고위원을 숙고중이라는 소식도 들려온다.

친문의 선택이 주요변수이나, 결국 권력은 주권자의 보통선거권 등에 의해 선출된다. 역사의 시간표는 대통령과 대선후보들에게 째깍째깍 무정하게 흐른다.

2021-02-15

집권당 차기 대선주자의 운명

문재인정부가 총체적 난국에 빠졌다. 가장 위협적인 위기는 '민심 태풍' 폭발이다. 대선 전초전인 4.7 재보선에서 집권여당 민주당이 대참패했다. '회초리'를 맞은 게 아니라 '민심 몽둥이'로 심판받은 격이다.

참패 원인은 촛불민심까지 외면하게 만든 집권세력의 '무능과 오만'이다. 문재인정부의 촛불 '혁명군' 행태가 부른 자업자득 참화다.

한국갤럽의 4월 첫째주 여론조사에 따르면 대통령 직무수행 긍정평가는 32%로 취임 후 최저치다.(3/30~4/1일, 전국 만 18세 이상 1000명 조사, 자세한 내용은 중앙선거여론조사심의위원회 홈페이지 참조) 지지율이 3주 연속 내리막길이다. 이 수치도 재보선 패배 결과가 반영되지 않은 지표라 지금은 더 내려갔을 것이다.

본선경쟁력 위한 문 대통령과 차별화는 무죄

재보선 후 여론은 묻는다. 음식점 등 중소자영업 민초들은 "매상(출)이 반 이하로 줄어 죽겠으니 부가세도 반으로 줄여줘야 하는 것 아니냐"고 항변한다. "다음 대통령은 누가 될까, 차기 대선에서 윤석열과 이재명이 싸우면 누가 이기냐, 지금 분위기로는 윤석열이 이기겠는데"라고 자문자답한다.

엠브레인퍼블릭 등 4개 여론조사기관이 5~7일 전국 유권자 1004명에게 보궐선거 이후 문재인정부의 국정운영 방향에 대해 어떻게 생각하느냐는 질문에 86%가 '일부 또는 전면 수정이 필요하다'고 답했다. 국민 다수가 국정운영의 변화를 요구하고 있다.

하지만 청와대와 민주당은 민심의 철퇴를 맞고도 진짜 '성찰과 쇄신'을 보여주지 못하고 있다. 말로만 하는 사과와 혁신을 믿을 국민은 없다. 문재인

정권에 대한 유권자의 경고에도 청와대는 일부 수석만 교체할 모양이다. 총리 등 장관 개각이 까다로워진 국민 눈높이를 통과할 수 있을지도 미지수다. 재보선 민의에 거대 여당 민주당 지도부는 부랴부랴 사퇴했다. 그러나 질서 있는 쇄신이라는 이름 아래 '친문 비대위'로 분칠만 하고 말았다. 국회 상임위원장 절반을 야당에게 통 크게 양보하는 등의 국민을 위한 생산적인 협치에는 눈감고 있다.

한국갤럽 4월 첫째주 여론조사에서 '다음번 대통령감으로 누가 좋다고 생각하는지' 물은 결과, 이재명 · 윤석열 각각 23%, 이낙연 7%, 안철수 4%, 홍준표 2%, 오세훈 1% 순으로 나타났다. 또 내년 대선 기대감에서는 '여당후보 당선' 35%, '야당후보 당선' 52%로, 작년 8월 이후 조사에서 정권재창출론은 최소, 정권교체론은 최대로 격차가 커졌다. 민주당엔 적신호가 켜졌다. 이재명 경기도지사, 이낙연 전 민주당대표, 정세균 총리 등 대선주자들의 운명은 어떻게 바뀔까.

살 길은 간명하다. 그 출발점은 재보선 패배에 대한 치열한 성찰이다. 이를 통해 친문, 비문의 갈등사슬을 끊고 환골탈태하는 것이 출발점이다. 민주주의 역사에서 민심 이기는 당심 없었고, 민심 이기는 권력도 없었다.

변화의 방향은 첫째, 민생을 살리는 '유능한 개혁정부'다. 헌법정신대로 국민 삶의 좋은 변화를 위해 헌신하는 '촛불항쟁'의 관점에 서야 한다. 이념의 굴레, 진영에 매몰된 낡은 정파적 정치를 벗어나 겸손한 리더십으로 개혁을 추동해야 정권재창출을 할 수 있다.

둘째, '정책 차별성'을 선명히 해야 한다. 문 대통령과의 차별화는 무죄다. 역동적이고 담대한 변신 없이 본선 경쟁력은 높아지지 않는다. 어떤 정치소비자가 후진적 상품(후보)에 마음을 주겠는가. 국민은 문재인정부 시즌2나 짝퉁 문재인정부를 원하지 않는다. 새롭게 진화된 정부를 소망한다.

특히 그 어떤 정책보다 부동산 문제 해결에 대안을 제시하는 리더십이어야 한다. 예를 들면, 1가구 1주택자에게 세금을 확 깎아주는 방안(일정 금액 기준) 등의 해법을 내는 실효적 리더십을 보여줘야 한다. 서민들의 집 문제는 저출산, 연금 문제, 노후 문제와 직결된 최대 민생현안이기 때문이다.

'생명위기 · 주거고난 · 경제파탄' 해결하는 리더가 선택 받아

국민의 요구는 절박하고 명약관화하다. 코로나19로 인한 생명의 위기로부터 방역과 백신 수급에서 능숙함을 발휘해 목숨을 구해달라는 것이다. 노후 걱정없이 내집에서 '등 따습고 행복하게 살도록' 나라살림을 개선해달라는 것이다.

국민을 생명 위기, 주거 고난, 민생경제 파탄으로부터 살려낼 대선주자는 과연 누구일까. 국민은 진보정부든 보수정부든 어느 때나 내 삶에 좋은 변화를 원한다. 개혁민주진보를 지향하는 유권자들 속으로 무소의 뿔처럼 뚜벅뚜벅 가야 살길이 열린다.

2021-04-13

야권 대선주자들이 새겨야 할 것들

정치(인)는 민심에 따르면 살고 역행하면 죽는다. 대한민국 정치사는 일류 대한국민이 사류 정치권을 심판해온 역사다. 그게 민주공화국의 본질이다.

4.7재보선에서 민주당은 '무능'과 '내로남불'로 민심의 몽둥이를 맞았다. 대참패에도 신임 여당 지도부의 '반성 · 쇄신'은 말로만 요란할 뿐이다. 민주당 비호감도는 문재인정부 들어 처음으로 국민의힘에 역전됐다.(한국갤럽 4월 셋째주 조사결과. 이하 자세한 내용은 중앙선거여론조사심의위원회 홈페이지 참조)

그렇다고 제1야당 국민의힘이 '영남 꼰대당' '도로 한국당' '팔공당' '검사당' '원로당'으로 퇴행하는 구태를 국민이 용인한다고 착각하면 천만의 말씀이다. 4.7재보선에서 압승했다고 차기 대선에서도 계속 지지하리라는 발상도 큰 오판이다. 김종인 전 비대위원장 사퇴 후 '수구 보수'로 회귀하고 있는 국민의힘은 과연 정권교체 의지가 있는 걸까?

윤석열과 김종인, '정권교체 민심' 함수관계

5월 7일 한국갤럽 조사를 보면 차기 대선에서 '야당 후보가 당선되는 것이 좋다' 49%, '여당 후보가 당선되는 것이 좋다' 36%로 나타났다. 4월 조사보다 정권교체론은 6%p 줄었고, 정권재창출론은 2%p 오르면서 재보선 이전 구도와 비슷해졌다. 물론 여론은 여전히 정권교체에 힘을 싣고 있어 야권에게 청신호처럼 보인다.

그래서인가. 누구든 '야권 대표성'만 인정받으면 정권교체의 주인공이 될 수 있다는 자신감이 넘쳐난다. 하지만 국민의힘이 끝내 웃을 수 있을까. 요즘 행태를 보며 오랜 세월 보수정당을 지지했던 충성당원들은 "정권교체를 할 수 있는 진짜 좋은 기회인데 제 정신 못 차린 꼴통보수 짓거리에 열불난다"고 분통을 터트린다. 재보선 승리로 확보한 정국주도권을 정파적 이익에 몰두해 강경론 일색으로 끌고 가고, 수구적 강경보수가 득세하는 모습을 보면 고질병이 도졌다는 것이다.

한국갤럽의 가장 최근 여론조사(11~12일)에 따르면 차기 대선 후보자 선호도는 이재명 경기도지사(23.6%), 윤석열 전 검찰총장(19.6%), 이낙연 민주당 전 대표(6.2%) 순으로 나타났다. 차기 대선 여야 양자대결에선 이 지사 42.0%, 윤 전 총장 35.1%였다. 최근까지 주요 여론조사기관 가상 양자대결 조사에서 이 지사가 윤 전 총장을 앞선 것은 이번이 처음이다.

윤 전 총장이 만약 출마를 한다면 프랑스 마크롱 대통령 사례를 주목할 필요가 있다. 마크롱 돌풍이 프랑스 대선을 달구던 당시, 영국 일간지 가디언은 "그가 이미지 정치에서 탈피해 국가를 통치할 역량을 실제로 갖췄으며, 프랑스 사회가 처한 대내외적 어려움을 충분히 이해하고 있다는 것을 유권자들에게 증명해야 한다"고 지적한 바 있다. 윤 전 총장도 마찬가지다. 지배권력으로부터 수난당한 '정의로운 검사' 이미지로 얻은 명성과 반문의 표상만으론 어렵다.

윤석열이든 다른 주자든 야권 후보가 정권교체를 실현하려면 어떤 길로 가야 할까. 첫째, 국민들의 요구인 '내 삶에 좋은 변화'를 구현하는 새로운 시대를 향한 '미래지향성'이 있어야 한다. 미래지향성은 2030세대의 지지를 받아야 한다는 의미이기도 하다. 4.7재보선에서 20대 남성 일부가 국민의힘을 지지했다고는 하나 아직 전체 2030세대로부터는 외면 받고 있는 실정이다. 미래지향적 콘텐츠로 2030세대의 지지를 얻지 못하면 보수야당의 대선승리는 불가능에 가깝다.

둘째, 4.7재보선 승리의 동인이었던 '중도지향성' 강화다. 국민의힘은 김종인 전 비대위원장이 견지했던 중도확장의 방향성과 정책 덕분에 기사회생했다. 18대 대선에서 박근혜 전 대통령은 김종인 위원장을 앞장세워 경제민주화와 복지라는 진보정책을 자기의 진정한 가치인양 내세웠다. 보수성향의 중도층을 지지층으로 변모시키는 공력을 발휘했다. 이처럼 좌향좌해야 권력 획득에 성공한다.

셋째, 수도권과 충청의 지지를 얻는 '중원지향성'이다. 영남에서 압도적 지지를 받더라도 유권자의 절반을 포함한 수도권을 놓쳐서는 승부가 안 된다. 충청지역의 경우 반기문 전 유엔 사무총장, 안희정 전 충남도지사 몰락 후 무주공산이다. 누가 충청 유권자들의 마음을 사느냐가 관건이 될 것이다.

차기 대선 정권교체 핵심키워드 '미래 · 중도 · 중원지향성'

보수성향 유권자도 '유능한 개혁정부'를 원한다. 이명박 · 박근혜정부 시즌2나 짝퉁 구태 정부를 원하지 않는다. 낡고 무능한 부끄러운 보수정부를 거부하고, 21세기에 맞는 새로운 정부를 소망한다.

21대 총선에서 압도적으로 민주당 진영을 밀었지만, 1년여 만에 철퇴를 가한 주권자들이다. 결코 호락호락 하지 않다는 점을 야권 대선주자들은 명심해야 한다.

2021-05-17

대통령 지지율과 내집 문제

문재인 대통령의 지지율 추락이 심상찮다. 여론조사기관 한국갤럽 등의 발표에 따르면 최근 두달 가까이 연속 내림세를 기록했다.(중앙선거여론조사심의위원회 홈페이지 참조)

총선 후 70%를 웃돌았던 지지율이 지금은 40%대로 떨어졌다. 악화일로인 '부동산 민심'과 '인천국제공항공사(인국공) 사태' 여파다. 주목할 점은 여론의 추세다. 민심 흐름이 기대에서 실망으로, 임기말로 갈수록 비판의 목소리가 증폭된다. 이 추세가 고착화되면 '콘크리트 지지층'이 깨질 수도 있다. 대통령의 국정수행에 대한 국민의 평가는 선거와 여론조사가 있다. 선출직 공직자가 여론조사에 민감하게 반응하는 이유가 여기에 있다.

문 대통령을 비롯한 청와대와 집권여당의 시름이 깊어간다. 전대미문의 코로나전쟁보다 초유의 '부동산 내전'으로 나라가 더 난리통이기 때문이다.

코로나전쟁 보다 '부동산 내전'으로 악전고투하는 집권세력

우왕좌왕, 갈팡질팡, 허둥지둥. 부동산 직격탄을 맞은 노영민 비서실장 등 청와대 참모와 주무부처 수장인 김현미 국토교통부 장관, 집권여당 민주당이 보여주는 행태다. 야당과 여권 일부에서 김 장관 경질과 노 실장 교체까지 요구하고 나섰다.

부동산발 쓰나미급 역풍에 놀란 당정청은 연일 부동산 대책과 메시지를 쏟아낸다. 그러나 현재 상황은 백약이 무효라고 할 정도다. "쇼는 안해도 되니까 정책이나 좀 차분히 잘 만들라"는 무주택 서민의 냉소가 폭넓은 공감을 얻고 있는 실정이다. 문재인정부의 정책수행능력에 대해 "말은 많은데, 실력은 없다"는 전문가들의 지적도 넘친다.

뿔난 여론은 '내로남불'하며 부동산을 탐욕하는 위선적 위정자 정치권이 사실상 부동산 불패의 배후라며 격분한다. 참여연대에 따르면 청와대 참모 41명 중 12명이, 국토부와 기재부 고위공직자 16명 가운데 5명이 다주택자다.

경실련이 집계한 자료에 따르면 21대 국회의원 300명 중 29%인 87명이 2채 이상을 보유하고 있고, 국토위와 기재위 의원 56명 중 17명이 다주택자다. 국민에게 "집을 팔라"고 목청 높이던 민주당이지만, 당선인 180명 중 다주택자가 42명(23%)이고, 3주택 이상 보유자도 9명이나 된다.

통합당은 더 심하다. 소속 의원 103명 가운데 41명(40%)이 다주택자다. 통합당 의원들의 보유 부동산 규모는 2139억원으로 1인당 20억7669만원에 달한다. 민주당의 2배가 넘고, 국민 평균(3억원)의 7배 가까이 된다. 무주택 국민이 볼 때 기가 막힐 지경이다.

인간의 생활에 '의식주'는 절대적인 요소다. 현실적으론 집, 주거 문제가 긴요하다. 서민들에겐 호환마마보다 더 무서운 게 집 없는 서러움이다. 서민들의 평생 꿈은 내집 한채 장만이다. 피땀 흘려 일하며 세금을 꼬박꼬박 내는 유권자들에게 정부가 실효성 있는 답을 줘야 한다.

지지율 하락에 직면해 있는 문 대통령 앞에는 악재가 즐비하다. '인국공' 사태는 노동시장의 공정성을 위한 노력이라는 설명에도 "이게 공정이고 평등이냐"는 불만이 쏟아진다. 깨져가는 한반도 평화를 방어하려 박지원 전 의원과 이인영 의원을 국정원장과 통일부장관으로 내정하는 등 안간힘을 쓰지만 넘어야 할 산이 첩첩산중이다.

정약용 선생처럼 '1식 3찬' 하며 솔선수범하는 공직자 원해

하늘이 무너져도 살 길은 있다. 해법을 제안한다. 우선, 목민심서를 쓴 다산 정약용 선생의 '1식 3찬'식 솔선수범을 배우자. 공직자들은 민생을 최우선에 두고 늘 삼가하며 봉사하는 자세를 가다듬어야 한다. 국민 공분을 사고 있는 고위공직자들의 무분별한 부동산 재테크 문제 해소를 위해 '고위공직자 부동산 백지신탁제'를 도입하는 책임 있는 자세를 권한다.

다음, 헌법과 법률에 따른 법치의 실현이다. 예컨대 '국무회의의 실질화'가 해법이다. 청와대 참모보다 정부 부처 중심의 정상적 국정운영을 가동해야 한다. 과거 청와대식 제왕적 운용행태를 해소하는 게 바람직하다. 최근 불거진 민정수석실(민정수석 김조원)의 금감원 직무감찰처럼 직권남용으로 비치는 행태가 반복되어선 곤란하다.

또한 삼권분립이라는 민주주의 원리에 따라 야당과 대화와 타협(협치)을 통해 야당을 지지했던 국민과도 소통을 확대해나가야 한다. 21대 총선 지역구 득표율이 민주당 49.9%대 통합당 41.5%였다는 점을 염두에 두는 정치를 해야 한다.

2020-07-10

감동 없는 선거 승리는 없다

D-55. 21대 총선을 향한 '민심시계'는 째깍째깍 흐르고 있다.

"현재 같은 상황에서는 1당이 어렵다. 지역구 돌아보면 알 수 있다" 민주당 모 의원의 토로다. "지도부가 지역구의 민심은 살피지 않고 열성 친문(친문재인)들의 목소리에만 귀를 기울이는 게 4년 전 새누리당 공천 파동과 비슷한 모양새"라고 주장했다. 미래통합당 모 의원은 "지난해 말까지만 해도 수도권은 (한국당이) 열세였다"고 인정했다. "하지만 민주당이 조국 사태에 이어 임미리 사태까지 악재를 자초한데다 2016년 박근혜정권 당시 '진박'처럼 '문빠'가 설쳐대면서 요즘 바닥민심이 바뀌는 게 정말 실감 난다"고 전했다.

최근 여권에는 악재만 쌓이고 있다. 이인영 민주당 원내대표가 국회 교섭단체 대표연설에서 사과했듯이 검찰개혁, 집값 안정, 임미리 교수를 둘러싼 국민의 비판에 직면했다.

악재 자초한 오만한 민주당, 부실합당 미래통합당

민주당은 '임미리 칼럼 고소 사건'으로 흉흉한 중도층 표심에 또다시 금태섭 의원 지역구 '저격 공천' 논란으로 불을 지폈다. 무엇보다도 뼈아픈 대목은 문재인정부 집권 중반기를 넘어서면서도 민생경제에서 성과를 입증하지 못해 찍힌 '무능한 진보'라는 낙인이다. 또한 현재진행형 가장 큰 위기는 '코로나19 사태'다. 대구경북지역에서 34명이 추가돼 국내 확진자는 20일 오전 현재 82명으로 급증했다. 국내 코로나19 사태가 휴화산을 넘어 활화산이 되면서 온 국민이 떨고 있다.

민주당 고위관계자는 이번 총선에서 민주당과 미래통합당이 5석 정도 차이로 매우 근접한 박빙상황이 될 것으로 전망했다. 집권세력의 입장에서 더욱 긴요한 것은 진보진영의 결집과 과반 확보인데, 과연 가능할지에 의구심을 표하고 있는 실정이다. 이 상황이 엄살이 아닌 것이, 연동형 비례대표제 선거제도 개편이 미치는 영향도 크다. 미래통합당의 비례 위성정당인 미래한국당이 3당으로 부상할 개연성이 적지 않기 때문이다. 미래한국당이 3당 의석을 확보해 총선 후 미래통합당과 합당하면 통합당은 과반의석을 차지한다는 계산도 나온다.

야권의 자유한국당과 새보수당은 미래통합당으로 합쳐 통합의 기세를 올리고 있다. '도로 새누리당'이라는 냉소와 백기투항한 유승민 의원의 두문불출에도 불구하고 말이다. 문제는 외견상 통합했지만, 옛 한국당이 기득권을 고수하면서 지분을 나눠주지 않아 화학적 결합은 없고 불협화음만 커지는 상황이다. 총선 불출마를 밝힌 한국당 의원이 현재까지 21명으로 늘어났지만, 당내 다수를 차지하고 있는 친박 물갈이와 개혁보수 공천을 제대로 실천할 지 불투명하다.

여야 모두 공천이 본격화되면서 21대 총선의 진검승부가 가속화되고 있다. 역대 최악의 국회라는 오명을 쓴 20대 국회의원에 대해 혁신공천을 누가 더 놀랄 만큼 하느냐에 승패가 갈린다.

한국갤럽 조사(11~13일, 1001명, 중앙선거여론조사심의위원회 홈페이지 참조)를 보면 정당지지율에서 민주당(37%)이 한국당(21%)을 크게 앞선다. 하지만 실제 표심은 다를 수 있다는 전망이 강해지고 있다. 전체 유권자 가운데 30% 안팎에 달하는 무당층이 속내를 드러내지 않는 '야권표'라는 진단이다. 무당층의 49%가 '정부를 견제하기 위해 야당후보가 많이 당선돼야 한다'고 답했다. '정부를 지원하기 위해 여당후보가 많이 당선돼야 한다'는 18%에 그쳤다.

이른바 표층 여론조사와 심층 여론의 갭이 크다는 포인트에 근거해 대응을 해야 한다. 여야 지도부가 1당 경쟁에서 승리로 이끄는 길이 있다. 결론적으로 "바보야 문제는 감동이야"다. 주권자를 감동시키는 것은 오만한 권력놀음을 내려놓고, 시대정신에 맞는 과감한 인적 혁신이다. 지난 총선에서 김부겸 이정현 의원이 보여준 정치적 사지(死地) 출마가 감동이다. 평소와 다른 감동이 생길 때 스윙보터(무당층 · 중도층)는 투표장을 향해 움직인다.

'진짜 혁신'만이 주권자에게 감동 줘

총선 때까지 변수와 시간은 많다. 헌정 사상 처음으로 투표권을 행사하는 18세를 포함한 10대 유권자 투표율 · 향배와 연령대별 투표율이 어떻게 나타날 것인가, 사생결단식 거대 양당 진영의 결집 양상에 중도층(무당층)은 얼마나 투표장에 갈지, 체감변수인 '코로나 · 부동산 · 미세먼지' 같은 정책 리스크가 여당에 어느 정도 악재로 작용할지도 주목된다.

다만 명백한 사실은 '진짜배기 혁신'만이 주권자에게 감동을 준다는 것이다. 국민은 김수영 시처럼 '풀'이고, '하늘'이지 바보가 아니다.

2020-02-20

2

민주주의 원칙과 주권자(대한국민) 정치시대

공천부터 주권자가 합시다

20대 국회가 '잘했다'는 10%에 그쳤고, '잘못했다'는 응답은 83%에 달했다.(한국갤럽 이달 22~24일 전국 만 19세이상 남녀 1001명 대상 여론조사. 중앙선거여론조사심의위원회 홈페이지 참조) 19대 국회에 대한 평가도 혹독했다. 10%만 '잘했다'고 했고, 82%가 '잘못했다'고 평가했다.(한국갤럽 2015년 10월 6~8일 조사)

2019년 다시 타오른 촛불민심도 '구태 정치권'에 대한 분노를 담고 있다. 2016년 10월 이후 3년간 추이를 살펴보면 '촛불 전보다 나아져' 2017년 56%→2019년 24%, '비슷해' 42%→58%, '나빠져' 1%→17%로 증가했다.(내일신문과 서강대 현대정치연구소 2016년 11월 26일 광화문 촛불집회 참석자 패널 1, 2, 3차 추적조사)

조사에 참여한 전문가는 촛불 이후에도 기존에 보수와 진보를 대변하는 정치카르텔의 기득권이 그대로 유지되어왔기 때문이라고 분석했다.

20대 국회의원을 심판하는 '주권자행동'에 나서야

기가 찰 일은 법을 만드는 게 책무인 국회의원이 스스로 만든 법을 밥 먹듯 위반하고 있는 낡은 행태다. 국민 눈치 보느라 '일하는 국회'를 표방하며 국회법을 개정해놓고 지난 100일 동안 '일하지 않았다'. 그들은 법도 안지키고 양심도 버렸다. 20대 국회에서 정치혁신은 사라지고 진영싸움으로 획일화된 권력투쟁 깃발만 나부꼈다. 국민들은 20대 국회 내내 "복장 터진다"고 아우성이다. 오죽하면 '20대 국회무용론'과 해산해야 한다는 질타가 횡행했겠는가.

차기 총선을 앞두고 20대 국회 등 정치권의 일대 혁신이 절실하다. 위임받은 권력을 제멋대로 쓴 대통령이 탄핵됐고, 무소불위의 검찰도 심판대에 오르는 세상이다. 감사 받지 않는 권력, 탄핵도 되지 않는 권력인 국회의원에 대한 주권자의 심판이 요구된다.

세상사 모든 게 준비된 사전(事前) 대응이 사후(事後) 원망보다 실효적이다. 특히 대의민주주의에서 선출직 공직자를 뽑을 때는 더욱 그러하다. 이제는 헌법정신을 실현하는 진정한 공천(public recommendation, 公薦)이 현실화돼야 한다. 특정 계파나 권력자에 의한 사천(私薦)의 시대는 종말을 고해야 한다. 시민, 국민, 주권자가 권력을 행사하는 시대로 역사는 발전하고 있다.

헌법의 주체이자 정치권력의 주인인 주권자가 공천부터 민주주의를 회복시켜야 한다. 당의 주권자인 당원과 국가, 정치의 주권자인 국민이 참여해야 제대로 된 공천이 완성된다.

21대 총선 깃발이 올랐다. 여야 각 당은 총선기획단을 출범하고 인재영입에 열을 내고 있다. 그들만의 리그가 밀실에서 불야성을 이루고 있다. 유권자들 눈엔 가까이 하기에 너무 먼 당신들뿐이다.

진보 · 보수 따로 없는 낡은 기득권 세력의 특권 카르텔 해체를 위한 해법이 있다. 차기 총선 국회의원 후보자에 대한 '주권자 공천 기준'을 투명하게 공개하고 구체적으로 제시하는 것이 대안이다. 주권자가 참여해 총선 공천 기준을 마련하는 국민 의견공모를 제안한다.

현재 여야 주요정당들의 당헌, 당규를 살펴보면 국회의원 후보자 선출과 추천에 '국민참여경선' '국민공천배심원단' 등 국민의 일정한 참여를 보장하고는 있다. 하지만 공천기준을 정하는 과정에 대한 실질적인 국민 참여는 상당히 제한적이고 유명무실한 측면이 많다.

이러한 한계를 극복하고 정치 혁신에 대한 준엄한 국민의 명령을 구체화하는 주권자의 사회정치적 실천이 긴요하다. 공천기준에 대한 국민여론을 집약하고, 몇 가지 기준과 원칙을 정립해 각 당에 제기하는 국민운동이 대안이 될 수 있다.

특권 카르텔 해체 위한 '주권자공천 기준' 제기가 해법

공천기준에 대한 예를 들면 '자녀들의 입시 · 취업과 관련해 부당한 특권과 특혜를 누린 인사와 개혁입법에 반대하는 인사는 21대 총선 공천에서 배제한다' 등이 있다.

그 선봉에 주권자의 헌법정신 실천을 강조하는 유튜브 '김종필TV'가 차기 총선부터 주권자행동에 나서려한다. 공천 단계부터 김종필TV를 통해 구체적인 방향과 상세한 프로세스를 안내할 계획이다.

12월 17일은 차기 총선에 출마할 예비후보자가 선거관리위원회에 등록 신청하는 날이다. 그 이전인 12월 10일까지 국민 의견을 수렴해 '주권자공천

기준'을 김종필TV를 통해 발표할 예정이다. 이러한 주권자 행동에 동참할 의사가 있는 채널과 사회적 연대를 확대할 계획이다. (가칭)'2020 총선공천 주권자행동'을 구성해 주권자운동의 새 길을 열어가는 도전을 시작한다.

2019-10-31

'레임덕 없는 대통령'을 만나고 싶다

레임덕(lame-duck). 현직 대통령이 겪는 집권 말기 권력누수 현상을 가리키는 정치 용어다. 대한민국 국민은 레임덕 없는 대통령을 경험할 수 있을까. 전임 박근혜 대통령은 헌정사상 첫 탄핵된 대통령으로 4년째 수형생활 중이다. 문 대통령의 정치적 스승이자 동지였던 고 노무현 대통령은 퇴임 후 검찰수사를 받던 중 스스로 목숨을 끊었다. 대부분의 역대 대통령 말로는 참담했다. 불명예스러운 '대통령 잔혹사'다. 불행하게도 우리나라 대통령의 역사는 '흑역사'(黑歷史)였다.

집 문제 해결 실패 · 코로나 방역 신뢰 추락, 위기에 처한 문재인 대통령

문재인정부는 콘크리트 지지층의 안정적인 지지도와 174석 거대여당을 배경으로 '최초의 레임덕 없는 정권'을 기대했다. 하지만 최근 기대감이 무너지고 있다. 임기 4년 차 들어 여기저기 빨간불이 켜졌다. 가장 상징적 징후는 지지도 추락 추세다. 문 대통령 국정지지도는 지난달 초 46%를 기록한 뒤 꾸준히 하락해 12월 2주 38%까지 떨어졌다. 취임 후 최저치다. 2017년 대선 득표율 41.1%보다 더 낮다.(한국갤럽 데일리 오피니언 지지율 추이, 중앙선거여론조사심의위원회 홈페이지 참조) 지난주에는 40%를 기록하면서 하락세가 일단 멈췄다.

직무수행에 대해 부정 평가한 이유는 '부동산정책'(20%), '전반적으로 부족'(12%), '코로나19 대처 미흡'(11%), '법무 · 검찰 갈등'(8%) 순으로 나타났다. 최근 코로나19 재확산으로 '코로나19 대처 미흡'을 꼽은 이가 전주보다 5%p 상승한 게 뼈아픈 대목이다. 그동안 문재인정부를 든든하게 받쳐온 K-방역에서 구멍이 나면서 부메랑이 될 조짐이다.

코로나19 신규 확진자가 연일 1000명을 넘었다. 머뭇거릴 시간 없는데, 아직도 정부는 '3단계 격상'을 재고 있다. 전문가들은 1, 2차 유행을 가볍게 앓은 게 되레 독이 됐다고 본다. 지금을 정점으로 만들지 않으면 '봉쇄'로 갈 수밖에 없다는 것이다. 정부는 확진자가 폭증하자 허둥지둥 백신 확보를 서두르지만, 내년 2분기에도 대량공급은 불투명한 상황이다. 문재인정부 자랑이었던 K-방역이 지지도 하락의 원인이 되는 위기에 처한 것이다.

무엇보다 대통령의 지지율 하락과 레임덕 징후의 핵심 요인은 '집 문제' 해결 실패다. 24번의 집값잡기 대책을 내놓았다가 실패한 김현미 국토교통부 장관은 결국 경질됐다. 문재인정부의 새로운 부동산 정책이 나올 때마다 비웃기라도 하듯 집값은 천정부지로 치솟았다. 질 좋은 내집 한채를 갖고자 하는 서민의 평생 소망을 '복부인'의 행태로 폄하한 어리석음의 후과다. 공무원연금과 국민연금의 구조적 격차에서 오는 평범한 국민들의 분노와 노후대비에 대한 절박함을 외면해서는 신뢰를 얻을 수 없다.

추미애 장관과 윤석열 검찰총장의 갈등에 이은 헌정사상 첫 현직 검찰총장 직무정지 사태도 문 대통령의 리더십 부정 평가요소다. 윤 총장 측은 자신을 임명했던 문 대통령을 표적으로 삼고 확전하려 해 국정운영에 부담으로 작용하고 있다. 뿐만 아니라 특히 내년 4월 서울시장 보궐선거에서 민주당이 패할 경우 여권 차기 대선주자들이 각자도생에 나서면서 현재권력의 레임덕이 커질 가능성이 높다. 야권에서는 라임 · 옵티머스 의혹에 문재인 정권 핵심부가 연루됐다는 의심까지 제기하고 있다.

국정운영 우선순위는 생명–경제–정치 순

문 대통령의 레임덕이 시작됐다고 보는 전문가들도 적지 않다. 왜 이런 상황이 벌어졌을까. 국정운영의 우선순위가 문제다. 대통령의 역량집중 순서를 바꿔야 한다. 생명–경제–정치 순으로 리더십을 발휘해야 한다.

코로나19로 생명의 위기에 빠진 국민을 구하는 데 최우선을 두고, 그 다음에 경제(민생) 위기를 극복하는 데 집중해야 한다. '추–윤 갈등'은 정치력을 발휘해서 풀어야 했는데, 권력싸움으로 대처해 난맥상을 노출했다.

대안은 뭘까. '촛불민심(초심)'으로 돌아가 국민에게 봉사하는 민생개선 · 생활정치를 실천해야 한다. 코드와 이념 과잉보다 정은경 질병관리청장 같은 실용적 전문가를 중용하고 유능한 리더십을 강화하는 인사를 단행해야 한다. 탁상행정에서 현장 중심으로 발걸음을 옮겨야 한다.

비극 앞에 무너지지 않으려면 '세상을 탓하기 전에 방부터 정리하라'(하버드대 조던 피터슨 교수)는 경구를 가슴에 새길 필요가 있다. 지지집단의 가치와 이익 구현에 매몰되지 말고, 동시에 전체 국민의 행복 실현을 추구하는 정치의 이중적 속성을 지혜롭게 견지했으면 하는 바람이다.

2020–12–21

국민이 직접 법을 만든다

'우리 아이의 억울한 죽음은 끝나지 않았습니다. 해인이법의 조속한 입법을 청원합니다' '아동포르노 사이트를 운영한 손 모씨와 사이트 이용자들의 합당한 처벌을 원합니다'. '청와대 국민청원'이 장안의 화제다. '국민이 물으면 정부가 답한다'는 모토로 만들었다. 문재인정부 출범 100일을 맞아 국민과 직접 소통하겠다는 취지로 2017년 8월 17일 신설된 게시판이다. 2011년 미국의 오바마 행정부가 시작한 위더피플(We the people)을 참고한 것이다.

청와대 국민청원이 사회적 약자의 호소 통로가 되고 국민들의 관심을 끌고는 있다. 그러나 법적 실효성이 취약하다. 대부분 국회 입법과제 영역에 해당된다.

헌법과 시대정신에 따라 국민주권 실현하는 국민 참여 '전자입법청원'

헌법은 제26조에 '모든 국민은 법률이 정하는 바에 의하여 국가기관에 문서로 청원할 권리를 가진다. 국가는 청원에 대하여 심사할 의무를 진다'고 청원권을 보장하고 있다. 국민청원권은 법과 제도적 장치로 담보돼야 민생을 돕고 민주주의를 발전시킨다. 이를 실현하기 위해 국회가 도입한 것이 전자청원인 '국회 국민동의청원'이다. 국회법에 12월 1일 시작하도록 명시했다. 전자 입법청원제는 시대적 요구에 따라 국회 혁신 차원에서 국민의 직접민주주의 요구를 반영한 제도다. 영국, 독일 등 주로 선진국에서 많이 도입했고 유럽이 매우 활성화 됐다.

이 제도는 '문희상표 국회혁신안'의 핵심 사안이기도 하다. 역대 최악 20대 국회라는 오명을 벗을 중차대한 과제다. 개선의 포인트는 기존에 국회의원의 소개를 받아야만 국회 상임위에 상정할 수 있는 청원제도가 전면 개편

된다는 점이다. 이제 국민이 직접 참여해 인터넷을 통한 전자청원방식으로 바뀐다. 국민 참여 '전자입법청원시대'가 열린 것이다.

하지만 12월 1월 개시부터 삐걱대고 있다. 여야 정치권이 극한 대립과 정쟁의 늪에 빠져있어 진척되지 못하고 있기 때문이다.

주요 사안을 규정하는 규칙이 국회 운영위에 계류돼 있어 개시 시점을 확정하기 어렵게 된 상황이다. 국회 전자청원인 국민동의청원 시작부터 차질이 불가피해 보인다. 국회 운영위 제도개선소위는 '90일내에 5만명이 동의'하면 국회 상임위에 올릴 수 있도록 하는 '규칙'을 상정해 놓은 상태다.

국회 운영위에 올라 있는 '국회청원심사규칙안'에는 전자청원 방식과 절차, 기준 등이 상세히 담겨있다. 국민동의청원을 하려면 전자청원시스템에 청원서를 등록하고 청원서가 등록일로부터 30일 이내에 20명이상의 찬성을 받아야 한다. 청원서가 공개된 날부터 90일 이내에 5만명 이상의 동의를 받으면 곧바로 국민동의청원으로 접수돼 상임위에서 논의할 수 있다. 30일간 20만명의 동의를 얻어야 답변을 얻을 수 있는 청와대 국민청원에 비해서도 국민 접근성이 훨씬 수월해졌다. 국민동의청원의 모델인 독일 e-청원 '쿼럼'(quorum)이 4주간 5만명의 지지를 얻어야 청문회를 열 수 있다는 점을 고려하면 청원채택 기준이 크게 완화된 것이라고 할 수 있다.

하지만 국민참정권 관철을 위해 반드시 넘어야 할 과제가 몇 가지 남아있다. 무엇보다 대전제는 주권자인 국민의 적극적인 호응과 능동적인 참여다. 누가 뭐래도 참정권 실현 등 정치사회적 실천의 51%는 국민 몫이다. 정치권(위정자)의 책무인 49% 보다 더 막중한 책임이다.

국민들은 촛불항쟁을 통해 사회를 변화시킬 수 있다는 정치참여 효능감을 경험했다. 이러한 흐름을 타고 정부 정책결정에 영향을 미칠 수 있는 행동에 대한 추동력이 커지고 있어 고무적이다.

마지막 법률적 관건은 29일 열리는 국회 본회의에서 '국민동의청원' 관련 국회법 개정안이 통과돼야 시행할 수 있다. 또한 전자입법청원 활성화를 위해 국회의원들의 공조와 국회 사무처의 적극적인 실무 지원활동이 필수적이다. 언론과 국민은 국회의 분발을 지켜보고 있다.

'국회와 국민의 자기혁신'이 필요충분조건

법과 제도 개선만으로 국민주권 실현이라는 '좋은 변화'가 일어나지 않는다. 국회와 국민의 자기혁신이 필요충분조건이다. 민주주의 선진국의 e-청원 성공사례가 이를 여실히 입증한다. 많은 시행착오와 고난을 거쳐서 민주주의가 성숙해진다.

유튜브 '김종필TV'가 첫 전자입법청원을 제출할 예정이다. 국민들의 민생과 직결된 입법안을 준비하고 있다. 헌법 1조대로 주권자가 주인 노릇해야 정치뿐만 아니라 나라의 미래가 밝다.

2019-11-29

진보 불안, 보수 불량, 국민 불신

2019년 3월 한국 사회는 '불안 · 불량 · 불신'이 터질 듯 팽배하다. 진보는 불안하고, 보수는 불량하고, 국민은 불신에 휩싸여 있다. 더불어민주당과 자유한국당 거대 양당은 정쟁에 매몰된 채 적대적 공존을 이어간다. 소수 야3당(바른미래당, 민주평화당, 정의당)은 무력하기만 하다.

헌법정신이 훼손되고 법률은 배척당하고 있다. '내로남불(내가 하면 로맨스, 남이 하면 불륜)'이 일그러진 정치의 일상이 됐다. 이 모두가 제왕적 대통령제의 폐해다. 보수와 진보 진영논리에 사로잡힌 3류 정치의 권력놀음에서 생긴 현상이다.

청와대와 민주당은 두번의 대선 실패 후 얻은 '인사권력'을 휘두르기에 여념이 없다. 제1야당 한국당은 정권획득에만 혈안이 돼 양심도 저버린 채 역사적, 법적 사실조차 부정하는 망언 퍼레이드를 이어가고 있다.

수구적 진영논리는 망하는 길, '역사적 진실' 추구가 진짜 정치

이른바 '캠코더(캠프 · 코드 · 더불어민주당)' 인사의 낙하산 임명 논란이 커지고 있다. 특히 문화체육관광부 산하 32개 기관의 경우 '캠코더' 임원 인사가 지난해 보다 32.9%(76명에서 101명으로) 늘어나는 등 편중인사가 심해졌다는 것이다. 청와대 인사 전횡이 '역대급'이라는 신랄한 비판이 여기저기서 터져나오고 있다.

위기 징후는 이른바 '환경부 블랙리스트' 의혹에 연루된 김은경 전 환경부장관과 신미숙 청와대 균형인사비서관이 공범으로 수사를 받고 있다는 점이다. 심각성은 '버닝썬' 사건에 관련된 전 경찰청 인사담당관 윤 모 총경이 작년에 조국 민정수석실에서 근무했던 경력이 있어 불똥이 청와대로 번져가고 있다는 데 있다.

최근에 만난 중소기업인, 자영업자들은 추락하는 경기에 이구동성으로 곡소리를 내고 있다. 재벌그룹뿐만 아니라, 대부분의 기업이 매출과 이익이 줄고 있어 모든 비용을 줄이느라 난리다. 지속가능성을 고뇌하고 있다. 악화일로인 '장기저성장불황시대'를 극복해나갈 대안을 제시하지 못하는 진보 집권세력의 경제와 민생문제 해결능력의 무능함에 대한 질타가 거세다. 총론과 당위만 난무하는 리더십 행태에 질린 국민들은 '아마추어리즘 · 참여정부 시즌2'라는 직격탄을 날린다.

보수보다 진보진영이 우월하다는 독선적 선민의식을 갖고 있던 청와대와 여당 등 집권세력은 당혹해한다. 지난 대선에서 문재인 후보를 지지했던 유권자들조차 고개를 돌리는 시류에 불안해한다. 내년 총선뿐만 아니라 차기 대선에 빨간불이 켜졌다.

수구적 냉전적 정치로 회귀하는 제1야당 자유한국당 행태도 목불인견(目不忍見)이다. 5.18은 독재에 항거한 민주 항쟁이라는 평가가 입법, 사법, 행정 모든 면에서 합법성과 정당성이 이미 확립됐다. 이를 부인하는 한국당 의원들의 '5.18망언'은 헌법정신과 민주주의를 정면으로 위배하는 반역사적 행위일 뿐만 아니라, 한국당의 정치적 정통성을 자기 부정하는 모순이다. 5.18광주민주화운동을 극찬했고 5.18특별법과 불가분 관계인 김영삼 전 대통령이 무덤에서 통곡할 일이다.

황교안 당대표와 나경원 원내대표 투톱이 대안이 되려면 보수의 가치를 실현하기 위해 뼈를 깎는 '자기혁신'에 몰두해야 한다. 태극기부대 같은 극렬지지자에 의존하는 '반개혁'의 진지로 퇴행하는 정치로는 미래가 없다. 차기 총선과 대선에서 국민의 마음을 다시 얻으려면 필사즉생의 각오로 '도로친박당 · 도로탄핵당'을 극복하는 일대쇄신이 필수다.

극단적 정치를 넘어 국민신뢰를 회복할 수 있는 길은 있다. 우선 20대 국회는 선거제 개혁과 정치혁신 차원에서 여야4당이 합의한 '연동형비례대표제'를 국회에서 통과시켜야 한다.

문재인 대통령이 발휘한 협치의 좋은 모델이 있다. '미세먼지'문제 해결을 위해 손학규 바른미래당 대표의 제안을 수용해 미세먼지 해결 범국가적 기구 수장으로 반기문 전 유엔 사무총장을 임명한 사례다.

유권자가 참여하는 '국민 전자입법청원제도'

청와대와 여야는 진영논리를 벗고 정책협치와 인사탕평을 해 '장기저성장불황시대' 민생고에 신음하는 국민들의 경제 회생을 위한 지혜를 모아야 한다.

문희상 국회의장의 공약 실천이기도 하고, 국회의장 직속 국회혁신자문위원회가 제안한 '국민 전자입법청원제도'가 내년부터 전면 실시될 예정이다. 1월부터 '의원소개' 없이 인터넷으로 국민이 참여하는 전자입법청원시대가 열린다. '국민발안권' 강화는 헌법정신 구현이다. 불안한 진보와 불량한 보수를 불신하는 국민의 능동적, 일상적 정치참여가 긴요하다.

2019-03-28

다시 '헌법정신'을 생각한다

오늘은 제55회 법의 날이다. 다시 '헌법정신'과 법치주의를 상기해 보자. 대한민국 헌법의 일관된 핵심가치는 헌법 전문(前文)과 제1조에 집약돼 있다. 그 정수는 바로 '국민주권'이다. 그리고, 권력의 횡포와 폭력의 지배를 배제하고 국민의 기본인권을 옹호하는 법의 지배 원칙이 법치주의다.

우리 헌법과 법률을 수호할 국가의 최고책임자는 대통령이다. 하지만 헌법을 유린하고 법을 위배한 박근혜, 이명박 두 전직 대통령은 현재 구속 수감돼 있다. 이것이 법치주의 실현이다. 법 앞에 성역은 없고, 만인은 평등하다. 법을 위배하면, 과거권력이든 현재권력이든 미래권력이든 법대로 집행하는 것이 민주주의의 법이다.

문재인정부는 '주권재민'의 헌법정신을 실천한 촛불시민의 항쟁으로 탄생한 정부다. 박근혜정부보다 더욱 높은 도덕성과 법치 준수의 리더십을 발휘해야 한다. 국민의 눈에 현 집권세력의 국정운영이 과거 정부가 보인 권력적 행태로 비치면 지지율 하락이 생각보다 빨리 올 수 있다.

최근 김기식 전 금융감독원장 낙마와 김경수 민주당 의원 관련 '드루킹 사태' 대응을 보며 국민들이 느끼는 우려다.

성역 없이 법대로 집행하는 게 '법치주의' 구현

한편으론, 각각 불법자금 수수와 강원랜드 채용비리라는 중대한 혐의를 받고 있는 한국당 홍문종 의원, 염동열 의원의 체포동의안 국회 처리를 막고 있는 한국당의 행태도 불체포특권 남용이라는 비판여론이 높다.

법을 만드는 국회의원이 자신들이 만든 법조차 지키지 않는 모습을 보며, 어느 국민이 법을 지키려 하겠는가. 그래서 국회의원(國會議員)이 아닌 국해의원(國害議員)이라는 시중의 냉소가 쏟아진다.

"의회는 돈지갑(power of purse)이 있고, 행정부는 칼(power of sword)이 있지만 사법부는 그런 권력이 없다. 사법부의 힘은 공정한 판단에 대한 국민의 신뢰에 바탕을 두고 있다." 미국 건국의 아버지 중 한명이고, 미 헌법 제정에 공헌한 알렉산더 해밀턴(Alexander Hamilton)이 설파한 명언이다.

결국, 권력의 힘으로 좌우되는 것이 아니라 주권자인 국민의 마음을 어떻게 얻느냐에 달렸다. 입법 사법 행정 3권은 국민의 신뢰회복을 위한 끝없는 경쟁 속에 있는 것이다. 국민은 위정자들이 말한 대로 실천하고 법대로 이행하면 믿는다. 국민 위에 제왕적으로 군림하면 죽고, 솔선수범하며 민생문제 해결을 위해 현장에서 봉사하면 산다.

대한민국은 4월 27일 남북정상회담과 6월 초 북미정상회담이라는 거대한 민족사적 전환점을 앞두고 있다. 헌법 전문은 "…조국의 민주개혁과 평화적 통일의 사명에 입각하여 정의 · 인도와 동포애로써 민족의 단결을 공고히 하고…"라며 '평화적 통일의 사명'을 명시하고 있다.

또한 헌법 제66조 3항은 "대통령은 조국의 평화적 통일을 위한 성실한 의무를 진다"고 명문화했다. 헌법 제69조는 대한민국 대통령의 취임선서를 다음과 같이 규정하고 있다. "나는 헌법을 준수하고 국가를 보위하며 조국의 평화적 통일과 국민의 자유와 복리의 증진 및 민족문화의 창달에 노력하여 대통령으로서의 직책을 성실히 수행할 것을 국민 앞에 엄숙히 선서합니다."

정전체제를 종식하고 남북 화해와 조국의 평화적 통일을 완수하는 것이 진정한 '헌법정신'의 실현이다.

조국의 '평화적 통일'이 진정한 헌법정신 실현

한반도에서 전쟁을 막고 평화적 통일을 추진하는 일은 대통령의 이념 성향에 따라 선택할 과제가 아닌 헌법적 책무다. 이것이 헌정사에 일관된 헌법정신이다.

4월 27일 남북정상회담은 한국 정치권의 정쟁적 사안이 아니고 남북공동체 구성원의 통일염원을 실현하는 미래지향적 만남의 장이다.

또한 남북정상회담과 적극적인 남북교류를 계기로 변화된 현실에 맞게 국가보안법 개폐 등 제반 관련 법률을 바꾸는 후속작업이 필요하다. 이런 민감한 사안에는 언론계와 시민사회의 공론화작업과 시대변화에 맞는 국회 차원의 능동적인 대응이 매우 중요하다. 진정한 헌법정신 실현과 법치주의의 진화는 새로운 대한민국, 하나 된 민족으로 완성될 것이다.

2018-04-25

6월항쟁과 촛불항쟁, 성공한 대통령

"지난 30년, 우리 사회가 이뤄온 모든 발전과 진보는 6월 항쟁에서 비롯되었습니다. 우리는 6월 항쟁을 통해 주권자 국민의 힘을 배웠습니다. 촛불혁명을 통해 민주공화국을 실천적으로 경험했습니다. 촛불은 미완의 6월 항쟁을 완성시키라는 국민의 명령이었습니다." 문재인 대통령이 10일 서울광장에서 열린 '6.10민주항쟁 30주년 기념식'에서 밝힌 기념사의 일부다.

1987년 6월 항쟁 국민과 30년 후 2017년 촛불항쟁 시민은 대한민국의 주체로서 민주주의를 되살리고 전진시켰다. 불의하고 부정한 권력에 항거한 전국민적 항쟁(抗爭)으로 헌법정신을 현실에서 실현했다. 그 흐름 속에 탄생한 정부가 '문재인정부'다.

1987년 12월 대선에서 당선된 노태우 대통령부터 김영삼 대통령, 김대중 대통령, 노무현 대통령, 이명박 대통령, 박근혜 대통령까지 모두 불행한 전철을 밟았다. 본인이 구속되거나 서거했고, 가족과 핵심측근이 비리에 연루돼 실패한 정권으로 추락했다.

대통령과 가족 · 측근 '검은 돈' 연루돼 실패한 잔혹사

문재인 대통령은 그 누구보다 '성공한 대통령'에 대한 열망이 강렬하다. 집권 33일째를 맞는 문 대통령이 성공한 대통령이 되기위해 운명적으로 곱씹어봐야 할 전직 대통령은 특히, 고 노무현 대통령과 박근혜 직전 대통령이다.

정치적 멘토로 모셨던 사회적 친구 고 노무현 대통령은 안타깝게도 서거로 비극적 최후를 마쳤다. 전임 박근혜 대통령은 헌정사상 초유의 임기 중 탄핵을 받고 교도소에 수감됐다.

문 대통령은 지난 23일 고 노무현 대통령 8주기 추도식에서 "참여정부를 뛰어넘겠다. 다시는 실패하지 않겠다"고 '성공한 대통령'에 대한 결의를 다졌다. 대선 토론회에선 박근혜 전 대통령의 실형이 확정되면 대통령 사면권을 '국민의 뜻'에 따라 원칙적으로 행사하겠다는 의지를 피력했다. 국민들은 이러한 문 대통령의 다짐이 이루어지길 기대하며 지켜보고 있다.

하지만 성공한 대통령이 되려면 대통령 자신의 노력만이 아니라, 가족과 측근들의 '헌신과 절제'가 필수적이다. 낡은 권력적 행태가 아닌 국민에 대한 무한봉사의 실천이 초지일관 요구된다.

문재인정부 출범 후 권력 중추세력으로 주목받는 그룹이 '86세대'(1980년대 대학 재학했던 1960년대생 운동권)다. 1987년 6월항쟁 30년이 된 2017년 그들은 '항쟁 선봉'에서 '정치권 주역'이 됐다. 문 정부의 중심축인 청와대 수석, 비서관 라인에 대부분 '86세대'가 포진했다. 그만큼 책임이 막중해졌다.

문 정부 '86세대'의 핵심적 역할을 하는 인물로 임종석 청와대 비서실장(한양대 86)과 김경수 더불어민주당 의원(서울대 86)이 꼽힌다. 세간에선 임 실장은 내년 6월 지방선거에서 서울시장, 김 의원은 경남지사에 출마할 것으로 전망하고 있다. 또한, 이른바 '3철'(이호철 양정철 전해철)과 더불어 문 대통령의 최측근 '왕비서관'으로 불리는 윤건영 청와대 국정상황실장(국민대 88)이 국정상황을 관리하고 있다

뿐만 아니라, 문 대통령을 항상 가장 가까이서 수행하는 송인배 제1부속실장(부산대 88)과 김정숙 여사를 그림자처럼 수행하는 유송화 제2부속실장(이대 85)을 비롯한 주요 비서관들이 대부분 86세대 운동권 출신인사들이다. 대통령의 손과 발, 눈과 귀가 되는 비서관급 청와대 참모들은 대부분 문 대통령과 오랜 인연을 가진 이들이다. '영혼과 마음'을 교감하는 심복들이다. 그래서 이들 86세대 측근인사들의 행보가 문 정부의 성패에 깊은 영

향을 끼칠 것으로 회자된다.

임기 말까지 '찾아가는 서비스' 하는 대통령 보고 싶다

대통령의 지지도는 오르락내리락 하는 것이 현실적 이치다. 그럼에도 문 대통령의 임기 초 80%대 고공 지지율이 유지되는 비결은 무엇일까. 문 대통령이 높은 지지를 받는 가장 큰 이유는 폼 잡는 권력, 군림하는 통치자가 아니라 국민들 고단한 삶의 현장을 직접 '찾아가는 서비스'를 하기 때문이다.

국민은 항쟁을 통해 '권력의 정치(통치)'를 극복했다. 선거와 항쟁을 통해 낡은 권위주의적 대통령을 심판해왔다. 국민은 다시는 실패한 대통령의 불행한 역사가 반복되지 않기를 원한다. 국민과 국가를 위해 봉사하는 리더십을 갈망한다.

6월항쟁 국민과 촛불항쟁 시민은 성공한 대한민국 대통령을 진정으로 소망한다.

2017-06-12

투표장 가는 유권자가 결정한다

제19대 대통령선거 D-13. 여론조사 판세를 보면 문재인 더불어민주당 후보가 앞서는 가운데 안철수 국민의당 후보가 주춤하는 모양새다. 그러나 아직 마음을 정하지 못한 '관망' 유권자들이 많다. 결국 대통령은 5월 9일 '투표장에 가는 유권자의 선택'에 따라 결정된다.

주권자인 국민의 마음을 들여다보는 방법에는 선거와 촛불항쟁 같은 광장여론, 여론조사, 언론 보도 등이 있다. 대의제 민주주의에서는 선거가 객관적인 민의 표출의 장이다. 특히, 이번 대선을 제대로 전망하려면 최근 선거였던 작년 4월 20대 총선을 면밀하게 복기하면 된다. 물론 헌정사상 초유의 현직 대통령 탄핵과 구속이라는 변혁을 창출한 '촛불항쟁'에 담긴 국민의 요구도 통찰해야 한다. 동시에 여론의 추이를 살펴보려면 여론조사, 각계각층 유권자들과 직접 소통, 언론 보도를 참고하면 된다.

작년 총선과 촛불항쟁 민심이 관통하는 19대 대선

작년 4월 13일 20대 총선은 여론조사 예상을 깨고 새누리당 완패라는 '여소야대'와 국민의당의 비례대표 득표 2위, 호남 지역구 석권이라는 대이변을 낳았다. 민심은 기존 1당 새누리당과 2당 더불어민주당의 기득권체제를 심판했다.

국민의당의 제3당 약진과 비례투표에서 민주당을 앞선 총선민의는 여야의 낡은 패권체제를 근본적으로 개혁하라는 것이었다. 물론 국민의당도 비호남에서 완패하는 한계를 여실히 보여줬다. 진짜 승자는 바로 유권자였던 셈이다.(내일신문 2016년 4월 11, 14일자 1면 기사 참조)

민생은 도탄에 빠져 있는데, 시대에 뒤떨어진 낡은 보수와 낡은 진보의 적대적 공존 체제에 기생하는 한국의 정치권에 치명타를 날린 것이다. 작년부터 한국은 미국에 이어 양극화 지수 세계 2위라는 비참한 지경에 놓여 있다.

그러나 시대착오적으로 총선민의를 역행하는 박근혜정부의 적폐와 국정농단, 정치권의 부도덕과 무능이 광화문 광장을 비롯한 전국 방방곡곡의 '촛불항쟁'을 불러왔다. 낡은 기득권체제 패권과 여야 정치권의 아전인수식 오만, 리더십의 한계를 근본적으로 쇄신하자는 전국민적인 항쟁이 바로 촛불집회였다.

촛불은 대한민국 헌법 전문에 적시된 3.1독립만세운동, 4.19혁명을 역사적으로 계승하는 위대한 국민주권회복혁명이었다. 3.1운동 민족대표 33인의 대표성도 목숨을 건 전민족적, 민중적인 항거가 있었기에 빛이 난 것이다. 이러한 시민의 직접민주주의적 유권자운동과 국민주권회복운동의 물결이 이번 대선에도 도도히 관통되고 있다.

21세기는 불확정성의 원리와 상대성 원리가 관철되는 시대다. 모든 것은 추세 확률 범위로 결정된다는 원리다. 정말 새로운 시대이기에 새로운 사고를 하지 않으면 미래 예측에 실패하기 십상이다.

작년 4월 한국 총선 예측과 미국 대통령 당선 전망에서 수많은 국내외 여론조사가 틀렸다. 한두 군데 정도를 빼고는 거의 맞추지 못했다. 전통적인 여론조사방식이 실패한 이유는 여러 가지인데, 가장 큰 이유는 여론의 표층(表層)만 보고 심층(深層)을 읽지 못한 탓으로 보인다.

21세기 시대변화에도 불구하고 재래식 분석법인 진보와 보수, 중도로 유권자의 성향을 획일적으로 분류해 분석하는 방법론의 한계도 극복돼야 한다.

선거 여론조사는 한국사회의 정치적 미래를 예측하기 위해 정치소비자인 유권자의 요구가 어떤 흐름과 추세로 변화하는지 측정하는 수단일 뿐이다. 유권자의 생각만을 묻는 선거 여론조사 예측과 결과가 다른 이변이 계속되는 이유는 유권자가 투표장에 가느냐 여부에 달려 있다고 해도 과언이 아니다. 실제로 투표소에서 어떤 선택을 할지는 유권자 자신만이 안다. 직접 · 비밀 · 무기명 투표이기 때문이다.

회고적 투표할지, 전망적 투표할지 고민하는 유권자

통상 선거는 회고적 투표와 전망적 투표라는 두 가지 측면이 있다. 현 정권에 대한 응징 성격의 회고적 투표와 차기 정권에 대한 기대를 중시하는 전망적 투표로 나뉜다.

물론 유권자에게는 당연히 과거, 현재, 미래가 다 중요하다.

하지만 미래의 좋은 변화를 위해 투표해야 바뀐다. '보통선거권'의 위력, 한 표의 힘을 보여줘야 한다. 배우자 고르듯 꼼꼼히 따져서 차기 대통령을 뽑자. 대한민국 차기 대통령은 '투표장에 가는 유권자'가 최종결정한다.

2017-04-26

대한국민 "권력을 돌려달라"

"박근혜 퇴진" "박근혜 체포" "구속수사 하라" "뇌물죄를 적용하라" "새로운 대한민국 우리가 만든다" 엊그제 광화문 광장을 비롯해 전국 각지에 몰려든 190만 국민의 절규다. 청와대에 칩거 중인 박근혜 대통령을 향한 국민의 명령이다.

충청도 말에 "6 · 25 때 난리는 난리도 아녀"라는 말이 있다. 2016년 11월 광화문 광장의 외침이 그렇다. 최순실 일가와 공생하며 국민이 위임한 권력을 사유화해 온갖 범죄를 자행한 혐의자인 박근혜 대통령. 그를 향해 국민은 엄정히 요구한다. "권력을 돌려달라". 국민이 헌법정신을 부활시키고 있다. 대한민국의 근간인 헌법의 정수는 헌법전문(憲法前文)이다. 헌법전문은 국가권력의 최고의 원리를 규정한 것으로 모든 법령에 대하여 우월한 효력을 가지고 있다.

'권력 회수'에 나선 대한민국 국민

헌법 전문은 이렇게 시작한다. '유구한 역사와 전통에 빛나는 우리 대한국민은 3 · 1운동으로 건립된 대한민국임시정부의 법통과 불의에 항거한 4 · 19민주이념을 계승하고…' 이렇듯 헌법의 주체(주어)는 대한민국(大韓民國)이 아니라, 대한국민(大韓國民)이다. 정녕 위대한 대한민국 헌법이다. 헌법정신인 '3 · 1운동과 4 · 19민주이념'을 계승하여 국기문란하고 국정을 농단한 박근혜 대통령과 최순실 일가에게 국민은 준엄한 심판에 나섰다. 정말 대한국민 만만세다.

'권력'이란 단어는 헌법 제1장 제1조에 단 한번 나온다. 헌법 1장 1조 1항은 '대한민국은 민주공화국이다.' 2항은 '대한민국의 주권은 국민에게 있고, 모든 '권력'은 국민으로부터 나온다'이다. 190만 촛불민심은 최 씨 일가와 공모, 국정을 농단한 박근혜 대통령에게 권력 회수를 요구했다. 위임한 통치권을 행사할 자격을 상실했으니 돌려달라는 것이다. 대한민국 주권자인 국민의 '권력 환수조치'다.

방법은 거두절미하고 '하야(즉각 퇴진)'다. 한국갤럽 여론조사에 따르면 3주 연속 역대 최저로 5%였던 박 대통령에 대한 국민지지도가 지난 주말 급기야 4%로 추락하고 말았다. 실질적으로 '국민탄핵'이 끝났다. 국회는 민의에 떠밀려 '탄핵'을 진행하려 하고 있을 뿐이다.

공직남용, 뇌물죄 등의 사실상 주범으로 특검 수사를 코앞에 둔 현직 사상 최초의 '피의자' 박근혜 대통령. 박 대통령이 임명장을 준 검찰(검사)의 중간수사발표 공소장을 보면 박 대통령이 그 통탄할 범죄행각의 주범이다. 박 대통령은 뇌물죄로 퇴임 후 최종적으로 확정판결을 받으면 징역10년 이상 무기징역형을 살게 될 것이다. 물론 범죄 규모만큼 재산도 몰수 되고 전두환, 노태우 대통령 처럼 수형생활을 하게 된다. 하지만 전, 노 처럼 특사가 남용되지 않아야 한다. 전직 대통령은 그 어떤 범죄자보다 엄중하게 형벌을 받아야 한다. 얼렁뚱땅 처리하면 앞으로도 유사한 권력형 범죄가 재연될 수 있기 때문이다.

국민은 착각에 빠진 박 대통령과 새누리당 김진태 의원, 뼛속까지 진박이라는 권력자들에게 경고한다. 국민의 촛불은 눈물 이외에는 끌 수 없다. 천주교도라는 박 대통령의 고해성사 말이다. '진심어린 사과와 참회의 눈물' 이외엔 그 어떤 바람도 횃불민심을 끌 수 없다. 세상이 진짜 바뀌었다. 세상인심은 확 달라졌다. 민심은 지역, 계층, 세대 그리고 보수, 진보를 넘어 96%로 대통합 되었다. 바뀌지 않은 사람은 박근혜 대통령뿐이다. 국민불통 박근혜 대통령은 독재자이고, 1년 전에 타계한 YS의 독설처럼 칠푼이에 불과하다. 아니 냉엄한 현실을 모르는 '사푼이'다.

'박근혜 덫' 걸린 대한민국, 개헌해서 새로운 나라 만들어야

촛불민심, 아니 11월 명예혁명은 박 대통령이 끝내 하야하지 않으면 국회와 헌법재판소로 향할 것이다. 만일 국회가 추진 중인 탄핵소추안이 부결되거나 헌재의 탄핵심판이 결정되지 않으면, 국민은 20대국회 해산을 결의하고 헌재를 폐지해 대법원 산하로 편재하도록 요구할 것이다.

이제 국민들은 제왕적 대통령제의 폐해를 절감하고 새로운 대한민국을 건설하자고 나서고 있다. 최근 사태를 낡은 체제 청산과 국가대개조의 계기와 장으로 삼자는 것이다. 대안의 내용과 방향성을 '개헌'으로 총화하자는 흐름이 확산되고 있다. 국민이 원하는 '국민 기본권 강화' 등 개혁 의제와 '재벌해체' '지방분권' 등 시대변화를 반영한 개헌을 해야 한다.

2016-11-28

3

민생 회복과 정치개혁, 리더십 혁신의 길

300개 민생 · 개혁법안을 요구한다

4.15총선에서 국민의 선택을 받은 국회의원 당선인 300명에게 편지를 쓴다. '선거에서 약속했던 초심을 꼭 지키기를 바란다'고. '총선에 담긴 민의를 임기 내내 실천해야 한다'고. 국민들은 코로나19로 인한 생명의 위기를 가까스로 넘어서고 있다. 21대 총선에서 민주당이 압승한 배경은 코로나19 방역만큼이나 경제위기도 잘 극복하라는 국민염원임을 명심해야 한다.

헌법 제7조 1항은 국회의원이 '국민 전체에 대한 봉사자이며, 국민에 대하여 책임을 진다'고 명시한다. 21대 국회의원은 국회 개원식에서 다음과 같은 선서를 하게 돼 있다(국회법 제24조). "나는 헌법을 준수하고 국민의 자유와 복리의 증진 및 조국의 평화적 통일을 위하여 노력하며, 국가이익을 우선으로 하여 국회의원의 직무를 양심에 따라 성실히 수행할 것을 국민 앞에 엄숙히 선서합니다."

역대 최악의 국회라는 오명을 쓴 20대 국회를 극복하는 것이 21대 국회의 역사적 책임이다. 낡은 정치를 반복하면 국민의 엄중한 심판을 받는다.

4.15총선 민의는 코로나 경제위기 극복, 입법부 책무 다하라는 뜻

11일은 대한민국임시정부수립 101주년이었다. 서울 서대문독립공원에서는 문재인 대통령도 참석한 '국립 대한민국임시정부 기념관' 기공식이 열렸다. 어제는 4.19혁명 60주년 기념일이다. 헌법정신 정수가 담긴 헌법 전문(前文)은 '우리 대한국민은 3.1운동으로 건립된 대한민국임시정부의 법통과 불의에 항거한 4.19민주이념을 계승한다'고 명시하고 있다.

21대 총선을 관통한 '촛불민심'도 이러한 역사적인 맥락을 계승하고 있다는 점을 상기하고자 한다. 헌법의 주권자인 국민들은 4.15총선에서 민생경제 회복과 정치(국가)개혁에 관한 요구를 표출했다.

지난 20대 국회 개원을 앞두고 실시한 여론조사에 따르면 20대 국회가 추진해야 할 최우선 과제는 '청년 일자리 창출' '경제 양극화 완화' '삶의 질 개선' 등이었다. 하지만 20대 국회 성적을 놓고 보면 제대로 성과를 낸 것이 사실상 없다. 이에 대한 뼈를 깎는 자성이 없다면 정말 염치가 없는 국회의원들이다.

국회의원은 한명 한명이 헌법기관이다. 입법부의 구성원으로서 자존은 스스로 지켜야 국민의 대표 자격에 어울린다. 국회의원은 권력자와 계파의 이익에 순종하는 정쟁의 도구가 돼선 안된다. 당론이라는 방패 뒤에 숨어서도 안된다. 21대 총선에 불출마한 민주당 이철희 표창원 의원의 불출마 변에는 그 고질적인 메커니즘과 무력감의 실상이 잘 드러나 있다.

입법으로 국민에게 봉사하는 게 국회의원의 임무다. 입법안 발의는 전문

가들의 냉엄한 변별작업을 거쳐 적합성 완성도 등 품질을 높여야 한다. 생색내기용 마구잡이식 법안발의는 공해다. 반대로 민생에 도움이 되는 법안은 많을수록 좋다.

21대 국회의원 당선사례 중 "보육원 시설을 떠나는 아이에게 '내편 어른'이 되어줄 법안을 21대 1호 법으로 준비했다"는 이원욱(경기 화성시을 · 민주당) 의원의 메세지는 인상적이다. 최승재(비례 · 미래한국당) 당선인은 "1호 법안으로 소상공인복지법을 발의해 코로나19 같은 국가적 재난시 국가책임을 명시하겠다"고 했다. 유기홍(서울 관악구갑 · 민주당) 당선인은 자신의 1호 법안으로 '전두환 추징법'을 공약하기도 했다. 21대 국회는 20대 국회에 대한 반성 위에 '민생 · 경제 살리기와 개혁법안 추진'에 사활을 걸어야 한다.

20대 국회도 아직 끝난 게 아니다. 당장 4월 임시국회에서는 코로나19 경제위기를 선제 대응하기 위한 2차 추경안부터 시급히 처리해야 한다. 국민적 공분을 불러일으킨 '텔레그램 n번방' 사건 같은 디지털 성범죄 처벌 관련 입법도 시급하다. 총선기간 중 여야가 같이 외친 '일하는 국회'를 실천하는 것으로 20대 국회를 마무리하는 유종의 미를 기대한다.

의원 1인당 임기 내 1개 이상 '민생 · 개혁법안' 발의하기를

180석을 확보한 민주당은 1987년 체제 이후 최대의석의 정당이 됐다. 단독 개헌 빼고 모든 법안처리가 가능한 무소불위의 의회권력을 획득했다. 국회 3/5 의석수만큼 책임이 막중하다. 21대 국회에서 '민생개혁법안'은 여당에 달렸다. 여당의 책임이 사실상 전부에 가깝다는 점을 명심하지 않으면 안된다.

국민의 요구는 간단하다. 21대 국회 임기 내에 최소한 의원 1인당 '민생경제 살리기 · 국가와 정치를 혁신하는 개혁법안 1개 이상을 입법화' 하는 책무를 수행하라는 것이다. 4년 후 임기를 끝낼 즈음 내세울만한 자기 법안 하나쯤은 있어야 진짜 국회의원이지 않겠는가.

2020-04-20

'상시국감'이 일하는 국회다

21대 국회 첫 국정감사가 끝나간다. '혹시나' 했는데 '역시나'다. 과거 국회와 마찬가지로 여야가 증인채택부터 곳곳에서 파행과 무책임한 정쟁성 폭로로 대치했다. 진영싸움과 한탕식 국감으로 점철됐다.

이번 국정감사에 대해 여당의 '방탄국감', 야당의 '맹탕국감'이라는 비판이 쏟아졌다. 집권여당의 방탄도 문제지만 준비 안된 야당의 무능함에 국민적 관심도 뚝 떨어졌다.

코로나19로 벼랑끝에 내몰린, 곡소리나는 민생은 아랑곳하지 않는다. 국감장에서 국민의 밥 · 일 · 꿈을 살피기보다 이전투구에 몰두하는 여야의 권력적 행태에 진저리가 난다. 오죽하면 국감무용론이 또다시 나올까. 진짜 '일하는 국회' '상시 국회'는 불가능한가. '민생국감' '정책국감'의 해법은 없는가.

방탄국감 · 맹탕국감 · 이벤트국감에서 '상시국감'으로

제헌국회부터 도입된 국정감사는 1972년 10월 17일 유신쿠데타로 사라졌다. 박정희 전 대통령이 국회의 국정감사권을 없앤 것이다. 죽었던 입법부의 역할이 살아난 것은 1987년 6월 민주항쟁 이후였다. 전국민 민주항쟁의 성과로 국정감사권이 15년 만에 부활했다.

우리 헌법상 국민주권의 원리, 대의제의 원리, 권력분립의 원리에 따라 입법부의 행정부에 대한 견제가 존중된다. 국정감사에 관해 헌법 제61조 1항은 '국회는 국정을 감사하거나 특정한 국정사안에 대하여 조사할 수 있으며, 이에 필요한 서류의 제출 또는 증인의 출석과 증언이나 의견의 진술을 요구할 수 있다'고 명시하고 있다. 국회가 대다수 행정기관을 감사하면서 행정부를 감시 · 감독하는 역할을 할 수 있는 헌법적 근거다.

민주주의 요체는 삼권분립이다. 입법부의 국정감사는 행정부 견제의 중추적 기능이자 책무다. 진보정권이든, 보수정권이든 국민의 생명과 재산, 기본권을 보호하기 위해 행정부가 제 역할을 하고 있는지 국민의 눈으로 감시하고 바로잡을 것을 요구해야 한다.

21대 국회 첫 국감에서 국민들로부터 호평을 받은 국회의원들도 있다. 국회 산업통상자원중소벤처기업위원회의 28세 청년 류호정 정의당 의원은 '삼성 저격수'라는 애칭을 들을 만큼 결기 있게 국정감사에 임했다. "불평등 문제 해결을 위해 삼성 갑질 문제를 꺼냈다"는 그에게 "지레 겁부터 먹고 여기저기 눈치 보는 국회의원은 흔하다. 여의도에 등장한 새롭고 낯선 '입법 노동자'(류호정이 스스로를 부르는 표현)는 다르기를 바란다" 등의 응원 댓글이 줄을 이었다.

정쟁이 아닌 정책국감이 되도록 솔선수범한 윤관석 국회 정무위원장도 피감기관과 언론의 후한 점수를 받았다. 국회 상임위원장으로 21대 첫 국감에서 예민한 사안들을 다루는 정무위를 협치 중심의 일하는 상임위로 운영했다.

하지만 호평은 일부에 불과할 뿐 다수는 언론과 국민의 지적을 받았다. 이런 국정감사의 고질적인 병폐를 개선하는 노력이 중요한 때다. 국감 때마다 반복되는 가장 구조적인 문제는 시한이 정해진 3주간의 몰아치기식 이벤트식 국감이다.

이제는 없어져야 할 때가 됐다. 이원욱 과학기술정보방송통신위원회 위원장은 "지금은 '하루만 버티면 된다'는 식"이라고 개탄했다. 그는 "상시국감으로 바뀌면 공무원들이 굉장히 어려워질 것"이라고 진단했다.

민주당 노웅래 최고위원도 "수백개의 피감기관을 20일 동안 벼락치기로 감사하는 것으로는 제대로 감사할 수 없다"며 상시국감의 필요성을 강조한다.

19대 국회 때인 2014년 6월 여야는 정기국회 때 한차례 몰아서 하던 국감을 '정기국회 전과 정기국회 기간으로 분리 실시'하기로 합의해 개정안까지 발의한 적이 있다. 하지만 임기 만료와 함께 흐지부지됐다.

여야, 국민 위한 '상시 국정감사'에 통 크게 합의해야

국민을 위한 국회로 혁신하는 해법이 있다. 21대 국회 여야가 목청을 높이는 '일하는 국회'가 되려면 상시국회 체제를 제도화하면 된다.

법률안도 이미 마련돼 있다. 민주당의 국회법 개정안은 국회 상임위 및 소위를 매월 4회 이상 개회하도록 했다. 몰아치기 국감을 탈피하고 상임위별 상시 국감을 진행해 상임위 중심의 국회 운영을 강화하면 된다.

입법부가 행정부를 감사하자는 데 여야 간 이견이 없지 않은가. 여야보다 진영보다 국민의 고단한 민생과 대한민국 민주주의 발전을 돕는 상시적 국정감사에 통 크게 합의하라. 그 길이 21대 총선 민의를 받드는 것이다.

2020-10-23

국민 지지를 모으는 길

민심이 사납다. 문재인 대통령의 국정수행 지지도가 총선 직후 71%에서 8월 1주 44%로 추락했다. 부정평가는 21%에서 46%로 크게 늘어 긍정평가를 넘어섰다.(한국갤럽. 이하 중앙선거여론조사심의위원회 홈페이지 참조)

하락세가 이어져 대통령 지지도는 지난 대선 득표율(41.08%)에 근접하고 있다. 부동산 문제 등 각종 악재로 5년 단임의 4년차 '임기말 증후군'이 심화되는 양상이다. 일각에선 30%대로 지지율이 떨어지는 걸 걱정하는 지경에까지 이르렀다.

여론조사기관에 따르면 정당 지지도는 민주당은 총선 후 최저치로 하락했고, 통합당은 상승추세다. 13일 발표된 일부 여론조사에서는 통합당이 민주당을 오차범위 안에서 추월했다. 하지만 앞의 갤럽 조사에 따르면 통합당이 '야당 역할을 잘하고 있는가'라는 질문에 '잘못한다'가 69%에 달했다. '잘한다'는 20%에 그쳤다. '야당 역할을 잘해서'가 아니라 '여당이 못한 덕분'이라는 해석이다.

민심 회복 해법은 '진정성과 실력' 뿐

2020년 대한민국의 민생현장과 리더십의 갭이 너무나 크다. "정부는 현장 와 봤나, 빚으로 버틴다." "현실과 동떨어진 청와대의 '경제선방론', 앉아서 숫자만 보는데 뭘 알겠나"는 아우성이다. 산업현장과 정부가 느끼는 체감 경기는 '극과 극'이다

문 대통령은 "부동산 문제는 자신 있다고 장담하고 싶다"고 결연한 의지를 밝혔다. 그러나 공언과는 달리 현실은 그 반대로 나타났다. 이에 대한 사과나 수정도 없다. 그래서 정책(집행)에 대한 신뢰가 깨졌다.

떠나간 민심을 되돌릴 길은 없을까. 잃어버린 신뢰를 회복하는 방법은 분명히 있다. 결국 대통령과 여야 권력 모두 국민의 마음을 얻는 해법은 '진정성과 실력'에 있다. 호언장담, 자화자찬보다 실제로 문제를 해결해야 한다. 정책 실패를 인정해야 소통이 되고, 실력과 성과로 입증해야 신뢰가 생긴다.

여든 야든 '내로남불' 행태를 극복하고 솔선수범해야 공감한다. 남을 바꾸는 것보다 스스로를 바꾸는 것이 더 빠르고 올바른 방향이다.

'인사가 만사다.' 권력은 인사권력이라 하지 않던가. 최근 찔끔찔끔 진행된 청와대 참모진 개편에 여당 내에서도 불만이 터져 나오고 있다. 노영민 청와대 비서실장과 김상조 정책실장 등 핵심 유임은 여론과 괴리가 크다. 국민의 탄성을 부르는 인사를 보여줘야 한다.

민주당은 176석이라는 다수결의 힘에 매몰되면 계속 반쪽 지지에 의존하게 된다. 총선 후 야당과 협치 없는 '입법 독주'로 통과시킨 법안들이 성과를 창출할지도 미지수다. 또한 집권 여당의 숙제인 '청와대 2중대' '여의도 출장소'라는 비판을 극복해야 한다.

중반전에 접어든 민주당 전당대회가 '친문(친문재인) 구애경쟁'에 함몰됐다는 비판이 높다. 기층 당원과 민심현장 중심으로 혁신하고 개혁해야 산다. 민초들 사이에 회자되는 '우문현답(우리의 문제는 현장에 답이 있다)'을 새겨야 한다.

미래통합당이 당명을 '한국당'으로 바꿀 모양이다. 그래도 국민들에겐 아직도 '부동산 부자당'일 뿐이다. 소속 의원 103명 중 41명이 다주택자다. 보유 부동산 규모는 2139억원으로 1인당 20억7669만원에 달한다. 민주당의 2배, 국민 평균(3억원)의 7배 가까이 된다. 2주택 중 1채를 처분한 윤희숙 의원의 국회 본회의 자유발언으로 반짝 주가를 올렸으나, 다른 의원들은 요지부동이다.

윤석열 검찰총장이 야권 대선주자 선두를 달리고, 진보논객이던 진중권 씨가 야당 메신저 노릇을 하는 비루한 수준이다. 통합당은 이제 발목 잡는 야당, 여당의 실책에 의존하는 야당, '이명박 박근혜'를 소환하는 퇴행정치를 넘어 스스로의 역량으로 도약해야 대안정당으로 변모한다.

지배권력 민중권력 NO, 봉사하는 권력 YES

민초들은 '지배권력'도 '민중권력'도 거부한다. 봉사하는 겸손한 권력을 지지한다. 국민은 진보와 보수 진영의 피지배자가 아닌 헌법상 주권자다.

청와대권력, 여야 진영 권력자들은 자신이 시민 유권자의 한 사람이었을 때 입장에 서서 현재의 모습을 돌아봐야 한다. 폭우로 고통 받는 수재민, 내집 한채 장만이 평생 꿈인 무주택 서민, 코로나19 장기화 여파로 빚으로 버티는 영세자영업자와 중소기업인들 심정으로 스스로를 성찰해야 한다. 국민 세금으로 삶을 영위하는 위정자는 국민 고통을 책임지고 해결하는 정치를 해야 한다. 그래야 '국민소통'이 실현된다. 이것이 민심을 모으는 진짜 정치다.

2020-08-13

숨넘어가는 민생, 막장 정치권

"훔쳐 먹든 주워 먹든 해야 할 판." "한달째 수입 0원." "3주째 문 닫고 있다." "IMF 때도 이보단 나아." 코로나19로 직격탄을 맞아 해고된 실직자, 영세자영업자 등 극빈층과 줄도산 위기에 처한 중소기업의 비명이다.

전국이 난리통이다. '특별재난지역'으로 선포된 대구 · 경북 일부지역은 이미 평범한 일상이 멈춰섰고 실물경제가 막대한 타격을 입었다. 민생은 피를 토하고 있다. 해방 이후 최대 국난, 3차세계대전이라고 절규한다.

국민은 생명위기와 경제위기에 신음하는데 정치권은 '조폭 판박이'의 막장 권력놀음에 날을 지샌다. 지역구와 위성 비례정당 공천을 둘러싸고 배신 · 보복 · 계보 · 전쟁 등 4.15총선 권력투쟁에 몰두하느라 도탄에 빠진 국민은 잊은 지 오래다. '너무나도 먼 당신들'이다.

"민생현장에 관심이나 있나"는 절규 외면하는 정치권

신종 코로나바이러스감염증(코로나19)은 인류에게 미증유의 재앙이다. 우리나라도 전대미문의 국난을 겪고 있다. 코로나19 장기화 전망은 위기의 심각성을 더한다. 전문가들은 코로나19발 경제침체가 2008년 글로벌 금융위기, 1997년 IMF 외환위기보다 더 심각할 것이라고 전망한다.

초유의 비상사태에 처한 문재인정부는 비상경제시국에 맞춰 '경제 중대본'을 꾸렸다. 대통령이 주재하는 경제관련 비상기구 가동은 글로벌 금융위기 때인 2009년과 외환위기가 닥친 1998년 이후 사상 세번째다.

하지만 코로나19에 대처하는 문재인정부의 행정 집행력에 대한 비판의 목소리가 높다. 가장 큰 문제점은 '현장과의 괴리'다. 과거 써먹은 보고서를 캐비닛에서 꺼내 포장지만 바꿔 내놓는 방식은 코로나19 사태 해법이 아니다. 민생현장과 산업현장에 맞는 정책을 즉각 실행해야 한다. 당장 피를 수혈해야 하는데 '건강식품을 먹으라'는 식의 대처로는 사지에 몰린 민생을 살릴 수 없다. 전례없는 사태에는 '전례없는 대책'이 필요하다.

추가경정예산(추경)도 연쇄도산 위기에 처한 중소기업과 소상공인, 자영업자 지원이나 취약계층 구제에 턱없이 부족하다는 지적이 잇따른다. 정치권과 관료들의 대오각성 분발을 촉구한다. 국민은 우리의 가족이고 이웃이다. 급여를 주는 헌법상 주권자다.

나라가 절체절명의 위기에 직면했고 국민은 사지에 몰렸는데 여야 정치권은 막장 드라마에 열을 내고 있다. 역대 최악 20대 국회의 여야 거대정당 패권세력이 21대 국회의원을 뽑는 데 지배적 권한을 행사하니 오죽하겠는가.

유권자는 또 다시 '차선'은커녕 '차악 선택'을 강요받는다. 특히 거대 양당은 국민 따위는 안중에도 없는 것 같다. 계파이익 늘리기와 알량한 비례의석 몇개 쟁취에 혈안이 돼 있다. 그중 압권은 위성정당을 둘러싼 이전투구다. 통합당의 위성정당 미래한국당을 꼼수라고 비난하다 따라하는 민주당의 짝퉁행보가 가관이다. 미래통합당의 불륜에 더불어민주당이 맞바람 피는 모양새다. 정녕 국민은 뒷전이고 자기 진영 열성 지지자의 팔로우만 보이는가. 유권자는 자신들의 권력연장(정치적 생존)을 위한 표(도구)일 뿐인가.

헌법 제8조 2항은 '정당은 그 목적 · 조직과 활동이 민주적이어야 하며, 국민의 정치적 의사형성에 참여하는 데 필요한 조직'이라고 규정한다. 정당법 제1장 2조(정의)는 '정당'이라 함은 '국민의 이익을 위해 책임있는 정치적 주장이나 정책을 추진하고 공직선거의 후보자를 추천 또는 지지함으로써 국민의 정치적 의사형성에 참여함을 목적으로 하는 국민의 자발적 조직을 말한다'고 적시한다.

'위성정당은 위헌이자 정당법을 위반한 복제 괴뢰 정당, 거대 양당의 독식

체제를 유지하자는 기만술'이라는 전문가들의 비판이 적지 않다.

혁명 · 쿠데타 원치 않는다면 투표장에 나가 심판해야

역대 선거결과는 늘 이변이었다. 표층 여론조사와 심층 민심이 달랐다. 이번에도 유권자가 이변을 만들 것이다.

총체적 위기 속에서도 4.15총선 시계는 흐른다. 혁명이나 쿠데타를 원하지 않는다면 선거에 참여하자. 21대 국회의원 선거 D-23. 사전투표는 4월 10, 11일(금, 토) 오전 6시부터 오후 6시까지 진행된다.

"너희가 민생현장을 아느냐"고 울부짖지만 말자. "×새끼들"이라고 욕만 하지 말자. 직접 투표장에 가서 주권자(主權者)의 명령을 천명하자. 낡은 정치체제를 심판하자.

2020-03-23

국민은 5G인데, 정치권은 2G

"2300만원밖에 못내 미안합니더" 대구 60대 '키다리 아저씨'의 미담사례가 장안의 화제다. 그는 2012년부터 매년 성탄절 전 대구공동모금회에 8년 동안 9억8000만원을 기부하는 선행을 실천해왔다. 키다리 아저씨의 부인은 "승용차도 10년 이상 타고 늘 아끼며 살았다. 부부가 쓰고 싶은데 쓰지 않고 소중하게 모았다"고 말했다. 장삼이사(張三李四)들의 훈훈한 세밑 풍경이다.

이를 비웃기라도 하듯 국회의사당에선 '폭력'이 난무하고 있다. 국회에 불법적으로 난입해 난장판을 만드는 반민주주의적 폭거가 횡행하고 있다. 2019년 성탄절에도 자유한국당은 국회 본관에서 농성을 벌이는 극한 대치를 벌이고 있다.

시대 변화, 주권자 요구 외면하는 초식공룡 같은 여야 거대정당

민생은 내팽겨쳐진 채 여야 간 정쟁만 일삼는 정치권에 국민은 분노를 넘어 절망한다. 국민통합에 앞장서기보다는 반목·갈등을 증폭해 자신들의 기득권 지키는데 혈안이 돼 있다. 20대 국회는 내내 방탄국회, 툭하면 동물국회, 걸핏하면 식물국회, 개점휴업국회를 반복해 왔다. 국민은 돈값어치(세비 등 연봉)는 커녕 싸움질만 하고 일은 안하면서 세금만 축내는 국회의원에 진저리를 친다.

그 중심에 집권여당 더불어민주당과 제1야당 자유한국당이 있다. 사실상 거대 양당의 적대적 공존이 한국 정치의 후진성을 극복하기 힘들게 하고 있다. 특히 황교안 대표 체제가 들어선 이후 극단적인 태극기부대와 밀월하며 벌이는 한국당의 이판사판식 퇴행적 정치행태는 목불인견(目不忍

見)이다.

전 청와대 민정수석실 행정관의 자살과 청와대 하명 수사 의혹, 특정인 비호와 감찰 무마 의혹, 청와대 실세 비선조직 운영 의혹 등 청와대 관련 의혹이 쏟아지고 있다. 진보정권이든, 보수정권이든 '성역 없는 수사'가 대원칙이다. 대통령이든, 권력 (비선)실세든, 서민대중이든 누구나 천부적으로 법 앞에 평등하다. 원칙을 일관되게 적용해야 진정한 민주주의다.

민주당은 집권여당으로서 '청와대 여의도출장소'를 극복하고, 국정주도세력으로 무한책무를 다해야 한다. 대통령 앞에서 침묵하고 청와대 감싸기에 급급하기보다 "전하, 아니 되옵니다"라는 제 목소리를 내야 한다.

국민은 "이따위 정치는 이제 끝내야 한다"고 아우성이다. 올해 여야정치권, 입법부와 행정부의 행태를 돌이켜보면 '오로지 혁신'이 떠오르게 한 해이다. 정치개혁, 사법개혁, 선거개혁은 이제 더 이상 미룰 수 없는 시대의 당면 과제다.

핀란드의 5개 정당 연립정부를 이끌고 있는 산나 마린(Sanna Marin) 세계 최연소(34세) 여성총리의 성공 스토리가 지구촌의 화제다. "제과점 점원에서 최연소 총리까지" 오르며 핀란드 지도자의 틀을 깼다. 이렇듯 전 세계 정치권은 젊고 패기 있고, 역동적인 흐름이 물결친다.

반면 한국의 정치는 늙고 노회한 시스템에 무너져 가고 있다. 입법부에 청년이 능동적으로 참여토록 해 노년, 장년, 청년의 조화로 에너지를 만들어내야 한다. 여성 진출도 확대돼야 한다. 일찍 정치 참여가 가능하도록 법과 제도를 개혁해야 한다. 진보든 보수든 국정을 책임질 실력을 체계적으로 꾸준히 키워야 한다. 한국의 주권자들은 촛불항쟁을 통하여 현실정치 개혁과 국가 개조라는 정치효능감을 경험했다.

디지털문명 시대에 다이나믹 코리아는 2019년 4월 3일 오후 11시 5G 무선 이동통신을 세계 최초로 개통했다. 기술진보에 힘입어 한국의 유권자 대중은 SNS 등으로 새로운 시대를 추동하는 눈부신 변화를 주도하고 있다.

하지만 정치권은 허울만 디지털이고 2G에 머물러 있다. 실은 옛날식 1G(아날로그) 수준을 벗어나지 못하고 있다. 눈치 보며 쇼를 하려 하기보다, 아날로그라도 진심으로 실행하는 대처가 현명할 듯하다. 아니면 진화의 역사에서 보듯 시대 변화를 외면하다 소멸한 초식공룡 같은 신세가 되고 만다.

낡은 정치와 패거리 정치 '땡' 주권자 중심 정치혁신 '큐'

2019년은 역사의 뒤안길로 사라진다. 2020년 새로운 시간이 열린다. 낡은 정치와 퇴행적인 패거리 정치 땡, 주권자 중심 정치혁신 정치 큐!

국민은 2020년 4월 15일 21대 총선에 촛불항쟁정신의 민의가 반영되는 국회를 소망한다. 이를 실현하기 위해 유튜브 '김종필TV'는 12월 30일에 '주권자 공천기준 국민 공모' 결과를 공표한다.

결국, 주권자가 실천하는 만큼 정치가 바뀐다. 후보자나 정당은 그만큼 혁신한다. 현명한 유권자라면 심판하러 투표장에 가야 하지 않겠는가.

2019-12-26

혁신은 사라지고, 권력투쟁만 나부껴

현재 대한민국에서 가장 관심이 큰 위정자 세 명의 핵심 메시지를 되짚어 본다. 문 대통령은 7월 25일 청와대에서 윤석열 검찰총장에게 임명장을 수여한 뒤, '권력형 비리'에 대한 철저한 수사를 당부했다. "'살아있는 권력'에 대해서도 똑같은 자세가 돼야한다"며 "청와대든 정부든 집권여당이든 만에 하나 권력형 비리가 있다면 정말 엄정한 자세로 임해주길 바란다"고 강조했다. 이어 문 대통령은 "윤 총장은 권력형 비리에 대해서 권력에 휘둘리지 않고 권력의 눈치도 보지 않고 사람에 충성하지 않는 자세로 아주 엄정하게 처리해서 국민들의 희망을 받았는데 그런 자세를 앞으로도 계속해서 끝까지 지켜 달라"고 격려했다.

윤 총장은 취임사에서 "헌법 1조에 '모든 권력은 국민으로부터 나온다'고 규정돼 있다"며 "국민으로부터 부여받은 권한이므로 오로지 헌법과 법에 따라 국민을 위해서만 쓰여야 하고, 사익이나 특정세력을 위해 쓰여서는 안된다"고 말했다.

약속대로, 법대로 실천하는 것이 정치의 기본

문 대통령은 조국 법무부장관에게 임명장을 수여하면서 "검찰은 검찰이 해야 할 일을, 장관은 장관이 해야 할 일을 해나간다면 그 역시 권력기관의 개혁과 민주주의의 발전을 분명하게 보여주는 일이 될 것"이라고 밝혔다.

조 장관은 취임사에서 "제 허물과 책임, 짊어지고 가겠다"고 사과했다. 그는 "누구도 함부로 되돌릴 수 없는 검찰 개혁을 완수하겠다. 고위공직자범죄수사처 설치와 검 · 경수사권 조정을 법제도로 완성하기 위해 관련 법안이 20대 국회에서 입법화될 수 있도록 적극적으로 지원하겠다"고 '변화와 혁신'을 강조했다.

그러나 현실은 진영싸움 같은 험한 '권력투쟁'만 도드라졌다. 청와대권력, 검찰권력에 언론권력까지 가세해 진흙탕 싸움이 난무하다. 여야, 진보와 보수가 서로 '밀리면 죽는다'고 극한 대결구조로 대치하고 있다.

정치 본연의 책무인 민생 살리기는 실종됐다. 모든 정치인들이 목청 높였던 '정치(국가) 혁신'도 미아 신세로 전락했다. 2019년 한국 정치권의 일그러진 현주소다.

그 그늘에서 국민 생활은 '민생고'와 '돼지열병' 등으로 골병들고 있다. '조국대전'이라는 권력집단의 권력투쟁에 국민은 고단하고 복장 터진다.

이 총체적 난국을 푸는 해법은 간명하다. 결론은 약속한 대로, 법대로 하면 된다. 말과 행동이 다르면 안된다. 특히 위정자에게 '언행일치'는 더욱 엄중히 요구된다. 이것이 국민 상식이고 '국민정서법'이다.

문 대통령, 조 장관, 윤 총장과 여야 대표들은 정말 '국민에게 말 한대로 실천하고 있는지' 양심에 손을 얹고 스스로에게 자문해보길 권고한다. 신뢰를 잃어버리면 미래가 없다.

문 대통령 국정지지도는 정권 초기 81%에서 출발, 최근 여론조사에선 반토막 난 40%로 최악이다.(중앙선거여론조사심의원회 홈페이지 참조)

여당인 민주당 지지율도 집권 이후, 10% 이상 추락해 문 대통령 지지도와 비슷한 수준이다. 제1야당 자유한국당은 집권세력이 빚은 '조국사태'로 인한 민심이반의 반사이익도 취하지 못할 만큼 찌질하다. 큰 덩치에 비해 리더십이 부족한 역대급으로 무능한 약체 야당이라는 혹평을 듣고 있다.

20대 국회는 '동물국회, 식물국회, 개업휴업국회'라는 낙인이 찍혔다. 국회는 29년 만에 윤리특위를 없애 '윤리'도 사라졌다. 막말경쟁이 심화됐지만, 징계요구는 '0건'이다. 입법부 스스로 자정능력이 없음을 증명하고 있다.

‘일하는 국회법’ 시행 두 달이 됐지만, 실제로 일한 것이 없다. 국회의원들은 위반해도 벌칙이 없다는 점을 악용해 정쟁에만 몰두하고 있다는 냉소가 나온다.

주권자 대중은 ‘4차원 혁신’ 요구, 여야 정치권은 ‘동물국회’ 수준

20대 국회 마지막 정기국회가 열렸지만, 여야가 조국 장관 검찰수사 대응에 온통 쏠려있어 사실상 불능상태다. ‘조국대전’이라는 진검승부에 올인하는 형국이다.

반면에 주권자 대중의 변화와 혁신은 눈부시다. 4차 산업혁명 기술진보에 힘입어 뉴미디어시대가 만개했다. 기성 정치권, 언론체제를 뚫고 국민 누구나 주역인 유튜브 등 1인 미디어가 활성화 됐다.

동시에 촛불항쟁을 넘어 한국정치의 주역으로 시민(행동하는 주권자)이 전면에 나섰다. 최근 여론조사에서 나타난 ‘무당층 40%’의 의미를 주목해야 할 이유다. 적대적 공존에 기반한 권력적 양당체제를 극복하는 지향을 담고 있기 때문이다. 진정한 혁신을 추구하는 대중주체의 주권자 정당, 온라인 정당의 출현 가능성이 점차 고양되고 있다.

2019-09-26

임금님 밥상과 대통령 급여

내우외환(內憂外患). 대한민국 2019년 7월 현주소다. 사면초가. 문재인 대통령의 처지다. 일본은 경제도발, 러시아는 영공침범, 중국은 사드 문제제기, 북한은 단거리 탄도 미사일 발사까지 하는 등 총체적 난국에 빠져 있다. 미국도 한 · 일 경제전쟁을 중재하기보다 방위비 증액과 호르무즈 파병 등을 요구하고 있다. 강대국 틈바구니서 미래 불안감이 날로 커지는 한반도다.

경제성장률도 1%대까지 하락할 가능성이 제기되는 등 경제와 외교안보 위기가 위중하다. 내우외환, 사면초가에 처한 대한민국 문재인 대통령. 총체적 난국을 헤쳐 나갈 비상한 해법이 절실한 시점이다.

내우외환 대한민국, 사면초가에 빠진 대통령의 비상한 해법 절실

첩첩산중 앞에 선 문 대통령은 집권 후 처음으로 여름휴가를 취소했다. 취임 후 첫해인 2017년 북한이 대륙간탄도미사일(ICBM)급 미사일을 쏠 때도 여름휴가를 떠났던 문 대통령은 국내외 각종 중대현안이 겹치자 휴가를 취소했다. 그러나 문제는 사안의 중대성에도 불구하고, 난국 해결의 중추인 청와대와 여당을 비롯한 정치권이 구태의연하다는데 있다. 이건희 삼성전자 회장은 24년 전 "정치는 4류, 행정은 3류, 기업은 2류다"라고 통렬히 비판했다. 그런데 지금은 정치가 '5류'로 전락했다고 조롱을 받고 있다.

20대 국회는 법안 처리율도 꼴찌고, 국회의원들의 막말은 역대급이다. 하지만 경제협력개발기구(OECD) 3위의 세비 등 세계 최고 수준의 특권을 누리고 있다. 그러니 항상 국가사회기관 신뢰도 조사에서 국회는 꼴찌 탈출을 못하고 있다.

정치가 안정돼야 경제가 발전한다. 경제와 외교를 돕는 유능한 정치, 총론과 당위보다 구체적으로 문제를 해결하는 리더십이 긴요하다. '제왕적 대통령' 청와대 권력은 줄이고, 헌법정신에 따라 정부 부처로 인사권 등 권한을 옮겨야 한다. 그래야 낡은 권력형 정치가 아닌 4차 산업혁명 시대의 '혁신적 사고'에 맞는 정치로 국제외교 무대에서도 능동적인 대처를 할 수 있다.

역사 속 리더들은 고난을 어떻게 극복하며 전진해 왔을까? 역사에서 배우자. 정조의 특별한 총애 속에 중앙정부 고위직으로 활약하던 다산 정약용은 시골 황해도 곡산 부사로 부임해 '일식삼찬'하는 검소함으로 솔선수범했다. 백성들은 감동해 정약용 부사의 지도력에 전폭적인 신뢰를 보내줬다.

사회주의 국가인 베트남 국부 호치민 주석도 정약용 선생의 민심에 기반한 솔선수범 리더십에 매료돼, 평생을 따라 배웠다. 그의 유품은 지팡이 하나와 옷 두벌 뿐이었다.

또한 조선시대 역대 왕들은 기근이 심해 백성이 굶주릴 때는 물에 만 밥만 먹기도 했다. 오랜 가뭄이나 홍수, 흉년에 시달릴 때는 수라상에 고기반찬을 거두었다. 왕은 근신하는 뜻으로 반찬의 가짓수나 식사 횟수를 줄이거나 아예 들지 않기도 했다. 특히 영조는 식음을 전폐하는 수준의 이른바 '수라 스트라이크'로 유명하다. '밥(밥상)'을 통해 민심과 소통하는 정치를 한 것이다.

살림살이가 어려워도 납세의 의무를 성실히 이행하는 많은 국민들은 세금으로 운영되는 국가에 존재의 이유를 묻는다. 세금으로 급여를 받는 대통령을 비롯한 공무원들에게 국난극복에 앞장서라고 요구한다. 국민에 대한 무한봉사로 내우외환에 솔선수범하는 대통령을 볼 수 있기를 희망한다.

국난 극복의 해법은 있다. 대한민국 같은 대통령중심제 국가에선 대통령의 결단이 중차대하다. 대통령부터 솔선해 급여를 50% 줄이는 특단의 대응을 해야 한다. '대통령은 5년 임시직'이라는 비상한 각오로 결단해야 한다.

청와대 수석과 비서관은 30% 줄이고, 행정관은 20% 줄이는 솔선수범을 기대한다. 마침 청와대 수석도 교체했고 내각도 곧 개편할 예정이니, 심기일전하는 차원에서 실행하길 권고한다. 국가운영의 동반책임을 지는 집권여당 의원들은 세비를 30% 반납하는 환골탈태를 보여야 살 수 있다. 그 어떤 말이나 당위보다 면모를 일대 쇄신할 좋은 기회이다.

대통령 급여 반으로, 집권여당도 세비 30% 반납하는 솔선수범해야

'조광조식 사정개혁'도 적폐를 해소하기 위해 필요하다. 하지만 근본적 해결엔 한계가 있다. 잘못하면 부메랑으로 돌아온 경우가 역사적으로 많았다. 집권세력이 스스로 자기개혁을 하고 '정약용식 솔선수범'을 보여야 국민지지를 얻는다. 문제는 정치지만, 문제해결은 국민감동 정치다. 결단하는 새 리더십에 감동한 국민의 자발적 자주적 결집이 외교전쟁에서는 가장 강력한 무기다. 임금님의 수라 스트라이크처럼 대통령 급여를 줄이는 결단이 국민감동으로 이어지면 판이 바뀔 수 있다.

2019-07-30

찌질한 정치, 무능한 정부, 대안은

국회가 '동물국회, 식물국회'를 넘나들다 '빈손국회, 일 안 하는 최악의 국회'로 서 있다. 계류돼 있는 법안만 1만4000개에 육박한다. 국민들은 파행국회만 일삼는 국해의원(國害議員)들에게 '무노동 무임금'을 적용하라고 난리다.

요즘 한국정치 참 찌질하다. '달창, 광주 폭동, 사이코패스, 한센병' 등등 막말 퍼레이드. 당권과 권력투쟁에 매몰돼 정치언어의 품격이 땅바닥에 떨어졌다. 여야 간, 당내 계파 간에 폭언과 망언이 난무하고, 국민의 대표자로서의 품위는 실종됐다. 인간에 대한 예의와 존중도 사라진지 오래다.

여야 정치권은 국민의 민생문제 해결은 뒷전인 채, 잿밥(총선)에만 골몰하고 있다. 문재인정부도 경제 · 민생정책 성적은 낙제점이다. 부실한 인사에 무능한 리더십이라는게 세간의 혹평이다.

여야 정치권, 민생문제 해결보다 잿밥(총선)에만 골몰

여야는 내년 총선에서 권력연장을 겨냥해 집토끼 결집에만 몰두하고 있다. 태극기부대나 친문부대 등 극렬지지층 눈치보기에 경황이 없다. 자기 정당의 대안능력과 미래비전 제시를 통한 외연확장은 안중에 없다.

실제로 집권여당 더불어민주당은 7월 말까지 들어온 권리당원만 총선 경선에 참여할 수 있어 당원늘리기에 한창이다. 국회공전이 도리어 지역구 관리와 외유하기에 호기라고 한다. 자유한국당은 공천권을 행사할 황교안 당대표에게 줄서기에 여념이 없다. 공천권을 둘러싼 신, 구세력 간의 갈등이 불 보듯 뻔하다.

찌질한 정치권과 무능한 정부에게 국민(주권자)은 묻는다. 정치가 경제를 도와주는 날이 올까? 국회가 권력투쟁 보다는 민생문제 해결에 성과를 낼 수 있을까? 국가 경영에서 답을 내는 리더십은 어떻게 가능할까?

고단한 길이지만 대안은 있다. 헌법 개정을 통해 국민소환권과 공천제도 혁신, 그리고 진보와 보수를 넘어 경영적 관점에서 국가경영을 하는 것이 해법이다.

올해 20대 국회처럼 일 안 하고 월급 1140만 원 받는 국회의원들에겐 '국민소환제'를 도입해야 한다. 또한 정당끼리 알아서 짬짜미하는 정파적 공천을 넘어서는 '국민공천안'을 마련하는 주권자운동(유권자운동)을 제안한다.

우선 대통령이 대한민국 공동체 발전을 위해 정파적 시각을 벗어나야 국민통합을 실현할 수 있다. 협치가 꽉 막힌 정국을 푸는 열쇠다. 청와대권력을 내려놓고 여야 지도부와 만나 '국회정상화와 민생경제 살리기'를 위한 구체적인 방안에 대해 실천적 논의를 진행해야 한다.

시대의 화두가 혁신경영이다. 문재인정부도 표방하며 추구하고 있다. 그러나, 건설능력과 경영경험이 부족해 국가경영의 리더십으론 한계가 있다. 열정과 진보는 촉진제지 만병통치약이 아니다.

흔히들 '운동권이 거창한 얘기만 하지, 실력이 없다'는 세평이 있다. 진보진영이 듣는 고질적 문제는, '총론만 있지, 각론이 부실하다' '디테일이 약하다'는 비판이다.

하지만 대안모델로 성공한 내일신문 성공사례가 있다. 26년간 실천한 혁신경영 모델인 '사원주주형 자주관리경영시스템(임직원, 가족, 관계회사 지분 75%인 사원주주회사)'을 일반화하는 방안을 제안한다. 현재 K-OTC(한국장외주식시장)에서 거래되는 내일신문 주가는 3만550원(29일 종가 기준)이다. 상한가가 3만9700원에 오르기도 했다. 24년 연속 무차입흑자경영에 주식 배당금 누적배당율 384%, 연평균배당율 18%다. 직원 평균 연봉도 상위급이다.

내일신문은 작지만 단단한 중소기업이다. 문재인정부가 국민경제 발전과 일자리경제정책의 최우선으로 삼으며 신설한 부서인 중소벤처기업부의 핵심이 중소기업 활성화다.

노무현 참여정부에서 청와대 정책실장을 역임한 성경륭 경제인문사회연구회 이사장과 토론한 적이 있다. 그의 고민 역시 바로 구체적인 검증사례에 있다. 내일신문의 경영은 최근에 만난 이목희 대통령직속 일자리위원회 부위원장도 함께 공감한 실증사례다.

대안은 '사원주주형 자주관리경영시스템'이다

결국, 정권의 성패는 경제에 달려있다. 오죽하면, 평화는 경제라고 하지 않던가. 국민들의 민생과 경제를 발전시키고, 밥 · 일 · 꿈을 실현하는 길은 무엇인가. 대통령이 진보와 보수를 넘어선 '경영적 관점'에 서야 한다. 국가경영은 시장과 민생현장에서 국민을 주인주체로 만드는 길이다.

국민(주권자)은 찌질한 정치, 무능한 정부를 싹 바꿀 주권이 있다.

2019-05-30

낡은 정치와 4차산업혁명

인공지능(AI)이 사람을 대신하는 4차 산업혁명시대다. 국민들은 "정치도 인공지능이 대신하는 게 낫겠다"고 냉소한다. 한국 정치의 낡은 행태에 대한 유권자의 불만은 혁명을 부를 태세다. 21세기 디지털 문명시대에 정치권만 '호랑이 담배 먹던 시절'에 머물러 있다. 세상은 봉건제로부터 자본주의 사회로의 이행보다 더 크고 빠른 변화가 소용돌이치고 있는데 말이다.

인공지능, 로봇기술, 생명과학, 사물인터넷, 빅데이터, 나노기술 등 4차 산업혁명으로 급변하는 시대에 적응하느라 국민은 정신없다. 국민을 도와주기는커녕 정치권은 철 지난 이념 논쟁, 막말 공방에 매몰돼 제 정신이 아니다.

"정치도 인공지능이 대신하는 게 낫겠다"고 냉소받는 한국 정치

최근 국회 정상화 합의문을 걷어차는 자유한국당의 '묻지마 반대'는 정말 목불인견(目不忍見)이다. 90여일간 계속되는 '식물국회, 동물국회, 빈손국회'에 분노한 민심을 의식해서 한국당 참여와 상관없이 28일 본회의를 열 예정이긴 하다. 여당인 민주당과 야 3당(바른미래당, 민주평화당, 정의당)은 상임위와 법안소위를 열고 법안을 통과시키고 있다.

국회와 정치권은 지금 도탄에 빠져있는 민생경제를 회복하는데 총력을 기울여야 한다. 뿐만 아니라 급격하게 물결치는 4차산업혁명을 추동하도록 법과 제도를 조속히 정비해야 할 책무가 있다. 잿밥(차기 총선권력)에만 골몰하며 패거리를 짓고, 손익계산만 할 때가 아니다.

세계가 급변하고 있다. 미중 무역전쟁이 현재진행형이고, 4차산업혁명이 몰려오는 등 혁명적 변화가 현실화되고 있다. 그 변화의 그늘에 청년실업자

와 영세 자영업자, 중소기업들이 신음하고 있다. 재벌도, 언론사도 생존과 지속가능성을 위해 몸부림치고 있다. 낡은 사고를 바꿔야 산다.

진보와 보수의 대립과 갈등(진영 싸움)은 근대 철학의 한계에 갇혀 있기 때문이다. 마르크스-레닌주의는 근대 시대 이념의 산물일 뿐이다. 기술 진보에 힘입어 21세기 디지털 문명의 시대로 진화했다. 디지털(digital)은 수(數)를 뜻한다. 0과 1의 두 가지 숫자로 모든 형상을 받아 읽어내는 것이다.

그러므로 시대착오적인 낡은 이념을 덧씌워 소모적 공방을 할 이유가 없다. 권력지향의 퇴행적 정치행태는 절대 안된다. 현대사회에선 진보와 보수를 넘어, 국민이 주인주체가 되는 정치를 추구해야 한다. 전근대적 제로섬 게임이 아닌 윈-윈하는 상생적 정치로 차원을 높여야 한다. 숙의 민주주의, 합의제 민주주의를 지향하는 선진화되고 품격있는 정치를 창출해야 한다. 그래야 국민경제 발전을 돕는 정치, 주권자가 정치의 주역이 되는 정치로 도약한다.

빌게이츠, 스티브 잡스, 마크 저커버그가 제국주의자인가, 좌파인가? 아니다. 그들은 인류 발전에 기여한 기술진보의 선두주자다.

우리는 두차례 북미정상회담, 세차례 남북정상회담이 진행된 시대를 살고 있다. 지구상 마지막 남은 분단국가, 냉전체제에 금이 갔다. 우리공화당 같은 극우세력, 자유한국당 황교안 대표 체제의 수구적 정치는 이제 국민 동의를 받지 못한다.

여당인 더불어민주당도 실사구시하는 실력있는 정당으로 거듭나야 차기 총선에서 선택 받는다. "운동권은 한 번도 돈을 벌어보지 못했다. 구체성도 없고 무능하다" "소득주도성장도 실제 잘 하지 못하지 않냐"는 비판에 직면해 있다. 성적표로 국가경영능력을 입증해야 미래가 있다. 이런 형국에, 진보와 보수 진영싸움은 대한민국의 추락만 부추길 뿐이다. 국민만 골병든다.

진보, 보수 싸움보다 4차 산업혁명시대 이끌 리더십 갖춰야

20대 국회와 문재인정부가 출범하고 제대로 된 여야간 정책 대결은 없었다. 그저 밥그릇 싸움이고 권력 연명에만 눈멀어 막말 퍼레이드를 이어왔지, 자기 이념에 기반한 진검승부는 볼 수 없었다. 예를 들면, 국민들은 "자율주행자동차 시대가 곧 오는데, 이 차를 사야 되느냐" 보다 더 큰 문제는, "차를 샀을 때와 렌트를 했을 때, 만일 사고 났을 때 손실부담은 어떻게 되는지" 등이 현실적인 관심사다. 국회와 정부는 어떤 답을 준비하고 있는가.

결국, 보수냐 진보냐 보다 '수구냐, 진취냐?' '무능한 진보냐, 실용적이고 유능한 진보냐' '권력욕에 빠진 보수냐? 국가경영능력을 높이기 위해 혁신하는 보수냐?' '권력추구 정치냐? 국민에게 무한 봉사하는 정치냐?'가 문제의 본질이다. 4차 산업혁명시대를 이끌 대한민국의 정부와 정치권은 이에 대답할 역량이 있는지 성찰해보라.

2019-06-28

국회의 존재이유를 묻는 국민들

'개점휴업국회, 무능국회, 직무유기국회, 식물국회'. 자기당 소속 의원을 지키기 위해서는 용감하게 '방탄국회'도 서슴지 않는다. 20대국회의 일그러진 자화상이다.

오죽하면 "국회를 해산하라"는 요구가 나올까. 촛불항쟁 시민은 "여의도 국회 앞에 가서 촛불시위를 하고 싶다"고 분노를 폭발한다.

1월 국회는 거대양당 민주당과 한국당의 샅바싸움에 허송세월만하다 다 보냈다. 시급한 현안은 켜켜이 쌓여 가는데 국회는 멈춰서 있다. 2월 국회마저 민생 · 개혁 법안 처리에 줄줄이 제동이 걸리는 것 아니냐는 우려가 크다.

해를 넘겨서도 처리되지 못하고 있는 사립유치원 투명성 강화를 위한 '유치원 3법', 체육계 성폭력 · 폭력 근절 법안, 최저임금 결정구조 개편 법안, 탄력근로제 확대 법안, 환자가 휘두른 흉기에 찔려 숨진 고 임세원 교수 사건의 재발을 막기 위한 '임세원법' 등 각종 민생 법안들이 즐비하게 대기하고 있다.

민생 · 개혁 법안 처리 올 스톱, 헌법정신과 법 무시하는 국회

소상공인과 자영업의 개념에서부터 지원 · 보호 정책의 개괄적 내용 등을 포괄적으로 담은 소상공인 · 자영업 기본법, 공정거래법 전면 개정안, 빅데이터 경제3법 역시 2월 국회 중점 법안이다.

특히 여야 5당 원내대표가 당초 '1월 합의처리'를 약속한 선거제 개혁 관련 법안, 고위공직자비리수사처법을 비롯한 사법개혁 관련 법안 등 개혁 법안도 시급히 처리해야 할 과제다. 이에 더해 미세먼지 대책, 택시 · 카풀 갈등, 일본 해상자위대 초계기의 위협비행 문제, 2월 말 예정된 2차 북미정상

회담과 관련한 한반도 현안 등 국회 각 상임위에서 점검해야 할 현안도 한둘이 아니다.

하지만 지금과 같은 대치정국이 2월까지 계속된다면 국회의 기능은 마비되고 '국회의 존재이유'에 대한 회의와 국민적 공분은 치솟을 수밖에 없다.

지난해 한 여론조사에서는 '국회가 열리지 않더라도 정치활동을 하고 있으므로 세비는 지급해야 한다'는 여론은 13%인 반면, '국회의원에게도 무노동 무임금 원칙을 적용해 세비를 반납해야 한다'는 의견은 81%에 달한다는 결과가 나왔다.

전통적으로 국회에 대한 국민신뢰도는 늘 바닥이다. 작년 11월 모 여론조사기관이 발표한 기관별 신뢰조사에서 국회는 1.8%로 최하위였다.

국회는 국회의원 특권의 전당이 아니다. 국민은 국민을 위한, 국민의 입법부를 원한다. 대한민국 헌법은 국회(입법부), 행정부, 사법부 삼권이 중요도 순으로 구성돼 있다. 국민은 민주주의 원칙과 헌법정신에 따라 주권자인 국민을 위해, '민생경제 회복과 상생정치'를 위해 '일하는 국회'를 만들어 달라고 요구하고 있다.

국민의 국회로 재탄생하는 해법이 있다. 방향은 민생경제 살리기에 전력투구하는 국회, 진보와 보수를 넘어 '합의제 민주주의'를 지향하는 생산적이고 미래지향적인 정치를 실천하는 국회다.

이를 위해, 집권여당 더불어민주당은 무한책임감을 견지하고 입법부의 주역이 돼야 한다. 정치를 살리는 여야 대화와 타협의 주인공, 협치의 징검다리가 돼야 한다. 청와대 여의도 출장소, 행정부(대통령)의 거수기라는 구태와 오명을 극복해야 한다. 그래야 '아마추어리즘 · 참여정부 시즌2'라는 비판을 넘어 민생안정, 경제발전의 중추가 되고 국민의 신뢰를 얻을 수 있다. 최근 김경수 경남지사의 구속을 두고 보인 행태는 삼권분립과 법치주의

훼손으로 보인다는 비판여론을 주시해야 한다.

거대 야당 자유한국당은 '도로친박당 · 도로탄핵당'을 극복하는 자기쇄신이 선행돼야 한다. 민생은 뒷전이고 강경일변도의 대여투쟁에만 매몰된 행태에 국민은 기가 막혀하고 있다. 21세기 대한민국 국민은 일방적인 선전선동에 쉽사리 넘어가는 바보가 아니다.

국민은 '민생경제 · 상생정치' 살리는 '일하는 국회'를 원한다

국회의원은 임기 초에 국회법 24조에 따라 국회에서 다음의 선서를 한다. "나는 헌법을 준수하고 국민의 자유와 복리의 증진 및 조국의 평화적 통일을 위하여 노력하며, 국가이익을 우선으로 하여 국회의원의 직무를 양심에 따라 성실히 수행할 것을 국민 앞에 엄숙히 선서합니다." 20대 국회의원들은 스스로 가슴에 손을 얹고 양심의 소리를 들어보라. 과연 "나는 헌법정신과 법을 준수하고 있는가"

설 명절을 앞두고 우리들의 부모형제, 이웃인 국민들은 바닥으로 추락한 경제난에 시름하며 민생현장에서 피눈물을 흘리고 있다.

20대 국회는 정녕 존재이유를 잃어버렸는가, 국회의원으로서 '세금값(밥값)은 하고 있는가'.

2019-02-01

대통령과 장관, 현장리더십으로 바꿔야

'먹방 스타 이영자' 보다 문재인 대통령 지지층 중 '이영자(이십대 · 영남권 · 자영업자)'의 이탈현상이 세간의 화제다. 문재인정부의 진짜 적신호는 '이탈 현상'이 문 대통령 핵심 지지층인 40대뿐만 아니라 전국적으로 확산 일로에 있다는 점이다.

최근 몇 군데 지역 송년 모임에 다녀보니 건배사로 '영자(영세 자영업자)의 전성시대를~~ 위하여~~'가 회자되고 있다. 민생고에 신음하는 서민들의 연말 풍경이다.

각종 경제 지표를 보면 위기 심화를 알리는 경고음이 곳곳에서 터져 나오고 있다. 집권세력 내 청와대, 정부, 여당 모두 탁상공론에 빠져 책임논쟁과 권력투쟁의 파열음을 내고 있다. 그야말로 총체적 난국에 처해 있다.

총체적 난국에 처한 집권세력, 탁상공론 말고 현장으로 가라

청와대는 하락추세인 문재인 대통령 국정수행 지지율이 40%대로 떨어질까 노심초사 하고 있다. 내일 자(매주 금요일 오전 10시, 지난 주 53%) 발표하는 한국갤럽의 여론조사 결과가 주목되는 이유다.

내년이면 문재인정부 집권 3년차다. 희망사항이나 구호가 아니라, 구체적인 민생경제 성적표로 국민이 체감하는 성과를 입증해야 한다. 내후년 4월엔 21대 총선이 있고, 2022년 3월엔 20대 대선으로 줄줄이 이어진다.

얼마 전 여권 모 고위층 인사는 문 대통령에 대해 "따뜻한 사람인데 원칙대로만 간다. 그래서 오히려 정치가 안 풀린다"고 말한 바 있다. "문 대통령이 집권 3년차까지 독선적 행태를 보이면 정보가 차단되며 국민과 동떨어진 권력으로 흐를 수 있다"고 우려했다. 대통령은 제왕이 아니니, 국민을 위

해 성공한 정부를 성취하기 위해 보수야당 대표도 만나서 협치도 하고 국민들 삶의 현장으로 들어가란 주문이다.

최근 문 대통령도 절박한 상황에 직면해서인지 "답답하다. 작년과 뭐가 달라졌습니까"라며 참모들을 잇따라 강하게 질책하고 있다. 실제로 '한반도 평화 프로세스'의 훈풍도 미풍에 그치고 있고, 내치나 외치나 첩첩산중이다.

문재인정부 출범 1년 반이 지났지만, 조국 청와대 민정수석이 인정했듯 '경제성장동력 강화 및 소득양극화 해결'은 턱없이 부족하다. 정치 · 정책의 최고책임자인 청와대와 정부는 '결과책임'(Erfolgshaftung)을 져야 한다.

대통령과 청와대, 정부, 여당은 답답하겠지만 국민들은 미칠 지경이다. 서울 강남지역조차 '권리금 없음'이라는 안내판을 내건 식당과 사무실이 즐비하다. 지방 음식점들은 휴 · 폐업하는 업소가 절반 가까이 늘고 있다며 난리다.

총체적 난국을 헤쳐 나갈 출구는 없을까. 지난 주말 대전에서 만난 이른바 '문재인 시계'를 차고 다녔던 음식점 사장은 해법으로 '대통령의 민정시찰(民情視察, walkabout)'을 역설했다.

문 대통령부터 구중궁궐 청와대에서 보고서를 보며 혼밥을 먹거나, 소수의 측근참모들과만 식사하지 말고 민초들의 삶(생업)의 현장으로 임해달라는 것이다.

각 부처 장관이나 국회의원들도 짜여진 각본에 따라 진행되는 각 업계 종사자들과의 형식적 간담회 보다, 산업현장 속으로 직접 들어가서 챙겨보라는 것이다. 말 그대로 '백문불여일견(百聞不如一見, 한서 조충국전(趙充國傳))'이라는 얘기다.

각종 보고서와 데이터는 표면적인 현상이고, 민생현장이 실상이다. 밤 새워 보고서를 보기보다는, 정부정책이 구현되는 산업현장에 찾아가서 정책의 수요자인 국민과 소통해야 정책의 실효성을 측정하고 개선할 수 있다.

현장에 답이 있다. 즉, 실사구시(實事求是) 격물치지(格物致知)하는 국가경영을 하라는 뜻이다. 부동산이나 재테크도 '발품'이 왕도다. 예부터 '작물은 농부의 발걸음 소리를 들으며 자란다'고 했다. 책상에 앉아서 보고서 보며 탁상공론(행정)하는 리더십에서 현장중심의 리더십으로 통 크게 혁신해야 한다.

보고서 리더십에서 '현장리더십'으로 일대전환해야

한국 기업 1위와 2위인 삼성전자와 현대자동차가 위태위태하고 내년 경제가 더욱 악화될 가능성이 큰 엄중한 시국이다. 리더십 행태와 정책기조의 일대전환이 절실하다.

역사적 모범사례를 살펴보면, 세종대왕이 한글을 창제한 공력은 민초들 삶의 현장에서 취재한 내용이 바탕이었다. 연개소문 등 중앙권력층이 싸움질만 할 때, 백성들의 일상 속으로 들어가 동고동락한 힘으로 안시성을 지켜내 고구려의 위기를 극복한 양만춘 장군의 리더십에서 배워야 한다.

정녕 역사의 발굽소리는 현장에서만 들을 수 있다. 좋은 변화의 추동력은 발끝에서 나온다.

2018-11-29

악마도 천사도 디테일에 있다

국민은 구호 보다 손에 쥐어지는 성과를 중시한다. 즉 꿈 보다 밥이 절실하다. 총론이 아니라 각론이 답을 낸다고 본다.

인간(국민)의 삶은 '밥 · 일 · 꿈'이 총체적 실상인데, 그 중 최우선은 밥이다. 하지만 기대와 정반대로 일자리와 소득이 줄어드니 인내하다 분노하고 광장에서 저항하는 상황에 이르렀다. 문재인 대통령의 국정수행 지지율이 떨어지는 이유다. 문 대통령의 지지율은 계속 하락할 것이다. 취임 이래 계속 떨어져온 추세고, 지난주엔 최저치(56%)를 경신했다. 그러나 급격한 추락은 없을 것이다.

문 대통령의 초반 인기는 이명박, 박근혜 전 대통령 시기의 적폐와 트럼프 미국 대통령, 김정은 북한 국무위원장 사이의 냉전해체와 평화체제 전환 노력이라는 배경이 있기 때문이다. 하지만 적폐 청산과 북미, 남북대화 위주로 지지율을 유지하는 데는 한계가 있다. 촛불민심도 '민생과 경제'를 살리는 유능한 진보정부를 원한다. 총론적 선의만으로 선정(善政)을 베풀 수는 없다.

'서생적 문제의식' 보다 '상인적 현실감각'이 더욱 절실

기대와 희망이 반영된 지지율은 올해로 끝난다. 소득 정체, 고용 부진, 문 대통령 취임 후 최저수준 소비자심리지수(한국은행 발표 8월 소비자심리지수 99.2) 등 경제난에 시름이 깊어가는 자영업자를 비롯한 서민과 중산층은 더 이상 기다려주지 않는다. 언론과의 허니문도 끝났다. 최근 만난 집권여당 민주당 의원들은 이구동성으로 생업 현장에서 만난 국민들로부터 '옐로우카드'를 받았다고 토로했다.

국민과 문재인정부의 성공을 위해 유효적절한 해법이 긴요한 시점이다. 문재인 대통령은 '운명'이라는 자서전에서 역사학자를 꿈 꿨다고 밝힌 바 있다. 가까운 역사 속에서 배울 필요가 있다. IMF 외환위기를 극복한 김대중 전 대통령은 저서 옥중서신에서 '서생적 문제의식과 현실적 상인감각'을 강조했다. 이상과 현실을 조화시켜야 성공한다는 메시지다.

특히 지도자의 핵심덕목으로 국민의 민생 · 경제를 실질적으로 해결하는 '상인적(현실적) 능력'을 발휘해야 한다는 점을 역사의 기록으로 남겼다. '서생적 문제의식'은 기본이고, 궁극적으론 '상인적 현실감각'이 승부를 가른다.

국민들은 외국에서는 '임금주도성장'이라고 불리는 정책인 (한국에서는 자영업자 비중이 높아 변형된) 소득주도 성장과 혁신성장, 공정경제라는 문재인정부 경제정책 총론에는 공감한다. 하지만 각론이 부실하다며 경제난국을 해결하는 실력이 없다고 평가한다. 최저임금제 실시와 주52시간 근로시간 단축의 방향에는 동의하나, 현실화를 위한 국민의 양해를 구하는 노력이 미흡하고 탄력적 단계적으로 실행하지 않아 생기는 부작용이 크다는 비판에 직면해 있다.

경제난국 타개를 위한 해법을 몇 가지 제기한다. 청와대는 총론과 정책방향 관리를, 정부 부처는 각론과 현장을 챙겨야 한다. 성과와 개선을 창출하는 현장의 추동은 부처가 적극 실행해야 한다. 청와대는 정책의 방향을 견지하는 역할을 하고, 집행은 부처가 책임을 져야한다. 정책이 구현되는 현장을 찾아서 문제를 해결하는 실사구시형 행정이 수반돼야 한다.

또한, 정책(각론) 집행력을 높이려면 상호 역할을 인정한 '팀플레이'가 필수다. 문 대통령 집권 1년 3개월이 지났으나 당 · 정 · 청이 그토록 강조하는 '원팀' 팀플레이가 원활하게 작동하고 있지 않다. 청와대가 사실상 전권을 행사하는 과거의 전철을 되풀이 하고 있기 때문이다.

청와대 보다 내각이 전면에 나서도록 조정이 필요하다. 최근 공직사회는 복지부동 상태라는 비판의 목소리가 높다. 문 대통령조차 어제 열린 공공기관장 워크숍에서 "대통령의 의지가 일선 공무원까지 공유되고, 관철시키는 것이 어렵다는 것을 실감한다"고 지적했다. 각 부처의 과장이 움직여야 정책 집행력이 담보된다.

이들을 움직이려면 인사문제가 핵심이다. 청와대로부터 인사권을 부처 수장이 가져와야 힘이 실린다. 권한을 충분히 주고, 만일 책임 있게 해결하지 못하면 사람을 바꾸면 된다. 천하에 인재를 찾으면 분명히 있다.

문재인정부 성공의 열쇠는 디테일(각론)에 있어

물론 부처는 대통령의 국정운영 방향과 정책적 일관성을 관리하는 청와대 참모들의 점검을 받아야 한다. 팀플레이는 상대를 인정하는 것에서 출발한다. 어제 김동연 경제부총리와 장하성 청와대 정책실장의 만남처럼 서로의 등을 두드려주는 팀플레이 재정립이 시급하다. 악마도 천사도 디테일에 숨어 있다. 성공한 정부냐 실패한 정부냐, 결국 승부는 디테일(detail, 각론)에 달려 있다.

2018-08-30

여야, '혁신경쟁'만이 살 길

한국 보수세력 대표를 자처하는 자유한국당은 레드카드를 받았다. 6.13 지방선거(국회의원 12곳 재보선 포함)에서 당을 해체하든가 리셋(초기화)하라는 국민의 준엄한 명령을 받은 것이다.

민심은 반성 없이 낡은 지역주의에 기생하는 분단 · 수구세력을 심판했다. 박근혜 · 이명박 정권을 만든 자유한국당은 촛불항쟁으로 탄핵되고 작년 대선에서 패배하고도 성찰도 없고 자기혁신도 하지 않아 지난 지방선거에서 궤멸적 참패를 당한 것이다. 보수(保守)를 보수(補修)하라는 쓴 소리가 안팎에서 쏟아지고 있다.

그렇다고 민주당과 집권세력이 온전히 자기 실력으로 지지받은 것은 분명히 아니다. 문재인 대통령도 선거결과를 '여당이 다 잘해서 지지한 게 아니라'고 자평했다. 유권자는 여야 모두 진정한 혁신을 통해 민생을 위한 실질적인 개혁을 해내라고 주문하고 있다.

한때 수구 냉전세력으로부터 빨갱이로 불렸던 리영희 교수는 늘 "새는 좌우의 날개로 난다"고 설파했다. 공동체의 지속가능한 미래를 위해 좌우, 여야는 처절하게 혁신해 건강한 정치세력으로 재탄생해야 한다. 결국, 전쟁에 버금가는 여야 간 혁신경쟁만이 정치소비자인 국민의 선택을 계속 받을 수 있다.

심판 받은 분단 · 수구세력, 죽을듯한 혁신이 답이다

5백 년 전 조선 선조 때 이율곡 선생은 임진왜란에 앞서 이렇게 상소문을 썼다. "개혁을 하면 나라가 흥할 수도 망할 수도 있지만, 개혁을 하지 않으면 나라는 반드시 망합니다." 개혁(혁신)의 절실함과 어려움을 잘 말해주고 있다. 사람(리더)과 정책(콘텐츠)과 시스템을 전면적으로 바꾸지 않으면 망할 수 있다는 뜻이다. 율곡의 절규는 21세기 한국의 여야 정치권, 특히 자유한국당에 꼭 필요한 경고문이다.

2020년 4월 국회의원 선거가 예정돼 있다. 총선까지 2년도 채 남지 않은 시간이 여야 정치권엔 '혁신'할 절호의 기회다. 과연 갱생할 것인가, 소멸할 것인가.

여야는 촛불항쟁 이후 표출된 선거 민의에 따라야 살 길이 열린다. 한국당은 아직도 친박, 비박 타령이나 하며 과거 권력의 미몽에서 깨어나지 못하고 있다. 민주당도 친문, 비문으로 나뉘어 주도권 투쟁을 할 시국이 아니다. 국민에게 제대로 서비스하지 못하는 국회는 차라리 해산하는 게 낫다는 여론이 비등하고 있다는 점을 직시해야 한다. 국가기관 신뢰도 만년 꼴찌인 입법부의 일그러진 자화상을 뜯어 고쳐야 한다.

국민은 대한민국 위정자들에게 국가대개조 차원의 혁신을 요구하고 있다. 국회 앞에서 촛불시위가 벌어지기 전에, 여야 정치권의 자기혁신 경쟁의 내용에 대한 해법 두 가지를 권고한다.

첫째는 '국민의 민생과 경제 살리기'정책 혁신경쟁을 최우선으로 하라. 민생 현주소는 한 마디로 졸도 직전이다. 치솟는 청년실업율, 최저임금과 근로시간 단축 논란, 추락하는 제조업 평균가동률과 저조한 경제성장률, 미중 무역전쟁에 따른 한국경제의 불안정성 심화 등등 첩첩산중이다. 일자리정부를 주창한 문재인정부에서 일자리가 줄어드는 불편한 현실을 타개할 혁신적 방책 마련이 시급하다.

둘째는 당내 권력투쟁의 근원인 '공천권'을 최고권력자에서 환수해 국민과 당원에게 돌려줘라. 당내 민주주의 실현과 국민봉사형 정당으로 환골탈태하는 혁신이 긴요하다. 혁신방향은 공천 권력을 국민〉 당원〉 대의원〉 권력자

우선순위로 재정립하면 정치혁신이 실현될 것이다. 공천혁신은 문재인 대통령이 취임식에서 밝힌 "기회는 균등하고 과정은 공정하며 결과는 정의로울 것이다"라는 대국민 메시지를 선거 후보자들에게 적용하면 해결된다.

국민과 당원에게 '공천권' 돌려주는 정치혁신 절실

며칠 전 영면한 보수우익 정치인 고 김종필 전 총리는 생전에 "정치는 허업(虛業)이다"라고 일갈했다. "기업인은 노력한 만큼 과실이 생기지만 정치는 과실이 생기면 국민에게 드리는 것"이라며 허망한 권력의 정치보다 국민에게 봉사하는 정치(인)만이 살 길이라고 강조한 바 있다.

오늘은 1987년 6월 29일 당시 노태우 민정당 대표가 6월항쟁으로 국민이 요구한 대통령 직선제를 수용하는 이른바 6.29 선언을 한지 31년이 되는 날이다. 6.29 선언 같은 보수의 후퇴가 있었기에 오늘날 보수의 존립이 가능했다.

보수와 진보의 진정한 혁신경쟁이 서로를 건강하게 할뿐만 아니라 대한민국의 국가경쟁력, 품격을 드높인다. 대한민국이 살 길은 '혁신'뿐이다. 특히 권력이 있는 곳엔 더욱 그렇다. 혁신하면 살 것이고, 역행하면 소멸할 것이다.

2018-06-29

지역 혁신하는 지방정부 세우자

'지방선거 D–100일' 6월 13일 실시되는 제7회 전국동시지방선거가 100일 앞으로 다가왔다. 3월 2일부터 시장 · 구청장, 시 · 도의원, 구 · 시의원 선거 예비후보 등록이 시작됐다. 지난달 13일부터 광역단체장 및 시도 교육감 선거 예비후보자 등록도 이미 시작됐다. 이번 전국동시지방선거는 17개 광역자치단체장, 226개 기초자치단체장, 705명의 광역의원, 1034명의 기초의원, 17개 광역시도교육감, 5명의 교육의원(제주도)과 7명의 국회의원(재보궐선거)을 뽑는 중요한 선거다. '개헌 국민투표'도 함께 치러질 가능성이 있어 대한민국 역사발전에 중대한 분수령이 될 선거다.

역대 지방선거 투표율은 소폭이지만 계속 오르고 있다. 4회 지방선거(2006년 5월 31일) 51.6%, 5회 지방선거(2010년 6월 2일) 54.5%, 6회 지방선거(2014년 6월 4일) 56.8%로 상승추이를 나타냈다. 가장 최근 선거는, 박근혜 전 대통령의 탄핵과 구속수감으로 앞당겨져 작년 5월 9일 치러진 제19대 대선으로 투표율은 77.2%였다.

투표율 높을수록 유권자의 요구에 힘 실려

중국 청나라 말기 학자 강유위는 "국가흥망 필부유책(國家興亡 匹夫有責, 나라의 흥망은 보통사람에게도 책임이 있다)"이라고 역설했다. 현대 민주주의 사회에서 유권자(시민, 국민) 역할의 중요성을 일깨워주는 격언이다.

모든 선거는 투표율이 높을수록 유권자의 이해와 요구에 힘이 실린다. 최근 '지방선거 투표의향'을 묻는 대부분의 여론조사에서 유권자의 90%이상이 적극적인 참여의사를 밝혔다. 지역 혁신과 국가공동체의 개선, 개혁을 위해 고무적인 흐름이다.

촛불항쟁 이후 대한민국은 모든 영역에서 혁신중이다. 정치, 행정 부문만이 아니라 사회 각계 영역에서 적폐를 해소하고 좋은 변화를 열망하는 요구가 분출하고 있다. 보수와 진보를 떠나 박근혜, 이명박 전 대통령과 이윤택 연출가, 고은 시인과 같은 낡고 일그러진 권력적 행태의 지배층은 몰락하고 있다. 그 자리에 민생현장을 찾아가는 서비스를 실행하며 혁신적인 리더십을 발휘하는 지역의 참신하고 유능한 인물들이 주역으로 등장하고 있다. 지방선거를 앞두고 있어 선거법상 구체적인 모범사례를 지면에 소개하지 못해 아쉽다.

물론 지역주민의 민의에 역행하다 투표 심판을 받고 퇴출될 위기에 놓인 후보자들도 있다. 후보자들의 그동안 활동내용과 선거공약을 면밀히 검토해 옥석을 가리는 '유권자운동 7계명' 실천 같은 능동적인 유권자운동이 긴요하다.

한편으론 여야 5대 정당 등 정치권은 지방선거를 앞두고 사활을 걸고 있다. 서민과 중산층의 고단한 '밥일꿈'(민생)을 해결하려는 노력보다는 아직도 자기 밥그릇 지키기 위주의 구시대적 이념논쟁과 구태의연한 진영싸움에 빠진 여의도 정치권에 민심은 싸늘한 시선을 보내고 있다.

국민이 요구하는 시대정신은 나라다운 나라를 만들고, 국민 삶의 질을 발전시키기 위해 중앙과 지방이 환골탈태하라는 것이다. 촛불민심에 바탕을 둔 개헌의 핵심과제도 지방분권(자치입법권, 자치조직권, 자치재정권, 자치행정권 보장)과 기본권 강화다. 그래야 풀뿌리민주주의를 실현하고 개혁을 완성하는 방향으로 도약할 수 있다.

지방분권이 강화된 나라일수록 국민소득도 높고 지방 주민이 잘 사는 경우가 많다. 이제는 국민행복을 위해 국가 권력의 중앙집권적 통제로 억눌렸던 실질적인 지방자치가 실현될 수 있도록 현실을 개혁하자. 이것이 거스를 수 없는 21세기 글로컬(Glocal) 시대의 요청이다.

지역 혁신, 민생 · 삶의 질 발전과 직결

우리는 매일 일상을 지역에서 일하며 삶을 영위하고 있다. 제주도와 독도도 지역이고, 강원도 산골 마을도 지역이다. 서울도 대한민국의 지역이다. 삶의 기반이자 풀뿌리민주주의의 토대는 지역이다.

서민과 중산층의 민생이 살아나고 시민 모두의 '삶의 질'을 높이려면 지방정부를 혁신해야 한다. 이번 선거를 통해 각 지역의 특성과 민의에 걸맞는 '혁신 경쟁'이 광범위하게 확산되길 기대한다. 특히 과거 지방선거와 달리 이번 선거는 '촛불항쟁' 이후 펼쳐지는 첫 지방선거라는 점에서 결과가 주목된다.

6월 13일 전국지방선거 투표장에 가서 촛불을 들었던 손에 투표봉을 들고 지역을 진정으로 혁신할 후보를 찍자.

2018-03-05

'김영란법'의 빛과 그림자

오늘부터 '김영란법'(부정청탁 및 금품 등 수수의 금지에 관한 법률, 청탁금지법)이 본격 시행에 들어갔다.

김영란법은 한국의 청렴도가 OECD(경제협력개발기구)국가 평균치를 크게 밑도는 현실에서 기존의 법률로 통제하지 못했던 공직사회 부정부패 사각지대를 감시하는데 필수불가결한 법이다. 이 법이 '권력형 공직부패 근절'을 통해 앞으로 우리나라를 청렴사회로 이끄는 견인차 역할을 할 것이란 기대 또한 크다.

국민 여론도 김영란법의 실효성에 대해 60~70%의 높은 기대를 나타내고 있다.

"반부패정책의 핵심인 이해충돌방지 규정 빠져서 아쉽다"

청탁금지법은 시행 후 사회경제적 부작용과 적용범위 모호성, 법 해석에 대한 논란 등으로 적잖은 혼란의 여지를 안고 출발했다. 입법과정에서 특히 학계와 국민들의 비판이 가장 집중된 부분은 애초 이 법의 초안에 양대 축 중의 하나였던 '이해충돌방지' 규정이 통째로 삭제된 것이다. 이해충돌방지 규정은 '공직자가 지위나 권한을 남용해 사적이익을 추구하는 행위를 차단하는 것으로 공직사회 부패근절 방안의 핵심'이지만 정작 김영란법에는 빠져있다.

전삼현 숭실대 교수는 "정작 이해충돌방지 규정이 삭제되고 권력자의 범위에 추가로 언론인과 사립교원을 포함시켜 투망식으로 사람들의 행동을 통제하는 법으로 변질됐다"고 비판했다.

김영란 전 권익위원장은 "이해충돌방지 규정은 반부패정책의 핵심인데

빠져서 아쉽다"고 토로했다. 한쪽에서는 국회의원이나 가족들이 이 조항에 부딪힐 일이 많아질 것을 우려해 뺀 것 아니냐는 의혹을 제기하고 있다.

이러한 지적을 반영해, 개정안을 입법 발의한 국회의원들과 국민들 속에서 '국회의원 등 선출직 공직자에 대한 예외 규정을 삭제하고 원안에서 삭제된 이해충돌방지 규정을 다시 도입해야 한다'는 비판의 목소리가 커져가고 있다.

또한, 권익위가 발의한 김영란법 원안에는 없는 사립학교와 언론을 막판에 대상으로 집어넣어 혼란이 증폭되는 문제를 안고 있다.

전체 4만919곳의 대상 중에 학교, 사립학교법인, 언론이 3만9622곳으로 적용대상을 늘려 법집행의 효율성이 떨어진다. 하지만 이는 사립 초중고는 촌지라는 관행으로, 언론은 제4의 권력으로 군림하는 낡은 행태를 보이다 표적이 된 것으로 자업자득이다.

언론은 이에 대해 당연히 엄정한 자성이 선행되어야 하고, 김영란법 시행을 계기로 진정한 자기쇄신에 총력을 기울여야 한다.

내일신문은 청탁금지법의 문제점을 해결하는 대안을 밝힌 바 있다.

최대 1년간 시행해 보면서 식사 3만원, 선물 5만원, 경조사비 10만원을 지키되, 적용 대상범위를 합리적 · 현실적으로 축소시켜 이 법이 정착되도록 해야 한다는 입장이다.

한편으론, 김영란법으로 직격탄을 맞은 민생경제의 피해도 만만치 않을 것으로 예상된다. 장기간 경기불황으로 '빚의 수렁'에 빠진 자영업자와 영세업자의 생업에 심대한 타격을 주는 양상이 불 보듯 뻔하다. 김영란법이 백척간두에 놓인 우리 경제에 또 하나의 부담으로 작용해서는 안 된다는 여론이 커지고 있다. 이 법으로 인해 소비절벽과 고용절벽이 오게 해서는 안 된다는 우려가 적지 않다.

대다수 국민은 이 법이 건전한 소비로 나아가길 바란다. 소비절벽으로 추락하지 않도록 하기 위해서는 주기적으로 면밀히 소비와 고용의 통계를 구체적으로 살펴, 국회에서 관련 제 법규를 신속하게 개정해야 한다.

전체주의적 행태가 아닌, 민주주의 가치 성숙시키는 길로

김영란법은 박근혜 대통령의 강력한 주문과 여야 국회의원들 합의로 통과됐다.

하지만, 김영란법만으로 공직사회의 부패 근절이 가능하지 않으리라 본다. 더구나 이 법이 대상을 민간 영역까지 광범위하게 확대한 상황에서 규제와 감시, 처벌로 근원적 해결책이 될까. 궁극적으로는 민주주의 원리가 작동되어 자율적으로 하는 것이 최선이다.

우리는 지금 인류 역사상 개인의 개성과 자아가 가장 고양, 발전된 21세기를 살고 있다. 인간이 창조한 로봇이 속속 주역이 되는 인공지능시대가 현실화되고 있다. 인간의 능동성이 극대화되는 시대에 국가가 민간인의 생활영역에 침투해 지나치게 간섭, 통제하는 전체주의적 행태는 유감이다.

2016-09-28

양극화는 정치인의 직무유기

올해 광복 70주년을 맞은 대한민국의 실상을 들여다보자

통계청이 발표한 소득 상위 10%와 하위 10% 가구의 월 평균 추이를 살펴보면, 격차가 1990년 8.5배에서 2014년에는 11.9배로 더 벌어졌다. 중산층 비중은 1990년 75.4%에서 2010년 67.5%로 내려앉았다. 같은 기간 지니계수도 0.26에서 0.31로 악화됐다.

지난 해 가계 빚이 68조6000억원 늘어날 때, 재벌들은 내부유보금을 37조원 더 쌓았다(재벌닷컴 자료). 10대 대기업에는 돈이 쌓여가는 반면에 가계는 빚에 허덕이고 있다. 이런 구조가 고착화 되는 양상이다. 2001년부터 2013년까지 국민총소득(GNI) 가운데 기업소득의 증가율은 연평균 9.7%였는데, 가계소득 증가율은 5.7%에 그쳤다. 기업과 가계의 소득격차가 확대되고 있다. '안정적 성장'의 적신호다.

심화되는 양극화에 국민은 불행하다

거기에다 대졸청년 5명 중 1명은 일자리를 찾지 못하고 있다. 대학이나 대학원을 졸업한 청년이 체감하고 있는 실업률은 20.7%였다. 공식실업률 11.1%의 2배 수준이다.

척박한 현실을 사는 국민들의 반응은 이렇게 나타났다. OECD 국가 중 자살률 1위(작년은 하루 평균 40명 자살). '사회적 갈등지수'가 OECD 회원국 중 5위이고, 갈등을 푸는 능력은 34개국 중 27위다. OECD 국가 중 출산률 1.17명으로 12년째 최하위를 기록 중이다. '국민 행복도'는 세계 143개국 중 118위다(미국 여론조사 기관 갤럽 조사결과). 지난해 94위에서 24계단 추락했다. 아프고 슬픈 자화상이다.

이러한 위협적 상황에서 정부는 경제활성화만을 목청 높여 되풀이한다. 하지만, 대다수 국민은 심화되는 양극화 속에서 '누구를 위한 경제활성화냐'고 항의하고 있다. '경제민주화에 기반한 경제활성화'가 아니면 경제 주체의 활력을 회복할 수 없다는 것이다. 지난 대선에서 박근혜 후보가 역설한 경제민주화는 실종됐고, 국민행복은 '불행의 터널'에 갇혀 있다.

경기침체로 서민의 삶은 피폐해져 가는데, 정치인과 국가는 무엇을 하고 있나. 국민들은 분통을 터뜨리며, 나라에 세금 내기도 버겁다고 아우성이다.

서민들은 죽을 지경인데, 국회의원 82%는 재산을 불렸다. 어제(3월 26일) 발표한 '2014년도 공직자 재산변동 신고 내역'에 따르면, 의원 292명 중에서 1년 동안 239명의 재산이 늘었다. 재산 증가의 가장 큰 효자는 부동산이고, 1인당 부동산 보유가액은 16억1218만원이었다.

박근혜 대통령도 2년간 재산이 6억원 증가했다. 물론 청와대 비서진도 50명 중 40명의 재산이 늘었다. 청와대 참모진 1인 평균 재산은 25억6019만원이었다. 이번에 재산공개를 한 공직자 1825명의 평균 재산 12억9000만원의 두 배를 넘는 액수다. 행정부 고위공직자는 지난해 신고액과 비교해 평균재산이 9400만원 늘었다.

정치가와 공직자들은 국민 세금으로 월급을 받는다. 과연 밥값을 하고 있는가? 대다수 국민은 '직무유기'라고 비판한다. '국민에게 봉사' 운운하기 이전에 본연의 책임이나 잘하라고 요구한다. 양극화 심화의 책임은 당대에 집권한 정당과 집권세력이다. 첫째가 대통령, 둘째가 집권당, 셋째가 제1야당이다.

내일신문은 '한국 정치의 내일을 말하다'라는 광복 70주년 기획 인터뷰를 진행하고 있다. 최근 만난 광역단체장들과 국회의장은 소속 정당(보수, 진보)을 떠나서 이구동성으로 '양극화'로 인한 국민들의 고통에 불안감을 느끼고 있었다. 체감경기에 대한 불만은 커가는데 해결은 쉽지 않고, 내년 총선과 내후년 대선에서 심판투표가 거세지리라는 위기감을 가지고 있다. 정치가 양극화, 즉 격차를 줄이고 갈등을 조정해 공동체의 통합력을 강화하지 않으면 선거에서 심판을 받게 된다.

양극화 해소 못하면 총선 · 대선에서 심판 받는다

한달 후(4월 29일), 4곳에서 국회의원 재보궐선거가 있다. 내년은 총선, 내후년에는 대선이 있다. 양극화에 신음하는 다수의 국민은 묻는다 “당신들의 가족이 경제적, 사회적으로 곤경에서 헤어나지 못하고 있다면 계속 방치, 외면하고 있겠는가.”

유권자는 스스로에게 묻는다. “정치에 대한 기대 자체를 버려야 하나, 우리들의 밥 · 일 · 꿈을 위해 투표에 나설 것인가?”

누가 ‘양극화를 해소하기 위해 진정으로 책임있는 정치’를 펼쳤는지를 유권자들은 지켜보고 있다. 그리고 투표로 말할 것이다.

2015-03-27

4

남한헌법 주어 '대한국민', 북한헌법 주어 '김일성 동지'

'대한국민'의 헌법정신과 개헌

2021년 7월 17일은 73주년 제헌절이었다. 태극기부대나 문빠, 여야 대선주자, 진보와 보수를 넘어 대한국민의 제헌절이다.

헌법은 '국가의 통치조직과 통치작용의 기본원리 및 국민의 기본권을 보장하는 근본 규범'이다. 대선의 계절, 여야 대선주자들이 단골메뉴로 외치는 '법치주의'도 근간은 헌법에 있다.

핵심은 헌법의 정수인 헌법 전문(前文)이다. 단기4281년 7월 12일(7월 17일 공포) 대한민국 헌법이 제정됐다. 전문은 이승만 국회의장 명의로 공표했다. '유구한 역사와 전통에 빛나는 우리들 대한 국민은 기미 3.1운동으로 대한민국을 건립하여 세계에 선포한 위대한 독립정신을 계승하여'로 명시하고 있다. 우파의 표상인 당시 제헌국회 이승만 국회의장(초대 대통령)이 헌법의 주체로 대한민국이 아닌 주권자 '대한국민'을 명확히 적시했다. 한국정부의 역사적 정통성(법통)을 3.1운동에서 찾았다. 약 175만 조선 민중이 만세운동에 참여해 일제에 항거한 민주공화국 대한민국이 건립됐다는 점을 강조했다. 국가나 지도자 위주가 아닌 국민주권 · 주권재민 '헌법정신'의 역사성이다. 즉 '나라다운 나라'의 정체성이다.

'대한국민'이 나라와 헌법의 주권자라는 '헌법정신' 지켜야

윤석열 전 검찰총장과 최재형 전 감사원장이 대선 도전의 논리와 명목으로 강조한 메시지가 '헌법정신과 법치주의'다. 이는 그들이 몸 담았던 문재인정부를 비판하기 위한 구실에 불과하다. 헌법정신에 비춰보면 어불성설이고 그들이 집권세력을 비판하던 '내로남불'과 똑같은 이율배반적 행태다. 정권 보다 국가가 우선이고, 국가 보다 국민이 중심이라는 법치주의를 왜곡한 법조엘리트들의 아전인수 격 해석이다.

법치주의(法治主義, rule of law, nomocracy)는 사람이나 폭력이 아닌 법이 지배하는 국가원리, 헌법원리다. 명확하게 규정된 법에 의해 국가권력을 제한 · 통제함으로써 자의적인 지배를 배격하는 것을 핵심으로 한다. 이는 좌우 진영, 여야 정치권과 비정부기구(NGO) 등을 넘어 모든 헌법기관, 법률기구에 적용 되어야 한다. 재직 당시 윤석열 검찰총장과 최재형 감사원장은 정치적 중립을 온전히 준수했는지 성찰해 보아야 한다. 그들은 임명권자인 대통령에게 절차에 따라 직접 소통하거나, 입법부나 언론을 통해 국민에게 호소하는 능동적 노력을 보이지 않았다. 제왕적 권력에 대항하겠다고 더 큰 권력획득을 위해 헌법기관장의 책무를 팽개치고 도중하차 하는 처신은 명백한 잘못이다. 자신의 권력행사에 유리하면 삼키고 불리하면 남 탓하고 법에 보장된 임기도 지키지 않는 헌법기관장은 반헌법적이다.

물론 중추적인 사정기관의 수장인 윤석열, 최재형이 대선에 출마할 빌미를 준 문재인정부의 후과이긴 하다. 문재인정부는 촛불혁명군 행세를 하며 윤 전 총장과 최 전 원장을 반혁명의 심벌로 만든 자업자득 업보를 인정해야 한다. 스스로 헌법정신을 존중하고 법치주의를 올바르게 실행했는지 집권 초심에 비춰 대오각성 해야 한다.

차기 대선을 앞두고 대선후보들마다 백가쟁명식 개헌론을 쏟아내고 있다. 박병석 국회의장실 · SBS 공동 여론조사에 따르면 국민 66.4% 각계 전문가 79.9%가 "개헌 필요하다"고 답했다. 하지만 삶의 현장에서 민초들은 "개헌은 무슨? 내가 내는 세금이 아깝지 않은 나라나 만들라고 해"라고 외친다. 국민들은 생명의 위기, 생업의 위기, 주거의 위기로 벼랑 끝에 몰려있다. 개헌은 강 건너 불구경하는 듯하다. 오죽하면 개헌은 "대선후보와 정치부 기자들만 관심을 갖는 사안"이라는 우스갯소리가 있을 정도다.

그러나 개헌은 정치개혁의 완수를 포함한 한국사회 전체의 근원적 혁신을 구현하라는 촛불민심의 완성이다. 단지 권력구조 개편 위주의 권력놀음에 몰두하지 말고, 확 다 뜯어 고쳐 제7공화국으로 대전환하라는 요구다. 방향은 국민 기본권 강화, 권력 분산과 국민의 의식주(민생) 개선을 통한 '밥일꿈' 실현이다.

개헌은 '정치혁신 · 양극화해소 · 국민통합' 실현하라는 촛불민심의 완성

87년 개헌 이후 왜 개헌이 현실화 되지 못했나. 그 이유는 대통령의 제왕적 권력 남용과 법을 만드는 국회의원이 앞장서 법을 무시하고 비일비재하게 위반하는 구태정치에 있다. 국회에 대한 국민 불신 해소와 진영 대결적 여야관계 극복이 선결과제다. 국민통합을 위한 '협치정치'가 회복되지 않으면 개헌은 요원하다.

진정으로 대한민국의 불평등과 양극화 해소, 국민통합을 위한 개헌을 한다면 누가 싫어하겠는가. 박병석 국회의장의 제안처럼 '올해 안으로 개헌안을 만들고 내년 대선이나 지방선거 때 국민투표'에 부치는 길도 대안이 될 수 있다.

2021-07-19

6.15와 6.25, 한반도 평화

올해는 6.15 남북공동선언 20주년, 6.25 전쟁 발발 70주년이 되는 해다. 한반도는 2020년에도 '전쟁과 평화'가 공존한다. 1953년 7월 정전협정 체결 이후 67년간 정전체제가 지속되고 있다. 정전체제는 일상 속에서도 전쟁의 위협이 사라지지 않음을 의미한다. 지구촌 마지막 냉전체제 속에서 신음하는 대한민국과 조선민주주의인민공화국. 전쟁의 마침표는 언제쯤 찍을 수 있을까.

최근 김여정 북한 노동당 제1부부장은 탈북자단체의 전단 살포를 이유로 남북 연락선을 차단한 데 이어 군사행동까지 시사하고 나섰다. 급기야 16일 북한군 총참모부는 "남북합의로 비무장화된 지역에 군대가 다시 진출해 전선을 요새화하겠다"고 선언했다.

문재인 대통령은 6.15선언 20주년 메시지를 통해 "나와 김정은 위원장이 8000만 겨레 앞에서 했던 한반도 평화의 약속을 뒤로 돌릴 수는 없다"며 "불편하고 어려운 문제들을 소통과 협력으로 풀어나가자"고 제안했다. 하지만 북한이 대남업무를 대적사업으로 전환한 이상 한반도의 군사적 긴장은 고조될 수밖에 없는 상황이다.

군사적 긴장 고조되는 한반도, 대화 재개 시급

문 대통령과 김 위원장이 상호적대적 행위를 멈추기로 합의한 4.27 판문점선언과 9.19 군사합의에 어긋나는 일들이 벌어지고 있다.

전문가들은 아직도 북한이 오래된 불신과 잘못된 관행 때문에 압박과 대결을 통한 '적대적 공존'의 낡은 틀을 고집한다고 지적한다. 북한이 한국, 미국과 같은 민주주의 국가의 선거 메커니즘 등 특징을 잘 모르고, 변화하는 국제정세를 보는 시야도 좁다는 것이다.

문 대통령과 청와대는 6.15 20주년, 6.25 70년을 맞아 남북관계 개선의 돌파구가 마련되길 기대했으나, 북한의 '마이웨이'식 강경공세에 당혹스러워한다.

김대중 · 김정일 남북정상이 분단 후 최초로 만나 합의한 6.15 남북공동선언은 분단체제 종식과 '평화적 통일'을 지향하는 남북한 국민의 염원을 담았다. 민족을 절멸의 위기로 몰아넣었던 6.25 동족상잔 전쟁의 참화를 극복해 경제적으로 번영한 민족공동체를 이루고자 하는 소망이 실려 있다.

냉전체제 하에서는 언제나 전쟁 위협과 평화 공존의 빛과 그림자가 교차한다. 북미협상 교착상태가 지속되고 있다. 북한의 대화 단절과 벼랑끝 전술로 남북관계도 냉랭해졌다.

이런 위기상황일수록 촛불항쟁으로 등장한 문재인정부와 촛불정신을 계승 · 발전시키라는 민의가 반영된 21대 국회의 책무가 막중하다.

남북관계 경색을 근본적으로 해소하기 위한 국회 차원의 근본적이고 담대한 조치가 필요하다. 우선 4.27 판문점선언의 국회 비준동의안 재추진에 박차를 가해야 한다. 이를 통해 남북관계 신뢰회복의 새로운 전기를 만들어야 한다. 남측이 자주적이고 능동적으로 민족문제 해결에 앞장 설 필요가 있다. 또한 '대북전단 무단살포 금지법'도 마무리해 위기국면으로 치닫는 남북관계를 정상화해야 한다.

가뜩이나 코로나 사태로 생명위기, 경제위기에 떨고 있는 국민들에게 전쟁위기의 불안감까지 느끼게 해서는 안된다. 이를 위해 남북관계 위기극복과 한반도 평화관리 차원에서 대북특사 파견도 적극적으로 고려해야 한다.

김경협 민주당 의원 등 범여권 국회의원 173명이 발의한 '한반도 종전선언 촉구 결의안'도 의미있는 노력이다. 결의안은 남 · 북 · 미 · 중의 조속한 종전선언 실행, 법적 구속력을 갖는 평화협정체결 논의 시작, 북미 간 비핵화 협상 성과 도출, 남북정상선언 내용 이행 등을 촉구하는 내용을 담고 있다.

'판문점선언 국회 비준'은 21대 국회의 책무

남북한이 헌법에서 강조하는 공동적인 지향이 있다. 바로 '조국의 평화적 통일'이다. 대한민국 헌법 전문은 '평화적 통일의 사명'을 명시하고 있다. 헌법 제66조 3항은 "대통령은 조국의 평화적 통일을 위한 성실한 의무를 진다"고 명문화했다. 헌법 제69조는 대통령 취임선서에서 "조국의 평화적 통일"을 위해 직책을 성실히 수행할 것을 규정했다. 통일은 대한민국 헌법에 6차례 등장한다.

북한도 헌법 서문과 노동당 규약에서 '조국통일' 6차례, '나라의 통일'을 한차례 적시했다.

백범 김 구 선생의 70평생 소원은 완전히 자주 독립된 '대한민국 통일'이었다. 6.25 전쟁을 넘어 6.15 평화통일선언 실현을 통해 조국의 '평화적 통일'이 완수되길 대한국민(大韓國民)은 소원한다. 번영은 전쟁으로부터 오지 않는다.

2020-06-16

3.1운동과 남북한의 '헌법정신'

헌법의 전문(서문)은 그 나라 헌법정신의 총화이고 정수다. 대한민국 헌법 전문이다. '유구한 역사와 전통에 빛나는 우리 대한국민은 3.1운동으로 건립된 대한민국임시정부의 법통과 불의에 항거한 4.19민주이념을 계승하고(중략) 1948년 7월 12일에 제정되고 8차에 걸쳐 개정된 헌법을 이제 국회의 의결을 거쳐 국민투표에 의하여 개정한다.'

조선민주주의인민공화국 사회주의헌법 서문이다. '조선민주주의인민공화국은 위대한 수령 김일성 동지의 사상과 령도를 구현한 주체의 사회주의조국이다. 위대한 수령 김일성 동지는 조선민주주의인민공화국의 창건자이시며 사회주의조선의 시조이시다. 김일성 동지께서는 영생불멸의 주체사상을 창시하시고 그 기치 밑에 항일혁명투쟁을 조직령도하시여 영광스러운 혁명전통을 마련하시고 조국광복의 력사적 위업을 이룩하시였으며(중략) 조선민주주의인민공화국 사회주의헌법은 위대한 수령 김일성 동지의 주체적인 국가건설사상과 국가건설업적을 법화한 김일성헌법이다.' 남한의 헌법정신은 민중(국민)사관이고, 북한의 헌법정신은 영웅(수령)사관이다. 극명한 차이다.

대한민국 헌법의 주체(주어)는 국가 아닌 대한국민(大韓國民)

모레 2019년 3월 1일은 3.1운동 100주년이 되는 날이다. 조선의 민중은 1919년 3.1독립선언서에서 '우리는 오늘 조선이 독립한 나라이며, 조선인이 이 나라의 주인임을 선언한다...'고 밝혀 우리 민족이 '자주독립국가'임을 세계만방에 알렸다.

오랫동안 독립운동사를 연구한 김삼웅 신흥무관학교기념사업회 공동대표는 '3.1운동'은 인구의 10분의 1이상이 만세시위에 참여했고, 군주제 폐지와 근대적 민주공화제 전환의 계기를 마련했다는 점을 들어 '혁명'에 해당된다고 주장한다.

실제 3.1운동으로 대한민국이 시작됐다. 대한국민이 민주공화국을 향한 주역으로 역사현장에 등장한 것이다. 3.1운동의 민족 대표 33인도 조선 민중의 표상일 뿐이다. 역사발전의 실체적 원동력은 전국 방방곡곡의 만세 민중이었다.

대한민국은 헌법 전문에 적시된 정신처럼 3.1운동과 4.19혁명의 토대 위에 서 있다. 남한은 국민이 주체가 돼 자주적으로 전개한 부마민주항쟁, 5.18광주민주화운동, 6.10민주항쟁 그리고 촛불항쟁으로 역사를 추동시켜왔다. 이렇듯, 전민항쟁(全民抗爭)의 발전사다.

남한과 달리, 북한은 항일무장투쟁을 위해 김일성 주석이 주도해 만들었다고 알려진 '타도 제국주의 동맹'(1926년) 결성을 한민족의 현대사 기점이라고 승격화했다. 김 주석이 태어난 1912년을 조선민주주의인민공화국의 주체원년이라며 중시한다. 북은 북한을 건국한 할아버지 김일성 주석, 아버지 김정일 국방위원장, 손자 김정은 국무위원장으로 한 가문이 3대를 이어 승계해온 역사다.

남북한 헌법 전문(서문)에서 시각차가 명확했듯 3.1운동 100주년에 대해서도 남북한의 대응기조도 분명 다르다. 남한은 3.1운동을 계승해 4월 11일 상해에 임시정부를 열었고 그 법통을 계승, 발전시켜 나가는 입장이다. 반면 북한은 3.1운동 같은 독립운동보다는 김일성 주석이 주도한 항일무장투쟁을 내세우며 임시정부에 의미를 부여하지 않는 입장이다. 하지만, 남북한이 헌법에서 강조하는 공동적인 지향이 있다. 바로 '조국의 평화적 통일'이다.

대한민국 헌법 전문은 "…조국의 민주개혁과 평화적 통일의 사명에 입각하여 정의 · 인도와 동포애로써 민족의 단결을 공고히 하고…"라며 '평화적 통일의 사명'을 명시하고 있다. 또한 헌법 제66조 3항은 "대통령은 조국의 평화적 통일을 위한 성실한 의무를 진다"고 명문화했다. 헌법 제69조는 대한민국 대통령 취임선서에서 "나는 헌법을 준수하고 국가를 보위하며 조국의 평화적 통일과(중략) 대통령으로서의 직책을 성실히 수행할 것을 국민 앞에 엄숙히 선서"한다고 규정하고 있다. 통일은 이렇게 남한 헌법에 6차례 등장한다.

남북, '평화적 통일' 실현으로 헌법정신 구현해야

북한도 헌법 서문과 노동당 규약에서 '조국통일' 6차례, '나라의 통일'을 한 차례 적시하고 있다. 특히 북한은 김일성 전 국가주석과 김정일 전 국방위원장 때부터 강조한 통일을 유훈이라며 '민족지상의 과업'으로 내세운다.

북한 김정은 국무위원장과 미국 트럼트 대통령이 2차 북미정상회담에서 '비핵화와 종전선언, 평화협정체제'를 협상하고 있다. 2차 북미정상회담 후 김정은 위원장 남한 답방이 예정돼 있다. 3.1운동 100주년을 기점으로 '조국 평화적 통일'을 완수하는 것이 남북한 '헌법정신'의 진정한 실현이다. 남북한 민중의 소망이다.

2019-02-27

문재인과 김정은, 민중의 삶

최근 한국서부발전 태안화력발전소에서 하청업체 비정규직 파견 노동자로 일하던 24세의 청년 김용균씨가 산업재해로 숨졌다. 사건의 충격이 채 가시기도 전에 또 노동자 3명이 작업 현장에서 참변을 당해 숨지는 사고가 잇따라 일어났다.

"불경기에 최저임금 인상과 주 52시간 근무제 등 내년 사업을 생각하면 숨이 턱턱 막히고 두렵다." 지방에서 중소기업을 경영하는 50대 중반 사장의 토로다.

문재인 대통령은 "지난해 우리의 꿈은 평화를 향했고, 새해의 꿈은 함께 잘사는 것"이라고 신년 연하장에서 밝혔다.

한편, 나라안팎에선 내년 1월 1일 김정은 북한 국무위원장이 내놓을 '신년사'를 주목하고 있다. 김 위원장의 선택이 비핵화와 남북 평화, 경제적 번영의 길로 전진할지 여부가 최대관심사다. 19일 통계청 발표에 따르면 북한의 1인당 국민총소득은 전년과 같은 146만원에 불과하고, 남한 주민(3364만원)의 23분의 1 수준이다. 모두 한반도의 세밀 풍경이다.

민생고에 절규하는 민중과 가장 책임이 무거운 최고 권력자

2018년을 결산해보면 문재인정부의 경제 점수는 낙제점, 남북관계는 합격점이다. 문제는 문 대통령의 국정운영에 대한 국민 지지도가 45%(한국갤럽 여론조사)까지 떨어졌고, 긍정보다 부정평가가 더 많아졌다는 점이다. 81%로 시작한 지지도가 집권 1년 반 만에 36%p나 하락한 것이다. 작년 대선 당선득표율 41.08%를 위협하고 있는 상태다.

냉소하는 여론은 "조국을 위해 조 국 청와대 민정수석을 바꿔야한다"거나

"문재인정부는 자신의 동지와 깃발만 나부낀다"고 힐난한다. 문재인정부가 중점적으로 추진 중인 '적폐청산'도 집권세력이 정약용 선생 같은 솔선수범식 개혁과 새로운 건설의 계기로 승화시키지 못하자 기득권층의 불만과 저항을 불러오고 있다. 전선을 넓히면서 곳곳에 적만 늘어나는 형국이다.

연말을 맞아 문 대통령은 업무보고 자리에서 정책 실패를 자인하며 '자아비판'을 쏟아내고 있다. 특히 경제부문에서다. 집권 3년차를 앞둔 절박감 표출이다.

고위당정청 회의에 참석하는 모 인사에 따르면 대통령이 "경제성과에 대해 노이로제에 걸릴 정도"로 강력하게 주문을 하고 있단다.

내년엔 악재가 많이 도사리고 있어 모두가 걱정이 크다. 국내외 경제상황을 보면 체감경기는 문 대통령 집권기간 내내 개선되기 어려울 전망이다.

그러나 '하늘이 무너져도 솟아날 구멍이 있듯이' 총체적 난국을 해결할 대안은 있다. 정치와 리더십의 기본으로 돌아가 조급하고 밀어붙이기식 국정운영에서 '국민에게 봉사하는 소통'을 회복하고, 삼권분립의 민주주의 원칙을 복원해야 한다.

문 대통령부터 청와대 책상에서 보고서를 검토하고 지시하는 국정운영 행태를 바꿔야 한다. 국민의 삶의 현장, 정책이 구현되는 산업현장을 찾아가는 '현장중심 리더십'으로 개선이 필요하다.

김대중 전 대통령은 청와대 수석들에게 "절대로 앞에 나서지 말고, 장관 앞에 나서지도 말라"고 했단다. 문재인정부의 지금과 같은 과도한 청와대중심 국정운영은 '청와대정부'라는 비판을 계속 듣게 된다. 앞으로는 총론보다 각 부처의 각론 중심으로 정책을 실행해야 정부의 활력을 살릴 수 있다. 여소야대 국회에서 '협치' 이외엔 안정적 국정운영과 개혁입법 실현은 사실상 불가능하다.

스웨덴의 경제발전과 복지를 완성했다고 평가받는 타게 엘란데르 총리(1946년 취임, 23년간 집권)의 사회적 대화의 모범사례를 수용하길 권고한다. 그는 매주 목요일 만찬 모임을 열고 재계와 노동계의 주요 인물을 초청해 노사상생을 위한 대화를 추진했다. 이러한 노력이 오늘날 스웨덴의 노사정 대화와 타협체계의 기초가 됐다.

그리고 내일신문이 25년간 실천한 혁신경영 모델인 '사원주주형 자주관리경영시스템'을 일반화하는 방안도 검토해보길 제안한다.

남북 민중이 가슴에 담은 신년사, '낡은 것, 땡' '새로운 것, 큐'

문재인 대통령 집권 3차인 내년이 성공한 정부냐 실패한 정부냐를 가르는 분수령이다. 무엇보다 분명한 역사적 사실(史實)은 정치도, 경제도, 공동체의 미래도 민중의 힘으로 변화, 발전해왔다는 것이다. 새해엔 민중이 쓰는 마음 속 신년사가 실현되는 행복한 한해가 되길 소망한다.

시중에 널리 회자되는 송년 건배사로 "땡큐"가 있다. "낡은 권력정치, 땡" "새로운 정치, 큐" 2018년 땡! 2019년 큐!

2018-12-28

남북평화와 민족번영 통일방안

8000만 남북 국민은 평화통일과 경제번영을 소망한다. 번영은 전쟁으로부터 오지 않는다. 평화체제가 항구적으로 정착될 때 실현된다. 핵과 전쟁 없는 한반도 미래는 우리 민족의 공동번영을 담보한다. 남북 평화통일을 위해 비핵화와 종전선언, 평화협정 체결이 선행돼야 한다. 흡수통일은 남북 모두에게 전쟁을 부르는 재앙이다. 이제 연합제든 연방제든 남북한 통일방안을 공론화해야 할 때이다.

스위스, 오스트리아 같은 영세중립국 지향해야

평화적 통일과 경제적 번영을 지향하는 데 모범사례가 있다. 영세중립국인 스위스와 오스트리아다. 스위스는 1인당 국민소득(GNI)이 8만4000달러(세계 2위), 오스트리아는 5만2000달러(세계 13위)로 세계 톱클래스 수준의 경제적 번영을 구가하고 있다. 내일신문은 스위스나 오스트리아처럼 분권에 기초한 중립국 형식의 남북한 평화통일이 우리 민족의 길이라고 본다. 스위스나 오스트리아처럼 평화와 번영을 추구해나가기 위해 통일방안에 대한 국민적 합의가 절실하다.

최근 남북은 지난 65년 동안의 냉전적 대결과 일촉즉발의 전쟁위기에서 긴장을 완화하고 평화의 길로 들어서고 있다. 이번 기회를 놓치면 한반도에는 또 몇십년 동안 준 전시상태가 계속될 수 있다.

남북은 2000년 6월 15일 김대중 대통령과 김정일 위원장의 '남북공동선언' 제2항에서 통일방안에 대해 '합의'했다. 남과 북은 통일을 위한 남측의 '연합제'안과 북측의 '낮은 단계의 연방제'안이 서로 공통성이 있다고 인정하고 앞으로 이 방향에서 통일을 지향해 나가기로 했다. 이는 1994년 김영삼

정부가 발표한 '민족공동체 통일방안' 2단계인 '남북연합'과 김일성 주석이 주장한 '고려연방제' 사이의 공통점을 바탕으로 통일을 추구하자는 연장선상에 있다.

역사적으론 김대중 전 대통령이 신민당 대선 후보 당시 1971년 4월 장충단공원 유세에서 '중립화통일방안'을 제시한 바 있다. 미국의 지미 카터 대통령도 이런 영세중립국 통일방안을 대안으로 거론한 적이 있다.

하지만 통일방안을 통합하는데 있어 가장 큰 걸림돌은 '남남갈등'이라 부르는 남한 내 대립일지 모른다. 70년 동안의 분단체제 속에서 겪은 6.25 동족상잔 전쟁의 희생, 주변 강대국 간 패권 경쟁과 외세 의존적 사고방식을 고집하는 세력들의 반발 등 녹록치 않다. 그러나, 역사발전의 흐름을 읽고 한반도 평화를 바라는 대다수 국민을 중심으로 평화와 통일방안에 대한 합의를 모으는 과정을 실행해야 한다.

21세기 국제정세 변화에 맞게 과거의 반공이데올로기나 매카시즘적 색깔론을 극복해야 한다. 사실 연방제(연방국가)의 어원은 영국의 철학자 데이비드 흄이 1752년 '완벽한 공화국의 이념'이라는 저서에서 언급한 "큰 공화국과 작은 공화국 둘 다의 모든 이점을 지닌 연방국가"에서 비롯됐다.

문재인 대통령은 23일 '9월 평양공동선언'과 군사분야합의서에 서명했다. 문 대통령은 안간힘을 쓰고 있으나 '판문점선언' 비준동의안이 국회 문턱을 못 넘고 여야간 대치는 계속될 듯하다. 또한 대통령 고심과는 달리 시중 여론 일각에서는 "평화는 분위기가 붕붕 떠 있는데, 경제적 번영은 오리무중"이라고 비판하고 있다. 쉽사리 풀리지 않는 주거와 일자리문제 등 경제난국에 직면한 문 대통령이, 올해 말 '김&장(김동연 경제부총리, 장하성 청와대 정책실장)' 동반교체를 검토하고 있다는 소리가 들린다. '경제를 아는' 청와대 비서실장을 물색하고 있다는 얘기도 있다.

시대정신에 맞는 국가보안법 개폐 공론화 필요

국가보안법 개폐논의는 오랜 세월 '성역'이었다. 평화와 통일지향의 시대 변화에 걸맞게 국가보안법을 개정 또는 폐지해야 한다. 7조 찬양 · 고무죄 등 시대에 뒤떨어진 독소조항을 손봐야 한다. 특히, 통일방안의 국민적인 논의 활성화를 위해 국보법을 개폐해야 한다.

이미 문 대통령은 국가보안법 상 '대한민국의 안전을 위태롭게 하는 반국가단체' 의 우두머리인 김정은 국무위원장을 세차례나 만났고, 정부 주요 인사, 국회의원, 재벌 총수, 연예인들도 방북했다. 모두 국보법 위반 시비가 일 수 있다.

대한민국 헌법 전문에 담긴 "...조국의 민주개혁과 평화적 통일의 사명에 입각하여 정의 · 인도와 동포애로써 민족의 단결을 공고히 하고..."라는 헌법정신 구현을 대통령과 정부, 국회에만 맡겨서는 한계가 있다.

헌법의 주체인 대한국민(大韓國民)이 사명감을 가지고 '촛불항쟁'처럼 주도적으로 나서야 한다. 그래야 8000만 겨레가 남북평화와 민족번영의 새 길로 온전히 진입할 수 있다.

2018-10-25

한반도, 전쟁이냐 평화냐

죽느냐 사느냐. 지금 한반도는 전쟁이냐, 평화냐는 절체절명의 기로에 서 있다. '2차 한국전쟁' 발발 가능성까지 우려되는 심각한 위기상태에 놓여 있다. 트럼프 미 대통령은 유엔총회에서 "북한을 완전히 파괴하는 것 외에 다른 선택이 없을 것"이라고 연설을 했다. 이들 두고 북미 간에 '선전포고' 여부를 둘러싼 공방까지 이어졌다.

북한 리용호 외무상은 북한에 대한 선전포고라며 응전할 의지를 분명히 하고 있다. 김정은 북한 노동당 위원장은 직접 낸 맞불 성명에서 "사상 최고의 초강경 대응"이라는 말폭탄을 날렸다.

반기문 전 유엔 사무총장도 26일 현재의 한반도 상황을 "6.25전쟁 이래 가장 위험한 순간이라고 생각 한다"고 강조했다. 한반도가 핵전쟁의 재앙에 휩싸이지 않을까 국민들은 두려워하고 있다. 추석을 앞둔 민심은 근심이 가득하다.

'2차 한국전쟁' 우려 속 문재인 대통령의 선택

대한민국 대통령은 헌법 제69조에 의거 다음과 같이 취임선서를 한다. "나는 헌법을 준수하고 국가를 보위하며 조국의 평화적 통일과 국민의 자유와 복리의 증진 및 민족문화의 창달에 노력하여 대통령으로서의 직책을..."

문재인 대통령 국정수행 지지도는 70% 안팎을 유지하고 있다. 하지만 안보 분야에선 대부분 여론조사에서 절반 내외가 비판적 태도를 취하는 것으로 나타나고 있다. 문 대통령이 트럼프 미 대통령의 '한미동맹' 프레임에 빠르게 순응하며 미국의 일방주의적 행태만을 탓하기보다, 후보 때 공약처럼 줏대 있게 대처하라는 것이다. 남북문제 전문가들의 문제제기는 문 대통령이 안보와 국익을 지키기 위해 담대하게 북미 정상회담 등 직접 대화를 촉구하라는 것이다.

2차 한국전쟁 가능성이 고조되는 정전상태를 평화체제로 진입케 하는 해법 마련이 절실한 때이다. 국제사회가 제시한 유의미한 해결책이 있다.

북한을 세 차례 방문한 바 있는 지미 카터 미국 전 대통령은 북미 직접협상을 통한 평화협정이 유일한 해법임을 지속적으로 강조하고 있다. 카터 전 대통령은 '한반도 평화조약이 없다면 북한과의 핵합의는 이뤄질 수 없다'고 굳게 믿고 있다. 그는 '북미간 평화협정이 중요하다'며 "현재의 충돌 위기가 끝나면 미국은 1953년 정전협정을 대체할 항구적 평화협정을 즉각 준비해야 한다"고 역설한다.

미국전문기자협회(SPJ) 소속 탐사보도 저널리스트인 웨인 메드슨은 25일 기고문에서 "북한은 제3자인 중국과 러시아를 역사적으로 신뢰하지 않는다"며 "북미 직접 담판을 통한 평화협정만이 현재의 위기를 넘어설 수 있다"고 근거를 제시했다.

현 시점에서 문 대통령의 선택지는 크게 세 갈래가 있다고 본다.

첫째는 일본의 아베 총리처럼 미국의 MD(미사일방어)체제에 순응하는 푸들이 되는 길이 있다. 이 길을 가게 되면 미국 요구대로 무기를 계속 구매해야 하는 상황에 직면할 것이다. 둘째는 미국과 중국 사이에서 우리나라의 역량과 처지에 맞는 '양다리 전략'을 현명하게 구사하는 길이다. 국방안보는 미국, 경제안보는 중국이라는 투 트랙전략이다. 과거의 냉전적, 이분법적 사고로는 헤쳐나갈 수 없는 냉엄한 현실의 반영이다.

셋째는 한국의 자주적 역량을 강화하는 방향으로, 군사적 · 경제적 측면에서 능동적인 대처를 실행하는 길이다. 최근 북한에 인도적 지원 차원의 800

만달러를 제공하는 방법보다, 개성공단 재개 등 구조적인 해결책이 더 실효적이다. 또한 한국의 과학기술력에 기반한 군사적 자립능력을 유연하게 준비해나가는 방안이다.

북미 직접대화, 북미수교, 평화협정 체결이 해법

최근 한국기자협회는 남북언론인교류추진단을 구성해 내외신 기자회견을 갖고 '전쟁 반대 평화통일 염원' 언론인 시국 성명 발표를 준비하고 있다.

성명서에는 휴전당사국인 북한과 미국이 직접적인 대화를 갖고 북미 수교와 평화협정 체결 등을 통해 전쟁 원인을 해소하라는 요구를 담고 있다. 동시에 한반도의 항구적인 평화정착을 위해 '한반도 비핵화'를 견지할 것을 천명할 계획이다.

28일 문정인 대통령 통일외교안보 특보는 "한미 동맹이 깨지는 한이 있더라도 전쟁은 안된다는 얘기가 많다"고 목소리를 냈다.

민족공동체의 지속가능한 내일을 위한 '각계각층의 자주적인 노력'이 전쟁을 막고 한반도에 평화체제를 항구화하는 길이다.

2017-09-28

국민 주체 개헌논의를 촉구한다

촛불시민은 '나라다운 나라'를 요구했다. 새로운 나라 제7공화국에 대한 염원을 표출했다. 국가의 근본적인 개혁을 여야 정치권에 제기했다.

생업에도 고단하지만 대한민국 국민 1656만명은 133일간 20차례에 걸쳐 촛불항쟁에 참여했다. 행동하는 유권자의 '자발적 정치참여의 훌륭한 사례'였다〈내일신문 7월 25일자 4면 참조〉.

전 세계가 찬사를 보낸 촛불항쟁의 거대한 물결이 민주주의 새 역사를 창출했다. 헌법재판소는 전원일치로 "박 대통령의 위헌 · 위법행위는 국민의 신임을 배반한 것으로 헌법수호의 관점에서 용납될 수 없는 중대한 법 위배행위로 봐야 한다."며 헌정사상 초유로 현직 박근혜 대통령을 탄핵했다.

피땀 흘려 일해서 세금내기도 벅찬 유권자들이 광장에서 헌법정신을 지켜냈다. 동시에 시대변화에 맞는 개헌을 요구하는 국민이 75.4%이고, 개헌이 국민의 삶의 질 개선에 기여한다고 72.8%가 생각하고 있다. 얼마 전 제헌절 기념 국민 여론조사 결과다〈국회의장실 의뢰, 한국리서치 7월 12~13일 조사. 중앙선거여론조사심의위원회 홈페이지 참조〉

개헌논의 국민 참여 확대와 기본권 강화 · 지방분권이 개헌 핵심

1987년 헌법체제는 6월 민주항쟁과 7,8월 노동자 대투쟁의 산물이었다. 30년 만에 추진되는 개헌도 전 국민적 촛불항쟁의 성과와 지향에 바탕을 두는 것이 당연하다.

헌법의 주체(주어)는 '대한국민'이다. 국가가 아니다. 헌법의 정수인 '전문'의 첫 문장이 이를 극명하게 표현하고 있다. '유구한 역사와 전통에 빛나는 우리 대한국민은 3.1운동으로 건립된 대한민국임시정부의 법통과 불의에

항거한 4.19민주이념을 계승하고...'

물론 정세균 국회의장은 내일신문과의 제헌절 기념인터뷰에서 '국민주권'을 강조했다. 국민이 개헌논의에서도 중심주체로서 참여하도록 하겠다는 의지를 밝혔다.

하지만 현재 개헌논의의 가장 큰 문제점은 새로운 나라 제7공화국 헌법을 완성하는데 '국민'이 빠져 있다는데 있다. 국회 주도라며, 국민을 구경꾼으로 전락시키고 실질적 논의과정에는 빼놓고 있다. 국회 개헌특위 소속 여당의 모 의원도 "국민을 위한 개헌이 아니라 국회의원들 자신의 이해관계에만 몰두한 채 개헌 문제에 접근하고 있다"고 비판했다. 국민들의 개헌 참여 의사는 높다. 여론조사에 따르면 '국회 홈페이지나 여론조사 참여'(75.8%), '국회가 뽑는 개헌국민대표로 원탁토론 참여'(51.1%)로 나타났다.

개헌의 방향도 국민생활에 직결된 사안이나 사회적으로 심각한 갈등이 제기되는 정책에는 국민의지가 반영되도록 해야 한다. 국가적 주요 의사결정은 국민투표로 하는 제도를 마련해야 한다. 헌법 개정안이나 법률안에 국민이 직접 제안하는 국민발안제도 되살려야 한다. 국민발안제 도입에는 국민 84.6%가 찬성했다.

이렇듯 국회와 정부만 가진 법률안 제·개정권을 국민들에게 나눠 주는 것이 민주주의 발전된 형태다. 2차 개헌에서 채택됐지만 박정희 전 대통령이 유신헌법을 선언하며 폐지시킨 제도다.

개헌논의 또 다른 문제는, '권력구조(정부형태) 변경'에 집중돼 국민적 공감대에 기반한 추동력을 갖지 못하고 있다는 점이다. 국회는 개헌논의가 왜 정치권의 권력놀음으로 비춰지는가에 대한 진솔한 성찰에서 출발해야 한다. 권력구조 개편보다 21세기 시대적 요구인 국민(사람)의 기본권 강화(93.9% 찬성), 지방분권 확대에 최우선 비중을 둬야 한다.

또한 삼권분립을 구현한 민주주의 발전과 4차 산업혁명시대의 시장경제 변화상도 반영해야 한다. 이와 함께 경제민주화 조항으로 알려진 제119조 2항 같은 민생의 개선을 중시하는 개헌을 촉구한다.

촛불항쟁처럼 유권자가 행동해야 '국민을 위한 개헌' 가능

국민들은 우리들의 '밥 · 일 · 꿈'을 담아내는 개헌, 진정으로 국민을 위한 새로운 헌법을 원한다. 역사를 돌이켜보면 유권자가 행동하지 않으면 정치는, 세상은 저절로 바뀌지 않는다. 평상시에는 입법청원, 투표 참여 같은 생활정치를 실천하고 헌법을 위배하는 지배층에 대해서는 촛불집회 같은 항쟁을 통해 역사를 발전시켜 왔다.

개헌이 기득권층의 권력연장 경연장이 아닌 국민의 삶을 실질적으로 바꾸는 계기가 되도록 '국민운동'을 전개하길 제안한다.

2017-07-28

광복 70주년, 헌법과 유권자

곧 8 · 15 광복절이다. 올해로 70주년을 맞이한다. 광복(光復)이라함은 '빼앗긴 주권을 도로 찾음'을 말한다. 과연 진정한 주권회복은 무엇인가. 강대국 등 대외 열강과의 자주적 관계정립이 중추적으로 중요하다. 동시에 헌법 전문에 명기된 '대한국민(大韓國民)'의 실체화와 헌법 1조에 명시된 주권재민의 사회정치적 실현도 중차대하다.

얼마 전 67주년 제헌절(7 · 17)이었다. 우리는 헌법을 얼마나 잘 이행해왔을까. 대통령은 대통령대로, 국회의원은 국회의원대로, 사법부는 사법부대로. 국민, 특히 우리 유권자들은 헌법정신과 주요 내용을 어떻게 실천해왔나 돌이켜보게 된다. 올해가 광복 70년(분단 70년)이기 때문이다.

정치적으론 평화적 정권교체가 안착했으나, 분단국가를 극복하지 못했다. 안타까운 현실은 헌법의 대원칙인 '삼권분립'마저 훼손되고 있다는 점이다. 경제적으론 고도성장했으나, 부익부 빈익빈 '양극화'로 신음하고 있다.

대한국민(大韓國民) 실체화와 '주권재민의 실현'이 중요

광복 70주년을 맞은 2015년 대한민국은 두 갈래로 양분돼 있다. 한쪽은 (진보 진영에선) '헌법파괴자' 인명사전을 만든다고 한다. 정부 수립 이후 헌법을 파괴 · 유린한 사람들을 기록하는 '인명사전' 인 〈반헌법 행위자 열전〉 편찬 사업을 하겠다는 것이다.

성공회대 민주자료관과 평화박물관은 〈반헌법 행위자 열전〉의 수록 대상으로 '직위와 공권력을 이용해 내란이나 고문조작·부정선거 등 반헌법 행위를 자행한 자, 반헌법 행위를 지시 또는 교사한 자, 반헌법 행위를 방지하거나 고발할 책임이 있으면서 묵인 · 은폐한 자, 반헌법 행위 또는 행위자를 적극 비호한 자'를 꼽았다.

다른 한쪽에선(보수 진영에선) 새누리당 김무성 대표와 이명박 전 대통령 등을 중심으로 이승만 전 대통령 서거 50주년을 맞이해 '건국 대통령'으로 추모하며 재평가가 이뤄져야 한다고 역설하고 있다.

대한민국 헌법 전문은 이렇다. '유구한 역사와 전통에 빛나는 우리 대한국민은 3 · 1운동으로 건립된 대한민국임시정부의 법통과 불의에 항거한 4 · 19민주이념을 계승하고, 조국의 민주개혁과 평화적 통일의 사명에 입각하여 정의 · 인도와 동포애로써 민족의 단결을 공고히 하고, 모든 사회적 폐습과 불의를 타파하며, 자율과 조화를 바탕으로 자유민주적 기본질서를 더욱 확고히 하여 정치, 경제, 사회, 문화의 모든 영역에 있어서 각인의 기회를 균등히 하고, 능력을 최고도로 발휘하게 하며, 자유와 권리에 따르는 책임과 의무를 완수하게 하여, 안으로는 국민생활의 균등한 향상을 기하고 밖으로는 항구적인 세계평화와 인류공영에 이바지함으로써 우리들과 우리들의 자손의 안전과 자유와 행복을 영원히 확보할 것을 다짐하면서 1948년 7월 12일에 제정되고 8차에 걸쳐 개정된 헌법을 이제 국회의 의결을 거쳐 국민투표에 의하여 개정한다.(1987년 10월 29일)'

새삼스레 비장함마저 느껴진다. 법이라 하면 어렵게 느껴지지만 하나하나 뜯어보면 우리 실생활과 밀접하다. 1970년 11월 "근로기준법을 준수하라"고 외치며 전태일 열사는 산화했다. 1987년 6월 항쟁과 7,8월 노동자대투쟁의 항거가 있었다. 그 결과 대통령을 유권자가 직접 선출하는 헌법 개정이 가능했다.

필자는 광복 70주년을 맞아 '헌법 전문을 낭독하는 국민행동'을 제안한다. 대통령, 국회의원만이 아니라, 대한민국 유권자(투표권이 생기는 해)가 되면 '헌법 전문과 제1조'를 낭독하는 경험을 갖게 하자. '헌법정신'의 구현은 위정자와 생활인들이 일상 속에서 실천해야 뿌리 내린다. 즉, '헌법(법치)의 생활화'이다.

정치혁신의 주체로 '행동하는 유권자'가 나서야

최근 개헌논의가 커져가고 있다. 특히, '5년 대통령 단임제' 권력구조 변경에 집중돼 있다. 하지만 권력구조 개편에만 골몰할 것이 아니다. 개헌은 헌법의 본질인 '국민의 기본권 보호 및 신장'과 21세기 시장경제의 변화 · 발전에 걸맞게 개선하는 방향과 내용으로 모색돼야 한다.

이제 헌법 전문을 되새기며 '국민(유권자)'의 권리와 의무를 일상화하고, 투표에 꼭 참여해야 좋은 변화가 시작된다. 광복의 주역이 '대한국민'이었듯이, 정치혁신을 넘어 유권자혁명의 중심은 '행동하는 유권자'다. 광복 70주년을 기점으로 민주주의 완성과 시장경제의 진화를 향해 '국민(시민)'이 정치의 주체로 나서야 한다.

2015-07-28

3부

'2030세대'가 정말로 원하는 것을 찾는다

1

2030세대는 어떻게 'MZ세대'로 분류 당했을까

복잡하고 커다란 문제를 해석하기는 매우 어렵다. 방법론이 다양하고 그만큼 논란도 많다.

집단의 행동을 알아보는 데는 여론조사가 많이 활용된다. 여론조사는 여러 부류의 집단을 추려내는 데 유용하다. 연령, 직업, 정치적 성향, 지역에 따라 사회적 현상에 대한 반응을 읽는 게 기본이다. 여론조사는 하나의 질문에서 얻어낸 답변만으로도 다양한 조합을 만들어 여러 시각을 읽어낼 수 있다는게 장점이다.

응답자의 답변 하나로 분석하는 사람들은 같이 확보한 지역, 성별, 나이, 정치성향, 소득이나 자산수준, 학력 등을 조합해 수많은 영역의 생각을 읽어내려고 한다. 예를 들어 '국내외서 많은 관심을 끈 영화 오징어게임을 봤느냐'는 질문에 '그렇다'고 답했다고 하자. 이 여론조사는 서울 지역, 40대 대졸자이면서 전문직 성인의 취향을 읽어낼 수 있게 해준다.

여론조사가 유의미한 것은 '추세'를 읽을 수 있기 때문이다. 미시적 분석에 그치지 않고 큰 그림을 시계열로 따라가면서 흐름을 읽어낼 수 있는 유용한 기제로 활용된다.

이렇듯 사람들의 머릿속에 침전돼 있는 생각의 핵심을 해체하거나 재분류해 분석해 내고 싶어하는 경향이 존재한다. 생각이 행동으로 이어지기 쉽기 때문이다. 행동으로 직행하지 않더라도 어떤 현상에 대해 반대, 중립, 찬성 중 어떤 것을 선택할 지를 예상할 수 있게 도와준다.

현재와 미래의 태도나 변화를 알고 싶어 하는 곳은 어디일까. 물건을 팔아야 하는 기업이 가장 궁금해 할 가능성이 높다. 소비자의 반응과 변화를 감지하는 것은 상품을 기획하고 만드는 데 절대적으로 필요한 요소다.

또 다른 곳은 정치다. 정치는 우리 일상에 광범위하게 펼쳐져 있다. 중앙집권 체제에서 벗어나 1995년부터는 지방자치단체장과 지방의원들을 선거를 통해 뽑기 시작했다. 광역시도지사부터 군수까지, 광역의회부터 군 의회까지 유권자들의 선택 안으로 들어왔다. 행정안전부(과거 내무부)에서 내려 보내던 지자체장이 선출직으로 변한 다음부터는 정책에 대한 '반응'에 신경 쓰지 않을 수 없다. 지방의원들도 마찬가지다. 선출직 공무원은 유권자의 생각 지도와 변화를 읽는 데에 민감할 수밖에 없다. 다양한 정책에 대한 선호와 함께 다음 선거도 신경을 써야 하기 때문이다. 인간행동을 연구하는 학자나 언론 또는 이를 영화나 이야기로 만들고 싶어 하는 작가들 역시 '세대 분석'의 도전자들이다.

기회의 세대, 베이비부머

세대 구분은 사회, 경제적 변화를 기준으로 삼았다. 대나무 마디와 같은 굴곡의 역사가 세대 구분의 기준점이었다. 일정한 주기는 없다. 과거 세대 구분에는 대체로 동의할 만한 굵직한 사건들이 동반됐다.

나이는 '세대'를 구분할 수 있는 편의적인 기준이다. 따라서 '시대'를 구분하기엔 다소 억지스러울 때도 있다. 보통 30년을 한 세대라고 한다. 동일한 삶의 궤적으로 묶을 수 있다는 점에서 상당한 설득력을 가져 왔다.

국어사전에서 세대(世代)는 어린아이가 성장하여 부모 일을 계승할 때까지의 30년 정도 되는 기간을 말하고 같은 시대에 살면서 공통의 의식을 가지는 비슷한 연령층의 사람 전체를 의미한다.

2차 세계대전 이후 자본주의와 사회주의의 경쟁 가운데 세계는 빠르게 성장했다. 그 한가운데엔 인구의 변화가 자리 잡았다. 생산과 소비의 주체인 인구 변화는 경제를 움직이는 주요 요소였다.

인류 역사상 인구의 변화는 매우 중요한 분기점이다. 페스트 등 질병에 의한 인구 감소뿐만 아니라 전쟁 이전과 이후의 인구 감소와 증가도 다양한 변화의 종착점이면서 시작점이 됐다. 2차 세계대전 이후인 1946~1965년까지 20년에 걸쳐 태어난 베이비부머 세대는 전후 재건 사업과 산업의 고도성장에 필수적인 역할을 하게 됐다.

또 자본주의 발전의 한 축인 노동력을 공급하고 노동을 투입한 결과 나온 제품을 소비하는 역할까지 맡아 선순환 구조를 연결해줬다. 바닥에서 시작했지만 성장 속도는 빠르고 가팔랐다. 생산–투자–소비로 이어지는 톱니바퀴는 쉴 새 없이 돌아갔다. 절대 넘어지지 않을 것이라는 확신 속에서 성장의 회전속도를 높여갔다. 미국 베이비부머의 삶 속에는 참전과 패전의 베트남 전쟁(1965~1970년)이 자리 잡았고 이는 공통된 가치관과 신념으로 이어졌다.

베이비부머의 생애주기는 산업의 흥망성쇠와 연결됐다. 20 · 30대 사회

진입, 40 · 50대 중추적 역할, 60대 이상의 은퇴는 그대로 생산과 소비 시장에 반영됐다.

이들의 변화는 정치권과 함께 학자, 언론 등의 주요 관심사였고 비판과 정책들이 맞춤식으로 나왔다.

이와 같은 현상은 일본의 단카이 세대, 한국의 산업화 세대와 연결돼 있다.

산업화 세대와 민주화 세대

한국의 베이비부머는 산업화 세대와 민주화 세대로 구분할 수 있다. 우리나라 세대분별에서 베이비부머 세대는 미국 세대와 크게 다르지 않다. 다만 베이비부머 세대의 출발점은 2차 세계대전보다 다소 뒤로 밀린 한국전쟁 이후다. 1946~1965년생까지다.

산업화 세대는 1961년 5.16 군사쿠데타 이후 1979년 10.26 사태까지의 박

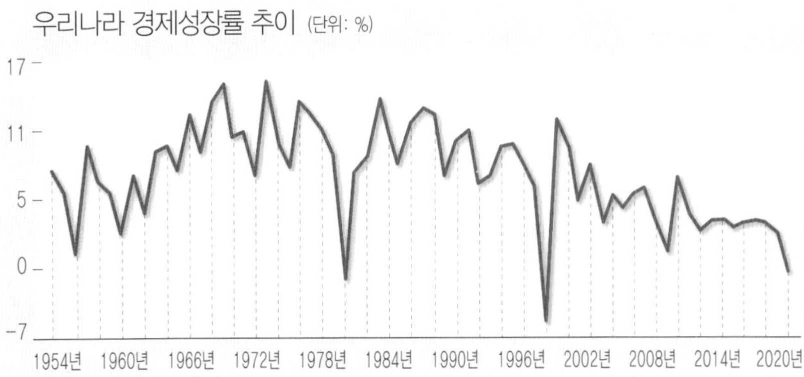

정희정부와 맥을 같이 해왔다. 50년대생들에겐 한강의 기적이 그 중앙을 흐르고 경부고속도로 건설, 한일비밀협정, 베트남 파병, 간호사 파독, 사우디 등 중동건설 등이 날줄과 씨줄로 엮였다. 경제 성장의 그늘엔 쿠데타와 인권 유린, 유신 개헌 등 암울한 반동의 역사도 엄연히 존재했다. 산업화 세대는 새마을운동에 동참하고 한강의 기적을 만든 역군이었고 급격한 경제성장의 주인공이었다. 휴전상황에서 언제나 북한과 경쟁하며 경계해야 했다. 1970년 이전만 해도 북한에 밀려있던 우리나라는 경공업에 중공업을 얹어 성장속도를 높여갔다. 군사정권은 민족주의 고취와 애국주의 강화로 연명해갔다. 반공이데올로기가 주입되기도 했다. 전쟁을 경험하지 않은 세대지만 막연한 반공의식이 굳건하게 자리 잡았다. 가난을 끔찍하게 싫어했다. 빠른 경제성장은 자부심이 됐고 자본주의도 같은 속도로 성숙돼 갔다. 민주주의는 경제성장과 제로섬인양 양보할 수도 있는 대상으로 취급됐다. '희생'을 요구하거나 강요당하는 것도 용납됐다.

1960년 4.19혁명으로 이승만정부가 역사의 뒤안길로 사라졌다면 1987년 6월 항쟁은 전두환정부에 종지부를 찍었다. 민주화를 요구하는 대학생들이 거리로 나왔고 새로운 세대의 등장을 알렸다. 대학생들은 군사정권과 대적해왔다. 1979년 10.26사태 이후 보안사령관이었던 전두환씨가 군사정권의 맥을 이어갔다. 1980년 광주유혈사태를 벌이며 정권을 잡고 '정의사회 구현'이라는 이름으로 삼청교육대를 운영하는 등 '박정희 시즌2'를 전개했다. 프로야구를 시작하고 86 아시안 게임과 88 올림픽을 유치해 현실 불만의 물꼬를 돌리려 하기도 했다.

86세대로 대표되는 60년대생, 80년대 학번들은 전국 곳곳에서 군사정부에 맞섰다. 이한열 열사로 대표되는 6월 항쟁은 결국 전두환정부를 무너뜨리고 직선제를 담은 개헌을 얻어냈다. 군인 출신의 노태우정부에 권력이 이

양되긴 했으나 국민의 손으로 대통령을 뽑는 등 사실상 민주화로 전환되는 큰 마디가 만들어졌다.

전대협(전국대학생대표자협의회)을 중심으로 이뤄진 '86세대'는 민주화의 상징이었다. 이들은 대학을 졸업하고 사회 각계에 흩어져 새로운 바람을 일으켰다. 특히 정치권에 대거 들어갔다. 직접 국회의원에 나서기도 하고 국회의원 보좌진으로 입성하기도 하는 등 정치권에 발을 들였다. 시민운동에 몸을 담기도 했다. 입법, 사법, 행정부에서 속속 자리를 잡았다. 그들은 군사정권에서의 구속, 재판, 투옥 등을 훈장처럼 달고 있었다. 군사정권과 싸우며 비판했던 그들은 군사정권의 부조리를 답습하는 후진적 행태를 보이기도 했다. 집단주의, 획일주의, 상하복종관계 등 철저한 위계질서에 어느덧 익숙해져 있었다.

달라진 신세대:X · Y · Z

베이비부머 이후세대부터는 기성세대들로부터 '외계인' 취급을 받았다. 자본주의의 고도화가 진행됐고 양극화가 고착화돼 갔다.

전쟁, 이념, 기근과는 거리를 둔 새로운 세대가 나타났다. 이들은 기존의 틀을 거부하고 개인적인 삶을 우선시했다. 자기들만의 언어와 문화를 만들어냈다. '무정형'의 세대였다. 새로운 이름이 필요했다. 1991년 캐나다 작가 더글러스 커플랜드의 소설 'X세대'는 1960년대 중반~1970년대말 출생자, 무정형의 신세대에 'X'라는 이름을 붙여줬다.

'밀레니얼 세대'는 닐 하우, 윌리엄 스트라우스가 1991년에 출간한 '세대들, 미국 미래의 역사'에서 처음 사용한 용어다. 'Y세대'라는 단어는 보험회

사인 프루덴셜사가 미국 청소년들을 대상으로 실시한 지역사회봉사활동 실태조사보고서에서 나왔다. 2018년 미국조사기관인 퓨리서치센터(Pew Research Center)는 10여 년간의 연구 끝에 1981~1996년에 사이에 태어난 인구를 '밀레니얼 세대'라고 정의했다. 이라크 전쟁, 9.11테러, 아프가니스탄 전쟁 등 비슷한 사회적 의식을 갖고 있으며 모바일 기기가 발달하면서 인터넷과 소셜미디어가 폭발적으로 성장하는 시기를 겪었다는 게 공통점이다. 1997~2012년생에 대해서는 'Z세대'로 규정했다.

X세대에 비해 Y세대나 MZ세대가 갖고 있는 뚜렷한 차이점은 '디지털'에서 시작한다. 모바일, 소셜네트워크서비스(SNS) 등 정보기술(IT)이 신체의 일부처럼 친밀하다. SNS를 기반으로 유통시장에서 강력한 영향력을 발휘하는 소비 주체로 부상하고 있다.

X세대와 서태지와 아이들 그리고 IMF

우리나라 X세대는 '서태지와 아이들'을 통해 자신을 드러냈다. 1992년 미국에서 유행하는 랩, 펑크 등에 메탈까지 담은 새로운 음악을 들고 등장한 이들에 기성세대는 어색함을 감추지 못했다. 1992년 특종 TV연예에서 새 음반을 소개하는 신인 무대에 서태지와 아이들이 처음으로 올라왔다. '난 알아요'에 대한 심사위원들의 반응은 당시 기성세대의 공통된 시각이다. 작곡가 하광훈씨는 "멜로디라인에 신경을 안 쓴 것 같다. 약하다"고 평했다. '타타타'의 작사가 양인자씨는 "새로운 형식에 내용까지 새로움이 있었으면 좋았겠다"고 했다. 가수 전영록씨는 "랩, 댄스, 메탈 리듬을 평하면서 나쁜 말은 하지 않겠다"고 했지만 표정엔 못마땅한 기색이 역력했다. 평균점수는 10

점 만점에 7.8점이었다.

하지만 이들은 곧바로 X세대의 마음을 빼앗았다. 노래뿐만 아니라 춤, 옷, 액세서리가 모두 유행이 됐다. 상표를 떼지 않은 옷들과 긴 바지를 끌고 다니는 옷차림도 문화로 전환됐다.

군사정부가 종식되고 문민정부가 들어섰다. 주적을 상실한 대중 학생운동이 쇠퇴했다. 컴퓨터의 용량과 속도가 빨라지고 삐삐와 휴대폰이 보급됐다. 영화 '접속'은 편지나 전화가 아닌 인터넷을 통한 '연결'을 만들어줬다. 전혀 모르는 사람과의 PC통신을 매개로 한 '접속'은 1997년작이다. '여인2'인 방송작가 은희와 옛사랑을 그리며 폐쇄적으로 사는 동현은 통신 속 대화만으로 '관계'를 만들어냈다. 무작위 편지미팅인 '펜팔'이 통신으로 옮겨간 셈이다.

1997년 말에 불어닥친 국가부도위기는 모든 것을 뒤바꿔놨다. 부모가 실직하고 자녀도 직장을 얻기 어렵게 됐다. 'IMF세대'다. 일자리는 줄어들고 대학생들은 1학년 때부터 취업전쟁에 돌입했다.

IMF체제 그 이후, 위기의 일상화

1980년 이후세대는 위기가 일상화된 삶을 살았다. 구조조정은 일반화됐고 양극화가 본격적으로 가파르게 벌어지기 시작했다. 이런 환경을 자라면서 체득했다.

위기의 10년 주기설처럼 IMF 외환위기를 이겨내자 2008년 글로벌 금융위기를 맞았다. 2008년에 몰아친 위기는 기업을 위축시켰고 2030세대를 생존위기의 전장으로 몰아넣었다. 계층사다리가 심하게 흔들렸다.

산업 구조조정이 더뎌지는 가운데 양극화가 극심해지고 경제는 더욱 활기를 잃어갔다. 국가적 사업인 '가족계획'과 힘든 삶의 결과는 한 자녀 낳기로 이어졌다. 조부모와 부모의 관심을 한 몸에 받고 자라난 세대가 사회에 나오기 시작했고 아날로그에서 디지털로 빠르게 전환되고 있었다.

2030세대는 2016년 촛불 광장에서 자신들이 뽑은 대통령을 자신의 손으로 탄핵시키는 정치적 효능감을 맛봤다. 디지털로 무장한 새로운 세대들은 자신의 의견을 SNS를 통해 공유하기 시작했다. SNS라는 새로운 방식으로 관계를 맺고 대화를 하고 모임을 만들며 가상공간의 여론을 축적해갔다.

2

MZ세대, 그들은 누구인가 : 스마트폰, 양극화 그리고 민주화

MZ세대는 2030세대다. 20대, 30대를 모두 아우르는 별칭이다. 이들이 누구냐에 많은 관심이 쏠려있다.

스마트폰, 양극화, 민주화는 그들에게 '주어진 환경'이었다. 공통점을 만들어낸 출발점이기도 하다. 세계적으로 유례없이 빠른 경제부흥의 결과가 낳은 불균형이 극단적으로 벌어졌다. IMF체제와 글로벌 금융위기를 거치면서 양극화는 더욱 공고해졌다. MZ세대는 많은 것들을 포기해야 하는 N포 세대로 불렸고 미국의 X세대에게 부여한 '역사적으로 부모세대보다 못살게 된 세대'가 됐다. 고착화돼 버린 양극화의 현실과 진단은 '스카이캐슬' '기생충' '오징어게임'으로 대중적 동의를 얻었고, 조국 사태에서 확인된 '그들만의 삶'에 대한 분노로 이어졌다.

1987년 민주화 운동 이후 군사정권 청산과 함께 밀려들어온 문민정부, 평화적인 정권교체는 '민주화의 꽃'을 피웠다. 지방분권시대가 열렸다. 보수정부와 진보정부의 정권교체가 3차례 이어졌다. 특히 2017년 박근혜 전 대통령에 대한 탄핵은 세계적으로도 인정받은 민주화의 모범이 됐다.

스마트폰은 MZ세대의 삶이다. 사실과 느낌을 체험하고 생각과 판단을 나누며 행동을 결정했다. 스마트폰의 알람에 눈을 뜨고 스마트폰에서 나오는 노래나 영상과 함께 잠에 든다. 일상은 스마트폰과 동일체이며 스마트폰이 보이지 않거나 배터리가 많이 남아있지 않을 때는 불안감이 밀려온다. '1회용 없는 삶'처럼 '스마트폰 없는 삶'이 가능한지 실험해보는 사람들이 생길 정도다.

스마트폰의 일상화

2000년대 후반 미국 애플사의 아이폰 3G가 출시되면서 스마트폰 대중화 시대가 열렸다. 2007년에 아이폰이 개발됐다. 2009년 11월 애플 아이폰이 우리나라에 상륙했고 2018년부터 1인 1스마트폰 시대가 열렸다. 디지털 시대로 전환됐다.

MZ세대는 휴대폰, 컴퓨터 게임과 온라인 소통이 몸에 뱄다. 이들의 사고는 디지털과 연결돼 있다.

'스마트폰의 일상화'는 MZ세대의 행동을 설명하는 매우 중요한 기제다. 스마트폰이 몸과 장착돼 있는 듯한 이들의 삶은 스마트폰의 기능 발전과 함께 변화돼 갔다.

사람을 만나고 소통하며 판단하고 행동하는 과정이 스마트폰의 진보와 보조를 맞추며 달라졌다. 인터넷과 함께 페이스북 텔레그램 유튜브 등과의 접촉이 쉬워지고 일방이 아닌 쌍방 소통이 가능해졌다. 의견을 주고받을 수 있게 된 것이다. 영향을 받기도, 주기도 빠르고 쉬워졌다.

음성 녹음뿐만 아니라 사진, 영상까지 담을 수 있는 정교한 촬영도 가능해졌다. 1인 미디어가 나오고 개인이 하나의 여론 형성매체가 됐다.

이러한 변화는 우리 사회를 어떻게 만들었을까.

성균관대 기계공학과 최재붕 교수는 〈포노사피엔스〉에서 "개인화된 대중들은 더 이상 개인의 행복과 권익을 침해하는 어떤 불합리한 권력도 용인할 수 없게 된 것이다. 스마트폰으로 이런 행위는 언제 어디서든 기록할 수 있게 되면서 지탄받아야 할 행동으로 드러나게 됐다"고 했다. 상식이 된 미투운동이나 젠더간의 갈등문제(#점령하라, #미투 등) 등을 향한 분석이다. 한 두 명의 '생각'이 '스마트폰'을 통해 모아져 '행동'으로 이어진다는 얘기다. 생각과 행동 사이에 스마트폰이 끼어들었다. 스마트폰은 속도와 범위에서 기존의 어떤 매체와 비교할 수 없을 정도로 빠르고 넓다는 점에서 주목할 만한 대목이다.

더 벌어지는 양극화

2030세대에게는 스마트폰과 함께 '양극화'라는 '주어진 상수'가 기다리고 있었다. 태어난 환경이 이후를 좌우하는 '고착화' 를 체득했다. 신자유주의와 두 번의 금융위기를 거치면서 양극화가 어느새 자리를 잡아버렸기 때문이다. 오래돼 썩어가던 계층사다리는 점점 버텨내기 어려워졌다.

부모세대의 대물림은 불가피한 상황이 됐다.

자산양극화가 커지고 있다. 우리나라 자산의 상당부분이 부동산에 몰려있다는 점에서 쉽게 예상할 수 있는 대목이다. 한국은행과 통계청이 발표한 '2020년 국민대차대조표' 잠정치를 보면 2020년 우리나라의 국민순자산은

1경 7722조 2000억 원이고 국민순자산 중 비금융자산 내 부동산 비중이 1년 새 76.1%에서 77.0%로 높아졌다.

토지자유연구소와 국토부 자료를 토대로 분석한 결과를 보면 2020년 기준으로 토지를 소유한 가구는 전체의 61.2%였고 토지 소유 가구 중 상위 1%의 점유율(가액 기준)이 22.3%였다. 2018년 21.8%, 2019년 22.1%에서 늘어나는 추세다. 상위 10% 점유율도 2018년 57.1%에서 2020년엔 57.6%로 뛰었다. 보고서를 작성한 이진수 연구위원은 "대한민국에서 토지는 국민 약 40%가 전혀 소유하고 있지 못하며 매우 불평등하게 분배돼있는 상태"라며 "토지에서 발생하는 임대소득과 자본이득은 가구의 자산 불평등뿐 아니라 소득 불평등을 악화시키는 요인이 될 것"이라고 지적했다.

문제는 대물림이다. MZ세대(20~30대) 내에서도 자산 양극화가 극심해지고 있는 것으로 나타났다. 더불어민주당 김회재 의원이 통계청 가계금융복지조사 마이크로데이터를 분석한 결과에 따르면 20~30대의 상하위 20% 사이의 자산을 비교한 5분위 배율은 2019년 33.21배에서 2020년엔 35.20배로 커졌다. 5분위 배율은 5분위의 평균을 1분위 평균으로 나눈 값인데 배수가 커질수록 불평등도가 악화된 것으로 해석한다.

국민의힘 정찬민 의원이 한국장학재단으로부터 제출받은 자료에 따르면 2020년 1학기 기준으로 소위 SKY(서울, 고려, 연세) 대학 신입생 장학금 신청자의 55.1%가 소득 기준으로 상위 20%에 해당되는 9구간과 10구간에 속하는 부모의 자녀였다. 소득 최상위 10%(10구간)만 따지면 학생비율이 SKY대의 경우 37.9%로 다른 대학(12.2%)의 3배를 넘었다. 의대의 경우는 2020년 신입생의 74.1%가 소득상위 20%에 해당되는 가구의 학생이었다.

소득상위 20% 가구 자녀의 SKY비중은 2017년 41.1%에서 3년 만에

14.0%p 뛰어오르면서 부와 학력의 대물림 현상을 보여줬다.

자고 일어나니 '민주화'

2030세대에게 '민주화'는 자고 일어나니 생겨난 선물이었다. 우리나라가 해방된 직후 미국의 점령으로 '민주주의 국가'로 자연스럽게 등재된 것과 같다. 여성의 참정권도 당시 따라왔다. 서구의 민주주의 국가들은 '피'로 얻은 결과물이었지만 우리에겐 '눈 떠 보니 민주주의'였다.

내용이 채워지지 않았던 형식 민주주의는 장기집권을 원하는 이승만정부와 친일세력에게는 손쉬운 권력장악 장치가 됐다.

'못 살겠다, 갈아보자'는 4.19혁명의 결과는 장면 정부의 무능력 속에서 허망하게 군인세력을 끌어들인 꼴이 됐고 박정희정부의 독재체제로 이어졌다. 전두환 정권으로의 전환에 반기를 든 1980년 5.18민주화운동은 무장진압으로 차단됐다.

1987년 6월항쟁은 전두환정부를 무너뜨리고 헌법을 개정해 대통령 직선제를 만들어냈다. 하지만 김대중-김영삼의 단일화 실패는 쿠데타 세력이면서 5.18 진압의 공범인 노태우정부를 통한 군사정부의 연명을 허용했다. 1993년에야 문민정부가 들어섰고 1998년에 두 번째 정권교체이면서 첫 번째 '평화적' 정권교체가 이뤄졌다. 이후 진보진영과 보수진영이 10년 주기로 두 차례 더 정권을 바꿨다.

MZ세대의 최고령인 1980년생이 20세가 된 상황에서는 직선제 · 민주주의 · 지방분권 등 민주화의 핵심 요건들이 상당 수준 현실화된 상황이었다.

기성세대의 눈엔 언제나 불안하다

'스마트폰' '양극화' '민주화'는 다양한 신세대의 모습을 만들어내는 뿌리가 됐다. 신세대는 말 그대로 새로운 세대이고 특히 20대는 스스로도 자신의 인생경로를 모르는 불확실로 가득한 시간이다. 다양한 시도 욕구가 강해 기성세대의 눈엔 불안정할 수밖에 없다.

기성세대가 바라보는 신세대는 언제나 이기적이고 버릇이 없었다. 기성세대의 눈은 자신들의 경험을 통해 만들어진다. 자신이 살았던 '불안한 신세대'의 경로가 모두 재생되는 것은 아니다. 기억은 선택적으로 이뤄질 뿐만 아니라 왜곡되기도 한다. 과거의 고통이 아름다운 추억으로 변질되는 것처럼 말이다.

가난과 이를 벗어나려는 발버둥, 가정과 학교에서의 체벌, 가장이나 장남, 장녀에 강요된 희생 등도 지나고 나면 '성취의 과정'으로 인식되기도 한다. 아련한 첫사랑의 추억과 형용할 수 없는 이별의 아픔을 '성숙'을 만들어내기 위한 불가피한 절차쯤으로 노래한 가사들이 사랑받을 수 있었던 것도 선택적 기억의 잔재 때문이다. 칠흑과 같이 암울했던 10대와 20대는 빛난 출구를 위한 필요충분조건이었다는 무용담은 '라떼'의 전형이다.

그래서 기성세대가 2030을 보는 시각은 언제나 버릇없고 기가 찼으며 암담한 미래를 걱정하게 만들었다. 한국갤럽에서 1992년과 2007년에 조사한 내용을 보면 기성세대와 신세대간의 인식 격차가 시간의 흐름과 상관없이 크게 달라지지 않았다는 점을 발견하게 된다. '요즘 젊은이들의 부정적인 면'에 대해 '이기적'이라는 대답이 1992년 87%에서 2017년엔 78%로 크게 변하지 않았다. '자기 권리만 주장'한다고 보는 시각 역시 87%에서 68%로 다소 떨어지긴 했지만 여전히 높았고 '예의를 모른다'는 답변 역시 80%에서

58%로 낮아졌지만 높은 수준을 유지했다.

2017년 답변 중 '과거보다 못한 점'(복수 응답)에는 인내심(38%) 예절(32%) 관대함(29%), 절약정신(27%) 순으로 꼽혔다.

진보, 보수 그런 거 말고

2030세대를 진보와 보수 둘 중 하나로 스스로를 규정해 보라고 하면 '진보'에 쏠린다. 이들이 스스로를 '진보적'이라고 보는 것엔 과거보다는 미래를, 고정보다는 운동이나 움직임을 선호한다는 의미가 내포돼 있다. 역동성이 전제되고 미래를 지향하면서 개방적이라는 생각을 갖고 있는 것이다. 보수라고 하면 기성세대 등 다소 고리타분한 얘기를 하는 집단이면서 현재를 지키면서 기득권에 안주하려는 의지가 배어있는 것으로 인식된다.

그러나 선택지 중 중도를 넣으면 '중도'에 몰린다. 이들이 말하는 중도는

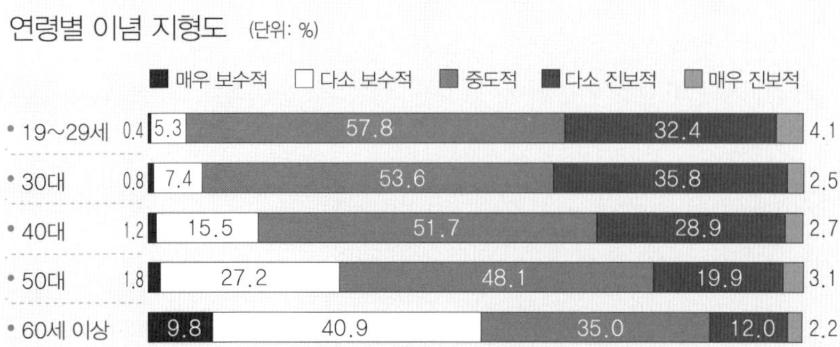

*조사기간과 방법: 2020년 9월 1일 ~ 10월 31일, 면접조사와 자기기입식 조사 병행
*조사 주관·실시 기관: 한국행정연구원/한국갤럽조사연구소
*국내 거주 만 19세 이상 성인 남녀 8336명 대상

진보와 보수 사이가 아니다. 이념의 구분에서 벗어나 있는 다른 구역이다. 이념이 중요한 척도가 아닌 셈이다.

기성 세대의 경우 '인물'보다는 '정당' 투표에 강하지만 2030은 '정당'보다는 '인물'에 주목할 가능성이 높다. 21대 대선 경선과정에서 광주의 20대 남성들이 국민의힘 소속 홍준표 의원에 높은 지지율을 보인 것은 시사하는 바가 크다.

윤여정의 솔직함

'솔직함'과 '사이다'는 맞닿아 있다. 하고 싶은 말은 해야 한다. 이기적이거나 버릇이 없다는 말이 뒤따라오는 이유이기도 하다.

2030세대가 '윤여정'에 스며드는 것도 마찬가지다. 47년생 윤여정이 2030세대와 통하는 것은 '솔직함'이다. 앞뒤 재지 않고 말을 쏟아낸다. 대부분 중장년 여배우들이 나이나 외모에 매몰되는 것에 반해 윤여정은 있는 그대로 수용하고 또 활용한다. 선댄스영화제 심사위원 대상을 받았을 때 그는 "나는 그냥 나이 많은 노배우이지 않나. 그래서 젊은 사람들이 뭘 이뤄내는 걸 보면 장하다. 젊은 사람들이 나보다 낫다 싶으면 애국심이 폭발한다"고 했다. 미국 인디와이어와의 인터뷰에서는 스스로를 'old-time actress'(옛날 여배우)라고 소개하기도 했다. 그러면서도 위트와 솔직함으로 "고상한 체하는 영국인"(오스카상 시상식)이라며 영국 사회의 차별을 나무라는가 하면, 제작자인 세계적 배우 브래드 피트에게 "우리 영화 찍을 때 어디 있었냐"(아카데미상 시상식)고 소환하기도 했다.

이는 2030세대이 '차라리 위악이 낫다'고 할 정도로 위선을 경멸하는 것과 맞닿아 있다.

조국 전 법무부장관과 문재인정부에 대한 비판은 '위선'에서 시작했다. 문재인 대통령이 취임사에서 약속한 '기회의 평등, 과정의 공정, 결과의 정의'가 실제로는 다른 방향으로 갔다는 지적이다. 특히 부동산정책 실패는 기회, 과정, 결과를 불공정하게 만드는 원천을 부추기는 결과로 이어졌다. 문재인정부의 많은 인사들이 강남 부동산 문제에 걸렸고 그들의 자녀들이 특목고와 해외 유학에 매달린 것도 확인됐다.

그들이 말하는 기회의 평등, 과정의 공정, 결과의 정의

여론조사 전문기관 리서치뷰가 문재인정부 임기 1년을 넘긴 2018년 12월 15~18일까지 2030세대인 청년층 1000명을 대상으로 문재인정부의 중간평가를 실시한 결과 한국경제의 공정성에 대해 청년의 85.8%가 '불공정하다'고 했다.

인천국제공항공사를 대상으로 단행한 비정규직의 정규직화에 대해서도 불공정하다(54.0%)는 시각이 공정하다(41.0%)는 평가보다 많았다. 엄격한 선발기준 등 치열한 경쟁을 통과해 정규직 일자리를 얻었는데 비교적 덜 엄격한 기준으로 뽑힌 비정규직 노동자를 정규직으로 전환해 주는 것은 불공정하다는 인식이 강한 것으로 풀이된다.

리서치뷰는 "2030세대는 1997년 외환위기, 2008년 글로벌 경제위기 등 한국경제 위기 시기에 성장했고 치열한 경쟁사회 속에서 개인주의적 사고방식이 내면화된 세대"라며 "능력, 실적에 따라 지위나 보수가 결정되는 업적주의적 가치관이 강하다"고 평가했다.

양심적 병역거부 문제에 대한 접근법도 기성세대와는 사뭇 달랐다. 4050세대가 양심적 병역거부를 '인권문제'로 접근하는 것과 달리 2030세대는 '병역 의무의 형평성'으로 봤다. 징집제가 부유층 등 기득권층에는 적용되지 않는다는 불만이 깔려있는 상황에서 '인권'이라는 이름으로 '양심적 병역거부'가 인정되자 2030세대 남성 군필자들 사이에서는 스스로를 '비양심적 병역이행자'라는 자조 섞인 말이 나오기도 했다. '양심적 병역거부 헌재 결정'에 대해서는 2030세대 남성(63.2%)과 여성(63.2%) 모두 부정적인 답을 더 많이 내놨다.

리서치뷰는 "남성우월주의와 강한 가부장제 아래에서 성장한 4050세대에게 페미니즘은 사회적 약자를 위한 진보적 이데올로기로 여겨졌지만 성평등 신장과 가부장제 해체 시기에 성장한 2030세대(특히 남성)에게 페미니즘은 노동시장 내부의 치열한 경쟁에서 여성이 우위를 차지하기 위해 남성을 공격하는 경쟁이데올로기로 간주되고 있는 실정"이라고 해석했다.

대북안보분야에 대한 인식에서는 '민족주의적 관점'으로 북한을 보지 않는다는 점을 명확히 확인할 수 있었다. 남북여자하키단일팀 구성 당시 입장을 보면 찬성(남성 52.8%, 여성 67.5%)의견이 우세했지만 반대의견(남성 44.1%, 여성 29.1%)도 만만치 않았다. 민족 간 평화협력이라는 이유로 한국 여자아이스하키 선수들의 일방적 희생 강요를 받아들이기 어렵다는 의견으로 해석된다.

나는 어디에? 다양한 2030세대

2030세대의 특성을 하나로 묶는다는 것 자체가 무리다. 20대와 30대에 일어나는 대학, 군대, 졸업, 취업, 결혼 등으로 이어지는 인생사가 가치관과 삶의 경로를 크게 바꿔놓을 수밖에 없기 때문이다.

각 사회 영역의 기성세대들이 청년들을 만난 이야기와 방송, SNS를 통해 직접 나와 말하는 청년들의 이야기가 대표성을 띠지 못하는 이유이기도 하다. 청년들로부터 '나는 저렇게 생각하지 않는데'라는 말을 많이 듣게 된다.

다양한 경험은 다양한 사고를 낳기 마련이다. 여론조사에서도 20대 전반과 후반, 30대 전반과 후반으로 나누고 남성과 여성을 또다시 구분한다. 쪼개서 분석할 필요성이 있기 때문이다.

대학내일20대연구소는 MZ세대를 분석할 때 2020년까지는 밀레니얼세대, Z세대로 나눴으나 2021년부터는 밀레니얼세대를 후기 밀레니얼세대(1989~1995년생, 만 26~31세)와 전기 밀레니얼세대(1981~1989년생, 만 31~40세)로 구분하기 시작했다. "밀레니얼 세대의 특성을 면밀하게 분석하기 위해서"다.

서이제 작가

서이제 작가와의 만남은 2030세대의 생각을 깊이 있게 듣고 싶어 마련했다. 1991년생인 서 작가는 만 29세의 나이로 20대를 살았고 30대를 준비하는 시점에 서 있어 다양한 얘기를 두루 할 수 있겠다 싶었다. 소설은 삶에 대한 많은 고민이 축적된 결과이고 소설가는 이를 직접적이든 간접적으로 주체적으로 소화한 생산자라는 나름의 정의도 만남의 단초가 됐다. 자신과 같은 연배뿐만 아니라 동시대의 다른 사람들을 공감하고 다른 한편으로는 그들로부터 공감을 받기 위한 제스처들이 소설에 담길 수밖에 없다는 추정도 있었다. 이런 게 대화의 중간중간에 삐져나올 것으로 기대했고 그걸 포착해 잡아내는 건 순전히 내 숙제라는 생각으로 인터뷰를 시작했다. 2020년 젊은 작가상을 수상한 그의 소설은 내용 못지않게 형식도 독특하고 난해했다. 인터뷰를 따라가다 보면 그 의도가 나온다.

서 작가의 생각과 삶의 경로가 2030의 대표성을 갖는 것은 아니다. 다만 그의 생각의 편린 속에서 건진 답은 2030세대의 고민과 그 저변에 깔려있는 전제들에 조금은 가깝게 접근할 수 있게 해 준다. 기성세대가 2030세대일 때의 고민과 크게 다르지 않은 것들도 눈에 띈다. 반면 전혀 다른 생각의 탑을 단단하게 쌓아와 상수처럼 '인정해버려야 한다'는 생각도 들었다.

▬ 영화를 전공했는데 특별한 계기가 있었나요.

부모님이 맞벌이를 하는 바람에 유년기에 시간이 많이 있었고 일본 문화

개방이 되면서 자연스럽게 일본 영화를 많이 보게 됐어요.

이와이 순지, 구로사와 기요시 감독을 좋아하게 됐죠. 영화나 드라마로 일본 학생들을 보기도 했고요. 일본 노래 가사도 재미있었어요.

━ 부모세대는 일본에 다소 적대적이잖아요.

그런 분들도 있죠. 적대시 되는 국가가 가까워지는 가장 첫 번째 길은 문화예술을 받아들이는 거잖아요. 근데 이전 세대는 그러지 않았으니까 더 그럴 수밖에 없죠. 한일 간 갈등이 있을 때 이해 안 되는 부분들도 있지만 한편으로는 내가 살아가지 못한 시대를 살아서 그 영향으로 그런 거라는 생각을 하죠.

━ 어떻게 소설을 쓰게 된 건가요.

대학 졸업할 때 사람들이 소설원작과 영화를 비교하는데 매체적 차이가 뭘까 생각했죠.

영화에서는 이미지가 있는데 시나리오만 강조했을 때 벌어지는 일들이 있거든요. 그런 간극의 사이에서 고민을 많이 하다가 그러면 소설을 한번 직접 써보자고 한 거죠. 직접 써보면 뭔가 다른 게 느껴지는 게 있을 거야라고요. 이 작업이 너무 잘 맞았고 그리고 영화에 대해서 보는 시각도 조금 달라지기 시작했어요.

━ '내가 바라보는 인생', 어떤 그림인가요.

'언젠가 죽는다'는 것에 초점을 더 많이 맞추고 살고 있죠. 20대를 보내면서 별로 안 살고 싶은데, 피곤한데, 이런 생각을 많이 했어요.

경쟁이 너무 피곤하고 될 것 같지도 않고 별로 살 목적도 없는데 그냥 죽을까 이런 거죠. 그러다가 하고 싶은 게 있어서 사는 게 아니구나, 역할로 사는 거구나 하고 생각했어요. 난 태어났고 누군가의 동생이자 딸이자 친구이자 또는 누구한테 선생님이자 이런 역할이요. 다만 새롭게 생긴 건데요. 다음 세대를 항상 생각해야 된다는 걸 느끼고 있고 그들이 더 절망적일 것 같아 슬플 것 같다는 생각이 든거죠. 환경이 파괴됐고 '숨 쉬기가 너무 힘들어'하는 정도지만 다음 세대 친구들한테는 생존이 걸린 거니까요. 지구를 괴롭혀놓고 가면 안 된다는 생각과 살 수 있는 터전이라도 던져주고 가야 되지 않을까 싶어요. 어떤 잡지에서 고등학교 선생님들이 환경 운동에 관심 있는 학생들과 같이 광화문 집회까지 가게 된 배경이 담긴 글을 본 적 있어요. 너무 감동적이었고 '애들한테는 진짜 이게 생존의 문제구나' 생각했죠. 정치적 올바름을 떠나서 목숨이 달린 문제에 이렇게 투쟁을 하는구나라는 생각이 들었어요. 제 발로 온다는 것은 뭔가 잘 이해가 안 되는 메커니즘이 중간에 들어가 있다는 생각이 드는 거죠.

SNS가 중요한 네트워크 수단이죠.

SNS 상에서 얼굴도 본 적 없고 이름도 모르고 성별도 모르는데 친구 같은 걸 느끼는 게 너무 신기하기도 해요. 블로그 이웃인데도 느끼는 끈끈한 정이 있어요. 별로 만난 적 없는 작가인데 댓글 몇 번 달았더니 친근한 느낌이 들어요.

저는 디지털, 아날로그 다 겪었어요. 대학 입학할 때는 필름으로 영화 찍고 졸업할 때는 디지털로 영화를 찍었어요. 사고하는 방식에도 큰 영향을 끼쳐서 소설에도 담으려고 노력해요.

제 소설을 보면 다 조각 나 있잖아요. 유튜브 같은 거 보면 클립으로 잘라서 짧고 집중력 있게 만들죠. 방송 예능 채널이나 영화 같은 것도 클립으로 자르기 좋은 형식으로 구성해요. 그걸 보는 방식을 소설에도 담는 거죠. 순서를 뒤죽박죽으로 해도 다 이해하잖아요. 스트리밍으로 앞뒤 자유롭게 볼 수 있고요. 이제 더 이상 창작자가 의도한 순서대로만 서사를 읽지 않는 거죠.

▬ 그렇다고 아날로그를 배척하는 것은 아니잖아요.

음악으로 보면 들을 건 아니지만 CD나 LP가 필요한 거죠. 내가 이걸 가졌다라고 느낄 수 있고 만질 수 있고 그런 세계에 어떤 매력을 느끼게 되고요. 저보다 더 어린 친구들은 카세트 테이프 이런 걸 좀 써보고 알고 있어야 완전 괜찮은 사람인 거죠. 옛날 대학 가요제 음악이나 노고지리 노래를 들으면 내가 힙하다는 느낌이죠. 그게 가능한 것도 유튜브 때문인거 같아요. 더 이상 최신 유행이라는 말 잘 안 쓰는 것 같고요. 왜냐하면 취향이 다양하고 유튜브에서 뭔가 발견하면 다 길어 올릴 수 있으니까요. 과거가 더 이상 과거가 아니죠. 옛날 사람들도 유튜브 아카이브 이런 데 다 있잖아요. 그럼 동시에 있는 거죠. 옛날 기록을 보는 게 아니라 동시대의 감성으로 느끼는 거죠. 그런 게 소설에 드러나기를 바라는 거예요. 제가 쓴 소설 중에 '사운드 클라우드'라는 소설이 있는데 그거는 엘피부터 스트리밍까지 이렇게 챕터를 나눈 형식으로 진행돼요. 시공간에 대한 개념이 뒤죽박죽 섞이는 거죠.

▬ 한국나이로 서른 살이잖아요. 서 작가에게 20대는 어땠나요.

일을 쉰 적이 없어요. 아르바이트를 계속 한 거죠. 학교를 스물일곱에 졸업했어요.

거의 대부분 알바하는 시간이고 너무 하기 싫었어요. 너무 답답하고 뛰쳐나가고 싶기도 했죠. 하지만 틈틈이 거기서 책 읽고 했던 것들이 지금의 저를 만든 것 같아요.

▬ 사회통계 조사를 보면 2030세대의 삶의 만족도가 높아요. 행복하다는 의견도 많고요. 3포 시대에 잘 이해가 안 되는데요.

이전 세대는 당연히 집을 가져야 되고 당연히 결혼을 해야 되고 자동차가 있어야 됐거든요. 그것이 행복의 필수조건이었죠. 그런데 우리는 그것만이 행복의 조건이 아닐 수 있다는 걸 알게 된 거죠. 부모 세대처럼 경제 성장하는 걸 본 적은 없지만 문화예술적으로 친숙하고 그런 즐거움이 있는 것 같아요. 돈을 덜 벌더라도 일을 좀 덜 하고 싶은 거요. 삶의 여유를 얻고 나를 좀 돌아보고 영화도 보고 문화예술 체험도 하고 그러고 싶어 하죠.

가끔씩 고등학교 때 친구들을 만나잖아요. 친구들과 영화 보거나 전시, 서점 등에 가면 너무 행복해 하는 거예요. 음악 들으면서 산책하면서 아름답다는 느낌의 행복들 말이예요. 맛있는 거 먹으며 사진 찍고 그런 데서 오는 행복이 아닐까 싶어요.

반면 기성세대는 평생 일만 했는데 왜 계속 더 일을 하려고 하죠. 우리한테 왜 자꾸 더 일을 하라고 하는 걸까 하는 생각도 하는데 한편으로는 기성세대가 체험해 보지 못했던 것 같아요.

▬ 삶에 대한 태도가 다르다는 거네요.

좋은 차도 있어야 되고 뭔가를 가지고 있어야 되는 상황에 맞추려면 노동을 엄청나게 안 할 수가 없는 거예요. 그런데 만약에 그럴 필요가 없다고 생각하면요. 도심에서 살 필요 없이 외곽에 있다가 지하철이나 버스를 타는 것을 내가 오케이하게 된다면 비용이 적게 드는 거죠. 정말 자유롭게 살 수 있을 것 같긴 해요. 결혼도 사실 꼭 해야 된다고 생각하는 친구는 없는 것 같고 친구들하고 '나중에 돈을 모아서 집 하나를 사서 서로 늙을 때까지 도와주면서 살자'고 했는데 이게 너무 좋을 것 같은 거예요.

▬ 좀 이기적이라는 얘기도 하잖아요.

이전 세대는 학연 지연일 수도 있지만 '우리'라는 개념을 상당히 중요하게 생각했죠.

회사에서도 '희생해야 된다'고 하는데요. 알바할 때도 그런 게 좀 싫었어요. '우리 가족이잖아', '넌 나랑 친하잖아', '내가 너한테 가족처럼 잘해줬는데, 가족 같으니까 이런 것은 그냥 니가 해줘', '이 정도는 그냥 봐줄 수 있는 거 아니야' 이런 거잖아요. 왜 굳이 그렇게까지 해야 되는지 모르겠더라구요.

2030세대가 개인주의 성향을 가지고 있죠. 그런데 자기 영역이 있고 너무 가까워지지 않기 때문에 오히려 관계가 유지되는 게 있거든요. 내가 나를 소중하게 여기기 때문에 다른 사람도 소중하게 생각할 수 있는 거예요. 정을 느끼는 방식이 좀 다른 것 같기도 해요.

▬ 기성세대와 2030세대의 간격, 불가피한 건가요.

저 사람은 저렇게 생각하는구나, 엄마는 저렇게 봤구나, 이해하는 것만으로도 충분한 것 같아요. 항상 갈등은 존재하겠죠. 뭔가 변화를 꾀할 수 있도록 노력을 해야 되는 거죠.

영화나 연극 속의 연기하는 사람의 얼굴을 보고 책에서 구체적으로 서술된 것들을 통해 공유하면서 서로 이야기만 하면 되는 거죠. '쟤 왜 저래'가 아니라 '정말 다른 세대구나' 이렇게 그냥 느끼는 것 정도로도 충분하다고 생각해요. 문제는 그걸 못 견뎌내는 사람들이 있는 거죠.

2030세대는 지금 뭐가 필요한 건가요.

집을 살 엄두조차 낼 수 없는 그런 상황이고요. 월세가 부담이죠. 적은 돈으로 안정적으로 살 수 있다면 임대주택도 살 수 있죠. 그런데 편견이 있잖아요. 부모님들 세대는 더 심하죠. 그게 더 문제인 것 같아요. 그런 편견들이 싫은 거죠. 그렇게 낙인찍고 하는 게 문제인데 어떻게 해결해야 될지는 잘 모르겠어요.

일자리만 해결되면 된다는 의견이 많아요.

일자리는 중요한 거 맞는데 포인트가 다르죠. 기성세대는 일을 많이 해서 경제 성장하는 걸 보고 성취감을 얻는 그런 세상을 봐서 그렇게 생각하시는 것 같은데 우리는 그걸 본 적이 한 번도 없잖아요. 좋은 일자리의 핵심은 차별 없이 일하는 거, 폭력적이지 않은 방식으로 일하는 거, 노동 시간 너무 갈아넣지 않는 거, 안전한 일자리 이런 거죠.

과거 세대는 누군가 지시를 하고 그걸 잘 수행해냈을 때 존재감과 만족감을 많이 얻었다면 지금은 '내 의견이 반영이 되는 것' '내가 참여했구나'하는 느낌을 중요시하죠.

그런데 대기업은 참여나 반영이나 이런 게 잘 안되고요. 중소기업은 차별, 안전, 폭력 이런 데서 자유롭지 않죠. 선택을 해야 되는 상황이 되는 거죠.

공무원을 선호하는 것도 같은 방식으로 해석할 수 있나요.

제 친구들도 공무원 준비 안 해본 친구들이 없어요. 노량진에서 엄청 오랜 시간을 보냈죠. 그때는 공무원 합격이 성공하는 것이고 꿈이었는데 30대가 가까이 되니 '그게 아닐 수도 있겠다' 싶은 거죠. '지금까지 사회가 만들어놓은 어떤 기준, 성공의 기준들만 내가 쫓고 있었던 거지'라고 생각한 거예요. 그래서 내가 좋아하는 일도 찾고 싶고 새롭게 뭔가를 시작하려고 하는 친구들을 많이 봤어요.

또 대기업을 갈 수 있거나 공무원이 될 수 있는 가능성 이런 게 (대학에 들어가는) 19살 때 결정이 되잖아요. 계층화가 공고화되고 굳어지는 느낌이죠. 계층화 때문에 접근하기 어려운 공간이나 행위를 외면하고 자유의지를 차단시키는 거잖아요. 억압된 것으로요. 좋은 건 아니죠.

편견만 없으면, 안 좋은 시선만 없으면 어디에서든 우리가 다시 시작할 수 있을 것 같다는 생각이 들어요. 제시해 줄 수 있는 성공의 기준 같은 게 다양해져야 하지 않을까 하는 생각이 들어요.

▬ 미래에 대한 계획은 무엇인가요.

이 작업하는 게 행복하고 안정감을 많이 느껴요. 전에는 전업 작가로 살지 못하는 것에 대해 좀 스트레스 받는 경우가 있었는데 시작이니까 너무 당연한 것 같다고 생각하고 있죠. 그냥 내가 할 일을 하면 된다고 생각하고 미리 (글을) 써놓고 작업하고 공부하고 그래요.

앞으로는 투잡, 쓰리잡을 하면서 이것도 해보고 저것도 해보고 그렇게 살게 되지 않을까하는 생각이 들어요. 이게 생활이 되면 그냥 어쩔 수 없는 걸로 받아들이고 또 그거 할 때 만족감도 있어요.

계속 꿈꿀 수 있게 영화를 꿈꾸고 소설을 보죠. 꿈을 계속 가지고 있으면 이룰 수 있는 길이 보이잖아요. 그 길로 끌고 가는 길은 정말 많거든요.

어둠과 해가 뜨는 시간, 딱 경계에 있는 그 순간, 공존하는 순간은 독자적으로 존재할 수 없는 것 같아요. 제 소설이 어둡다고 말하는 사람들이 되게 많아요. 20~30대의 삶을 너무 비극적으로 그린다는 거죠. 그런데 저는 그렇게 생각을 하지 않아서 그런 평가가 너무 신기한 거예요. 결말은 항상 해피엔딩이라고 생각하는데…. 저는 그래서 어둡게 시작해도 해피엔딩으로 다 끝나게 하고 싶어요.

3

정치는 왜 2030에 주목하는가

우리나라의 인구지도가 빠르게 바뀌고 있다.

홍남기 경제부총리가 트위터에 '인구지진'을 언급했다. 홍 부총리는 "특단의 대책이 없다면 우리나라는 2030~2040년부터 인구절벽에 따른 '인구지진'이 발생할 전망"이라며 영국의 작가이자 인구학자인 폴 월리스가 만든 용어를 인용한 것이다. 월리스는 생산인구보다 고령인구가 많은 인구지진을 동일본 대지진 진도(리히터 규모 9.1)에 비유했다.

우리나라는 고령화가 빠르게 진행되고 있다.

통계청에 따르면 2020년 65세 이상 고령인구는 821만 명으로 1년 전보다 46만 명 증가해 처음으로 800만 명을 돌파했다. 고령인구가 전체 인구에서 차지하는 비중도 15.5%에서 16.4%로 올랐다. 6명 중 1명은 노인이란 얘기다. 현재와 같은 속도라면 2025년에 고령인구비율이 20.3%로 올라 초고령사회로 진입한다. 2060년에는 43.9%까지 높아진다.

우리나라 전체 인구를 한 줄로 세워 한가운데 있는 사람의 연령을 뜻하는 중위연령이 2021년에 44.3세이며 10년 후인 2031년엔 50.1세로 50세를 넘어설 전망이다.

20세를 돌파한 게 1976년, 30세를 넘어선 것은 21년 후인 1997년이었다. '중위연령 40세'는 7년만인 2004년에 기록했다. 2067년 중위연령은 62.2세로 예상된다.

빠른 고령화는 출산율 감소와 깊이 연관돼 있다. 고령화율이 전체 인구 중 65세 이상 인구이므로 전체 인구의 증가율이 65세 이상 인구 증가율을 못 따라간다면 높아질 수밖에 없다. 2020년 우리나라 주민등록 인구는 5182만9023명으로 전년대비 2만838명 줄었다. 통계청에 따르면 우리나라의 출생아수가 사망자수보다 적은 '자연감소'현상은 2019년 11월에 처음 나왔으며 이후 올 8월까지 지속되고 있다.

이같은 자연감소현상은 출산율 감소 때문이다. 2020년 합계출산율은 0.84명이다. 올해는 0.70명대로 떨어질 것으로 전망된다. 여성 1명이 낳을 수 있는 아이의 수가 1명을 넘지 못한 건 2018년부터다.

인구변화는 유권자 비중 변화로

저출산, 고령화는 그대로 유권자 비중의 변화로 이어졌다.

2012년만 해도 전체 인구의 72.6%가 유권자였으나 2012년에 79.7%로 뛰어올랐고 2020년에는 만 18세까지 유권자(만 19세이상)에 포함되면서 84.9%로 상승했다. 유권자수는 3499만 명에서 8년만에 4399만 명으로 900만 명 증가했다.

세대별로 유권자 비중을 보면 연령별 차이도 빠르게 변했다.

세대별 선거인 구성비 변화 (단위: %)

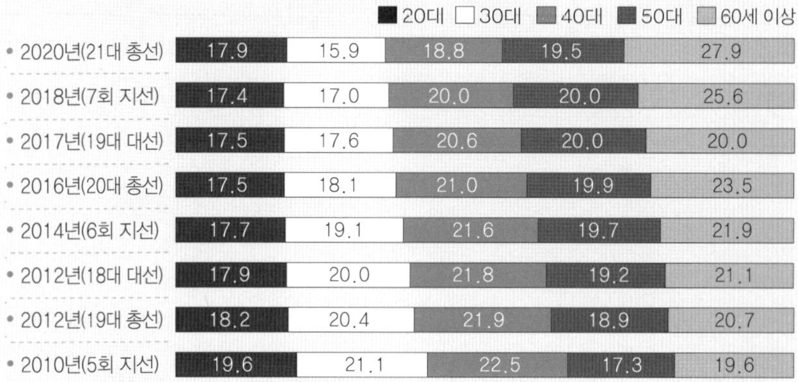

*20대 안에 2020년부터 18세 포함. 나머지는 19~29세.
자료: 중앙선거관리위원회'21대 국회의원선거 투표율 분석'

유권자 가운데 60세 이상의 고령자 비중이 2010년 19.6%에서 2020년에는 27.9%까지 올랐다. 2016년과 2020년 총선 유권자의 고령자 비중을 비교하면 4년간 4.4%p 늘어 연평균 1.1%p 뛰었다. 최근 들어 고령화가 빠르게 진행되면서 2022년 대선과 지방선거에는 60세 이상의 유권자 비중이 30%를 넘을 것으로 보인다.

반면 18세와 19세를 포함한 20대와 30대, 40대 비중은 2012년 19.6%, 21.1%, 22.5%에서 2020년에는 17.9%, 15.9%, 18.8%로 쪼그라들었다. 40대까지의 유권자 비중이 63.3%에서 52.6%로 8년 만에 10%p 넘게 줄었다. 2022년 대선에서는 50%선이 무너질 가능성을 배제하기 어렵다.

20대(18, 19세 포함)와 30대를 합한 2030세대 유권자 비중을 보면 2012년 40.7%에서 2020년에는 33.8%로 6.9%p 낮아졌다. 2022년에 30%에 근접, 조만간 30%선도 밑돌 가능성이 있어 보인다.

진보진영의 보증수표 같았던 2030

투표율은 나이가 많을수록 높았다. 2020년 21대 총선에서 투표한 유권자 중 60세 이상의 비중은 31.5%였다. 18~29세는 16.1%였고 30대는 13.6%, 40대는 18.0%에 그쳤다.

18~49세까지의 비중이 47.7%에 지나지 않았다. 50%를 밑도는 수준이다. 투표자의 절반이상이 50세 이상이라는 얘기다.

유권자와 투표자의 비중이 빠르게 고연령쪽으로 흘러가면서 이러한 현상이 어느 쪽에 더 유리한 지에도 관심이 모아진다.

50대 이상은 보수적 성향이 강하고 40대는 진보적이라는 '관행적'분석이 존재한다. 시각이 굳어졌다. 586세대가 60대로 넘어가기 시작하면서 빠르게 보수화된 것과 다르게 40대가 진보성을 강하게 유지하고 있는 것은 눈에 띄는 특징이다. 60세 이상은 보수적 성향이 매우 강한 편이다. 20대와 30대 역시 진보적 성향이 강했다. 진보진영은 이들을 '고정표'로 인식했다. 20~40대까지는 '진보', 50세이상 '보수'로 굳어졌다는 분석이 많았다.

2030세대의 정치성향은 진보적으로 방향이 잡힌 것으로 보이지만 절반이상이 '중도'를 택했다. '중도'는 양쪽 모두를 보고 그때그때 달리 선택하겠다는 신호다. 행정연구원의 사회통합실태조사에서 '정치성향'을 '매우 진보적' '다소 진보적' '중도' '다소 보수적' '매우 보수적' 등 5개 항목으로 나눠 선택을 주문한 결과 '진보적인 성향'의 20대는 2013년 29.9%로 나왔으나 7년이 지난 2020년에는 36.5%까지 상승했고 스스로 보수적이라고 말한 20대는 16.3%에서 5.7%로 쪼그라들었다. 30대 역시 진보성향이 30.3%에서 38.3%로 증가했고 보수성향은 20.7%에서 8.2%로 떨어졌다.

그러면서 20대와 30대의 중도층은 2013년 53.8%, 49.0%에서 2020년엔 57.8%, 53.6%로 더 늘었다.

2030세대의 80%는 지지정당도 정해놓지 않았다. 한국행정연구원이 한국갤럽에 의해 실시한 사회통합실태조사에서 '평소에 지지하는 정당이 있는지'를 '있다'와 '없다'로만 답하게 하니 '없다'는 20대는 2013년 81.4%에서 2020년에 84.2%로 2.8%p 뛰었고 30대는 71.0%에서 75.1%로 4.1%p 올랐다.

냉정한 2030의 배신

2030은 냉정했다. 문재인정부 들어서면서 다른 깃발을 들었다.

부동산, 젠더 등 문재인정부의 다양한 정책에 대한 실망감과 함께 인천국제공항공사, 조국 사태 등 불공정 사례가 등을 돌리게 했다는 평가가 많다. 망설임은 없었다. 뒤를 돌아보지도 않았다. 40대와 같이 '미워도 다시 한번' 역시 없었다. '미우면 더 이상 지지하지 않으면 되지' '바꾸면 되지'였다. '진보의 보증수표'가 아니라는 사실을 보여줬다.

2020년 10월 한국갤럽이 4000명을 대상으로 조사한 결과 20대(18~29세)와 30대의 보수와 진보 비중이 각각 27%대 19%와 30%대 20%였다. 보수진영의 비중이 각각 8%p, 10%p 높았다.

이는 9개월 전인 같은 해 1월(4005명 조사)의 20대(보수 21%, 진보 25%), 30대(보수 21%, 진보 32%)의 이념지형과 비교할 때 이념비중이 '진보'에서 '보수'로 넘어간 것을 의미한다.

50대도 1월 보수 26%, 진보 32%에서 10월엔 보수 28%, 진보 27%로 변했다. 60세 이상은 보수 35%, 진보 18%에서 흔들리지 않았다.

세대별 정치효능감 변화 (투표를 통해 정치를 바꿀 수 있다는 대답 비율, 단위: %) *자료: 한국갤럽

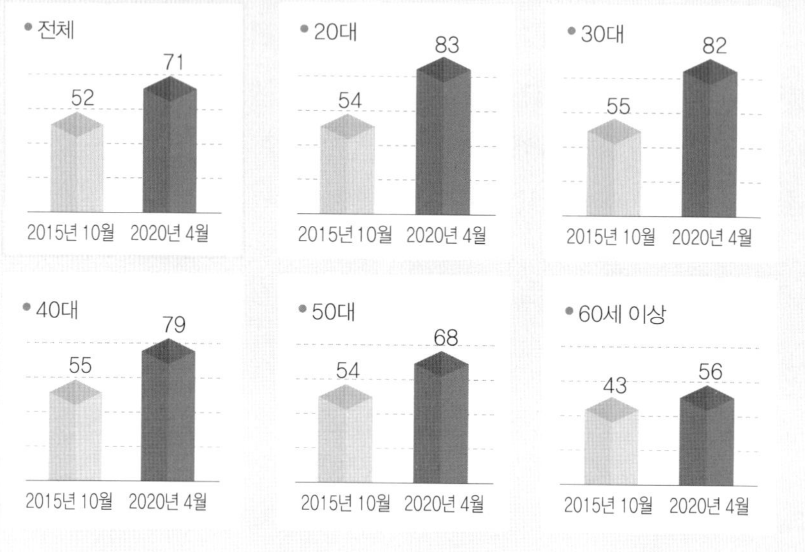

2030세대가 스윙보터로 자리를 잡은 셈이다. 유권자비율이나 투표율은 상대적으로 낮지만 40대 이상에서 박빙의 승부를 펼치는 상황에서는 이들의 한 표 한 표가 승패를 좌우하게 된다. 특히 '자기 것'으로 봤던 진보진영에서는 이들의 지지가 절대적으로 필요하다고 할 수 있다. 40대 지지만으로는 50대 이상의 보수진영 지지강도를 이겨낼 수 없기 때문이다.

촛불과 SNS가 만들어준 정치 효능감

2016년부터 시작한 촛불은 2030세대에 정치 효능감을 높여줬다. 스스로

촛불집회에 나왔고 박근혜 전 대통령을 탄핵시켰다.

한국갤럽의 조사를 보면 2015년 1월에 절반이 조금 넘는 52%가 '투표로 정치를 바꿀 수 있다'고 본 데 이어 2017년 5월엔 68%로 뛰어올랐다. 2020년 1월엔 66%였으며 4월엔 71%까지 상승했다.

정치 효능감은 2030세대에서 뚜렷한 변화를 보여줬다. 20대(18~29세)는 약 5년 사이에 54%(2015년 1월)에서 74%(2020년 1월)로 상승했고 30대는 55%에서 79%로 뛰었다. 40대(55%→69%), 50대(54%→65%), 60세 이상(43%→59%) 등 다른 세대에 비해 변화폭이 컸다.

광장에서 목소리를 낸 탄핵 요구가 국회와 헌법재판소에서 수용된 경험은 적극적인 투표참여로 이어지기도 했다.

2017년 19대 대선에서 19세 유권자와 20대 청년들의 투표율은 76.2%로 18대 대선(69.0%)보다 7.2%p 올랐다. 30대 투표율(74.2%)도 18대 대선(70.0%)보다 4.2%p 상승했다. 반면 40대(74.9%)와 50대(78.6%) 투표율은 18대 대선(40대 75.6%, 50대 82.0%)보다 떨어졌다.

2030세대는 각 정당의 움직임이나 정치적 행보들, 권력구도 등 정당내부에서 일어나는 정치행위에는 관심을 접어두다가도 자신에게 직접적 영향이 있는 법안이나 발언, 정책에는 적극적으로 의사표현을 하는 것도 '정치 효능감 제고'의 효과로 읽힌다.

이들은 의사형성과 교류, 표출 방식으로 길거리에 나서기에 앞서 SNS를 활용한다. 전파력이 빠르고 영향력도 눈덩이처럼 커진다. 청와대 국민청원에서의 20~30대 참여현황을 보자. 문재인정부 3년간(2017년 8월 19일~2020년 7월 31일) 참여도를 보면 1년차에는 18~24세(28.5%), 25~34세(26.7%) 등 45세 미만 참여가 두드러졌다. 최근 1년간에는 25~34세(26.4%)가 가장 높으며, 35~44세(22.4%), 18~ 24세(16.9%) 순이었다.

강민진 청년정의당 대표

정의당은 오랫동안 우리나라 정치진영의 왼쪽 끝부분을 담당해 왔다. 소외된 계층의 이야기를 들으려 노력했다. 제도권 안에서 표를 얻고 권력을 확보해야 하는 당위성을 채우려다 또 다른 기득권으로 전락해 변화에 둔감해졌다는 비판도 받았다. 하지만 존재감은 여전하다. 특히 점점 외면받는 청년들의 목소리를 담아내려는 노력은 다른 정당에 비해 빨랐고 적극적이었다.

강민진 청년정의당 대표는 20대다. 2015년 성균관대에 입학하면서 정의당에 입당했다. 서울시 교육청 학생인권위원, 국회 정치개혁특위 자문위원, 촛불청소년인권법제정연대 공동집행위원장을 맡았다. 강 대표와의 만남은 같은 세대인 청년들의 생각과 함께 진보 정당에서 어떻게 소화해내는지를 알고 싶은 생각에서 시도됐다. 그가 보는 2030세대 그리고 기성세대와의 간극은 얼마나 벌어져 있을까도 짐작해보고 싶었다.

— MZ세대를 많은 이들이 규정하고 싶어 하는데요. 특성을 정리해줄 수 있을까요.

두 가지 정도로 생각하는데요. 첫 번째는 산업화 · 민주화 세대가 국가적인 과제, 시대적인 과제를 부여받은 셈이라면 우리 세대는 그런 것들로부터는 자유로운 세대죠. 기성세대의 패러다임에서는 국가 발전을 위해서 약자들이 희생되고 민주화라는 대의 앞에서 여성 문제 등은 사소한 문제로 취급

되던 것이 통용됐다면 우리 세대한테는 그렇게 얘기하면 화내거든요. 사람들한테는 각각의 우선순위가 있다는 게 너무 당연하고 그런 점에서 이제 다양한 사람들의 다양한 우선순위들을 어떻게 위계서열화 하지 않고 평등한 소통과 민주주의적인 공동체 속에서 풀어낼 것인가가 MZ세대 정치의 핵심이라고 생각을 하고요.

둘째는 불안정의 세대라는 거죠. 우리가 처한 현실인 거죠. 제가 95년생인데 97년에 IMF위기가 있었죠. 전생(全生) 불안정 노동, 비정규직이 확대되는 과정에서 산거예요. 부모님 세대 같은 경우에는 그때 당시에도 불평등과 고통이 있었지만 어쨌든 대학 나와서 정규직으로 취직하고 돈을 모아서 아파트를 사고 이런 것들이 다수에게 허용된 삶이었다면 지금 우리 세대 같은 경우에는 97년이 지나고 2008년 경제 위기를 지나고 지금 코로나19까지 겪으면서 이제 정규직은 특이한 게 됐고 비정규직 이하 불안정 노동은 보편적인 것이 됐죠. 근데 또 한편으로는 우리나라의 노동 관련법이나 사회안전망은 낡아서 불안정 노동자들을 포괄을 못해요. 플랫폼 프리랜서 등 노동자로서의 지위조차 인정받지 못하는 노동자들이 확대되고 있어요. 내 삶이나 미래를 계획할 권리를 박탈당한 세대의 불안정한 노동 현실, 늘어나는 부채는 우리 세대를 굉장히 불안정하고 또 어떤 측면에서는 좀 각박하게 만드는 측면이 있고 과거 세대하고 다른 출발점이라고 할 수 있죠.

20대는 물질적 토대가 있어서 상대적으로 가난에서는 벗어나 있었던 것 아닌가요.

절대적인 비교는 의미가 없다고 생각해요. 그때는 얼마나 힘들었고 그에 비해서 지금은 어떻다는 게 현재를 살아가고 있는 우리들한테 얼마나 중요하겠어요. 부모님 세대들이 더 힘들었을 수 있죠. 그거 부정하고 싶은 건 아닌데요. 그런데 중요한 것은 어쨌든 지금 현실이죠. 청년들이 자력으로 자립하기가 점점 더 어려워져서 독립이 늦춰지고 결혼과 출산을 하지 않기도 하고 하지 못하기도 하고 이런 비율이 엄청나게 늘어나고 있죠. 또 일자리의 고용 형태라는 것이 비정규직의 급격한 증가 그리고 노동안전망 내에서 보호되지 않는 노동의 급격한 확대, 이런 것은 부정할 수 없는 어떤 객관적인 현실이거든요. 이제 과거하고는 다른 국면을 우리 사회가 맞이하고 있고 그 앞에 청년들이 서 있다고 할 수 있죠.

▬ 자력으로 자립할 수 없으니 부동산, 주식, 가상화폐 등 다소 투기적인 방식을 택하기도 하지요.

청년들이 지금 이 시대에는 노동 소득으로 돈을 착실히 벌어서 집 하나 사는 것도 어렵죠. 서울에서 집 하나 살 수 있으려면 코인 이런 거 안 하고서는 평생 기회가 없을 거야 이렇게 느끼는 거거든요. 위험한 거라고 하는 사람들이 많지만 그래도 한번 걸어보는 게 있는 건데요. 이게 또 문을 안 닫잖아요. 24시간 내내 일종의 도박중독처럼 계속 그래프에만 몰두하게 되는 거죠. 삶을 피폐하게 만드는 현상이 나타나고 있는 거예요. 만약에 청년들이 노동자도 할 수 있고 자산도 만들 수 있고 집도 가질 수 있는 사회였으면 코인에 이렇게 열광하지 않았겠죠.

▬ 일자리도 중요하지만 일하는 환경도 많이 부각되는데요.

노동의 변화에 따른 사회안전망과 노동관계법의 개혁이 필요하죠.

우리 노동관계법은 굉장히 낡아서 과거에는 전태열 열사가 '근로기준법을 준수하라'고 했는데 그때는 근로기준법이 있어도 안 지켜서 지키라고 하는 게 노동자들의 투쟁이었다면 요즘 노동자들의 투쟁은 근로기준법에 배제된 우리들을 노동자로 인정하라는 거예요.

지금 노동법을 보면 5인 미만 사업장은 각종 예외가 인정되고요. 초단시간 노동자들은 계약에 따라 적용을 받지 못합니다. 플랫폼 노동자나 프리랜서는 노동자로 인정이 안 돼요. 노동관계법이 포괄하지 못해 인정받지 못하는 노동자들의 비율이 계속 늘어나고 있는 부분이 있죠.

모두 노동자로 일단 인정하고 동등한 노동자로서의 권리 보장, 노동 안전망을 확보하지 않으면 기업들은 이윤 추구 위해 사업장 쪼개기, 업무시간 쪼개기 등 꼼수를 부리게 되는 거죠.

지금 노동법은 이렇게 불안정 노동을 확대하고 비정규직을 뽑도록 유도하는 거예요. 브레이크를 걸어야 되죠.

▬ 인천국제공항공사 문제라든가 조국 문제라든가 청년들이 '공정' 문제를 제기한 부분들도 많잖아요. 2030세대에게 공정이란 무엇인가요.

우리 사회에서 발언권을 가진 사람들은 기성세대잖아요. 청년에 대해서 말하고 분석한 사람도 기성세대이고요. 청년들은 분석 당하는 대상이 되는 거예요. 자꾸 어떤 일방이 분석하는 주체가 되고 일방이 분석당하는 객체가 돼버리면 굉장히 타자화되고 대상화되는 결과로 나타나고 이게 청년의 문제를 단순화 시켜가지고 이해하는 그런 경향이 굉장히 강한 것 같아요. 지난 4.7재보궐 선거 결과도 여성정책 때문에 20대 남자들이 화났다 이런 식으로 단순하게 해석해 버리죠. 또는 인국공과 조국사태 등을 보면서 청년들이 다 불공정으로 생각한다고 규정하죠. 이것도 저는 청년들을 너무 단순화 시켜서 바라보는 그런 관점이라고 생각을 해요.

일단 인천국제공항공사 같은 경우에는 문재인정부가 비정규직 사용사유 제한을 공약했던 대통령이었고 비정규직 사용사유 제한을 도입하겠다는 거는 정규직이 특이해지고 비정규직이 일반화되는 상황을 반전시키겠다라는 공약인 거예요. 비정규직은 특수한 사유에서만 쓸 수 있게 하겠다, 공약을 내걸었던 거죠. 그러면 문재인정부가 보여줬어야 하는 것은 우리 사회는 비정규직이 확대하는 방식으로 왔지만 앞으로의 사회는 그렇지 않을 것이라는 거였어야죠. 비정규직이 남용될 수 없도록 하는 그런 강력한 조치들을 해서 더 이상 비정규직이 일반화되는 방향으로 가지 않게 하겠다라는 약속이 나왔어야 되는데 인국공 같은 경우는 전반적인 사회 변화의 비전으로 이해되지 않고 공공기관, 공기업에 대한 비정규직의 정규직화 문제로만 딱 이해되면서 청년들이 굉장히 실망하고 여러 가지 반발들이 있었던 측면이 있다고 생각해요. 우리 사회가 지금까지는 엄청나게 경쟁하고 옆에 있는 친구들을 짓밟으면서 살아남아 바늘구멍을 통과한 사람만 정규직이 되는 사회라고 평생 배워왔는데 이제는 이런 방식 자체가 달라지고 우리가 노동자로서, 시민으로서 존중받으면서 안정적인 노동을 할 수 있는 권리가 모두한테 보장되는 사회로 나아갈 것이라는 비전을 기대했던 거죠. 인국공 논란은 다른 방식으로 전개된 겁니다.

— 비정규직과 정규직이 다른 트랙으로 입사를 했는데 이런 과정을 무력화하는 게 불공정하다라는 게 기존의 해석이었어요. 문재인정부가 구조적인 변화보다는 대중영합주의적인 방식으로 이 문제를 풀었다는 지적인데요.

문재인정부에서 인국공 사태가 사회적으로 발화됐던 방식이 대한민국에 비정규직이 줄어드는 것 또는 비정규직이 남용되지 않는, 안정적인 일자리라는 것이 모든 노동자들에게 보장되는 그런 사회로의 전환 과정으로 이해되기보다는 어떤 한 기업 안에서 비정규직을 정규직화 시키는 어떤 특수한 사례처럼 이해됐다는 거예요. 전반적인 사회 변화의 과정이 아니라 인국공이라는 어떤 사업장 내에서의 문제로 이해되니까 이건 불공정이야 라고 이해가 되는 측면이 있는 거죠. 죽을 것처럼 경쟁을 안 해도 되는 안정적인 일자리라기보다 보편적이고 보장되는 사회로 나아간다는 확신을 줬다면 그렇게 분노하지는 않았을 겁니다.

▬ 남북단일팀, 조국, 인국공, LH 등에서 제기되는 불공정 문제들의 결이 다소 달라 보여요.

민주화 세대는 민주화운동을 하면서 '자기희생을 해야 돼' 이런 게 있었잖아요. 그걸 수용하잖아요. 대의를 위해서는 소의는 접고 그런 거죠.

근데 지금은 그런 거하고 좀 다르죠. 남북 팀 같은 경우에도 남북이 평화적 목적으로 합의하는 대의가 있으나 대표팀의 자리를 나누는 과정이 공정하지 않다고 본 거죠. 기성세대는 이게 문제가 안 되지만 청년들이 시각에서는 또 다른 것도 보이는 거죠.

▬ 조국사태와는 다소 다른 방향이네요.

그렇죠. 그것은 특권층이 자기 자녀한테 자신이 가진 특권을 이용해서 부당한 어떤 이익을 주려고 했던 것이잖아요. 특권층 룰을 자기에 유리하게 활용하는 거잖아요. LH사태처럼요.

장관 임명 과정에서 논란이 되는 위장전입 같은 것도 마찬가지죠. 기성세대, 지위와 권력이 있으신 분들은 그 시대엔 어느 정도의 반칙이나 편법이 괜찮다고 생각했는데 그래서 억울하다고 생각할 수 있지만 이젠 용납이 안 되는 시대인 거죠. 과도기인 것 같기도 해요.

▬ 여당이나 대선주자들이 2030세대를 위한 대안들을 내놓잖아요. 어떻게 느끼세요.

청년들한테 어떻게 표를 가져올까는 많이, 열심히 고민을 하는 것 같은데 근데 진짜 청년들의 삶을 바꾸기 위해서 얼마나 할 수 있을까, 할 의지가 있을까 생각해보면 의지가 별로 없다는 생각을 해요. 우리 사회가 세대 간에도 불평등하고 또 가진 것에 따라 불평등한 사회인데 기득권 기성세대들이 정치적 사회적 경제적 자원들을 독식하고 있고 그들의 자녀들한테만 그걸 물려 줄 거 아닌가요. 불평등을 해소해서 청년들의 삶이 고루 나아지게 하려면 기득권자의 것을 뺏어야 되거든요. 그런데 기득권과 맞서서 전쟁할 각오, 스스로 기득권을 내놓을 가능성이 안 보이는 거죠.

▬ 스스로 기득권을 깨지 않고 변화를 시키겠다고 주장하는 것은 위선일 수 있죠.

우리 사회 불평등이 두 가지 축이 다 있는데. 세대 간에도 불평등하고요. 세대 내에서도 불평등이 고착화되고 있는 거죠.

세대 간 불평등은 정치적 지분의 불평등이라고도 할 수 있죠. 지금 국회의원 중 청년 2030의 비중은 4%밖에 안 돼요. 대부분 586세대, 산업화세대가 다 차지하고 있잖아요. 그런 정치적 분야에서는 세대 간 불평등이 매우 뚜렷하게 나타나고 있고요. 경제적인 불평등을 보면 과거에는 있었지만 지금은 계층사다리가 끊어질 정도죠. 부동산 같은 경우도 마찬가지죠. 지금 청년들은 어쨌든 새로 진입하는 세대인데 기득권을 점유하고 있는 기성세대가 독식하고 있으면 낄 틈이 없거든요. 그들의 자녀들만 낄 틈이 있겠죠. 그런 차원에서 이제 어떤 세대 간 불평등이 나타날 수밖에 없는 거죠.

▬ 국가가 기울어진 운동장을 평평하게 만들어줘야 하는 거잖아요.

이미 정치나 정책 결정권은 기득권 세력이 갖고 있죠. 거대 양당 구조에서 이걸 어떻게 바꿀 것이냐 이게 상당히 난감한 상황이죠. 양당 체제가 가장 나쁜 이유는 기득권들은 자기 이해관계에 맞는 데에 투표를 하는데 기득권이 아닌 청년들은 그냥 차악 대표를 뽑아야 하는 거죠. 나의 이해관계를 대변하지 않는 정당에 계속 투표하도록 강요받는 게 반복되는 거예요. 이렇게 가면 거대 양당 구조가 더 강고해집니다. 거대 양당 둘 다 대안이 아니라고 생각하는 다양한 사람들, 다양한 세력들의 기대를 실현할 만한 곳이 필요한 겁니다. 거대 양당에 속하지 않는 많은 목소리들이 있어요.

▬ 다소 추상적이긴 한데요. 청년들이 원하는 것은 무엇일까요.

청년들은 나답게 살 권리를 요구하고 있다고 생각해요. 그리고 의미 있는 일을 하면서 일(경제활동)을 해보고 싶은 생각도 있고요.

청년들은 다양한 공감대를 원하는 것 같아요. 시대정신으로 소통, 공정 얘기하는데요. 오히려 평등한 걸 더 원하는 거 아닌가요.

또 기성세대는 정해진 대로 가는 것이 안전하다고 생각하잖아요. 대한민국 사회가 굉장히 좀 경직돼서 어떤 특정한 삶의 유형을 바람직하다고 상정해 두기도 하죠. 바람직한 청년기의 과업이나 바람직한 가족 같은 거죠. 이런 것은 진보 보수 할 것 없이 청년세대가 싫어하는 거죠.

4

정치권의 짝사랑엔 결정적 맹점이 있었다

정치권에서는 여야를 막론하고 모두 청년들에 러브콜을 보내고 있다. 행사들도 넘쳐난다. 너도나도 청년들의 목소리를 듣겠다고 나섰고 더불어민주당, 국민의힘, 정의당은 정당 내에 청년당을 만들거나 만들 계획을 실행 중이다. 당 예산의 일정비율을 청년당에 배정하기도 하고 청년들에게 공천 가점을 주기도 한다. 최고위원에 청년을 지명직으로 임명하기도 했다.

하지만 청년들은 여전히 정치권에 의구심을 거두지 못하고 있다. 청년 정책이 과연 우선순위에 있느냐는 얘기다. 반짝 관심을 보였다가 밀어내기를 수차례 해 왔기 때문이다.

실제 청년은 여전히 주변인이다. 16~20대 총선 당선인 연령을 보면 20대는 전무했다. 30대 국회의원 수는 18대(2008년) 총선부터 오히려 줄었다. 86세대가 정치권에 본격적으로 진입한 2000년 16대 총선에서는 30대 당선인이 13명이었다. 노무현 전 대통령 탄핵 역풍 속에 치러진 2004년 17대 총선에서는 30대 당선인이 23명으로 급증했고 전체 당선인 가운데서 차지하는 비중도 7.7%까지 뛰었다. 하지만 이 수치는 2008년 18대 총선에서 7명(2.3%)으로 줄었고 2012년 19대 총선에서도 9명(3.0%)에 그쳤다. 2016년 20대 총선에서는 3명으로 더 쪼그라들었다. 21대 국회에서는 당선자는 지역구 2명(0.7%), 비례대표 11명(3.7%) 등 13명(4.4%)으로 회복됐다. 여전히 갈 길이 멀다.

말로는 2030 우선, 실제는 '과소대표'

2030세대 국회의원의 낮은 비중은 고령층 국회의원들의 과다대표를 의미하기도 한다.

21대 국회만 하더라도 국회의원 비중을 연령별로 보면 2030세대는 300명 중 4.4%에 그쳤고 50대가 절반이 넘는 59.0%(177명)를 차지했다. 60세 이상이 24.0%(72명)로 뒤를 이었다. 50세이상 의원의 비중이 83.0%에 달하는 셈이다. 40대는 11.7%(35명)였다.

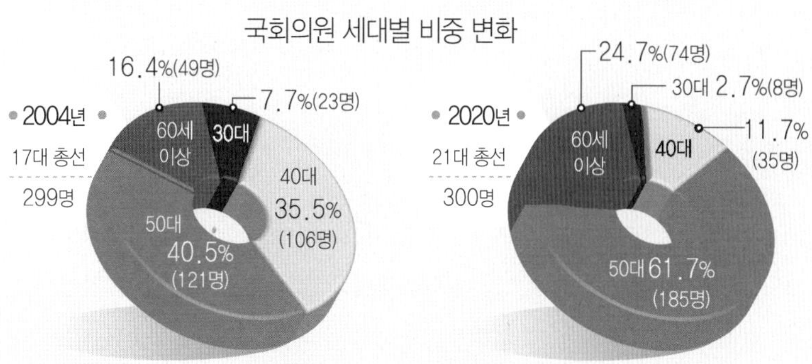

*20대 당선자는 17대, 20대 총선 모두 0명. / 자료: 중앙선거관리위원회 당선자 통계 재구성.

86세대가 들어온 직후인 17대 국회에는 2030세대가 7.7%로 역대 최대치를 기록했고 40대가 35.5%(106명)로 50대(40.5%, 121명)를 위협할 정도로 올라섰다. 60세 이상은 16.4%(49명)였다.

19대 국회땐 86세대들이 나이를 먹으면서 '과다대표' 현상도 세대를 옮겨갔다. 2030세대는 3.0%에 그친 반면 50대는 47.3%(142명)로 올라섰고 40대는 26.7%(80명)로 줄었다. 60세이상은 23.0%(69명)를 기록했다.

50세 이상 비중이 17대 국회 56.9%에서 19대 국회엔 80.3%로 껑충 뛰어올랐다.

이같은 현상은 지방선거 결과에서도 동일하게 나타났다. 2018년 제7회 동시지방선거에서 광역의회와 기초의회 의원의 연령별 분포를 보면 50대가 과반을 차지했다. 2030세대는 광역의회 의석의 5.6%, 기초의회 의석의 6.6%를 확보하는 데 그쳤다.

한국선거학회가 2021년 중앙선관위에 제출한 '청년의 대표성 향상과 정치참여 확대를 위한 연구'보고서에 따르면 2000년대 이후 17대 국회에서 20~30대 국회의원 수는 23명으로 대폭 증가했다가 이후로는 30~40대 국회의원 수가 동반 하락하는 한편 50~60대 이상 국회의원 수가 증가하는 추세가 이어졌다. 선거 경쟁과정에서 청년층 과소대표 현상이 강화되고 있음을 알 수 있다. 지방의회에서도 전반적으로 연령이 상향되는 동시에 청년 대표성이 축소되고 노인 대표성이 증가하는 현상이 두드러지게 나타나고 있다.

책임연구원인 윤광일 교수 등은 "청년층의 낮은 정치 대표성은 공정성의 문제와 연결될 수 있다. 특히 기후나 식량, 환경 문제 등 미래세대에게 영향을 미칠 수 있는 정책을 결정하는 과정에서 청년 대표의 낮은 비율은 문제로 지적되고 있다"고 했다.

이같은 '결과'는 정치권이 청년들의 다양한 요구를 수용하겠다는 '말'과 전혀 다른 방향이다.

청년을 대하는 정치권의 이중성

정치권에서 '청년'은 왜 주변인에 머물 수밖에 없을까. 정치는 말의 잔치가 대부분이다. 정치인의 진정성은 입이 아니라 발에 있다. 곡물이 농부의 발소리를 듣고 자라듯 정치권의 진정성은 이들의 발길이 가장 많이 가는 곳에서 발견할 수 있다. 국회의원들의 일상이 이뤄지는 국회의원 회관에 가면 민낯을 만날 수 있다. 청년을 대하는 정치인의 태도가 가감없이 드러난다.

국회의원실엔 보좌진이 9명까지 배치돼 있다. 300명이 9명씩이면 2700명이다. 수석보좌관을 비롯한 보좌관 2명은 4급이다. 비서관 2명은 5급이다. 그 뒤로 6급, 7급, 8급, 9급 비서가 있고 인턴이 있다.

4급, 5급을 제외한 대부분의 비서진은 2030세대라고 할 수 있다. 하위직급에 몰려있지만 요즘엔 보좌진 연령이 낮아지는 분위기로 5급 비서관 뿐만 아니라 보좌관에도 30대가 많이 배치된다.

보좌진은 법안 제출, 상임위 현안 질의, 국정감사, 인사청문회, 법안 심의와 지역현안 · 민원 처리, 민원인 상대, 정부와 기업체 관련자 만남에 최근 들어서는 국회의원 페이스북, 유튜브 등 SNS업무까지 추가됐다. 국회의원들이 당직과 특위, 연구모임 등에서 적극적으로 활동하기 때문에 현안, 토론회 등도 챙겨야 하고 이를 SNS에 일일이 올려야 한다. 의원 발의때 PPT로 작성하라 등 추가업무들이 늘어나기만 한다. 각종 행사나 사안에 대한 메시지를 작성하기도 한다.

사무실에서 다양한 업무를 하다보면 많은 마찰이 불가피하지만 이를 해소하지 못하고 있는 게 문제다.

이들이 가슴 속에 담고 있다가 쏟아내는 곳이 있다. 익명 게시판인 '여의도옆 대나무숲'이라는 이름을 붙인 페이스북 공간이다.

여기에는 국회의원과 직급이 높은 보좌관들의 갑질 상황이 제법 적나라하게 펼쳐져 있다. 고위급 보좌관은 선임 또는 수석보좌관으로 불리면서 국회의원에 의해 사무실 운영권이나 심지어 인사권까지 위임받기도 한다.

'대나무숲'은 국회의원 회관안을 성추행, 성희롱 등 성폭력과 각종 직장내 괴롭힘 등 갑질의 백화점이라고 외치고 있다. 최근에 나온 몇 가지만 보자.

"늦게 들어오더라도 실력 있는 사람 순서 따지지 말고 승진시켜줘야지 남의 인생 우습니? 안일하게 울타리 쳐놓고 우리끼리 잘살자~하려고 그렇게 버티고 있는 거지?"(2021년 9월 17일)

"밖에서는 정의로운 척, 청년 위하는 척 하면서 본인 사무실에는 경험도 없는 애기들을 채용절차도 밟지 않고 공무원에 앉히는 것이 과연 정의라고 생각하세요. 의원님? 한 명도 아니고 도대체 몇 명을 더 앉혀야 해?"(2021년 9월 16일)

"MZ세대라고 해서 같이 일하는 윗분들하고 담을 쌓고 살고 싶다는 얘기가 아닙니다. 그런데 누가봐도 꼰대 보좌관 1명의 즐거움을 위해서 다수의 젊은이들이 기쁨조로 희생해야 하는 그런 회식이 너무너무 싫다는 겁니다. 게다가 방역수칙을 위반하면서까지 (회식)하자고 날뛰는 거 보면 진짜 한심해 미칠 지경입니다. 삼실(사무실)에 있으면 젊은 사람들이 슈퍼갑인 자기한테 찍소리도 못하고 비위 맞춰주니 그걸 한 시간이라도 더 즐기고 싶어서 그러는 거 뻔히 보입니다."(2021년 9월 10일)

"코로나 확진자수가 조금이라도 줄어 있으면 난 기분이 안 좋아요. 인원

제한 확 풀리면 저녁마다 (보좌관)당신한테 끌려다니면서 먹기 싫은 술 억지로 먹고 온갖 훈수 다 들어야 되거든요.”(2021년 9월 6일)

“과잉 의전이든 갑질이든 어디 (법무부) 그 곳 뿐일까. 그런 류가 비일비재한 곳은 바로 의원회관인데. 일부 의원 중에는 법무차관 열 번 빰치는 ‘프로 갑질러’로 큰 이름 떨치는 영감(국회의원 별칭)들이 상당수 있다. 평소에 약자, 인권, 공정 운운하기 좋아하는 영감 중에 이미 회관에서는 ‘갑질 프로’로 자리 잡거나 곧 프로 ‘데뷔’를 앞두고 있는 분들이 꽤 있다.”(2021년 8월 27일)

이런 문제들은 직장생활 중 어렵지 않게 만날 수 있다. 문제는 이들의 외침을 가해자들이 들으려 하지 않고 그렇게 해도 문제될 게 없다는 인식이다.

왜 성폭행 전수조사 이후 조치가 안 됐을까

‘대나무숲’에 쏟아낸 ‘임금님 귀는 당나귀 귀’라는 외침의 진위는 지난 2018년에 국회의원회관을 대상으로 실시한 ‘성폭행 전수조사’를 통해 간접적으로 확인할 수 있었다. 의원회관을 대상으로 한 첫 전수조사다.

국회 윤리특별위원회는 성공회대에 국회의원 및 보좌진 대상 국회 내 성폭력 전수조사를 맡겼다. 국회에서 피해를 목격하거나 들은 적 있는 성폭력 범죄는 성희롱이 338명으로 가장 많았고 △가벼운 성추행(291명) △심한 성추행(146명) △스토킹(110명) △음란전화 · 문자 · 메일(106명) △강간미수(52명) △강간 및 유사강간(50명) 순이었다.

응답자 가운데 직접 피해를 당한 경우도 있었다. 성희롱(66명)이 가장 많았고 △가벼운 성추행(61명) △음란전화 · 문자 · 메일(19명) △심한 성추행(13명) △스토킹(10명)이 뒤를 이었다. 강간 · 유사강간(2명)과 강간미수

(1명) 피해 사례도 있었다. 가해자가 국회의원이라는 답변도 나왔다. 그 가운데엔 성희롱(8명)이 가장 많았으며, 가벼운 성추행(2명)과 음란전화 · 문자 · 메일(1명)로 피해를 준 의원도 있는 것으로 나타났다.

입법기관의 핵심인 국회의원회관에서 왜 이런 일들이 음성적으로 이뤄지고 양성화되지 않은 채 곪아가는 걸까.

국회의사당 담장안엔 매우 특이한 구조가 있다. 국회의원은 독자적으로 움직인다. 국회의원실도 마찬가지다. 자영업처럼 운영한다. 보좌진은 모두 국회의원이 정한 룰에 의해 움직인다. 가장 강력한 룰은 '국회의원의 마음'이다. 국회의원의 강력한 권한은 제왕적이다.

보좌진은 별정직으로 고용상태가 매우 불안정하다. 고용계약서는 없다. 연봉협상도 없다. 정해진 급수에 월급은 정해져 내려온다. 국회의원은 자영업 대표인 것 같지만 보좌진의 임금을 걱정할 필요가 없다.

인사는 전적으로 국회의원의 권한이다. 선발과정이나 기준 역시 국회의원이 정한다. 채용과 면직뿐만 아니라 승진도 국회의원의 뜻이 기준이다. 보좌진의 '생사여탈권'이 오롯이 국회의원에 있다는 얘기다.

'직장내 괴롭힘'도 만만치 않다. 국회의원의 직접적인 괴롭힘도 적지 않지만 국회의원으로부터 권한을 위임받은 선임보좌관들이 사실상 국회의원실을 운영하게 되는데 이 과정에서 많은 갑질이 나오는 것으로 알려졌다.

하지만 국회의원들은 이를 해소할 만한 의지가 없어 보인다.

자르기 한 달 전에 알려달라는 것도 "안 돼"

해고 한 달 전에 미리 통보하는 '면직 예고제'마저도 퇴짜를 맞은 지 오래다. 지난 2019년 11월에는 더불어민주당, 자유한국당, 바른정당 보좌진협의회에서 토론회를 열어 '면직예고제'라도 도입해야 한다는 의견을 모았다. 이념으로 뭉쳐 때로는 핏대 세우며 대리 싸움도 마다하지 않고 정당 간 출신을 구분하며 인사교류도 없던 보좌진들이지만 '삶의 고달픔' 앞에서는 동병상련이 작동했다. 이 토론회에서 19대 한나라당보좌진협의회 회장을 지낸 류길호 국회 입법정책연구회 사무총장은 "우리는 일용직보다 더 쉽게 해고당하는 시스템을 갖고 있다. 하지만 국민들은 이것을 잘 알지 못한다. 과연 우리는 누구일까"라고 했다.

당시 이인영 민주당 원내대표, 나경원 자유한국당 원내대표, 오신환 바른정당 원내대표는 토론회에 직접 참석하거나 미리 보내온 축사 등을 통해 면직예고제를 당장이라도 할 것처럼 말했지만 변한 건 없었다. 이들은 국회법이나 국회의원 수당 등에 관한 법률을 고칠 수 있는 국회 운영위의 위원장과 간사였다. 청년들이 주로 포진돼 있는 보좌진의 고용불안과 각종 직장 내 괴롭힘을 차단하려는 초보적인 규정 변화도 힘겨웠다.

국회 운영위 제도개선소위에서 이뤄진 법안 논의 과정을 보면 국회의원들의 저변에 깔린 태도를 읽을 수 있다. 지난 2020년 12월 3일 국회운영위 제도개선소위 회의 중 '면직 1개월 전 통보 의무화'에 관한 법안이 올라왔습니다.

수석전문위원의 검토보고서에 따르면 최종면직자 기준으로 18대 국회에서 1946명이 면직됐고 19대와 20대의 면직자는 2001명, 2657명이었다. 면직자가 많아지는 분위기다. 20대 국회에서 8급 비서가 한 명 더 신설된 때문이기도 하지만 이 요인을 빼더라도 면직자 증가세는 분명하다.

검토보고서를 작성한 국회 전문위원은 "기존에는 행정부에서 별정직 공무원은 면직의 보호 대상에서 제외하여 인사권자가 해당 공무원을 면직하는 데 제한이 적었으나 2020년 6월 23일 '별정직 공무원 인사규정'을 개정하여 소속 기관의 장이 별정직 공무원을 직권면직하기 위해서는 면직심사위원회의 의견을 듣도록 하여 별정직 공무원의 직업적 안정성을 보호하고 있음을 고려할 때, 국회의 별정직 공무원인 보좌직원에 대해서도 보호 장치를 마련할 필요성도 있다고 할 수 있다"면서 "2018년 3월 21일 제20대국회 국회운영제도개선소위에서 면직예고제와 관련하여 심사하였으나, 법으로 규율할 사항이라기보다는 국회의원과 보좌직원 간에 상호 존중해서 자율적으로 해결할 부분이라는 의견에 따라 계속심사하기로 하였음을 감안할 때, 법 개정 전에 문화적 개선방안 도입 가능 여부에 대해서도 충분히 논의할 필요가 있을 것"이라고 했다. 법률로든 문화개선이든 국회의원과 보좌진의 상호존중을 담은 해결책을 찾아야 한다는 제안이었다.

하지만 국회의원들의 회의 분위기는 사뭇 달랐다. 운영위 소위에서 발언한 모 의원의 얘기를 들어보자.

"선언적 의미의 법안을 제정했다 치더라도 이게 상당한 혼란을 가져올 수 있는 경우가 있습니다. 사실 의원과 보좌직원 간에 동지적 관계로서 잘 지내는 경우도 있습니다마는 또 다른 기타 사유로 인해 가지고 부득이 그렇게 못 하는 경우에 있어서 이 조항으로 인해 가지고 각종 소송이 남발할 수 있겠다는 그런 우려도 좀 생깁니다. 우리 개개인 의원들이 헌법기관으로서 많은 일들을 하고 있어요. 여러 가지 일들을 하고 있는 그런 상황에서 또 각자 별정직 보좌직원들의 업무의 강도도 사실은 획일적이지 않고 각 의원실 마다 다른 것으로 파악하고 있는데요. 그런데 이 부분에 대해서 이렇게 한다는 것은 좀 저희가 신중하게 접근해야 될 필요성이 있지 않을까 그런 우려가 드는 상황입니다."

"이게 감정적으로는 맞습니다. 또 모든 의원들이 다 보좌직원들과 동지적 관계에서 가족 같은 입장에서 이것을 신설해 갖고 임면권에 대한 악용의 소지를 막자라고 하는 그런 큰 뜻은 맞겠습니다마는 그것 외에 반대로 여러 가지 사유가 발생할 이유가 있기 때문에 이것은 좀 신중하게 한번 접근해 봐야 되지 않을까 싶습니다."

결국 이 법안은 계류됐다.

면직을 이메일이나 문자 메시지로 통보하는 방식에서 벗어나야 한다는 얘기는 수용되지 않았다. 가까이에 있는 청년세대의 고용과 삶을 돌아보지 않는 정치권이 청년들의 고통에 동참하고 미래를 같이 열어가겠다는 구호의 진정성을 어떻게 설명할 수 있을지 궁금해진다.

2021년 12월 국회운영위는 '30일전 면직예고'를 담은 법률개정안을 통과시켰다. 겨우 첫 발을 뗀 것이다. 하지만 벌칙 조항은 없다.

본회의 통과 이후 3개월이 지나야 실행된다. 국회의원들의 의지를 지켜볼 일이다.

민주당 청년위원장 장경태 의원

더불어민주당 청년위원장 장경태 의원은 대표적인 흙수저로 알려져 있다. 대학에서 총학생회장을 했고 졸업하자마자 정치권에 뛰어들었다. 1983년생이고 이제 40대를 눈앞에 두고 있다.

민주당에서 대학생위원장을 맡기도 했다. 2030세대를 온전히 정치권에서 보내면서 입법부에 진입한 보기 드문 인물이다.

그의 시각은 여의도에 닻을 내리고 있으면서도 청년들의 생각을 오랫동안 관심 있게 지켜봐 왔다는 점에서 과거와 현재의 변화를 감지할 수 있을 것이라는 기대를 안고 인터뷰를 했다.

특히 정책적인 측면에서 그는 다양하고 많은 제안을 해왔고 또 국회의원이 돼서는 현실화시키는 데 주력했다. 그가 바라보는 20대와 30대의 바람은 무엇이고 결핍은 또 무엇일까, 실마리를 찾아봤다.

▬ 2030세대를 보통 MZ세대라고 해요. 이 세대를 어떻게 규정할 수 있을까요.

20대와 30대의 경험이 다르죠. 40대는 데스크톱, 30대는 노트북, 20대는 모바일세대라고 할 수 있죠. 과거에는 잘 키운 자식이 집안을 일으켜 세울 수 있었죠. 하지만 이제는 자산의 차이를 뛰어넘을 수 없죠.

20대와 30대가 또 차이가 있어요. 30대는 일정 자산을 축적하려는 노력이 있는데 자산 욕구가 있어서 부동산 등에 대단히 민감하죠.

하지만 아무리 노력해도 자산 형성이 안돼요. 그래서 부동산보다 가상화폐나 다른 사다리에 관심이 많죠.

20대는 전체적 분위기가 대기업 공기업 정규직의 안정된 소수의 직장에 들어 가는 게 낙타가 바늘구멍에 들어가는 것만큼 어렵기 때문에 전통적인 노동시장에 대한 거부감이 있어요. 과거처럼 평생 직장의 개념도 없어졌고요.

그러다보니 자조 섞인 욜로, 니트족 즉 지금 당장의 행복에 충실한 경향을 보이는 거죠. 10년 20년 뒤는 가늠하기 어렵고 워낙 불안정성도 높고 예측하기 어렵기 때문예요.

━ 2030세대에 이기적이라는 평가도 있잖아요.

20대가 이기적이라기보다는 그만큼 자기 것을 찾아야지 생존할 수 있다는 거죠. 20대가 그만큼 어려운 상황에 놓여있다는 거고요. 과거에 여러 가지 지역감정을 정치가 이용했듯이 소위 젠더갈등을 이용하고 있다고 봐요. 정치가 20대를 갈라 치는 발언이나 고민만 하지는 않았으면 좋겠어요.

20대 전체적으로 어려움이 없었다면 군 관련된 경력인정이 중요한 관심사는 아니었을 것이라고 생각해요. 남성과 여성이 모두 어렵죠. 20대 남성이 어려운 것은 20대 여성 때문에 어려운 것은 아니에요. 젠더 갈등이기 보다는 세대 내의 갈등이라고 봐야죠.

군대 같은 부분은 아직도 군 가산점 얘기가 나오는데 2021년에는 모병제 같은 게 나와야 하는 거죠. 군대 문제도 제대로 군대갔다온 장병들에게 예우가 필요한데요. 강제로 징병을 하면서 값싼 노동력으로 활용한 국가가 부담을 해야 하는 겁니다. 20~30대의 일자리, 사회안전망 등에 대한 특단의 의지와 대책이 나와야 합니다.

▬ 청년정책은 많이 나왔잖아요.

정책이 부족하다는 게 아니죠. 정치가 부족한 겁니다. 나오지 않은 대책이 없을 정도니까요. 해결 의지가 부족하거나 우선순위에서 밀리는 것이죠.

모든 사회적 제도가 부모의 자산에 의존하게 돼 있고요. 청년 수당도 취업준비를 위해 6개월간 중위소득 150%이하에게 지원하는데 이런 청년수당이 법제화되지 않았어요. 취업준비를 하려면 아르바이트로 충당해야 해요. 교통비도 65세 이상이면 무임승차 가능한데 65세 이상은 자산을 이미 형성했지요. 반면 중고등학생, 20대, 대학생은 자산축적이 안됐는데 성인과 같은 요금이죠. 주거급여법에 의해서 20대는 빠져요. 독립생계를 하고 있는 20대도 많이 있는데 월세 주거비 부담을 져야 하고요.

65세 이상은 국가가 지원해주고 20대는 부모에게 의존할 수밖에 없죠. 취업수당, 구직수당, 교통비 부담 등 국가가 20대 문제를 해결하기 위해서 많은 정책적 지원을 하는데 이러한 현재 제도에도 불구하고 20대가 부모에게 의존하게 돼 있는 거예요.

▬ '정책결정자들이 누구냐'도 중요하죠.

가장 어이없는 말이 '아프니까 청춘이다' '젊어서 고생은 사서도 한다' 이런 말이죠.

'아프면 환자다'죠. 기본적으로 정책을 만들고 결정하는 것은 50대, 60대잖아요. 정책결정과정에서 청년들의 참여비중을 높여야 하고요.

지금 청년들이 겪고 있는 문제들은 과거의 문제들과 다른 양상입니다. 과거 60~70년대의 어려움은 배고픈 시절, 보릿고개가 있었고요. 80년대는 정치적 어려움이 컸어요. 그 당시에는 하지만 주거부담이나 취업 걱정은 없던 시대였죠. 21세기의 어려움은 일자리 부족, 주거 부족뿐만 아니라 지속

가능성이 불확실한 사회에요. 자산축적이나 미래를 준비할 여유가 없게 되면 미래의 주류나 주역이 됐을 때 대한민국 유지가 가능할까요. 지속가능성에 대한 심각한 문제가 야기되고 있는 상황이죠.

── 지금의 2030세대는 과거의 2030세대와 다르다고 보시나요. 2030세대는 어느 때든 불확실한 미래에 불안하고 기성세대에 반항적이지 않았나요.

아무래도 기성세대가 이해를 못하는 것은 당연하고 괴리가 너무 큰 것도 사실이죠. 항상 청년 정책을 고민하거나 내놓는 것을 보면 안타깝게도 셧다운, 하지 말라는 거예요. 금지 잔소리 정책이죠. 독자적으로 활동하고 생활할 수 있는 여건을 마련해 주는 게 맞는 거죠.

대학을 다녀야만 하는 분위기를 만들고요. 대기업 공기업 정규직으로 가야 생활이 유지된다는 사회적 분위기가 있는 거죠. 사회안전망은 비정규직에 더 취약하고요.

좋은 근로조건, 좋은 소득 보장하는 곳의 사회적 안전망이 더 공고하고 낮은 소득을 가진 직장일수록 안전망이 부실해져요. 자꾸 거꾸로 설계가 돼 있는 거죠.

과거에 있었던 제도들만 가지고 생각하면 안돼요. 70년대식의 산업화 노동형태로는 21세기의 다양화된 것을 못 따라가는 겁니다.

1, 2, 3차 산업 비중이나 구조 변화만큼 노동구조변화, 안전망도 따라와야 하는데 1, 2차 산업 위주로 짜여져 있고 3차 서비스업에 대해서는 전혀 갖추지 못하고 있죠. 현재 복지제도나 안전망이 70년대식으로 40년여년간 이어온 거예요. 새롭게 재구성해야 합니다. 기성세대와의 괴리만 커지는 그런 상황인거죠.

영양실조 걸렸는데 진통제 주고 있는 꼴이고요. 임시방편, 땜질식 처방,

진통제가 아닌 영양공급을 해 줘야 합니다. 서울교통공사 1년 적자가 6000억 원에서 1조원 정도인데요. 65세 이상 무임승차로 3000억원 정도 적자를 내고 있어요. 65세 이상의 분들 중 생계가 어렵거나 소득이 없으시거나 그러시면 무임승차가 필요한데 분명히 자산을 형성하고 계신 분들도 포함이 되죠. 오히려 차별이죠. 사회적 약자의 교통편의, 교통권도 기본권입니다. 청소년 청년들 취업이나 경제활동, 사회활동 보장 측면에서 교통권이 보장돼야 해요.

▬ 통계청 조사를 보면 2030세대의 절반이상은 상대적으로 '행복하다'고 하는데요. '이들은 불행한 세대'라는 표현이 기성세대가 상대적으로 평가한 것은 아닐까요.

행복하다고 느끼는 것과 사회적 제도에 만족하는 것과 구분해야 한다고 생각해요. 60년대 산업화세대가 경제적 만족을 행복이라고 느꼈다면 2030세대는 정치적 만족이라고 할 수 있어요. MZ세대는 사회적 경험이라든지 이색적인 경험, SNS에서의 영향력을 발휘하는 것에 관심이 많고 좀더 달라진 경제, 정치, 소셜미디어에 대한 만족이 더 많은 것 같아요.

불행한 세대라는 측면도 경제적 조건이 충족돼 있는 세대가 그렇지 않은 세대에 대해서 상대적 박탈감 등을 고려해 불행한 세대다, 어려운 세대다 이렇게 평가하는 거죠.

▬ 2030세대는 정치에 무관심한가요.

정치에 관심이 있느냐는 질문에서 '관심'은 기성세대의 분류기준이에요. 민주당 국민의힘 구도는 어찌됐건 기성세대가 만들어놓은 정치적 사항이고 선택지죠. 선택지 자체가 제한적이에요. 기성정당 정치지형은 50~60대

중심으로 만들어져 있죠. 2030입장에서는 각각의 상황, 시기마다 선택한다고 봐요. 20대 스스로도 본인들이 보수화됐다거나 국민의힘을 일방적으로 지지한다거나 하지 않아요. 단지 여러 상황에 따라서 가치 판단을 하는 것이죠.

▬ 2030세대가 민주당에 부정적인 이유는 무엇이라고 생각하나요.

문재인정부가 청년정책을 적극적 의지를 갖고 했을 텐데요. 그 과정에서 정치권에서 20대 문제를 남성 여성 문제로 갈라친 결과가 아닐까 생각돼요. 성평등 정책에 대해 20대 남성은 20대 여성을 위한 정책인 것처럼 보는 거죠. 20대 남성이 많이 실망한 것은 전반적으로 실망과 어려움들을 잘 해결하지 못했기 때문이고 2030 문제를 갈등으로 본 정치적 전략 때문이죠.

▬ 청년들이 정치 참여에는 다소 부정적일 것 같은데요. 실제 어떤가요.

청년들의 정치적 효용감을 높여야 하는데 우리나라가 나이문화가 많아서 '어르신 먼저'가 있죠. 이런 게 긍정적 측면도 있지만 권리는 동등해야 하거든요. 그런 태도와 자세가 필요한 거죠. 정책의 우선순위가 있어야 해요. 민주화 세대의 경우는 정치적 관심이 큰 데요. 청년들은 SNS에 대한 관심이 더 큰 상황이죠. 그렇다면 민주화 세대 때의 대의기구가 맞지 않을 수도 있을 것 같아요. 과거 학생들 문화는 날적이를 쓰고 대자보를 붙이지만 이제는 페이스북, 인스타그램 등으로 자신의 의견으로 표시하는 시대로 전환하고 있어요. 체계와 구성이 달라지는 거죠. 2030세대에 이익이 되거나 불이익이 되면 아주 적극적으로 의견개진하고 투표하는 문화가 있어요. 자신들의 의견을 관철시키려는 거죠. 비정치적이라거나 무관심하다고 생각하지 않아요. 정치적 효용감이 낮은 것은 아닙니다. 오히려 또 다른 자신들만의 정치방식의 문화를 만들고 있는 거죠.

▬ 인천국제공항공사 비정규직의 정규직화 등 공정 논란이 많았어요.

인국공도 20대 관점에서는 불공정하다고 할 수 있죠. 공정의 개념자체가 많이 달라졌어요. 50대의 공정은 정의죠. 그런데 지금 20대가 생각하는 공정은 기회의 보장이에요. 경쟁의 측면이 많죠. 50대는 정의로운 게 공정한 것이지만 20대는 평등한 게 공정한 것이란 얘기죠.

인국공은 비정규직과 정규직의 채용절차와 기준이 다른데 동일선상으로 놓고 비정규직을 정규직으로 전환하는 거냐, 이런 반발이죠. 비정규직의 처우를 개선하는 데에 반대하는 것은 아니고요. 50대가 말하는 공정은 정의, 본인들이 답을 정해놓고 설득하는 공정이에요. 하지만 20대의 공정은 너의 생각도 공정하고 나도 공정할 수 있다는 상대적 개념이죠. 서로의 사고에 대해 평등하게 이해해 달라는 것이고요. 서로가 납득하면 되는 것이거든요.

미리 나에게 양해를 구해달라는 것이나 서로가 협상하는 납득할 수 있는 룰에 관심이 있는 것이죠.

▬ 군 복무 혜택에 대해서는 어떻게 보나요.

군 가산점이 아닌 모병제 같은 게 나와야 한다고 생각해요. 군대를 다녀온 이후엔 제대로 예우를 해야 하죠. 강제로 징병을 하면서 값싼 노동력을 활용해 왔잖아요. 이젠 국가가 부담을 해야 합니다.

실제로 2030에게 입대 선택권을 주고 가고 싶으면 가고 충분한 사회적 보상과 예우가 있어야 합니다. 모병제 전환하면 예상보다 많은 분들이 입대할 것이라고 생각합니다.

5

2030세대가 원하는 것을 찾아라 : 일자리, 양극화 해소 그리고 공감

2030세대는 무엇을 원할까

정치인과 관료들은 일자리를 지목한다. 경제적 토대가 먼저 해결돼야 한다는 자연스러운 도식이다. 경제는 사회활동의 토대다. 개인적인 삶의 질, 상호간의 인간관계, 대외의 평가까지 맞물려 있다.

2030세대는 원래 경제적 풍요는 예약되지 않았다. 20대나 30대에 자기 집을 소유하거나 충분한 재산을 축적하기엔 시간이 부족하다.

그래서 이들에게 중요한 것은 비전과 꿈이다. 뜬구름 잡는 식이 아닌 현실적으로 실현 가능한 것들이어야 한다.

일자리가 있어야 물적 토대를 만들고 비전과 꿈을 실현할 수 있다는 희망도 확보할 수 있다는 얘기다.

실현 가능성이 없다면 비전과 꿈을 꾸는 것조차 포기할 수 있고 이는 결혼, 출산 포기로 이어진다는 진단이다.

첫째는 일자리

일자리가 해결될 수 있을까. 해결된다면 어느 정도의 수준이 돼야 해결됐다고 할 수 있을까.

누구든 원하는 월급에 원하는 직장을 갖는다는 것은 애당초 불가능하다. 다만 IMF이전엔 일자리가 풍부했다. 386세대들은 대학 졸업장만 있으면 취업할 곳을 선택해 갈 수 있었다. 그런 시절이 있었다.

20대만 보면 1990년 실업률은 4.9%였고 IMF직전인 1996년엔 4.4%, 1997년엔 5.3%였다. IMF관리체제로 들어선 1998년에 11.4%까지 뛰어올랐다. IMF 체제를 벗어났는데도 찬기운은 쉽게 빠져나가지 않았다. 2000년대 들어 2013년까지 7%대를 유지했고 2014년에 9%대로 상승했다. 2017년엔 9.9%까지 치솟기도 했다. 2020년에는 9.0%로 다소 진정됐지만 가까스로 한 자릿수를 지키는 데 만족해야 했다.

실업률은 일자리를 찾는 사람들 중 취업하지 못한 사람들의 비율이다. 일자리를 찾는 사람이 많아지는 규모에 비해 일자리가 적게 늘어날 때 실업률은 높아진다. 즉 실업률 상승은 일자리를 찾는 사람의 증가속도를 일자리 확대속도가 따라잡지 못하고 있다는 얘기다.

실업률과 함께 눈에 띄는 지표는 고용률이다. 고용률은 15세 이상 인구 중 취업자, 즉 고용된 자의 비율이다. 일자리를 찾는 것을 포기하면 취업률이 올라 고용여건이 개선되는 것처럼 보이지만 고용률이 떨어지면서 그러한 해석에 제동을 건다. 취업이 잘 되지 않아 대학원을 선택하는 현상 역시 취업률 상승과 함께 고용률 추락을 동반한다. 고용률은 상대적으로 숨어있는 '실질적 실업자'를 포함하는 지표로 취업환경을 상대적으로 잘 표현한다고 할 수 있다.

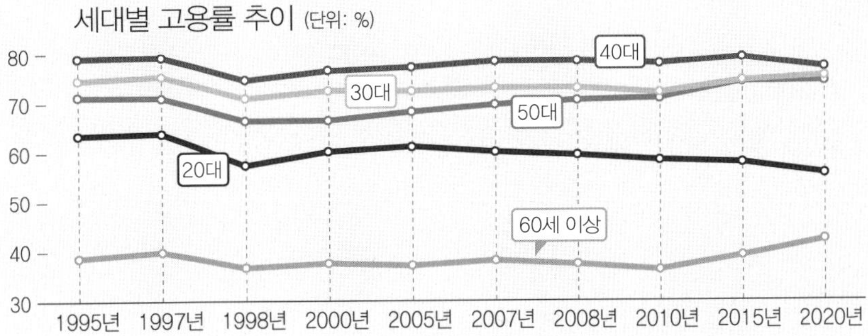

*1995~2000년은 구직기간 1주 기준, 2000년 이후는 구직기간 4주 기준. / 자료: 통계청

실업률 상승세에 오른 20대의 고용률은 하락하기 시작했다. 적극적으로 고용시장에 나와 취업을 시도했지만 고용의 문이 얼어붙어 있다는 의미다. 1990년에 62.1%였던 20대 고용률은 1995년과 1996년에 63.5%, 63.9%로 우상향곡선을 그어갔다. 하지만 1998년에 57.4%로 고꾸라졌다. 그러고는 2000년에 60%대로는 올라섰지만 2008년 금융위기를 거치면서 50%대로 다시 내려앉았다. 2020년에는 55.7%를 기록했다.

30대 고용률은 IMF이전 수준을 회복했다. 1990년 74.4%, 1996년 75.2%, 1997년 75.4%에서 1998년엔 70.9%로 내려앉았지만 2000년엔 72.5%로 회복했고 2006년엔 73.3%를 기록하기도 했다. 2014년부터는 74%대로 올라섰고 2020년에는 75.3%로 올라섰다. 하지만 실업률은 1995년 1.4%, 1998년 5.7%의 중간쯤인 3.5%(2020년)에 머물러 있다. 2000년 이후 3%대를 유지하고 있는 것으로 나타났다.

2030세대의 일자리 문제는 구조적이라는 점에서 단기간에 해소되기 어렵다.

대기업에서는 점점 하이테크 기술자를 찾지 못하고 중소기업에서는 인력

난이 발생하고 있는 게 단적이 예다. 인력 미스매칭이 대기업과 중소기업에서 동시에 나타나고 있다.

대학에서 쏟아내는 '중간쯤의 실력을 갖춘 인력'이 대기업에는 그리 많이 필요하지 않다. 많은 부분을 아웃소싱하거나 기계화한다.

중소기업 역시 마케팅 등 업무를 아웃소싱(위주)하는 경향으로 흘러가고 있다. 핵심 기술보유자를 중심으로 찾고 있으나 이들은 우선적으로 대기업으로 가면서 중소기업의 인력난은 심각한 수준에 빠졌다. 중소기업에서 찾는 전통적인 인력 역시 바늘 구멍같은 대기업 공공기관 등 '좋은 일자리'에 쏠리고 중소기업 갈 바에야 차라리 실업을 선택하는 현상이 이어지고 있다. 중소기업은 인력 공동화 속에 들어가 있는 셈이다.

또 큰 기술이 필요 없는 서비스업중 20대의 주요 아르바이트 대상들은 이를 AI가 대체하는 쪽으로 빠르게 진행하고 있다. 2019년부터 불어닥쳐 코로나19로 생존위기에 놓인 자영업자들이 아르바이트나 직원들을 해고하고 키오스크, 주문로봇을 들여오기 시작했다.

여의도엔 테이블에 키오스크 단말기가 장착돼 있고 주문에 따라 로봇이 음식을 날라주는 시스템으로 운영하는 식당이 있다. 식당 내부의 주문-배달-결제시스템이 사라지고 있다. 매장엔 오직 음식을 만들 인력만 필요하고 이 또한 주로 주인이 맡는다.

하이테크 인력 공급은 쉽지 않아 보인다. 최근 흐름이나 변화를 쫓아가거나 오히려 기술을 앞서나가는 인재 양성 프로그램은 거의 없다시피 한다. 이런 상황에서 제한된 인력을 확보하기 위한 경쟁으로 몸값은 올라가지만 그 경쟁 대상에 들어가는 것은 단시간에 어렵다.

일자리 수요-공급의 광범위한 미스매칭을 해결하기 위한 해법을 정부가 마련해줘야 한다. 구조개혁이 시급한 상황이다. 많은 시간이 소요될 수밖에 없다.

둘째는 양극화 해소

일자리 부족과 함께 꿈을 앗아가는 것은 갈수록 커지는 박탈감이다. 양극화는 부모세대로부터 내려오면서 굳어졌고 노동의 대가로 집을 사거나 부를 축적하는 건 사실상 불가능해졌다.

그래서 시도하는 게 '영끌'이었다. 대출을 통한 레버리지로 집값 상승률을 따라잡거나 넘어서려고 했다.

한국갤럽이 2021년 1월 12~14일에 전국 만 18세 이상 남녀 1000명을 대상으로 '가장 유리한 재테크' 방법을 물은 결과 아파트 · 주택(27%)과 땅 · 토지(14%) 등 41%가 '부동산'을 꼽았다. 그다음은 '주식'(25%), '은행 적금'(12%) 순이었다. 2030세대의 생각은 어땠을까. 20대(18~29세)는 주식(42%)을 '자산을 가장 잘 불릴 수 있는 방법'으로 지목했다. 30대는 부동산(52%)에 투자해야 자산을 늘릴 수 있다고 봤다. 20대와 30대는 또 각각 부동산(35%)과 주식(35%)을 2번째 '유리한 재테크 방안'으로 선택했다.

실제로 많은 청년들이 부동산 투기에 동참하거나 주식, 가상화폐 투자에 올라탔다. 빚이 늘었다. 고수익 상품의 특징은 '고위험'이다. 가격이 올라갈 때는 조급해져 빨리 돈을 넣지 않으면 나만 소외되는 것 같아 따라붙기는 했지만 끝까지 수익을 내기는 여간 어려운 게 아니다.

국회 정무위원회 소속 김한정 의원이 금융감독원으로부터 받은 자료를 보면 국내 은행이 2030세대에게 빌려준 가계대출 규모는 2021년 3월말 현재 모두 259조 6000억 원 수준이다. 2020년 3월과 비교하면 20대가 10조

제18~20대 국회 면직 보좌직원 수

구 분	4급 보좌관 (의원실당 2명)	5급 비서관 (의원실당 2명)	6급 비서 (의원실당 1명)	7급 비서	8급 비서	9급비서	총합계
18대	597	510	274	293	–	272	1,946
19대	582	558	291	302	–	268	2,001
20대	722	691	314	326	251	353	2,657
총합계	1,901	1,759	879	921	251	893	6,604

*별정직 공무원은 직급 변동 및 퇴직금 중간정산, 고용보험 가입을 위한 단절 등 면직 후 재임용절차를 거치므로, 최종 면직자를 기준으로 산정. 8급 비서는 2017년 12월 12일 법률 개정에 따라 도입.
*자료: 국회 운영위 전문위원실(국회의원수당 등에 관한 법률 전부개정법률안 검토보고서, 2020년 9월)

9000억원, 30대가 33조 8000억원 등 44조 7000억 원이 늘었다. 전체 가계대출 증가분 88조 1000억 원의 절반을 넘는 규모다. 2020년 말을 기준으로 3개 이상 금융회사에서 대출을 받은 다중채무자 가운데 2030세대의 대출 잔액은 130조원이다. 1년 전에 비해 16% 넘게 증가했다. 부실 가능성이 상대적으로 높은 20대의 카드론 대출 규모도 무려 8조원 수준으로 1년 만에 두 자릿수의 증가율을 보였다.

문제는 일부는 영끌 투자로 수익을 내겠지만 그렇지 않은 청년들도 적지 않을 것이고 그들의 삶은 더 나락에 떨어질 가능성이 높다는 점이다. 모두가 끝까지 윈윈하는 자산시장은 없다.

절망의 시대에 희망의 단초를 주는 역할은 국가의 몫이다. 양극화 해소는 21세기 최대의 화두다. 양극화의 속도가 너무 빠르다. 속도를 잡고 반대방향으로 몰아가려면 더 큰 힘이 필요하다.

과감한 결단과 방법을 선택해야 한다. 극단의 처방이 불가피하다. 부의 재분배 과정이 세련되게 마련돼야 한다. 시장논리를 과도하게 역행하면 근로의욕을 떨어뜨리고 선순환적인 자본이동을 차단할 수 있다. 강력한 저항이 예상된다. 정밀하고 준비된 해법이 필요한 이유다. 사회적 대타협도 요구된다. 이러한 일련의 과정 역시 단시간 해결은 어렵다. 기득권을 재조정해야 하므로 저항도 거칠 수밖에 없다. 민주주의의 속도는 느리다.

셋째는 공감능력 확보

일자리, 양극화라는 현상적인 문제점을 해소하기 위한 발판은 '공감'이어야 한다. 공감의 부재는 해법의 왜곡으로 갈 가능성이 높다.

청년세대는 전반적으로 소외감을 느끼고 있다. 갤럽이 2019년 1월 26~29일에 만 19세이상 1000명을 대상으로 조사한 결과 '청년세대 소외감'에 청년세대인 19~29세와 30~39세의 공감도는 모두 59%로 높은 수준이었다. 특히 20대 남성과 30대 남성이 66%, 65%의 공감도를 보였다. 이는 청년들이 정부와 지방자치단체에 청년부 신설(59.0%), 청년국(과) 신설(54%)을 주문하는 목소리로 이어졌다.

공감은 '온전한 이해'에서 나온다. 청년을 '역대 가장 불행한 존재'로 치부하면서 마치 시혜를 베푸는 듯한 모습은 오히려 반감을 불러일으키기 쉽다. 기성세대는 현재의 세상을 만든 '원죄'가 있지 않은가. 기득권을 내려놓는 데서 진정성이 확인되고 공감이 시작될 수 있다.

과감하게 청년들을 정책 결정과정에 참여시켜야 한다. 행정과 입법과정에서 이들의 역량을 활용하고 그들의 생각을 반영해야 한다. 기성세대가 보기엔 다소 불안해 보일 수도 있다. 발전은 불안한 시도에서 가능하다. 변화는 투박하지만 새로운 생각에서 나왔다.

기성세대의 적은 기성세대다. 청년들에게 새로운 시대로 뛰어넘을 기회를 줄 필요가 있다. 각종 청년 관련 기구를 만드는 게 일차적 해법이지만 이

독일청원청문회(독일연방의회 e청원사이트, https://epetitionen.bundestag.de)

들의 논의와 결과를 담은 목소리가 실제 사회적 공론화 자리에 나오고 이를 논의해 실행으로 옮기는 과정이 절실하다.

정치권은 청년들과 발과 말을 맞춰야 한다. 이것이 정치권이 '청년들을 공감한다'는 선언이다. 국회의원은 보좌진을 '동지' '동료'로 대할 자세를 준비해야 한다. 자발적으로 고용계약서를 맺고 52시간제, 직장내 괴롭힘, 각종 갑질에 대해 단호한 대처가 필요하다. 국회 사무처에 국회 인권센터가 만들어진 만큼 '주기적인 전수조사'로 감시 사각지대를 최소화시킬 필요도 있다. 공천제도를 혁신해 청년들의 지방의회, 지방자치단체장, 국회로 진입할 수 있는 길을 열어줘야 한다. 청년들이 '청년다운' 목소리를 낼 수 있어야 정치가 살아날 수 있다.

입법부와 행정부의 진정성 있는 '청년 목소리 듣기'는 소외받고 있는 많은 청년들까지 끌어낼 수 있다.

토론은 좋은 해방구다. 일방적인 SNS가 아닌 쌍방 토론이 가능한 공간이

필요하다. 독일 의회 청원에서는 온라인 청문회와 토론방을 개설한다는 점을 참고할 만하다. 현재 국회 국민동의청원이나 청와대 국민청원의 경우엔 토론이나 댓글이 활성화돼 있지 않다. 일방통행이다. 독일 의회는 청원이 성립되면 온라인을 통해 다양한 의견을 나눌 수 있게 한다. 청년세대만의 공간은 아니지만 청년들이 적극적으로 참여할 가능성이 높고 자신들과 연결된 주제들에 대해 맘껏 의견을 개진할 수 있을 것으로 보인다.

또 별도의 조직에서는 청년들의 생각들을 찾아가는 노력이 요구된다. 유튜브와 댓글을 찾아가고 일상 얘기를 주고 받는 인스타그램 스토리로 '그들의 관심'을 읽어내야 한다. 커뮤니티 등 다양한 공간 안에서 이들의 대화를 모니터링하면서 뉴스, 사건에 대해 어떻게 반응하는지도 수집해야 한다. 한 이슈에 대한 댓글엔 다른 분야에 대한 생각들도 묻어난다. 편의점에 대한 생각에서 스타트업에 대한 생각으로 옮겨가기도 한다. 단기간에 청년 몇 명 데려다가 물어봐서는 이들과 소통하기가 어렵다.

행정부에서도 청년들의 정책에 청년이 직접 참여할 수 있는 공간을 활짝 펼쳐보여야 한다. 청와대뿐만 아니라 각 부처도 마찬가지다. 각 부처에 청년부서가 만들어진다. 청년보좌관, 청년부가 중요한 게 아니라 이들의 정책 결정과정 등이 제대로 작동해 정교하게 정책화돼야 한다.

청년기본법이 통과됐다. 이는 중요한 시발점이 될 수 있다.

새로운 시대, 골든타임이 왔다

86세대가 60대에 들어섰듯 '무정형세대'의 선두주자인 X세대가 50대로 들어서기 시작했다. 2024년 총선, 2027년 대선에서는 무정형의 세대가 판을 흔들 것이고 YZ세대가 40대를 장악하게 된다.

인구센서스 결과를 보면 10년 후 유권자의 50%이상은 무정형 세대가 잡게 된다.

Z세대 이후는 어떨까. YZ세대를 제대로 읽지 못하면 Z이후 세대에게도 낙제점을 받기 쉽다. 생태, 젠더 등 다소 민감한 이슈들을 두루뭉수리하게 넘어갈 수 없다. 그렇다면 오히려 정면으로 대응할 필요가 있다. 적극적인 대화가 필요하다. 2030세대는 자신들의 목소리를 들어주길 원한다. '태도'에 민감하다. 공정은 태도에서 나온다. 공감에서 시작한다.

하지만 유권자의 빠른 고령화는 청년에게도 위험신호다. 국회 예산정책처가 추정한 65세 이상 고령인구가 2020년에 796만9000명에서 2025년에는 1035만4000명, 2030년엔 1288만3000명, 2040년엔 1738만 9000명으로 늘어난다. 전체 인구 중 비중은 15.9%에서 20.8%, 26.2%, 31.5%, 36.9%로 올라간다. 유권자중 비중으로 따지면 2040년엔 40%를 넘어설 것

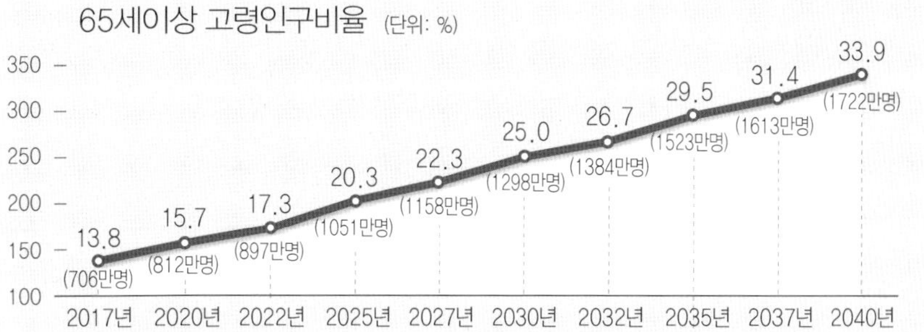

*2019년 3월에 통계청이 공표한 장래인구추계 자료. 국적과 상관없이 대한민국에 상주하는 인구.
*인구변동요인별(출생, 사망, 국제이동) 중위가정 조합.

으로 보인다. 예산정책처는 "2040년까지 유소년 인구와 생산연령인구가 급격히 감소하고 고령인구가 급격히 증가하면서 전 연령층에서 인구가 가장 많은 연령층이 2020년에는 40~60세 연령층이었지만, 2040년에는 60~80세 연령층으로 바뀔 것"이라고 전망했다. 현재의 출생률 하락세가 미래에도 이어질 것이라는 추정을 반영한 결과다. 활력이 떨어지고 고령사회로 들어가는 시나리오다.

시간이 갈수록 '캐스팅보터'로서의 2030세대 영향력이 떨어질 수도 있다는 얘기다. 진보진영도 유권자의 고령화에 맞춘 '보수화'로 현재보다 더 우클릭할 가능성을 배제하기 어렵다. 국가 예산의 집중도도 고연령쪽에 쏠릴 가능성이 높다. 현재도 각종 복지, 연금 등을 고려하면 경직성 예산에서 고령층에게 돌아가는 혜택이 급증하고 있다.

2000년에 시작한 386세대의 입법부 장악이 486, 586에서 이제는 686으로 진입할 가능성도 있다. 그렇게 되면 이들에 맞춰 60대가 과다 대표될 수밖에 없다.

청년들의 목소리를 담을 수 있는 제도가 시급한 이유다. 입법부도, 행정부 역시 시간이 많지 않아 보인다. '청년'에 대한 관심이 뚜렷한 지금이 필요할 때만 불려지는 '청년', 시혜의 대상인 '청년'의 삶을 바꿀 수 있는 절호의 기회이면서 마지막 기회일 수 있다. 제도적으로 속도감있게 자리를 잡지 못하면 '필요'는 약해지고 '시혜'만 남게 된다.

한승은 아이리시스 대표

한승은 대표는 2012년에 홍체인식 보안업체인 아이리시스를 창업했다. 우수 연구진을 영입하고 R&D에 적극 투자해 독보적인 기술을 확보하고 안정적인 매출구조를 정착시켰다. 아이리시스가 들어가 있는 구로디지털단지엔 수많은 벤처기업들이 칸칸이 들어가 있었다. 꿈을 꾸며 미래를 향해 질주하는 엔진들이다.

하지만 청년들은 대기업과 공공기관, 공무원을 선호할 뿐 선뜻 중소기업에는 눈을 돌리지 않고 있다. 오랫동안 정부가 다양한 유인책을 만들었고 벤처 육성에 나섰지만 '하이 리스크 하이 리턴'에 제 발로 들어가는 청년은 그리 많지 않았다.

1972년생인 한 대표는 창업에 나선지 10년째를 맞았다. 코스닥상장도 계획하고 있다. '성공한 벤처인'이다. 그가 체감한 중소기업 경영, 청년 채용, 벤처 육성, 고용 유지방안 등 다양한 부분에 대한 진솔한 얘기를 듣고 싶었다. 특히 최근 변화된 벤처기업계나 청년들의 상황을 간접적으로 접할 수 있을 것 같았다.

━ 정부에서 실업 대책이나 일자리 대책의 일환으로 청년들의 창업을 독려하잖아요.

저는 반대로 물어보고 싶어요. '창업 해봤냐'는 거죠. 자신이 모르는 길을 젊은 친구들에게 하라고 합니다. 너무 무책임한 얘기예요. 창업은 실패하면

신용불량자가 되고 인생이 끝나죠. 재활, 재기가 어려워요.

▬ 창업은 중요한 성장동력인데다 청년들의 도전의식과도 맞잖아요.

물론 창업을 독려하고 끌고 가는 건 너무나 중요한 일이죠. 벤처, 기술들이 확대되고 시장도 활성화시키고 미래 먹거리 사업도 만들 수 있죠. 그런데 구조가 잘못됐다는 거예요.

행정적인 업무시스템에 실제로 창업을 해서 회사를 키웠거나 실패해 본 경험이 있는 사람이 반드시 들어와 있어야 돼요. 창업하는 사람들이 창업 멘토 옆에 붙어서 기업에 들어가 오전에 회의하는 것부터 시작해 진행되는 상황들에 대해 꼭 배워야 돼요. 그래야 자신이 보유하고 있는 기술을 어떻게 만들어갈 것인지 스스로 결정할 수 있는 환경이 조성될 수 있겠죠.

이게 더 우선적으로 선행돼야 되는 거죠. 제가 서울시 창업지원센터 4기 출신이거든요. 경쟁률이 5대 1 정도 돼요. 창업 동기들이 한 50개 기업이 있었어요. 담당 센터장이 우리한테 한 말이 '여기 계신 50개 기업 대표분들 중에 (코스닥시장) 상장까지 갈 수 있는 사람은 단 한 명밖에 없다'는 거죠. 하지만 어떻게 하면 안 망할지에 대한 방안을 제시하는 사람은 단 한 명도 없었어요.

▬ 청년들에게 창업하라고만 얘기하는 건 무책임하다는 거죠.

창업하도록 유도할 수 있는 시스템을 만들어야 한다는 거죠. 가르치고 끌고 가는 멘토 시스템에 기업인들을 적극 섭외하는 겁니다. 실제 후배 양성하고 싶다는 경영인 적지 않아요. 벤처캐피털이나 투자법인 임원들에게 의무 교육을 시켜도 되고요.

창업대학에서는 시간강사 형식으로 강사를 계약하죠. 장기 계획이 아니고요. 하루 이틀 강의하면 인건비 주는 형식이죠. 멘토로 들어가면 세제 혜택을 주거나 고용 창출 인센티브를 더 주는 등의 제도적 지원 시스템도 생각해볼 만하죠. 예를 들면 삼성 벤처의 경우인데요. 사회적으로 후배 잘 키워야 하지 않냐는 얘기가 나오면서 시작했고 거기 출신들이 코스닥 상장하는 사례들도 많았고요.

창업 경험을 전수하고 싶어 하는 욕심을 가지는 선배들을 적극 활용하라는 거죠.

기업은 기획과 시장을 읽는 판단력 이런 것들에 의해서 움직이죠. 빠르게 판단하고 움직일 수 있는 그런 선택을 할 수 있는 사람들이 하는 거잖아요. 그런 사람들에게 실질적으로 창업 지원도 해줘야 한다는 거죠.

청년들은 일자리가 없다고 하고 중소기업은 사람이 부족하다고 해요. 실제 어떠한가요.

우리도 채용 공모만 6개월째 계속 하고 있는데요. 매일 출근하면서 제일 먼저 하는 게 지원자가 몇 명이나 왔나 확인하는 거예요. 요즘에 평균적으로 지원자가 하루에 한 2명 3명밖에 안 들어와요. 물론 그중에서 우리 회사하고 코드가 잘 맞는 친구는 많지가 않아서 점점 눈높이를 낮추고 있죠.

왜 지원을 안 할까 생각해봤어요. 첫 번째로 제가 생각하는 것은 의심을 하는 것 같다는 거죠. 내가 과연 여기 들어가서 일을 했을 때 그만한 가치가 있을까. 차라리 그 시간에 내가 뭔가 다른 일을 하는 게 좋지 않을까. 예를 들면 가상화폐든 뭐든 조금 더 고수익을 볼 수 있는 것들이 보편화되고 있죠. 이런 중소기업에 들어가서 내가 뭔가 자리 잡고 간다라는 게 에너지 시간 낭비하는 게 아닌가라는 의심이나 고민들을 하게 되는 것 같아요. 또 기본급이 많이 올라가다 보니까 아르바이트를 조금만 해도 사실상 웬만한 초임 연봉과 비슷한 수준으로 유지할 수 있는 상황은 돼 있어요. 차라리 아르바이트를 하고 내 시간 활용해서 다른 뭔가를 하면 어떨까, 정식적인 일을 해서 계단을 올라가려고 하는 생각보다는 그런 쪽으로 생각을 많이 하는 게 아닌가라는 부분들이 보이고요.

실제로 면접을 해 보면요, '내가 어떤 일을 해야겠다'는 얘기는 없어요. 그냥 아르바이트를 구하러 온 느낌이에요. 어떤 지원자들은 짜증을 내요. 구직 공모를 올리려면 연봉을 얼마 줄 건지, 근무 시간이 어떻게 되는지, 혜택을 뭘 줄 건지, 성과급을 어떻게 줄 건지 이런 것을 구체적으로 올려주지 않았다는 거죠. 구직을 할 때 있으면 좋은 거고 없으면 어쩔 수 없지라는, 아르바이트에 접근하는 방식으로 오죠.

▬ 빨리 취업을 해야 한다거나 간절함이나 이런 게 없다는 거죠.

예를 들면 4년제 대학 졸업하고 처음에 직장을 얻으면 보통 연봉이 3500만~4000만 원 잡죠. 그런데 세금, 보험 이런 것 제하면 손에 쥐는 것은 월 300만원 정도죠. 핸드폰 요금 등 생활 기초비용 빼면 월 200만원 정도 남죠. 상실감 박탈감을 느끼는 거죠.

그러니 가상화폐로 떼돈 벌었네 하니까 내가 이런 일을 꼭 해야 돼 하는 생각을 많이 하는 것 같아요.

▬ 왜 절박함이 없을까요.

10명 면접인데 두 명 밖에 안 와요. 전화도 안 받아요. 면접 보러 온 2명에게 물어보니 요즘에 공공기관이나 몇몇 지자체에서는 면접 보면 면접 수당 준다더군요.

일주일에 2~3개 기업 면접 보고 사인 받아 가면 건당 10만 원정도 면접

비용을 받을 수 있는 거죠. 그렇게 해서 한 달에 한 80만 원 받으면 기초생활비가 되는 거죠.

면접 보러 올 때 실제로 취업할 생각도 없어보여요. 슬리퍼 신고 오기도 해요. 이제 막 졸업한 20대 중후반일 거 아니에요. 그렇게 다급함이 없어요. 왜냐하면 여러 가지 시스템에서 이 친구들이 생활할 수 있는 생활비는 충당이 될 수 있는 방법이 너무 많이 생겨버렸죠. 구직 활동비 주고 그러니까요.

▬ 환경이 또 그렇게 만들어졌을 수도 있겠네요. 양극화가 너무 벌어져 있고 좁힐 방법이 안 보이니까 상당한 좌절감이 작용했을 수도 있죠.

과거에는 배고프고 힘들었지만 희망은 있었어요. 내일은 오늘보다 나아질 수 있을 거라는 희망도 있고 그게 쌓여서 1년 후, 2년 후, 10년 후가 되면 이만큼의 자리까지 갈 수 있는 희망이라는 게 분명히 존재했죠. 현재에는 그런 희망은 둘째치고 지금 내가 아무리 잘해도 현상 유지에 그치는 거죠. 올라갈 수 있는 방법이 없다라는 거죠. 내가 금수저로 태어난 게 아니라면 갈 수 있는 방법 자체가 아예 없어요. 부동산 문제도 마찬가지죠. 연봉을 100년 모아야지 서울 집 한 채 가질 수 있는 상황에는 뭘 할 거냐, 아무것도 없는 거죠. 아무리 잘해 봐야 현상유지밖에 안 된다는 판단이 드니까 돈이 조금 모이면 명품 사러 쫓아다녀요. 우리 회사 직원 중 30대 초중반밖에 안 되는데 명품을 많이 사더라고요. '이번 달 벌고 이번 달 다 쓰고 이렇게 살래요. 내가 만족하면 되는 거죠'예요.

▬ 학자금 대출도 갚아야 하고 청년들의 고민은 점점 많아지는 것 같아요.

졸업 하자마자 바로 취업하는 청년이 얼마나 되나요. 1~2년 지나야 하잖아요. 학자금 대출 원금까지 상환해야 하는 사람이 많죠. 한 청년 직원 연봉이 4000만 원 정도 돼요. 지방출신이라 월세 60만원이고요. 학자금 대출 원리금 상환액이 150만 원이라는 거예요. 휴대전화 요금, 보험료 이런 거 떼니까 15~20일 지나면 돈이 다 떨어지는 거죠. 이런 부분들을 해결해줘야 하는 거죠.

▬ 취업 지원자 구성의 특징이 있나요.

졸업 예정자도 지원 가능이라고 적어놨어요. 지원자 보면 10명이 들어오면 한 6명은 중국인이어요. 예전에는 중국 본토에서 한국으로 와서 유학했던 친구들이 주로 지원했는데 최근에는 미국에서 트럼프정부이후 많은 중국 유학생들이 쫓겨 나오잖아요. 그들이 한국으로 와요.

최근에 제가 면접 봤던 마케팅 지원자들을 보면 중국 태생으로 미국에서 대학교까지 나온 후 한국으로 들어와서 또 대학을 나와요. 매우 우수한 자원이죠. 개발쪽에 지원하는 건 아니고요. 마케팅 이런 부서죠. 젊은 친구들이 가져갈 수 있는 그 포지션들을 이 중국 청년들이 차지하는 새로운 트렌드가 있어요. 우리나라 사람들이 지원을 안 하니까 중국인들이 그 자리를 챙기는 거예요.

▬ 청년들이 지원하지 않는 분위기가 심각하군요.

구직 포기 현상이 매우 심각해요. 기업들이 채용을 거의 안 하는 분위기도 있죠. 구조적 개선을 하지 않으면 안 돼요. 그러니 중소기업들이 신입 인력들을 뽑아서 투자해 경력이 쌓이면 대기업으로 가잖아요. 그래서 그렇게 안하는 거죠.

또 공유 오피스 얘기도 들어봤을 텐데요. 전문화 기업들이 많아졌어요.

마케팅 전문 기업이 생기면 사내에서 하던 것을 그들에게 맡기는 거죠. 속 썩을 일도 없고요. 기업은 덜 뽑게 되고 비용도 줄이게 되는 거죠. 관리자만 있으면 되죠. 이런 보조 시스템이 많아요. 코로나 상황을 겪으면서 더 빠르게 바뀐 거죠.

▬ 신입을 안 뽑으면 주로 경력을 뽑는 건가요.

대부분 경력직을 뽑게 되죠. 대안이 있어요.

신입직원을 채용을 할 때 정부에서 중소기업이 6개월, 1년, 많게는 2년까지 고용유지하면 인건비의 50% 정도 부담하는 거죠. 기업도 50% 이상 부담할 테니 인턴제를 적용해서 노동법에 대한 부담도 줄여주고요. 이게 교육이고 투자죠. 그냥 돈 주는 게 아니죠.

1년이나 2년 정도의 근무가 끝나고 기업과 함께 정부도 퇴직금을 주는 거에요. 그러면 회사에서 일하고 싶은 마음이 생기고 경력을 쌓을 수 있는 모티브도 줄 수 있죠. 생애최초 주택자금 지원해주는 것과 같은 겁니다.

▬ 기업들을 통해서 경력을 쌓을 수 있는 기회를 만들어주자는 거군요.

청년들이 경력을 쌓을 수 있는 기관은 하나예요. 회사밖에 없잖아요. 정부가 그 절차를 할 수 있게끔 투자하라는 거죠.

예전에는 일자리가 많으니까 이제 그런 경험들을 쉽게 할 수 있었지만 지금은 제한돼 있으니까 그것을 할 수 있도록 인센티브를 줘야 하는 거죠. 지금은 놀고 있어도 돈 주잖아요. 이렇게든 저렇게든 주는 거거든요. 면접비 대신 실제 일하게 하라는 거죠. 청년들이 일해 보고 자신의 적성도 찾아보고 하고 싶은 마음을 가질 수 있게 하는 거죠.

본인이 자신에게 맞는 취업 활동을 자기 손으로 스스로 찾아갈 수 있는 청년이 과연 얼마나 될까요. 취업의 길을 모색할 수 있는 시스템을 제도적으로 만들어줘야 하는 거예요.

정부에서 프로그램들을 만들어서 중소기업이나 이런 데에 직업 체험 시스템을 만드는 거죠. 이런 기회들을 부여해서 배워보고 찾아갈 수 있는 기회를 주라는 거죠. 지금은 그런 기회가 없잖아요. 정확하게 얘기하면 적성을 찾아가는 겁니다. 기업은 그게 다 비용이니까 자발적으로 그런 기회를 주려고 하지 않으니까요.

▬ 벤처 생태계 등과 관련된 정책을 누가 만드느냐, 어떻게 컨트롤하나 이런 것도 중요하겠군요.

산자부 장관이나 중기벤처부 장관 등 산업, 기업과 관련된 쪽은 대학 교수나 행정관리들이 아닌 실무를 아는 사람이 필요해요. 실제로 창업을 해서 경험이 있는 사람들을 데리고 와서 배치시키라는 거죠. 그들은 밑에서 보고 올라와서 얘기하는 거 들어보면 머릿속에서 벌써 다 검증되죠. 탁상공론인지 아닌지 바로 확인되거든요.

그러면 실질적인 안을 짜서 갖고 올라오기 시작을 하죠. 구조가 변화되는 거예요.

▬ 정치권에서의 역할이 중요하겠군요.

최소한 경제와 관련된 시스템 쪽에는 정치와 연관시키지 말고 전문가를 발탁해서 시스템을 만들고 간섭하지 못하게 해야 합니다. 평가는 냉정하게 하는 거예요. 결과로 판단하는 거죠.

4부

대담

시대 키워드
2022 선택 '양극화'를 '균형'으로

1

분열의 정치, 타협의 정치 : 이념 · 권력의 양극화와 해법

박명호 동국대 정치외교학과 교수
이현우 서강대 정치외교학과 교수
사회 _ **김종필** 내일신문 정치팀장

"대통령은 조율사, 코드인사 반대" … '적극적 일상 소통' 필요
대통령은 방관자 아닌 타협 주체로 역할 해야
"국회의 총리 추천제, 개헌 없이 제왕적 대통령제 보완 가능"

20대 대선을 앞두고 있다. 정치권은 타협보다는 대결, 대화보다는 반목으로 얼룩져 가고 있다. '5년간의 권력'을 잡기 위한 거대 양당의 이전투구를 보는 유권자들은 '정치란 무엇인가'를 다시 한 번 묻는다. '선택'의 시간은 다가오지만 대리인을 정하는 주권자들은 머뭇거리기만 한다. 정치는 왜 유권자의 짐이 됐는가. 제도의 문제인가, 사람의 문제인가, 아니면 또 다른 원인이 있는가.

한국 정치의 나아갈 방향과 함께 차기 대통령의 국정운영에 필요한 리더십을 중심으로 기획대담을 나눴다. 제왕적 대통령제와 개헌, 청와대 운영방식을 우선 점검했다. 대통령, 청와대와 국회와의 관계에서 필요한 부분들을 챙겨 짚었다. 총리, 장관 임명과 운영 등 인사원칙, 공감과 공유, 시대정신 등 차기 대통령이 갖춰야 할 리더십도 테이블 위로 올려놨다.

▬▬ 사회 : 제왕적 대통령제에 대한 지적이 많습니다. 한국형 통치방식에 대해서는 어떻게 보고 있나요.

▬▬ 이현우 : '제왕적 대통령'이라는 말을 얘기할 때는 먼저 법치에 대해서 생각할 필요가 있는데요. 일반적으로 법치라고 할 때 '국민들이 법을 잘 지켜야 한다'고 생각하죠. 하지만 법에 의한 지배라고 할 때는 권력이 남용되는 것을 막는다는 게 첫 번째 취지거든요. 법치의 대상이 국민이라기보다는 통치자들, 권력을 가진 자들이고 이들이 권력을 남용하지 않아야 한다는 것인데요. 제왕적 대통령제라고 할 경우 대통령 본인도, 국민도 대통령이 법을 넘어서는 권한이 있을 것이라고 생각하는 것 같아요.

제왕적 대통령을 만드는 가장 큰 이유는 성과를 내야 한다는 강박관념이죠. 이전과는 다른 차별적인 대통령이 되겠다는 강박관념이 제도 안에서 국가 운영을 위해 주어진 권한을 넘어서게 만들고 집중된 권력에 따른 기대와 본인의 욕구가 제왕적 대통령을 만들어온 것이 한국정치의 특징이죠.

또다른 측면을 보면 정치문화도 무시할 수 없어요. 우리나라에서 족적이 가장 큰 사람은 박정희 대통령이었는데 박 전 대통령의 권위적인 정치를 비판하면서도 그런 식의 정치문화가 아직도 남아있거든요. 대통령과 국회 관계에서도 그때부터 남아있는 정치문화가 우리나라 정치의 특성이 아닐까 생각합니다.

사회 : 제도의 문제냐, 사람의 문제냐도 중요한 논쟁 주제잖아요.

이현우 : 어떻게 하면 개선될 수 있을까하는 제도적 측면을 많이 생각하는데 실질적으로 우리나라 헌법이나 법률의 결함이 문제냐, 그건 아니라고 생각해요. 법을 만들 때의 취지를 제대로 따르느냐, 법의 정신을 따를 의지를 엘리트들이 가지고 있느냐, 아니면 법의 허술한 점을 이용해서 자기의 이득을 찾으려고 하느냐 이런 부분들이 있는 것 같아요.

가장 비등한 게 연동형 비례대표제 같은 경우인데요. 독일에서는 연동제를 잘 운영하고 있잖아요. 지난 총선에 위성정당을 만들었죠. 법의 취지와 안 맞는 거죠.

미국에서도 역사적으로 유능한 대통령, 형편없는 대통령을 구분하는데 미국 헌법에서 대통령에 대한 권한이 커지거나 작아진 건 아니었거든요. 헌법에서 주어진 법을 어떻게 운영했으냐, 국민들로부터 지지를 받았느냐 이 부분이 중요한 거죠.

국민에 대한 반응성 측면에서 대통령이 되고 청와대만 들어가면 다 이상해지는가라는 의문이 제기되죠. (청와대) 풍수지리가 문제라고 할 정도로 권력을 잡은 이후에 행사하는 과정에서 국민에 대한 반응성이 급격하게 낮아진다는 것을 지적하고 싶습니다.

박명호 : 제도의 문제냐 사람의 문제냐는 논란에서 굳이 형량한다면 제도보다는 사람 쪽에 문제가 있다고 생각합니다. 우리나라의 역사적인 배경이 중앙집권적이고 권력집중적이었죠. 분권의 경험이 별로 없어요. 자치의 경험도 별로 없고요. 거기서 제왕적 대통령으로 가는 배경이 갖춰진 것이 아닌가하는 생각을 합니다. 한국화된 대통령제죠.

대통령제가 만악의 근원이냐엔 의문이 있고 그동안 정권교체때마다 논란이 된데다 대안이 제출되기도 했지만 실천하지는 못했어요. 이번에도 크게 기대하기 어렵지 않나 싶어요. 2018년 지방선거를 앞두고 개헌 논란이 있었을 때도 문재인 대통령 개헌안과 자유한국당(현재 국민의힘) 개헌안의 핵심과 목표는 같았거든요. 제왕적 대통령의 권한을 어떻게 축소시킬 것이냐에 대한 방법론이 서로 달랐을 뿐이었죠.

사회 : 모든 것의 총체적 해법은 아니겠지만 개헌을 통해서 문제를 일정 정도는 해결해 나가는 노력이 필요하지 않나 하는 지적도 있어요.

이현우 : 문제가 있기 때문에 변화를 모색하고 개선을 해야 된다는 것에는 상당히 동의해요. 하지만 근본적인 변화를 가져와야 하는 것들을 여론조사로 알아본다는 건 굉장히 위험하다고 생각해요. 여론조사로 권력구조를 알아봤을 때 대통령제 내각제 이원집정부제 중 이원집정부제를 더 선호하는 것으로 나왔어요. 그래서 추가로 질문해서 이원집정부제가 뭐냐고 물었을 때 상당수 사람들이 몰라요. 해석해 보면 대통령제는 문제가 많은 것 같다, 내각제는 좀 낯설고 뭔가 타협적으로 보이고 좋은 게 좋은 것이라는 식의 생각이 들기도 하죠. 그래서 이원집정부제를 정확히 모르면서 선택한 것이죠.

월드컵에 나갈 축구 국가대표를 뽑을 때 감독이 하는게 제일 낫지, 명동에다가 설문판을 붙여놓고서 지나가는 사람들에게 어느 선수가 좋을 것 같냐고 인기 투표를 하는 것은 아닌 것처럼 언론이나 또는 정치학자들이 그 방향성을 제시하고 국민들에게 대안을 구체적으로 내놓는다든지 아니면 더 어떤 방법이 좋은지에 대한 논의 과정을 보여주는 게 중요하지, 무작정 여론이 좋다고 하니까 그렇게 가는 것은 상당히 위험하다고 생각하고요.

대통령 연임에 대해서도 대통령제가 틀렸기 때문에 내각제로 가자는 식으로 지금 있는 것을 버리고 그냥 다른 대안으로 가자는 것은 굉장히 위험하다고 생각을 해요.

대통령제에서 문제가 많았던 것이 정말 대통령제이기 때문에 문제가 많은 것인지 아니면 우리가 운영을 잘못해서 문제가 있는 것인지에 대한 걸 좀 따져볼 필요가 있다는 거죠.

그래서 내각제를 했을 때에 우리나라의 정치 문화를 봤을 때 어느 한 정당이 과반을 못 차지하면 연립 정부가 만들어지는데 우리가 DJP연합에서 본 것처럼 수단적으로 만들었다가 그게 와해돼 가지고 중간에 임기를 못 채우고 국회가 해산되는 이런 식의 문제들이 있죠. 우리나라가 아직은 가장 부족한 게 타협과 협조잖아요. 내각제에서는 그것 없이 안 되는 건데요. 공동 정부에 들어간다고 했을 때 얼마나 혼란 없이 될 것이냐, 또 이번 독일에서도 봤지만 선거가 끝나고 나서도 공동 정부가 만들어질 때까지는 상당히 시간이 걸리는데 혼란 같은 것들을 과연 우리가 잘 조율할 수 있을까 하는 면까지 봐야 하는 거죠. 다른 권력 체제로 나가는 것이 가장 좋은가, 아니면 현재의 대통령제에서 좀 개선할 바를 찾는 게 더 좋은가 하는 방향성을 처음부터 잡을 필요가 있다고 생각합니다.

연임도 마찬가지입니다. 지금은 단임이기 때문에 앞서 지적한 것처럼 대통령이 성과를 내야 된다고 생각합니다. 집권 첫 해는 전년(전 정부 마지막

해)에 있었던 것을 그냥 받는 것이기 때문에 좀 속된 말로 설거지한다고 얘기하잖아요. 새 대통령이 뭘 해볼 수가 없는 시기이고요. 한 1년이나 1년 반 정도 남았을 때는 레임덕에 들어가니까 실제로 본인이 통치할 수 있는 기간이 굉장히 짧기 때문에 조급하고 무리하고 국민 동의나 설득 보다는 푸시 한다거나 아니면 소신으로 밀어붙이는 이런 문제들이 생기는 것 같아요. 분명히 단임제는 문제가 있긴 합니다. 그렇지만 연임제로 가면은 그런 문제가 해결되느냐를 따져보면 전 더 큰 혼란이 있을 거라고 생각해요. 공무원의 정치적 중립 문제도 굉장히 큰 문제가 될 거예요. 이게 대통령으로서의 통치행위냐 아니면 선거 운동이냐 하는 혼란스러운 문제부터요.

'우리나라 대통령 중에서 한 번 단임 했기 때문에 너무 아쉬운 대통령이 있으면 한번 꼽아보자'고 학생들에게 물어봤어요. '아무도 없다'고 하더군요. 그렇다면 연임은 불행한 시기가 더 길어질 수 있게 되는 겁니다. 현재 대통령제 문제를 제도의 탓으로 돌려서 헌법을 바꾼다고 해서 좋아질 것이냐에 회의적입니다. 개헌은 신중할 필요가 있다고 생각하고요.

또 개헌할 때마다 얘기하는 게 대통령과 국회의원 임기를 맞추자는 건데요. 미국식으로 대통령 4년, 의원 4년 맞춰서 동시 선거를 하자는 거죠. 두 개의 선거를 동시에 치르면 대통령 선거에 국회의원 선거가 함몰됩니다. 인기 있는 대통령 후보를 가진 정당이 가장 많은 의석을 가져갈 보너스를 받을 확률이 높아요. 대통령 입장에서 '국회의원 된 거 내 덕분'이라고 생각할 수 있죠. 의원들의 대통령에 대한 종속이 훨씬 강해지는 거에요. 대통령과 국회, 이 두 개가 서로 독립적이고 견제해야 한다고 얘기하면서 선거는 같이 한다는 것은 적절하지 않죠. 동시선거를 주장하는 이유로 선거 비용을 줄이기 위해서, 선거로 인한 국내 분란을 줄이기 위해서 등을 말하는 데 민주주의는 원래 비용이 들고 분란이 생기는 거죠. 또 선거가 중간중간에 있기 때문에 정권에 대한 평가 같은 걸 하는 거잖아요. 그런 면에서 보자면 개헌을 한다고 했을 때 중심적인 내용들이 과연 더 나은 정치를 위한 제도적 장치냐 하는 쪽에서 보면 좀 위험한 요소들이 많다고 생각합니다.

단임제가 문제가 있다, 선거 주기가 안 맞으니까 문제가 있다, 그러니까 다른 것으로 바꾸자 하고서는 개헌은 마치 선이고 더 나은 개선이라고 가정하는 것은 상당히 위험하다고 생각을 합니다.

━━ 사회 : 개헌이 현상적으로 나타나는 문제점을 개선하는 방향으로 가야 될 것이고 여론조사에만 의존하거나 한정하지 말고 국민적 총의를 반영해야 한다는 의미로 보이는데요. 민주주의가 발전하면서 국가 중심의 권력이 집중되거나 이 비중이 강화되는 것보다는 분권을 지향하는 목소리가 커지고요. 또 국민의 기본권을 강화하려는 방향성도 갖고 있는 것 같습니다. 헌법 법률 제도에서 시대정신에 맞게 개선할 것, 극복할 것들이 뭐가 있을까요.

━━ 박명호 : 국민들이 인식하는 대통령 역할이 이중적이거든요. 국가원수로서 통합의 상징이면서 '비정파' '탈정파'에 대한 기대가 하나 있고요. 그러면서 정파의 수장이고 행정부 수반으로 국회로부터 견제를 받아야 되는 현실적인 역할을 하고 있거든요. 여기서 충돌이 계속 있는 것이 아닌가 생각합니다. 대통령의 이중적 역할이 입법부과 행정부의 관계로도 전이가 되고 혼란이 오는 것이 아닌가 생각이 됩니다.

개헌은 현실적으로 불가능하지 않겠느냐고 보는 쪽인데요. 개헌이 필요하긴 한데 정치적으로 불가능하지 않겠냐는 거죠. 새로운 대통령이 강한 의지를 갖고 있지 않는 한 현실적으로 어렵지 않겠냐는 생각이 들고요.

그렇다면 현재 있는 제도를 활용할 필요가 있는데요. 총리 제도가 우리

경로 의존성에서도 그렇고 상당히 유용하게 작동할 수 있는 기제가 아니겠나 싶습니다. 청와대 중심의 국정운영이 될 수밖에 없는 근본적인 이유가 총리의 정치적 힘이 대통령의 의지에 의존할 수밖에 없기 때문이라고 봐요. 그렇지 않고 국회의 신임에 의존하게 한다면 전혀 다른 얘기가 되지 않겠느냐는 거죠. 대통령하고 총리의 충돌이라고 하는 부분을 우려할 수도 있겠지만 출발은 대통령을 우위에 놓고 총리의 재량권을 넓혀줄 수 있는 시작점이 핵심 포인트가 될 수 있죠. 그래서 개헌하지 않고도 할 수 있는 총리 추천제 정도면 가능하지 않겠는가 생각합니다.

▬ 사회 : 분단체제, 냉전체제인데다 남북 간 적대관계가 엄존하고 있기 때문에 대통령이 강력한 리더십을 발휘하는 것에 대한 공감대가 있는 것 아닌가에 대해서는 어떤 견해이신가요.

▬ 이현우 : 북한이라는 특수한 환경탓에 강력한 대통령의 리더십이 필요하다고 생각하는 경향이 있죠. 상당히 오랫동안 이어진 북한과의 긴장관계는 수준에는 차이가 있지만 상수적인 느낌이 있어요.

북한이 도발적인 태도를 보일 때 외국의 시각과 달리 안에 있는 우리는 덜 위험하게 느끼는 아이러니가 있죠. 북한과의 관계 때문에 대통령이 강력한 힘을 가져야 된다는 부분이 국민들의 고려사항 중에 큰 부분을 차지하는 것 같진 않아요. 그 옳고 그름은 지금 논의하기는 힘들지만은 어떤 후보를 지지하거나 차기 대통령의 능력을 따질 때 '북한이 있기 때문에 어떻다'는 생각들은 굉장히 적은 것 같아요. 한반도의 안정으로 국민들의 의식이 좀 약해졌을 수도 있지만 만약에 지금 누군가가 북풍이라든지 북한을 빌미로 권력의 집중이 필요하다는 얘기를 하면 과거 권위주의 시대를 떠올리는 쪽과 함께 MZ세대에게도 부정적일 것 같아요. 그들에게 있어서 북한이라는 건 그냥 이웃 나라인 것이죠.

━ 사회 : 빈약한 정치철학 부분과 인물 부재론을 짚지 않을 수가 없는데요.

━ 이현우 : '정치가 무엇이냐'고 하면 '사회적 가치의 권위적 배분'이죠. 사회적으로 사람들이 요구하는 것들을 권위적으로 배분하는 것이죠. 복지 세금 등에 대한 권위적 배분은 통치를 받는 사람, 국민이 자발적으로 수용할 수 있어야 되거든요.

그렇다면 '정치가 프로입니까, 아마추어입니까'를 물어본다면요. 어느 분야에서 성공하면 의사든 법관이든 갑자기 정치한다고 들어오죠. 정치 지도자가 준비 없이 누구나 할 수 있는 것인지 묻게 됩니다. '내가 해도 너보다 낫겠다'는 얘기가 나오잖아요. 전문성이 필요하다는 것을 정치인들이 보여줬어야 했던 거죠. 촛불 전에 유행했던 게 '이게 나라냐' 였잖아요. 지금도 '이게 나라냐'잖아요.

예전에는 정치인들에게 철학이 있었거든요. 어떤 것이 바람직한 사회라는 주장이 있었는데 점점 장기적인 전망은 옅어지는 것 같아요. 단기적으로 사안에 묶이고 프레임을 만들고 그래서 어떻게든 나의 편을 좀 더 만들어가는 식의 정치들이 횡행하면서 공존할 수 있는 조화라든지 타협이란 단어는 이미 상실된 것 같아요.

과거엔 3김(김영삼 김대중 김종필)만 없어지면 우리나라 정치는 발전한다고 생각했는데 오히려 지금 '그 정도의 인물이 없다'는 얘기가 나오는 것은 정치인의 자질로 봤을 때 정치철학을 제대로 갖고 훈련받은 인물들이 없다는 거죠.

3김 시대의 김대중 김영삼 두 분은 민주화라는 것을 추구해오면서 내재적으로 성장하고 그 가치를 심화시켰지요. 누가 가르치지 않아도 북스마트가 아니라 스트리트 스마트를 길에서 몸으로 배웠잖아요.

그런데 그 이후 세대들은 아무것도 배우지 못하면서 기회주의적이 된 거죠. 그게 지금 정치에서 중심이 된 거고 상징적으로 586이 된 거죠. 이런 속에서 정치에 대한 불신이 출발합니다.

국민이 어떻게 바뀌어야 되는가를 얘기하지만 문제의 출발은 정치인 집단이라고 봐요. 제대로 된 충원을 해 오지 않은 거죠. 차기 정치인들을 키울 수 있는 제도적인 것, 문화적인 것들이 전혀 없는 상태죠.

▬ 박명호 : 그래서 우연에 의존하게 된다는 얘기가 나오는 거죠. 제도적으로 충원이 제대로 뒷받침되지 않으니까 우연에 의해서 즉 어떤 사람이 대통령이 되느냐라는 것에만 의존하게 돼 버리는 것 같아요.

대통령제가 그런 제도적인 특성을 갖고 있는 시스템이기 때문에 불가피한 측면도 있는데 우리 나라 정치에서 유달리 그게 더 강화된 거 아닌가 생각돼요. 대통령 되는 사람이 어떤 인식과 능력을 갖고 있느냐, 그의 리더십이 뭐냐가 우리 정치 발전에 상당한 영향을 미치게 되는 거 아닌가 하는 거죠. 어떤 사람이 어떤 계기로 어떻게 대통령이 되느냐는 우연에 의존하게 되는, 운에 맡겨버리는 데까지 가버린 것이 아닌가 하는 거죠.

▬ 이현우 : 철학과 능력을 비교하기도 하는데 선한 정책은 없어요. 선한 결과가 있는 거죠. 난 잘하려고 했는데 못했으면 그건 그냥 못한 거예요.

정치의 기본은 공감이에요. 집값, 부동산 문제는 국민이 가장 가까이에서 느끼는 거죠. 그런 공감을 하지 못한다는 것은 그 주변에서 왜곡된 정보를 전달한다고 볼 수 있어요. 그것을 넘어서야 돼요. 민주주의에 대한 철학이 뚜렷한데 무능하거나 공감을 못한다고 느낀다면 실제로는 철학이 빈약한 거죠.

▬ 사회 : 청와대 중심으로 국정운영을 하는 것과 부처에 권한을 넘기는 부분에 대해 묻고 싶은데요. '청와대 중심'이 권력을 집중하는 방식이고 이를 분산하는 차원에서 부처에 권한을 넘기는 방식이 검토되는 건데요. 하지만 그렇게 되면 관료 공화국을 강화하자는 얘기냐, 또 정무적으로 정책 방향과 철학에 대한 공유를 통해 국민과 소통하는 준비된 사람들이 집행영역에서 핵심에 있어야 하는 게 아니냐는 문제와 맞물려 있는 거죠.

▬ 이현우 : 공치, 협치란 말을 쓰는 데요. 거버넌스를 협치로 해석하죠. 대통령은 통치나 컨트롤 타워라는 것보다 코디네이팅, 조화를 만드는 역할로 인식해야 하는 거죠. 삼국지에서 유비가 힘이 제일 약하잖아요. 강력한 힘은 없어요. 하지만 큰 그림을 보면서 조화롭게 맞춰가는 역할을 하는 거죠.

국무총리 이름을 국민들은 잘 몰라요. 그만큼 중요한 역할이 없다는 거죠. 권력은 항상 뭉치는 속성이 있어요. 대통령이 권력을 자발적으로 내놔야 하는 거죠. 이게 어려우니까 이걸 하면 훌륭한 대통령이 되는 거잖아요.

▬ 박명호 : 리더십이 더 중요하다는 걸로 다시 돌아갈 수밖에 없는데요. 대통령에겐 철학이나 방향성이 중요하고 더 중요한 건 제도 설계 능력이에요.

분권한다고 해서 분권이 되는 게 아니거든요. 세종의사당 만든다고 해서 분권이 되는 게 아니란 말이에요. 국세와 지방세 문제도 그래요. 우리는 인위적으로 하잖아요. 오랜 분권의 역사를 가진 나라는 그게 투쟁의 산물이었던 거죠. 쟁취하는 것이지 누가 나눠주는 게 아니었어요. 그런데 우리는 그런 경험이 없거든요. 대통령의 분권에 대한 의지와 제도 설계 능력이 중요한 이유죠. 나열식으로 여러 제도를 하겠다는 게 중요한 게 아니라 시기에 맞는 중요한 제도와 역할을 만드는 게 중요한 거죠.

프로야구 감독을 임명할 때도 윈나우(당장 승리하기 위한 전략)냐, 리빌딩(팀을 새롭게 구성하기 위한 전략)이냐에 따라 선택이 달라져야 하거든요. 리더십이 시대정신을 얼마나 제대로 인식하느냐, 임기 안에 어떤 제도 설계를 보여줄 수 있느냐를 국민들이 결정해야 합니다.

━ 사회 : 민주주의에 대한 철학과 함께 현안을 해결하는 능력이 필요한 거죠. 김대중 대통령이 IMF환란이라는 절체절명의 위기를 극복했는데, 그게 실력이었죠. 그런 측면에서의 국가 운영능력을 국가 경영으로 부를 수 있다는 생각이 듭니다.

두 분 모두 개헌이 현실적으로 어렵더라도 헌법을 잘 운용하면 많은 개선이 가능하다고 했고요. 총리를 국회에서 뽑거나 장관 임명제청권, 내각 통할권을 잘 발휘할 수 있도록 제도적으로 안착시켜야 한다는 제안도 해 주셨어요. 그러면 부처 중심의 국정운영이 강화된다고 하면 관료의 힘이 강해지는데 제도적 보완이 필요한 것은 아닐까요.

━ 이현우 : 제도가 있어도 운영이 중요하다는 것을 계속 강조했어요. 총리의 역할이 커져야 한다고도 얘기했습니다. 미국의 경우를 보죠. 앤소니 파우치 미 질병관리소장 같은 경우에 트럼프 대통령과 맞섰어요. 현 대통령과도 전문가적 견해에서는 다른 얘기도 할 수 있잖아요. 미 연준 의장의 임기가 대통령과 다르면서 독립성이 유지돼요. 대통령이 상징적으로 '권한이 저 사람에게 있다', '나에게도 도전할 수 있는 권한이 있다'는 신호를 몇 가지 보여줘야죠. 공무원들은 그런 시그널에 굉장히 빠르게 반응해요. 대통령에 대한 국민들의 신뢰도 더 두터워질 거예요. 권력을 놓을 수 있는 것은 자신감에서 나와요.

진보진영에서는 노무현 정권이 왜 마지막에 아름답지 못한 모습이 되었는가를 들어 권력을 너무 놨다는 얘기를 했거든요. 정당에 대한 통제, 국회에 대한 검증, 이런 것들을 풀었던 것이 노무현정부 말기의 실패 원인이라고 본 거죠. 저는 이 해석 자체가 잘못됐다고 봐요. '그럼에도 불구하고'라는 태도로 당시 상황을 과도기로 보고 장기적으로는 '그게 맞다'는 신념이 필요했던 거죠.

장관이나 차관은 정무, 정치적인 판단으로 결정하는 게 맞다고 봐요. 군에서도 국방부 장관이 문민에서 나와 통제하는 것처럼 정무직의 장관이 차관이나 고위공무원을 통제할 수 있는 부분이 중요하지요. 그러기 위해서는 장관들도 상당히 긴 임기기간이 있어야 합니다. 임기가 짧고 예측불가능하면 의미가 없죠. 악순환이 되는 겁니다. 장관들도 대통령에게 '나 못하겠다'고 사표 던지고 대통령이 '그러지 말라'고 잡는 식의 문화가 필요해요. 우리가 미국 대통령을 볼 때 오바마를 괜찮은 대통령으로 생각하는데 오바마가 그런 강력한 힘만으로 백악관을 운영했느냐, 그렇지 않죠. 계속 사람을 달래가면서 설득해 가는 것이었죠. 조화라는 것이 우리가 얘기하는 강력한 리더십이라는 것으로 이해할 필요가 있죠.

그런데 국민들한테 많은 영향을 미치는 것들은 정치적 결정이 아니라 정책적 결정인 경우가 많아요. 코로나19 대응만 하더라도 이게 정치적으로 결정할 것이냐, 정책적으로 결정할 것이냐하면 처음부터 전문가들의 정책적 의견을 듣는 것이 더 나을 수 있다는 생각을 했거든요. 전문가는 의료계뿐만 아니라 사회, 경제 분야까지 포괄할 수 있는데요. 정치적인 유불리 문제가 개입해서는 안 된다는 거죠.

▬ 박명호 : 총리가 권한이 없어서 총알받이, 방탄총리였던 것은 아니었죠. 대통령의 힘에 의존했기 때문이죠. 총리의 정치적 신임 근거를 바꿔줘야 하는 거예요. (국회가 총리를 추천하는)추천제부터 (국회가 총리를 선

출하는)선출제까지 로드맵을 갖고 갈 수 있죠. 개헌을 하지 않고도 합의만 되면 가능한 겁니다. 아주 낮은 수준에서부터요.

관료제에 대해서 보면요. 야권의 소위 빅2라고 했던 윤석열 전 검찰총장과 최재형 전 감사원장이 왜 국민적 지지를 받게 됐을까를 생각해 보세요. 그 중 하나는 원래 그 자리에서 해야 할 일을 했다고 본거죠. 검찰총장으로서, 감사원장으로서요. 거기서 출발한 거예요. '바이스 딕 체니'라는 딕 체니 부통령을 다룬 다큐를 보면 법무장관 등 각료들이 각자의 역할에 충실하면서 대통령이나 다른 각료들과 충돌을 해요. 따라서 우연한 거였는지, 성숙의 결과로 돌출이 된 건지는 모르겠지만 윤석열 전 총장, 최재형 전 원장의 부상은 그런 측면에서 기여한 부분은 있다고 봅니다. 정치적인 변신으로까지 이어진 것에 대해 이게 좋은 거냐, 나쁜 거냐 또는 잘 될 거냐, 안 될 거냐라는 건 별개의 문제고요.

대통령의 리더십 문제일텐데요. 어느 부서에 누가 가면 일을 잘 할 수 있다는 것에 대한 인식이나 지식이 있어야 하고요. 그런 사람을 인사할 수 있는 게 능력이죠.

그다음은 인사권 보장이어요. 인사와 재정에 관한 권한이 일임이 돼야 그게 책임 총리, 책임 장관이 될 수 있는 거 아니겠어요. 인사권은 지금 현재 거의 100% 청와대에서 행사하면서 장관 등 정무직 인사들에게 대단한 능력을 요구하고 있는 거죠. 쓸 수 있는 레버리지는 없는데 능력을 발휘하라는 거예요. 이런 상황에서도 어쩌다가 (우연히) 능력을 발휘하는 사람이 있고 그게 능력으로 치부되는 사회가 돼버렸어요.

결국 권한을 주고 책임을 물어야 되는 거지, 그렇지 않고 책임만 묻겠다고 그러면 제대로 굴러갈 수 없죠.

▬ 이현우 : 인사가 가장 중요하다는 얘기를 했었는데 핵심은 임용할

때에 충성심에서 비롯된 '코드 인사'가 우리사회에서 너무 큰 미덕으로 남아있는 것 같아요. 그 사람이 그 자리에 지식으로든 능력으로든 적절한 사람이 임명되면 자신감이 있기 때문에 그게 아니라고 그러면 언제든지 자리를 버리고 나올 수 있거든요. 그런데 지금은 내가 뽑아줬으니까 보은해야 한다는 거잖아요. 지금도 얘기할 때마다 윤석열 전 검찰총장이 배반했다는 거 아니에요. 이런 얘기가 안 맞는 거죠. 공직은 국민을 위해서 일하는 거고 국가를 위해서 그 자리를 만든 거지 정권을 위해서 하는 게 아니잖아요.

▬ 사회 : 집권 여당이 청와대의 여의도 출장소 이상의 기능을 못하면 대통령 권력은 더 비대화되죠. 청와대 수석이 부처 장관을 움직이고 행정관이 이끌어가는 현실이 우리가 겪었던 지난 날의 일이죠. 입법부와 행정부의 관계에서 집권 여당의 역할, 야당이 가져야 할 자세도 중요합니다.

▬ 이현우 : 인사에서 고려하는 게 실력과 충성심 중에서 아직도 충성심에 더 무게를 두는 것 같아요. 코드 인사는 모든 정부에서 진보든 보수든 그 한계를 벗어나지 못하는 거죠. 새로운 정부가 출발하면서 그런 식의 논공행상이 아직도 일반적이지요.

21대 국회의원의 전직을 보면 제일 많은 게 현직 국회의원이고요. 그 다음이 정치인이잖아요. 주특기가 별로 없는 사람들이죠. 그들이 대선캠프에 있다가 요직에 가고 그 파장이 낙하산 인사까지 가는 거예요. 문화죠. 우선 개선돼야 할 부분입니다.

▬ 박명호 : 권력의 현실에서 보면 캠프 정치, 충성심 같은 게 권력 운용의 논리니까요. 다만 다시 리더십으로 가면 변신할 수 있는 능력이 중요하지 않나 생각해요. 권력을 장악하는 과정에서의 리더십이 있는데 권력을 운

영하는 과정에서는 리더십이 달라져야 해요.

역사 인식과 자신의 역할이 연결이 돼야 되는 거라는 생각이 들고요.

입법부와 행정부의 관계를 보게 되면 두 가지가 문제라고 생각하는데 하나는 대통령제를 우리는 내각제적으로 운영해요. 흔하게 표현하는 정부 여당, 이건 내각제에서 나오는 얘기죠.

두 번째는 정당 집단주의예요. 패거리주의죠. 당론으로 정해버리는 거거든요. 특히 여당이 더 심해졌잖아요. 그런데 그들의 입장에서는 청와대와 대통령에게 잘 보이려고 할 수밖에 없어요. 의원의 장관 겸직도 하나의 이유죠.

인사청문회도 전현직 의원 불패에요. 인사 청문회가 가져온 의도하지 않은 결과라고 봐요. 총리 추천제로 더 플러스될 수밖에 없는 게 인사청문회를 계속하는 한 앞으로 인사청문회 통과할 사람은 점점 전현직 의원밖에 없을 겁니다. 이게 대통령과 청와대가 권력을 관리하는 아주 유용한 지렛대예요. 여당 의원이든 야당 의원이든 정치권 인사를 대상으로 할 수 있으니까요. '국회의원'에 앞서 '여당 국회의원'이죠. 항상 '여당 국회의원'이 먼저이고 시간이 지날수록 더 심해진 것 같아요.

가장 대표적인 것 중에 하나가 시행령인데요. DJ정부 박상천 법무장관 때 시행령 얘기가 시작됐거든요. 처음에 시행령을 정부에서 바꾸면 국회는 전혀 몰랐다는 거예요. 그래서 그때 만든 게 '정부가 시행령을 바꾸면 국회에 통보한다'였어요. 그런데 언제까지 통보하라는 게 없었던 거죠. 그러다가 시행령을 바꾼 것을 빨리 통보하도록 했고 박근혜정부 유승민 원내대표 때 '시행령을 국회가 바꾸라고 하면 바꿔야 된다'라는 게 들어가요. 20년 만에 국회와 정부가 대등하게 가는데 그걸 (박 전 대통령이) 비토한 거죠. '유승민 사태'의 배경이 된 거예요.

국회에 대한 불신이 높은데요. 국회의원이 국회의원으로서의 역할을 충실히 하는 게 우선이어야 됩니다. '여당 의원' '야당 의원'이 아니라 모두 '국회의원'이죠. 족쇄를 풀어줘야 돼요. 편할 때는 각각이 헌법기관이라고 얘기하면서 각 캠프에 가서 뒤따라다니면서 후보 뒤에서 사진 나오는데 급급한 모습은 안타깝습니다.

▬ 이현우 : 대통령제에서 대통령이 제일 중심이라고 하지만 사실은 대통령제에서도 국회가 중심입니다. 우리나라 헌법도 그렇고 미국 헌법도 그렇고 의회가 먼저 나오고 그다음에 대통령 권력이 나오거든요. 그 이유는 대통령 한 사람한테 권력을 맡겼을 때보다는 다수의 집단 지성이 더 낫다는 의미죠. 국회에서 법을 만드는 거고 행정부는 법에 근거해서 수행을 하는 거잖아요. 그렇다고 보면 권력의 창출은 의회인 거죠.

싸우라고 모아놓고 싸우면 또 왜 싸우냐고, 빨리빨리 (입법활동을) 못한다고 하는 이중적인 게 있어요. 국회는 운명적으로 어느 나라에서든지 불신 정도가 높죠.

다만 대통령은 단임이지만 국회의원들은 각자 도생으로 다음 선거 승리를 목적으로 둔다면 그들의 행동이 왜 그럴까를 이해해 볼 수 있어요. 그들이 대통령에 줄을 서든 당 지도부에 줄을 서든 모두 공천을 받는 게 중요한 거잖아요. 그래서 바꾸자고 했던 게 상향식 공천이죠. 그런데 실질적으로 공천이 끝난 다음에 제대로 된 상향식 공천이 얼마나 있었나를 보면 되게 적어요. 전략 공천이라든지 단수 공천이라든지 그래서 (상향식 공천은) 30%도 안 되는 거죠. 아직도 정당이 공천에 대한 모든 권력을 가지고 있기 때문에 그런 면에서 국회의원들은 정당에 줄을 설 수밖에 없는 문제들이 있다고 생각을 해요. 그러니까 출발점을 공천에서부터 시작하면 의원들이 좀 더 자율성을 가질 수 있게 되는 거죠.

그래야 지역에서도 인재들이 충원될 수 있거든요. 우리가 지방자치를 하고자 했던 것도 분권화도 중요하지만 그에 못지않게 중요한 것이 기초의회 등 지방자치에서 훈련된 사람들이 중앙정치로 오는 거잖아요. 지방 단위에서 선출직의 경험이 있던 사람들, 의회의 경험이 있던 사람들이 점점 고위 선출 공무원이 되는 것이 바람직하다고 생각해요. 그런 면에서 출발점은 본질적으로 가면 공천에서부터 출발해야 하지 않나 생각합니다.

▬ 박명호 : 또 리더십으로 돌아가는데요. 이번에 대선 과정도 보면 현직 의원들 입장에서는 그들의 선거가 가장 멀리 있거든요. 내년에 대선 이후에는 지방선거가 있어요. 갈수록 장이 더 커져요. 자신의 정치적 영향력을 확실하게 다지거나 더 확장할 수 있는 계기가 더 늘어나는 거죠.

▬ 사회 : 문재인 대통령은 불통 대통령으로 낙인 찍혔던 박근혜 전 대통령의 대안으로 선택됐죠. 기자회견도 자주 하고 언론과 소통한다거나 국민적인 공감 속에서 정책적 성과를 내고 진일보한 성공한 정부가 되고 싶었을 겁니다. 하지만 실제 평가는 그리 좋은 점수를 받고 있진 않아요. 문재인 정부의 성과와 한계를 진단해주시고 차기 정부에서 개선해야 할 부분은 무엇이라고 생각하나요.

▬ 박명호 : 청와대에 들어가기 전 다짐과 들어간 후엔 다 달라졌어요. 농담 삼아 터가 안 좋다는 얘기가 나올 정도죠. '대통령'은 오더나 지시하는 자리가 아니에요. 프레지던트의 어원 자체가 '회의장에 먼저 나와 기다리는 사람'이죠. 조율사가 되는 거죠. 그런 면에서는 역대 대통령이 다 기대에 미치지 못했어요. 대단히 귀찮고 번거로운 일이니까요. 그래서 결국은 인성의 문제로 돌아가요. '캐릭터 어보브 올'(Character above all)이라는 책이 있어요. 미국의 성공한 대통령에 대해 퓰리처상을 받은 기자들이 쓴 건데요.

여기에서도 '인성'을 주요 이유로 짚어요. 물론 제도적으로도 대통령이 그렇게 하게끔 만들어 놓아야 하죠.

대통령은 국민 통합의 상징이고 때 묻지 않은 고결한 존재여야 하면서 동시에 상당히 손에 피를 묻히는 존재이기도 한 이중적 역할을 수행해야 하는데 보여지는 건 전자의 것으로 보여져야 되니까 여기에서 오는 충돌이 있지 않나 생각해요. 정치하는 대통령이어야 되는데 정치를 멀리하는 대통령이 돼가는 거죠. 앞으로도 해법을 찾기 쉽지 않은 문제예요. 강제할 수 있는 방법이 별로 없기 때문이죠.

▬ 이현우 : 미국에서 트럼프가 들어설 수 있었던 계기를 두 가지 정도로 봐요. 하나는 그동안 미국 사람들을 억누르고 있었던 정치적 올바름이라는 거 있잖아요. 다양성은 다 인정해야 돼, 크리스마스라는 얘기를 하면 크리스천한테는 괜찮지만 다른 사람한테 불편한 얘기니까 크리스마스라는 말하지 마, 이런 거요. 또 내가 가지고 있는 나의 올바름을 얘기하지 못하게 하는 그런 것들이, 미국의 중하층의 백인들로 하여금 그동안에 억눌렀던 게 폭발한 게 있었고요.

그 다음에 인사이드 워싱턴 인물들에 대한 불신이 크지요. 기성 정치인이 아닌 새로운 인물에 대한 기대죠. 이런 것들을 해봤더니 더 형편없었던 문제가 있었지만요.

박근혜 대통령도 다선 의원이었지만 때로는 의회를 능멸했잖아요. 그러니까 의회주의자가 필요한 거죠. 의회를 종속적이거나 아니면 의회에서 뭘 하는 걸 짜증을 내서는 안 되거든요. 의회를 설득하는 것이 국민을 설득하는 거라고 생각을 해야 되는데 '발목을 잡는다'는 얘기를 해요. 그걸 왜 발목을 잡는다고 생각하느냐는 거죠. 그런 쪽의 견해가 있으면 설득하고 찾아가서 얘기하고 그런 부분이 있어야 된다는 거죠. 그런 면에서 보자면 아직까지 우리는 고귀하고 신화적인 존재로서의 대통령 모습을 환상으로 가지고 있는 거죠.

권위라는 것은 뭔가 카리스마가 있고 신비적인 것이라고 생각하는 고루함이 국민 전체의 절반 정도를 차지하고 있는 젊은 세대에는 전혀 맞지가 않는 거죠. 국민들은 티내면서 사진이나 찍는 것보다 그냥 와 가지고 슬쩍 손을 잡아주는 대통령을 원해요. 대통령이 누굴 불러서 오찬을 했다는 게 너무 일상적이라 신문에 보도도 되지 않는 거죠. 시민단체에서 모아온 사람들이 청와대 들어와서 밥 먹고 대통령과 얘기하는 이런 식의 모임이 너무 많아지는 거죠. 이런 게 정치철학이죠. 그런 부분이 좀 부족하다고 생각해요.

—— 박명호 : 대통령들의 반응성이 떨어지고 공감이 떨어져요. 얼마 전 대통령이 개 키우는 사진을 공개했어요. 인상적이었는데 좀 낯설다고 느꼈어요. 과연 우리나라 사람 중에 몇 사람이나 잔디 깔린 집에서 개를 그렇게 풀어놓고 살 수 있을까 하는 거죠.

한겨울이었어요. 국회에서 모임을 하는데 정문 바로 옆에 주차하고 본청까지 100~200미터정도 걸었죠. 정말 춥더라고요. 건물에 들어가니 내 얼굴이 불그스레한 거죠. 그런데 참가자 대부분인 국회의원들은 뽀송뽀송하더라고요. 결코 추위를 느낀 적이 없다는 듯이요. '아 이분들이 이래서 현장으로부터 멀어지는 거구나'라고 생각했어요. 선수가 높을수록 더 심해진단 말이죠. 대부분의 사람들이 사는 삶과 다른 삶인 거예요. 하물며 그들이 이럴진데 대통령은 어떻겠어요. 우리 정치가 점점 나빠진다고 하는 것은 여러 측면 중에서 보면 탈현장화됐다는 거예요. 그들끼리는 공감대가 잘 형성돼요. 대단히 상식적이지 않은 얘기들에요.

—— 이현우 : 박 교수가 그렇게 느낄 정도면 진짜 서민들은 어떻겠어요.

사회 : 유튜브나 SNS가 빠른 소통에 많은 도움이 되죠. 하지만 역기능, 폐해도 있어요. 가짜 뉴스죠. 확증 편향이 강화되면서 진영과 이념의 굴레에 빠져드는 현상도 나타납니다. 이는 통합보다는 분열을 가중시키고 특히 선거 때가 되면 훨씬 강하고 빠르게 확대 재생산되는 경향이 있어요. 정치 발전에 역행하는 것이고 발목을 잡는 거죠. 진단과 해법에 대해 말씀해 주시면요.

이현우 : 새로운 기계문명, 기술발전을 만나면 굉장히 기대가 크잖아요. 인터넷이 들어오고 공간적인 제약이 없어지면서 다양한 사람들을 만나서 얘기를 하고 공론화가 이뤄지고 숙의 민주주의가 가능해질 것으로 기대했죠. 실제는 그렇게 되지 않았죠. 자기 편끼리 뭉치는 반대 방향으로 가잖아요.

이번에도 기술에 대한 굉장한 기대치가 있다가 '사실은 그게 별거 아니구나' 이렇게 꺼지는 '기대치에 대한 순치' 과정을 거칠 거예요.

SNS도 가짜 뉴스가 나온다든지 그걸로 인해서 사람들이 선동되고 또 잘못 이해하고 이런 부분들이 있었는데요. '우리가 이런 즉흥적인 것에 대한 처벌을 할 것이냐'보다는 '왜 가짜 뉴스가 사람들의 귀를 혹하게 했느냐'를 먼저 살펴봐야 될 것 같아요.

유언비어나 음모론이 언제 나오느냐면 정보의 유통을 막을 때죠. 예를 들어서 선거법에 따라 선거 일주일 전에는 선거에 대한 여론조사 공표를 못하게 해요. 그럴 때 오히려 온갖 '카더라'는 얘기가 많이 나온단 말이에요. 정보를 통제할수록 그런 위험도가 더 커지는 거죠.

같은 원리로 보면 왜 SNS에서 가짜 뉴스가 나오고 선동적인 얘기가 나오냐면 사회 자체가 지금 그렇게 양극화되어 있기 때문에 그렇다는 거죠. 그렇기 때문에 그들에 대해서 사람들이 편견을 갖기 시작하는 거니까 문제는

SNS에서의 이런 병폐적인 문제를 SNS를 통해서 어떻게 해결하자는 거는 지극히 즉흥적인 처방이기 때문에 별 의미가 없다고 생각해요. 본질적으로 왜 우리 사회가 이렇게 지금 양극화 되어 있냐는 부분, 정치가 양극화를 동원한 건지 아니면 사회가 양극화된 게 정치에 반영된 건지의 문제를 따져볼 필요가 있어요. 그런 문제에 대해 사람들이 뭔가 합의를 한다든지 좀 더 갈등이 줄어든다면 유튜버들 사이에서도 그런 사람들의 영향력이 줄어든다는 거죠.

언론중재법을 놓고 논란이 많은데요. SNS가 비제도권이라 더 선동적인 것 같지만 결국은 민주주의는 굉장히 덜거덕거리면서 가잖아요. 더 중요한 것이 표현의 자유라는 거죠. 소크라테스가 죽을 때에도 '말을 그렇게 하지 말라고 충고를 받지만 자기는 모든 걸 얘기할 수 있는 게 진리'라고 했거든요. 또 사람들이 서로 얘기해 가면서 진리를 찾아간다고 했잖아요. 시행착오가 있을 수 있겠죠. 그렇지만 장기적으로 봤을 때 우리가 시민이라는 덕성을 믿으면 유튜브에서 이렇게 현혹되거나 선동되는 거는 소수이거나 또는 짧은 기간 동안에 이뤄지고 앞으로는 어떤 뉴스를 받으면 크로스 체크하는 게 나올 거예요. 요즘 딥페이크 같은 거 있잖아요. 동영상도 절묘하게 만들어서 가짜인지 구별이 안 가잖아요. 조금 있으면 그거를 판단해 주는 방법들이 나올 거예요. 창과 방패처럼 계속 나온다면 SNS 문제는 심각하게 생각하지 않아도 되죠. 심각하다고 생각하는 게 더 위험하지 않을까요. 본질적으로 우리 사회가 너무 양극화된 것의 결과물이다 이렇게 생각을 합니다.

━ 사회 : 가짜 뉴스가 횡행하고 허위 정보가 있었지만 지난 4.7 재보선에서도 집단지성적으로는 민주주의에 걸맞는 투표를 했어요. 그럼에도 불

구하고 가짜뉴스나 선전선동이 거의 소음이나 공해 수준까지 가는 경우도 있어요.

■ 박명호 : 킹스칼리지에서 낸 '문화전쟁'이라는 리포트가 있어요. 전 세계 60여 개국의 분야별 갈등지수를 조사했는데 '이민' 정도만 빼고 대부분의 분야에서 우리나라가 상위권에 들어가 있어요. 확증편향과 진영 전쟁으로까지 이어지는 건데 지지율 나오는 것도 상당 부분 그걸 반영하고 있다고 생각해요.

그럼에도 불구하고 시민을 믿어야 됩니다. 결국 시민이 답이고요. 최종적인 심판자죠. 다만 시민을 위한 정치가 되려면 지금까지의 몇 가지 부분에서 개선이 돼야 해요. 공유 문제인데요. 여야 간의 공유의 영역이 점점 없어졌어요. 정치권과 시민들 간의 공유 영역이 점점 없어지는 것도 큰 문제가 아닌가 생각해요. 그들만의 세상이 되어가는 건데요. 그래서 의전 정치, 이벤트 정치만 늘어났어요.

■ 사회 : 그러면 공유나 접점은 어떻게 현실화할 수 있을까요.

■ 박명호 : 그들이 현장으로 가야 되는 거죠. 탈현장이 되니까 탈공감이 되는 거예요. 결국 그건 선거를 통해서 시민의 선택으로 반영될 수밖에 없는 거죠. 시민의 선택이 최종적으로 바뀌면 정치권은 합리적인 사람들이기 때문에 거기에 맞춰서 변할 겁니다. 근데 사람들의 선택이 그렇게 바뀌지 않는다면 당연히 변할 이유를 못 느끼겠죠. 따라서 결국은 시민이 답이라고 할 수 있죠.

■ 사회 : 저도 주권자를 믿습니다. 정치권이 자기 권력의 롱런을 위해서 가짜뉴스를 악용, 활용하잖아요. 현실 정치에서 뉴미디어 정치가 매우

활성화돼 있고 또 선거 할 때에도 영향력이 크죠. 변별력이 중요해 보이는데요. 이를 위한 정책 대안이나 해법이 무엇이 있을까요.

▬ 이현우 : 우리나라의 대부분이 갈등 지수가 굉장히 높다고 얘기하지만 다른 면으로 보면 우리나라만큼 이번 코로나 사태 볼 때 이렇게 백신접종에 대해서 협조적인 국가가 있었나요. 민주주의라는 게 그래요. 지금도 서구 국가에서 마스크 착용에 대한 거부감도 있고 또 백신이라는 것에 대해서도 잘못된 뉴스들이 많죠. 많은 학자들이 과학적인 근거로 백신을 맞는 게 낫다고 생각하죠. 그런데 어떤 사람이 나중에 DNA에 어떻게 영향을 미칠지 모르기 때문에 자기는 안 맞겠다고 하면 그 소신도 우리는 존중을 해줘야 한다는 거죠. 예를 들어서 우리나라는 지금 다 과학 교실에서 진화론을 배우잖아요. 그런데 미국 몇몇 주에서는 창조론을 같이 배운다고요. 다양한 가치가 존재하는 거죠.

백신을 안 맞으면서 '백신이 너를 통제할 수 있다'는 얘기를 하는 유튜브도 있다고 해요. 그것도 과학적으로 포장을 해서. 그러한 황당한 주장들을 통제해야 되냐 하면 그렇지는 않거든요. 민주주의에서는 소위 과학적이지 않은, 객관적이지 않은 사람들도 살 수 있는 공간이 있어야만 된다고 생각을 해요. 그렇기 때문에 우리가 지금 얘기하는 것에 대해 옳고 그름을 얘기하면서 그름에 대해서 통제를 해야 된다는 자체가 다양성을 희생할 수 있다는 우려가 있다는 거죠. 저는 민주주의는 그렇게 좀 흠결이 많은 제도니까 덜그럭거리고 가자는 겁니다. 우리가 중앙집권적인 생각으로 잘못된 것을 규정하고 어떤 방향으로 조정한다는 것이 우려되는 부분입니다.

▬ 박명호 : 시민이 정답이기는 한데요. 정치에 대한 현실적인 이해가 필요하다고 봐요. 언론에서 좀 더 현실적인 이야기를 해줘야 되는 거 아닌가 하는 거죠.

마치 당위론적으로 어떤 정답을 정해놓고는 그래야 된다라는 걸 전제로 모든 걸 생각하는 게 아닌가하는 거예요. 정당은 일사불란하지 않아야 되는 것이죠. 그런데 일반적으로 일사불란해야 된다, 잡음이 없어야 된다고 전제하고 있는 거 아닌가요. 국회의원이나 정치인들은 싸우라는 역할을 부여받은 사람들이기 때문에 제대로 싸워야 되죠. 싸우는 것 자체가 문제 되는 건 아니죠. 제대로 싸우고 있느냐를 감시하면 되는 거예요. 물론 지금처럼 이렇게 싸우라는 건 아닐테지만요.

그런 면에서 보면 가장 안 좋은 것 중 하나가 이번에 언론 중재법처럼 교착 상태에 빠졌을 때 국회에서 외부사람 넣어서 협의체를 만드는 겁니다. 그러면 국회가 필요 없어지는 거예요. 두 번째 전직 국회의원들은 생계 문제가 있으니 이해되지만 현직들이 텔레비전이나 라디오에 나와서 토론하는데 그건 국회에서 해야 되는 일이죠. 그걸 왜 밖에 나가서 하냐는 거죠. 밖에서 자기들 주장만 하고 앉아 있는 거죠. 국회 안에서 죽이 되든 밥이 되든 정하는 게 옳죠.

세 번째는 국회 본청 2층을 보면 민주당하고 국민의힘이 나눠 써요. 대표실 원내대표 사무총장실이 있죠. 여야 당대표도 그렇고 원내대표도 그냥 가면 만날 수 있는 거잖아요. 그게 회동이라고 표현될 일은 아니어야 되는 거죠. 그만큼 정치가 의전화된 거죠. 옛날보다 더 심해진 것 같아요. 그런 면에서는 좀 더 실질화돼야 되는 거 아닌가 생각해요. 원내대표 방에 가서 그냥 만나면 되는 거고 그게 꼭 사진 찍고 악수해야 되는 건 아니거든요.

▬ 이현우 : 아무 목적 없이 자주 만나고 얘기 하다가 신뢰가 쌓일 수 있는 거거든요. 그런데 지금은 회동이라고 하는데요. 그 목적이나 명분이 있어야 되고 뭔가 성과를 내야 된다는 게 있는 거죠. 소셜캐피탈 같이 서로의 신뢰가 쌓일 수 있는 기회라는 장기적 효과를 너무 단기적이고 실리적으

로 판단하는 것이 문제라고 봐요.

▬ 사회 : 내년 3월 9일 대선이 있어요. 차기 대통령 리더십은 어떤 방향성, 어떤 철학을 지향해야 할까요. 우리 유권자들은 어떤 부분을 중점적으로 보면서 투표해야 할지 조언을 부탁합니다.

▬ 박명호 : 대선은 항상 중요했잖아요. 전환의 리더십이 필요합니다. 전환은 여러 가지를 갖고 있거든요. 리더십이 우선순위를 분명히 알아야 되는 거죠. 그 시점에서 5년 동안 자신의 역사적 역할에 대한 인식이 투철해야 되지 않나 생각해요

국민은 우리에게 닥친 게 어떤 과제이고 어떤 리더십이어야 되느냐에 대한 기준을 가져야 되지 않을까요. 프로야구 구단주가 감독을 임명하는 거하고 똑같은 거 아니냐는 거죠. 선거는 우리가 지금 뭘 해야 되느냐라는 것에 대한 국민적 합의를 도출해내는 과정이죠. 따라서 후보자와 정당들은 전환의 과제와 리더십, 우선순위를 제시할 수 있어야 하고 국민들은 그걸 보고 판단해야 하는 거죠

▬ 이현우 : 벌써 한 200년 가까이 된 얘기지만 정치인의 자질을 얘기할 수밖에 없는데요. 막스 베버가 '직업으로서 정치'에서 정치인의 자질을 얘기하는 데요. 열정이 있어야죠. 대의가 무엇인지에 대한 열정도 있어야 될 것이고 보고 싶은 게 아니라 있는 그대로를 판단할 수 있는 그런 자질도 있어야 되고 그다음에 결과를 낼 수 있는, 결과에 책임지는 그러한 책임감 있는 리더십이라는 것인데요.

프레지던시라는 대통령직이 아니라 프레지던트라는 대통령이라는 사람이 운영하는 것이기 때문에 사람에 대한 기대가 더 있는 거고요. 과연 이번 선거를 문재인정부에 대한 평가로 볼 건지 아니면 전망적으로 어떻게 정치를 할 것인지에 대한 그 사람을 평가할 것인지를 먼저 봐야 될 것 같아요.

가장 우려되는 것은 최근에 나온 몇 가지를 포함해서 정치적인 스캔들 인데요. 이것들이 정치의 결과를 결정한다고 한다면 이 사건들이 어떻게 될지 모르지만 이건 매우 불행할 거라고 생각해요. 왜냐하면 대통령이라는 개인들도 중요하지만 사실은 정치가 책임 정부라고 얘기하잖아요. 우리나라처럼 단임이라고 한다면 정치에서 책임성은 대통령 개인한테 물을 수는 없는 거 아니에요. 책임 정당 정부가 된다고 한다면, 정당이 중심이 된다고 본다면 책임을 물을 것인가 아니면 앞으로 어떻게 나갈 것인가 하는 쪽에서 봐야죠. 스캔들 속에 묶이게 되면 현명한 판단을 못할 가능성이 있지 않을까 생각됩니다.

이현우 : 청와대 청원은 존속하는 게 좋나요, 아니면 폐지하는 게 좋나요.

사회 : 청와대 청원은 나름대로 일방적 홍보가 아닌 쌍방 소통의 장으로 좋은 역할을 했지요. 국민들이 에너지를 분출하고 비제도권 밖의 극단적인 의견까지도 안으로 흡수하는 역할을 했다고 봐요. 삼권 분립의 방향성이나 철학에 따라 청와대보다는 중심축을 국회로 옮기는 게 맞다고 생각합니다. 국회로 제도화하고 청와대에도 연결되는 커뮤니케이션이나 연결공간을 만드는 게 좋아 보이는데요.

이현우 : 청와대 청원이 해우소 역할을 하는 거죠.

2

갈등공화국, 대통합 전략 : 대통합 · 대타협으로

김성식 국회국민통합위원회 경제분과 위원(18, 20대 국회의원)
이정식 한국기술교육대 초빙교수(전 한국노사발전재단 사무총장)
사회 _ **김종필** 내일신문 정치팀장

"민주화 이행엔 성공했지만 국정운영 시스템 민주화엔 실패"
"수명 다 한 '제왕적 대통령제' … 연정 통한 총리추천 검토해야"
"'공천=당선' 국회의원 소선거구제 바꿔야" … 다양한 갈등요소, '대타협'이 과제 우리나라 갈등수준이 매우 넓고 깊다. 다양한 갈등들이 해소되지 않은 채 똘똘 뭉쳐 있다. 압축성장 가운데 나올 법한 갈등이 켜켜이 쌓인 채 눌려 있는 모습이다. 이는 다양한 방식으로 표출될 수밖에 없는데 표출방식은 예상하기 어려울 정도로 뒤틀릴 가능성이 높다. 역대 정부마다 사회적 대타협을 시도해 봤지만 IMF관리체제 직후 이외엔 성공한 경험이 없다. 게다가 최근엔 새로운 갈등이 쏟아져 나오고 있다. 플랫폼노동 등 새로운 노동형태가 나오고 젠더, 세대 등 다양한 갈등이 예전과 다른 모습으로 고개를 들었다.

특별좌담을 통해 '갈등공화국, 대통합 전략'에 대해 의견을 나눴다. 우리나라가 갈등공화국의 오명을 얻게 된 역사적 흐름을 짚어보고 다양하게 퍼져 삶 속에 똬리를 틀고 있는 갈등들을 하나하나 꺼내봤다. 갈등을 보듬고 긍정 에너지로 바꿀 해법들도 찾아봤다. 다양한 위기와 도전을 극복해나가기 위해 국민들의 생각을 하나로 모을 수 있는 차기 정부의 대통합, 대타협의 길은 어디에 있을까.

▬ 사회 : 여러 가지 갈등과 대립이 많은데 균형을 어떻게 구현할거냐, 갈등 문제의 해법을 찾아가 보겠습니다. 개발독재 시대 때 압축성장을 하다 보니까 거기서 비롯된 많은 갈등 요인들이 증폭 재생산됐다고 생각을 합니다.

우리 한국 사회의 갈등구조나 질적인 깊이가 다른 나라보다 실제로 더 심한건지요. 그렇다면 그 이유는 무엇이라고 보는지요.

노사, 지역, 세대, 진영 간의 갈등이 있는데 정치 이념의 양극화부터 진단해볼까요.

▬ 김성식 : 갈등이 문제로 비춰지지만 인간 사회가 완벽할 수 없고 다름과 차이를 전제로 해서 공동체가 구성되는 것이기 때문에 갈등의 존재가 어떤 의미에서는 생산적인 공동체의 공감대를 만들어 나가는 데 있어서는

또 하나의 질료, 재료가 되는 측면이 있는 거죠.

완벽하게 동일하고 혹은 획일적인 국가가 더 문제일 수 있지 않습니까. 갈등 자체가 불가능한 국가가 독재란 말이에요. 갈등이 있는 것은 자연스러운 일인데 문제는 이것을 해결해 가면서 생산적인 에너지로 전환시켜 나가는 것이 중요하죠. 그 부분이 우리한테 없다는 거 아니겠습니까.

시대적인 측면에서는 산업화 세력이 산업화 이후를 준비하지 못했고 민주화 세력이 민주화 이후를 준비하지 못하고 있는 거죠. 그래서 다 기득권화돼 버리는 것이 문제의 핵심이고 그런 가운데 개인들이 무한한 각자 도생과 무한 경쟁에 내몰리는 반면에 그것을 보듬어줄 수 있는 공적인 기제, 상생의 공적 기제는 만들어지지 않은 거죠.

그 위에 정치가 오랫동안 제왕적 대통령제 중심의 권력 따먹기 게임을 하다 보니까 극단적인 진영 논리가, 진영의 정치가 되어버렸지 않습니까. 여기에 더해서 더 복잡한 것은 이른바 전 세계가 겪고 있는 디지털 시대, 뉴미디어 시대의 이 알고리즘 편향이 문제란 말이에요. 지금은 뉴미디어 환경이라는 게 자기가 좋아하거나 자기가 많이 보고 싶어 하는 쪽의 버블에 갇혀서 그것만 보는 구조로 우리 스스로가 깨닫지 못하면서도 거기에 빨려들어가는 구조에 있습니다. 그런 가운데 기존의 레거시 언론들은 한계를 노출하고 있고 정치도 제대로 문제 해결을 못하고 있는 거죠.

그러니까 전통적인 계층 간의 갈등에 더해서 세대나 젠더나 혹은 타다와 같이 혁신을 둘러싼 새로운 갈등도 제기되고 있는 거죠.

이런 문제를 풀기 위한 정치는 제왕적 대통령제를 중심으로 한 극단적 권력 게임으로 빠져 있기 때문에 진영 대립으로 가서 문제 해결을 못하고 있고 여기에 대의민주주의는 발전하지 못한 가운데에 있는 거죠.

그나마 발전한 나라들도 뉴미디어 파도 위에서 휘청휘청하고 포퓰리즘과 극단적인 인기 영합주의나 적대주의에 지금 전 세계 정치가 몸살을 앓고 있잖아요. 그런데 우리는 앞의 문제를 해결하지 못하는 가운데 이런 알고리즘 시대의 편향에 갇힌 소통 구조 속에 점점 빨려들어가고 있으니까 도대체 어디서부터 실마리를 풀어야 되는지 이런 문제가 있어요. 결론적으로 그럼에도 불구하고 이제 정치로부터 실타래를 풀어가야 된다고 생각해요.

▬ 이정식 : 첫 번째는 이제 갈등의 사회적 기능과 역할이 뭘까인데요. 옛날엔 갈등은 나쁜 거다 그랬는데 갈등은 이제 당연한 것으로 받아들여지고 오히려 그것이 적극적으로 긍정적으로 기능을 하면 사회 발전이나 조직 발전에 도움이 된다고 하죠. 그러나 그것이 관리 통제할 수 있는 범위나 수준을 넘어 조직이나 사회 해악이 될 수 있다는 거예요.

갈등에 관해서 국민 여론 조사를 한 것도 있고 많은 연구들이 있어요.

설문을 통한 의식조사를 보면 한국이 OECD 국가 중 갈등정도는 3등 정도 돼요. 주관적으로 의식을 물어보는 것이고 기대 수준이 높기 때문에 그런 게 아닌가도 생각되지만 결론적으로 보면 대체적으로 외국에 비해서 심각하다고 할 수 있죠.

하지만 갈등을 관리하는 기술, 평화적으로 대화를 통해서 갈등을 해결하는 수준은 27등이에요. 갈등을 관리할 수 있는 제도적인 문화적인 기제, 관행은 대단히 미흡한 수준이라고 하고 있는데 여기서 핵심이 정치죠.

갈등과 함께 제기되는 문제가 양극화라고 하는데 사람의 의식이라고 하는 것이 물질적인 기반이나 삶의 조건들을 반영한다라고 봤을 때 양극화가 된다라고 하는 것은 그 갈등이 양극화된다는 걸 의미하죠. 자산이든 뭐든 현실 세계가 중간이 비어 있고 극단적으로 된다는 것이고 그것이 표출되는 게 정치 갈등이든 이념 갈등으로 나타나잖아요.

전 세계적으로 AI(인공지능)에 따라 현대세계의 특징을 반영하는 현상이

뷰카(VUCA 변동성 Volatile, 불확실성 Uncertainty, 복잡함 Complexity, 모호성 Ambiguity)죠. AI가 선명성 극단주의를 촉발시키는 역할을 하죠. 갈등 수준은 높고 갈등을 관리하는 수준은 낮은데 지금 현재의 불확실성, 불안한 상태 속에서 전 세계적으로 극단주의가 특히 정치를 중심으로 해서 심화되고 있어요.

▬ 사회 : 양극화라든가 갈등을 구조적이고 지속적으로 만든 체제 중에 하나는 분단체제에서 찾을 수 있다고 생각해요. 왜냐하면 이게 제왕적 리더십하고 연결돼 있는 측면이 있어요. 박정희 군사독재 체제가 있었고 전두환 체제로 이어지고요. 정치체제와 깊은 연관성을 갖고 있는 거죠. 특히 노사 간의 문제도 진영 갈등으로 가고 최근에 생긴 뉴미디어인 유튜브 등도 체제의 속성에 기반 한 게 많죠.

그 문제가 정치 리더십 문제와 직결되는 게 아닌가 생각되는데요.

유권자는 세계의 톱 클래스인데 정치은 4류죠. 갈등을 조정통합하고 미래 지향적으로 끌고 가는 리더십, 그중에 정치 리더십이 후진적이라는 거예요. 자기 기득권체제를 재생산하고 지속시키는 데에만 집중하는 거죠.

또한 자산 양극화문제가 있습니다. 부가 공정하게 분배되지 않으면서 자산 양극화가 지속되고 있죠. 개천에서 용이 나는 시대는 저물었고요. 오징어 게임이 세계적으로 인기를 얻는 것도 이런 현상을 보여주는 거죠. 또 비단 한국만의 문제는 아닌 것 같다는 생각도 들어요.

▬ 김성식 : 국민은 1류인데 정치는 4류다, 이 얘기가 맞아요. 하지만 이 문장은 많은 것을 설명하는 것 같지만 어떻게 보면 하나도 설명하지 못한 게 아니냐고 볼 수 있죠. 정치가 왜 나빠졌는지를 설명을 하는 데까지 이르지 못하고 있어요.

지금도 맨날 머리채 잡고 싸우는 대선판 이야기만 나오고 심지어 이런 대선판은 진짜 머리 털나고 처음 본다는 사람이 있을 정도로 대선판이 나빠져 있단 말이에요. 정치 리더십도 그런 의미에서 여전히 후진적이죠.

그런데 왜 그렇게 되었을까 가만히 생각해 보면 정치하는 방식과 정치하는 제도들이 이미 수명을 다 해서 어떤 건강성과 생산성은 미니마이징 되고 갈등성과 때로는 천박성과 때로는 잔인함과 분열성 이런 것이 커져가는 정치가 됐는데요. 그게 87년 체제 중의 하나인 '대통령이 거의 모든 제왕적인 권한을 가진다'는 그런 헌법 체계와 떼어놓고 생각하기가 어렵다고 봅니다.

대통령 선거 7번 했거든요. 국회의원 선거 9번 했어요.

87년 이후에 7번씩 대통령 선거 치르면서 전반적으로 국정이 나빠지고 더 독식 구조로 가고 편가르기가 되고 더 질 나쁜 정치로 가는 것을 보면 결국은 이 권력을 획득하는 게임과 국정을 운영하는 방식과 그 시스템이 초보적 민주주의 시절에 했던 그런 제도 속에 있기 때문에 끊임없이 나쁜 형태의 정치적 행동들이 반복해서 일어나고 또 그런 나쁜 형태의 정치적 행동들이 승자가 된단 말이죠. 좋은 얘기 좋은 비전을 국민들과 나누는 정책을 강조하면 그건 무조건 지잖아요.

현재 정치가 무지하게 기능이 부전 상태이고 굉장히 나쁜 상태에 있는데 그 주된 원인을 리더십에서 찾는 데서 한 걸음 더 나아가서 '왜 그러면 정치가 그 모양이 됐느냐'를 보면 어떤 이유에서 제왕적 대통령제와 승자 독식의 국정 운영 시스템 자체가 수명을 다 해서 나쁜 모습이 극단적으로 드러나는 게 아닌가라고 생각해보자는 거고요. 넥타이부대든 김밥 팔던 할머니든 노동자들이든 민주 학생이든 다 나서서 대통령을 내 손으로 뽑는 것은 해결했죠. 문제는 우리 공동체를 민주공화국다운 민주공화국으로 바꾸는 문제에 관한 이해도 부족했고 또 민주화 세력 스스로가 그런 비전과 그런 시야로까지 확장이 되지 않아서 체계적으로 시민권을 확장하고 공적인 상생 시스템, 민주적 국정운영 시스템을 만드는 데까지는 못한 거죠. (민주화세력) 자기들이 잡았을 때가 민주정권이고 상대가 정권을 잡으면 반민주 정권이고 이런 컨셉이 아니라 국정운영 시스템 자체를 민주화하는 데는 민주화 세력이 실패했다고 생각해요. 선거 민주주의 혹은 대통령을 내 손으로 뽑는 수준의 민주주의에 머물렀던 데 비해서 그 사이에 자산 양극화를 비롯해서 소득 양극화, 일자리 양극화 그다음에 복지 부족으로 국민들은 벼랑 끝으로 내 몰린 거 아니에요.

또 유럽 노동운동이 사회 복지 국가, 유럽의 사회민주적 시스템이라고 하는 거대한 사회 시스템을 만드는 데 선두에 섰다고 한다면 우리나라 노동운동이 87년 이후에 민주화의 공방 속에서 이렇게 확장되면서 경제적 권리는 많이 얻었지만 복지 국가 혹은 균형 잡힌 상생의 공동체를 만드는 데까지 충분히 기여했느냐, 반드시 예스(Yes)라고 말하기는 어렵다고 봅니다.

그간 우리나라가 식민지를 경험하면서 한편에서는 엄청난 경제적인 발전을 이루어냈고요. 역사에 유례가 없는 거잖아요. 동시에 독재 국가를 오랫동안 겪었지만 심지어는 분단 체제 속에서도 이만큼 민주주의, 민주화를 이룬 것도 대한민국이 엄청난 성취라고 생각하는데 문제는 이제 그런 과정 속에서 '대통령을 내 손으로 뽑는 수준'에 머문 정치, 또 그것을 더 발전시키지 못한 것이 과연 독재 세력 탓이라고 할 수 있겠느냐는 거죠. (독재 세력은) 아예 그런 생각을 기대할 수가 없는 세력들이잖아요. 오히려 민주주의를 이야기하던 민주화 세력들이 대통령을 내 손으로 뽑는 것을 넘어서는 민주공화국에 대한 고민과 그것을 제도적으로 돌이킬 수 없는 불가역적인 시민권을 불가역적인 권리로 제도화하는 데까지는 못하다보니 갈등이 계속 이어져 온 것이죠. 그게 모든 양극화와 다 연결이 돼 있는 거예요.

▬ 이정식 : 87체제가 수명을 다 했다고 했어요. 그것은 권력 구조를 포함한 헌법에 다 들어가 있는데 한마디로 '대통령을 내가 뽑는다'는 그거잖아요.

근데 노동 체제에서도 87노동 체제가 지금 수명을 다 한 거 아니냐 이런 논의들이 많아요. 앞으로 새로운 체제를 어떻게 준비할 거냐. 그런데 정치권에서 87체제에 대한 대안으로 제왕적 대통령제와 같은 권력 구조를 바꾸자, 이런 논의가 있잖아요. 민주화의 이행은 성공했지만 이것을 공고화하고 제도화하고 생활 속에서 내재화하는 것은 아직 안 된 거예요. 정권 바뀔 때마다, 특히 노무현정부 이후에 이명박정부가 됐을 때 갑자기 거꾸로 돌아가는 것 같은 것을 보고 우리나라 민주주의가 굉장히 취약하구나 하고 생각한 거죠. 과거 군부 정권에서 직선제하고 나서 채워넣을 내용들을 못 채운 거죠. '1류 국민, 4류 정치' 라고 하는데 수준에 맞는 지도자를 받는 거다 이런 얘기도 있어요.

4류 정치, 분단 체제를 말했는데요. 분단 체제라고 하는 것이 한국에 있어서 정상적인 이해 갈등 대립이 표출될 수 있는 걸 막았지요. 정치적으로 대화와 타협을 통해서 정치권, 정치 사회에서 해결될 수 있는 걸 막은 거 그게 왜곡된 거잖아요. 길거리에 나가고 극단적으로 가는 게 이해를 대변할 수 있는 조직이 없거나 정치적으로 정당에서 국회에서 반영이 안 되니까 그런 거잖아요.

우리나라 갈등이 굉장히 어려운 이유가 3C(압축 Compress, 복합 Compound, 복잡 Complex)죠. 한마디로 얘기하면 짧은 기간에 압축 불균형 고도 성장을 하면서 갈등들이 그때그때 안 찾아왔어요. 이제 와서 짬뽕이 된 거예요. 그래서 지역주의도 살아있고 가부장도 살아 있어요. 지역 갈등이 사라진 것 같지만 숨어 있어요. 그래서 계급 갈등이나 노사 간의 이해 갈등도 이상하게 표출돼요. 우리나라 갈등 문제의 심각성이라고 볼 수 있어요.

원칙적으로 보면 지금의 가장 중요한 갈등은 노사 갈등이죠. 지금은 선진국은 정체성 갈등에 있어서 젠더(갈등) 이런 데로 간단 말이에요.

근데 우리는 왕조 시대에서 식민지로, 해방으로, 독재로 그리고 87년 대투쟁으로 온 거란 말이죠. 여기에서 민주화의 경험이나 이런 것들이 내재화될 수가 없었어요.

마스크 쓰라면 쓰고 개인의 프라이버시에 대한 고민없이 하는 거죠. 대통령만 제 손으로 뽑으면 되는 거고요. 이제와서 이게 문제가 되는 거예요. 한국 사회의 갈등 지점의 특수성이라고 볼 수 있죠. 정치인들이 이 부분을 활용하는 것도 있는 거고요.

자산양극화 문제에서 지니계수라든가 부동산 등의 불평등 지수를 보면 우리나라가 OECD 국가 중에서 제일 심각한 데 미국과 맞먹는 거잖아요. 심각해진 양극화가 어떤 식으로든 표출이 돼야 하는데 지금 제도화가 안 돼 있고 우리 정치는 왜곡돼 있죠.

▬ 사회 : 우리가 촛불항쟁을 겪었어요. 이건 진보의 전유물이 아니죠. 민주당 지지자들의 단독 무대가 아니라 민주진보개혁에 대한 이해와 요구를 갖고 있는 유권자 시민들과 중도 성향, 일부 합리적 보수까지 동참을 해서 한국 사회에 질적이고 구조적인 변동을 만들었던 것이죠. 이게 정치 영역으로 들어오면서 촛불 항쟁에 힘입어 문재인정부가 출범을 한 거고요.

내일신문이 문재인정부 첫 해, 세 번째 해, 다섯 번째 해에 '촛불시민 심층면접조사'를 해봤는데요. 최근으로 올수록 대한민국의 개선, 개혁 등이 이뤄지지 않은 이유로 '문재인정부의 능력과 의지 부족이다'라고 문제 제기들을 했습니다. 잘했으면 국민을 통합시키는 방향으로 갈 수도 있었는데 이게 안 되니까 정치권이 양극화되고 진영에 매몰되고 그러다보니 유권자들도 합리적이고 균형 있는 공론을 형성하는 방향으로 가는 게 아니라 편을 가르는 걸로 가는 거예요. 확증 편향이 심해지고 양극화가 더 격화됐어요. 또 진보진영에 대해 내로남불이다, 진보적폐라는 지적도 있어요.

▬ 김성식 : 촛불에 찬성했던 국민들은 대체로 80%가 넘었다는 여론조사가 많았어요. 문재인정부가 출범할 때 대통령이 받았던 득표율은 42%, 탄핵에 찬성한 국회의원 숫자가 234명이었거든요. 자유한국당 의원까지 참여한 거죠.

제도적으로 탄핵을 완성했단 말이에요. 촛불은 깔려 있었지만 전복적 과정이라기보다 제도적 과정을 통해서 탄핵이 이루어졌잖아요.

대통령 제도의 최고의 폐해 구조, 그러니까 문고리와 전혀 공적인 지위를 가질 수 없는 최순실이라는 사람이 국정을 좌지우지하는 농단의 모습을 보면서 그것에 대한 극복 과정의 일환이었고 문재인정부가 들어섰죠. 주도 세력이야 자기들이 하더라도 최대한 탄핵 동맹에 함께했던 다양한 세력의 연합 정치를 바탕으로 해서 문제를 풀어갔다면 민주주의 제도와 복지가 확산되고, 목소리도 내지 못했던 어려운 계층들이 자기 목소리와 자신의 발언권을 찾아서 극단의 벼랑으로 몰리지 아니하고 사회적 갈등 요인도 줄일 수 있는 좋은 기회였다고 생각합니다. 문재인정부 출범 자체가 그렇게 많은 것을 위임받으면서 또 재량이 주어지면서 들어섰던 정부거든요. 그런데 결과적으로 또 승자 독식 게임을 하고 공정과 정의를 훼손하거나 내로남불을 하면서 국민통합은 불가능해졌잖아요.

계속해서 똑같은 삿대질을 받기 마련이지 않습니까.

정책도 좀 어설프게 진행이 되어서 서민을 위한 정책이라고 하는 몇 가지 정책들이 결과적으로 서민들을 좀 더 어렵게 만들게 되면서 국민통합의 수준이 낮아진 채 정권의 마지막 말기를 맞고 있단 말이에요.

역대 정권마다 이렇게 갈등이 심각했던 건 사실이지만 문재인 정권이 촛불 이후에 했으면 했던 포용의 정치, 승자 독식이 아닌 민주주의의 공고화를 위한 협력적인 정치, 촛불에 참여했던 세력들의 연정, 이런 것을 제대로 하지 않음으로써 우리사회 태극기 부대가 갑자기 세력화되고 사회적인 양극화나 갈등이 심각해진 거죠.

국정농단으로 박근혜 정부가 국민들로부터 탄핵을 받았는데도 문재인정부는 끊임없이 가치농단을 하고 있는 것이 아니냐는 그런 의구심과 비판에 시달리게 됐단 말이죠. 통합이 더 어려워지게 된 측면은 참으로 아쉬운 일이에요

사회 : 촛불연합을 말씀하셨는데 80%의 국민이 밑으로부터는 국민통합을 할 수 있는 에너지였는데, 이것을 잘 통합하고 미래 지향적으로 도약시킬 수 있도록 하는 정권 핵심부의 역량과 실행력이 부족했다는 점을 지적할 수 있겠군요.

김성식 : 앞으로도 그러면 국민 갈등을 좀 줄이고 갈등을 건강한 미래로 가는 에너지로, 국민 공감의 능력으로 바꿔내는 작업을 하는 데 정치가 중요하다 그랬지 않습니까. 더 이상 인물에 의존적인 발상을 버릴 때라고 봐요. '어떤 진영이 권력을 잡으면 국민통합을 잘 할 것'이라는 발상에서 벗어나서 승자 독식의 게임이 아니라 연합 정치를 제대로 구현하는 대전환점이 이번 대선 과정이어야 되고 또 문재인정부에 대한 진정한 교훈이어야 된다고 생각해요.

통합을 위해서는 기존의 진영 대립의 정치를 넘어서야 된다는 자성이 비록 아직 크지는 않지만 상당 부분 깊어진 성찰이 나오고 있다는 측면이 굉장히 소중한 싹이라고 봅니다. 정책을 매개로 한 연합 정치로 바꿀 수 있는

계기가 되어야 국민 통합도 되지 않겠는가 하는 생각도 합니다.

━ 이정식 : 촛불이 한마디로 왜 생겼냐고 봤을 때는 두 가지죠. 하나는 불통의 리더십이고 또 하나는 국정농단 권력의 사유와 비선이죠.

우리 국민들은 아마 국민 통합을 바랐을 거예요.

그런데 적폐청산으로 가더라고요. 한국 정치는 정권이 바뀔 때마다 과거 전임정권에 대한 부정, 단절을 내세우죠. 어떤 조직이든 가보면 미래를 보면서 뭘 잘하겠다는 게 아니라 과거 전임의 잘 한 것도 부정하고 뒤집는 게 특징이에요.

유일한 관심이 권력의 재생산에 있는 거예요. 국민 통합에 있는 게 아니죠. 권력을 잡는 데 도움이 되면 오히려 균열을 조장하고 필요한 갈등은 확대 재생산하고 필요 없는 건 찍어 누르고 한다라는 게 정치학자들이 정치를 보는 관점인데요.

지금 갈등구조도 정치권이 그렇게 만들어서 이러고 있는 거죠. 여야가 적대적으로 공격을 하는데 내용은 안 그럴지 모르겠는데 말이나 이런 것들 보면 어떻게 북한하고도 대화하자 그러면서 남쪽에 있으면서도 적으로 규정하고 그렇게 언어를 구사하면서 정치를 하는지 이해가 안 돼요

━ 김성식 : 사람과 진영을 따지는 것은 조금 의미가 적어요. 국정운영 틀과 방식에 대한 대성찰이 필요한데 지금 어떤 대선 주자도 자신이 집권하면 기존의 승자 독식이 아니라 민주공화국, 민주적인 국정운영이 되도록, 또 생각을 달리하는 정치 세력과 협력을 강제하는 게 아니라 이끌어낼 것인지에 대해서 구상을 내놓지 않고 서로 생사결단낼 것처럼 하고 있죠.

대통령 권한이 옛날 우리가 비판하는 독재 정권의 권력보다 크게 적지도 않아요.

이런 마음인 것 같아요. '내가 선하게 좋은 정치를 할 테니 내게 독재 권력

을 달라.' 지금 정치하는 사람들의 민주주의 수준이죠.

선거가 다가와 있고 주자들은 선거 승리에만 쏠려 있을 텐데 전문적인 그룹이든 레거시 언론들이든 사람과 진영만 포커싱할 것이 아니라 정치하는 방식, 국정하는 방식을 바꾸자는 그것에 대한 성찰에도 관심을 가질 필요가 있죠.

또 그것에 대한 새로운 후보들의 입장, 어떻게 정치하는 방식을 바꿀 것인지, 국정하는 방식을 바꿀 것인지, 당신의 권력을 어떻게 내려 놓고 분산시킬 것인지부터 답하라고 요구해야 돼요. 국민들에게 돈을 10만 원 주겠다, 100만 원 주겠다 이런 얘기는 뒤로 하고요.

▬ 이정식 : 민주주의에 대해 기본이 안 돼 있는 거예요. 대화를 통해서 타협하고 협상하고 절충하는 게 아니라 상대는 완전 적이고 틀렸고 나는 지고지순하다는 것은 기본적으로 위험한 거고 민주주의가 안 되는 거죠.

승자 독식 구조화 때문이죠. 민주주의는 결과 못지않게 절차 과정이 중요한 거거든요.

근데 지금 우리가 성장해 오는 과정에서 국민들 마음속에서 아까 압축 갈등이라고 그랬잖아요. 과정이 다 생략되고 그냥 결과만 좋으면 된다, 또는 의도만 좋으면 다 된다, 나머지는 다 무시해도 된다, 이게 잘못된 것이고 굉장히 위험한 거죠. 그러면 민주주의하고 양립할 수가 없어요. 국민들이 성찰을 해야 됩니다. 우리나라 민주주의가 대통령이나 국회의원을 뽑을뿐 아직 남의 권리를 존중하거나 남의 의견을 존중하는 수준까지는 못 간거죠.

▬ 사회 : 민주주의 원칙 중 하나인 삼권 분립을 제도화한 이유는 견제와 균형이죠. 파트너를 인정해야 되는 거예요. 여당은 야당, 입법부는 행정부, 사는 노와 서로 제로섬 게임으로 가지 않고 파트너로 인정해야 대화와

타협이 되는 거죠.

586 운동권에 대한 비판 중에 하나가 정치권과 생활권의 분리라고 하거든요. 선거를 잘하고 패권을 쥐는 것까지는 했는데 민주적 리더십, 민주공화국의 가치와 가치에 맞는 공동체를 운영하는 리더십은 준비가 덜 돼 있고 미숙했던 거죠. 상대적으로 선민 의식이 높은 586들이 좌지우지하면서 전체적으로 한국 사회가 균형 있게 적립해서 미래로 가는 게 아니라 계속 충돌이 생기는 거예요.

세대 지역 이념 갈등의 중심에 정치가 있죠. 조화, 대타협으로 에너지를 집약하기 위해서는 어떻게 해야 할까요.

▬ 이정식 : 견제와 균형, 입법 사법 행정부가 서로 존중해주는 거죠.

내 편 들 때는 좋은 사람이지만 다른 의견을 내면 나쁜 사람이라고 하는 것은 상식적으로 이해가 되지 않지만 우리나라에서는 그게 가능한 거 잖아요.

1998년 2월 9일 노사정 대타협이 있었는데 가능했던 몇 가지 이유가 있어요. 먼저 외환위기였죠. 절체절명의 나라 위기죠. 또다른 하나는 DJ(김대중 대통령)라는 준비된 리더가 있었죠. 김대중 대통령은 이런 어려운 상황을 돌파할 수 있는 방법은 사회적 대타협 할 수밖에 없다는 정치 철학과 소신을 갖고 있었다는 거죠.

여기에 한국노총이 계속 만년 여당을 지지하다가 처음으로 DJ후보를 지지했어요. 야당을 지지하면서 역사적으로는 정권 교체에 성공했다고 했는데 경제위기가 온 거죠. DJ가 잘 돼야 한다고 생각한 거죠.

그래서 대타협이 이뤄질 만한 조건들을 보면요. 첫째는 정치적으로 대표되는 국가 문화로 대화와 타협과 협치가 돼 있어야 되죠. 그다음에 경제 위기인데요. 대타협을 안 하면 안 된다는 위기감이 있어야 돼요. 절박감이 있어야 되죠. 세 번째는 노동조합의 대표성과 리더십 확보가 필요해요. 네 번째는 노동계의 대타협은 양보를 요구하는 건데요. 이럴 때 양보의 대가에 대한 신뢰가 있어야 돼요. 그것은 정권에 대한 신뢰하고 연결돼 있어요. 노동자와 친화적인 정권이 있을 때 가능했어요.

역사적으로 보면 우리나라는 이런 조건들이 거의 안 돼 있죠.

사회 : 차기 대선 주자와 다음 정부에 권고할 만한 내용을 말씀해주세요.

이정식 : 사회적 대타협이 가능한 여러 가지 객관적인 조건이 있는데도 불구하고 역대 정권이 정권 바뀔 때마다 시도를 했어요.

가장 중요한 게 안 하면 안 된다는 위기감이거든요. 그런데 위기감이 없거나 위기감이 느끼는 사람마다 정도가 달라요. 이런 상황에서 사회적 대타협을 추진했는데 그래서 발생한 문제점들이 있었죠. 하나는 사회적 대타협을 했던 주체들이 뒤통수를 맞았다는 인식을 갖게끔 진행된 거죠. 우리가 희생을 해 주고 사람들이 박수를 쳤는데 위의 조직이 '너 왜 했냐'고 하는 겁니다. 강성, 극단, 선명 쪽으로 가는 게 더 유리하다고 판단한 거죠.

정부나 사회적 대화나 합의를 한 주체의 파트너들이 그 상대를 존중하고 그 일을 잘 되게끔 해주는 게 아니라 오히려 뒤통수를 치고 손해를 봤다는 인식이 많고 그다음에 세 번째로는 그 이후 진행되는 과정을 보면 조건이 안 됐는데도 정치권이 조급해지는 거죠. 단기간에 합의를 유도하려는 데 그게 됩니까. 노사가 합의할 것도 있고 합의가 안 되면 공감대를 형성할 것도 있고요. 조급성을 버리고 모든 걸 합의를 하겠다는 것도 버려야 해요.

정부가 이걸 정치적으로 이용하려고 하고 단기적으로 뭔가를 내서 포장하려고 하고 그러면 오히려 사회적 대화를 더 어렵게 만들죠.

김성식 : 이정식 총장한테 오히려 묻고 싶은데요. 지금은 사실 그런

설명이 중요한 거는 아니라고 봐요. 내가 걱정하는 거는 그럼 이후에 민노총이든 한국노총이든 우리 사회 통합 혹은 우리 사회의 업그레이드, 더 나은 민주공화국을 위해서 어떤 역할을 할 수 있고 어떤 기여를 하고자 하는가 인데요.

청사진은 뭐며 방법은 뭐냐는 거죠. 이 점을 묻고 싶어요. 과거에 노동시장이 단일할 때 노동자 대중이 단일할 때, 균질할 때는 싸움이 간단하잖아요. 조직력을 바탕으로 해서 노동단체 권한을 탄압하는 쪽과 또 단체 협약을 회피하는 쪽과 싸우면 된단 말이에요.

지금은 노동시장이 분절되어 있고 그것이 의도하든 의도하지 않든 간에 전가 구조가 돼 있지 않습니까. 대기업 노동자들이 형편이 비교적 그래도 나은 것이 중소기업 노동자나 비정규직 노동자 혹은 불완전 취업자 분들의 어려움과 전혀 연관이 없다라고 말할 수가 없잖아요. 왜냐하면 거기는 협상력도 없고 파업할 힘도 없고 그냥 잘려나갈 수밖에 없는 구조에 있단 말이에요. 이렇게 균질화되어 있지 않고 노동시장이 이중화되어 있는 측면이 과거에 단순히 노사 간의 계층 갈등과 달리 지금 우리 사회에 있어서 소득 양극화 문제를 해결한다든가 일자리 격차를 줄여나가는 문제 또한 국민통합에 있어서 대단히 중요한 과제인데 이 숙제를 어렵게 만들고 있다고 생각합니다.

그래서 지금 시점에는 노동계로 하여금 자꾸 노사정 사회적 대타협을 하라고 요구하는 것이 과연 맞나 싶어요. 왜냐하면 그걸 해내기가 비정규직 노동자와 정규직 노동자 입장이 같을 수가 없고 새롭게 생산해 나오는 플랫폼 노동자를 비롯한 다양한 노동자들이 조직화되는 상황과 현재 조직화돼 있고 비교적 정년이나 노동시장 임금이나 이런 데서 유리한 조건이 있는 쪽이랑 이걸 어떻게 할 수 있을지에 대해서 솔직히 좀 정확한 판단을 못하겠어요.

그래서 이 경우는 오히려 정치권이 나서서 노동시장 이중구조 개혁, 상대적으로 더 어려움을 겪는 불안정하고 취약한 노동자, 새로운 플랫폼 특화 노동자들을 위해서 우리 사회 전체가 무엇을 해줄 수 있고 또 복지 제도나 이런 걸 통해서 무엇을 커버해야 되는 것인지에 대해서 타협을 해야 될 때라고 생각합니다.

그런 의미에서 지금은 노동 문제 따로 복지 문제 따로 혁신 문제 따로 해법을 가지고는 국민 통합을 해결하기는커녕 기득권 구조만 더 강화되고 싸울 수 있는 사람들은 더 많이 얻고 싸울 조건조차 안 되는 사람은 더 많은 것을 잃어가는 그런 오징어 게임 시대로 갈 것인가 하는 고비에 서 있다고 생각하거든요.

정치가 나서야 하는 거예요. 복지는 노동 부분이 다 커버해 주지 못하는 소득불균형 해소와 어려운 절벽에 부딪혔을 때 다시 일어날 수 있는 그런 시스템을 어떻게 만들어 줄 것이냐는 거죠. 또 한편에서는 혁신을 위해서 기업들에게 깔아줘야 될 생태계는 무엇인지도 고민해야 됩니다. 노동과 복지와 혁신에 대한 통합 융합 처방을 가지고 정치권이 고도의 방정식을 풀어가면서 노동계에게도 진지하게 설명하고 협력 요청을 하고 기업에게도 그렇게 해야 합니다. 현재 테이블에는 노사정 위원회만 해도 비정규직이나 불안정 취업자나 새로운 플랫폼 노동자의 자리가 아예 없거나 있어봐야 아주 소수만 있잖아요. 의자를 마련해 줘야 돼요. 노사정 테이블이든 정치권에서든 대표성을, 목소리를 내게 해줘야 된다고요. 이런 노력을 통해서 문제를 풀어가야 됩니다.

이제는 정치하는 방식을 연정으로 바꿔야 된다는 것이고요. 그것은 노동과 복지와 혁신의 융합 해법을 갖고 큰 연정의 그림을 그려 국민들을 설득해서 양보할 건 양보하고 또 혜택들을 드려가면서 대타협을 구상하는 이런 리더십과 정치 세력 또 각 사회단체나 국민들과 늘 소통하려고 하는 그런 정치적인 노력들이 가장 중요한 키라고 생각합니다.

▬ 이정식 : 의자가 경사노위에서는 그동안 많이 생겼어요. 비정규직 플랫폼(의자)이 많이 생겼지만 이 주제를 노동 문제에 국한해서 다루기에는 너무 확장된 거죠.

정치권이 각 부분별로 뭘 내려놓을지를 생각해야 하는 거죠.

남아프리카 공화국 만델라가 대통령이 되는 게 확실할 때 100인 소수 정권에서 '30년 동안 감옥에 있던 만델라가 대통령이 되면 무슨 일이 벌어지겠는가'를 생각하니 '완전히 나라가 망한다' '100인대는 다 죽는다'고 예상이 됐고 결국 그래서 변화가 가능했던 거죠.

석유회사 로열 더치 셸은 경영 환경이 변할 때 '소련이 망할까' 이런 시나리오를 미리 만들었다고 해요. 국민들이 공감대를 형성하게끔 해야 되죠. 그래서 진짜 우리나라 이러면 안 되겠구나 그게 성공의 조건이 되는 거죠. 히딩크 감독이 와서 우리나라 축구가 성공했잖아요. 연고 등 없이 신뢰할 수 있는 사람을 썼어요. 대통령에게 이게 중요하겠죠. 대통령이 딱 5년 단위로 하는데 대통령 되면 다 할 것 같지만 할 수 있는 게 별로 없어요. 그러면 '5년 동안 이 공동체를 위해서 내려놓고 최선을 다하겠습니다' 하고 밤잠 안 자고까지 해야 이 갈등 구조가 해결될지 몰라요.

▬ 사회 : 걸림돌은 퇴행적이고 독점적이고 권력 연장에만 혈안이 돼 있는 정치권이군요. 차기정부 리더십은 어떻게 해야 할까요.

▬ 김성식 : 내가 상대 후보보다 더 유능하고 또 우리 정당 혹은 우리 진영이 더 우월하다는 생각이나 판단은 정부의 가치 농단으로 귀결된다는 성

찰이 가장 밑바닥에 깔려야 된다는 거죠.

그것은 나쁜 기제로 간단 말이에요. 국정농단, 가치농단, 승자 독식, 내로남불 이렇게 가는 거죠.

전 세계적인 도전이 불평등, 양극화, 또 새로운 혁신, 디지털 시대의 대응, 미중이 전면적으로 갈등하는 국면 속에 대한민국의 생존과 번영을, 평화를 유지해 나가는 문제 등 난이도가 아주 높기 때문에 무엇보다도 후보와 진영들이 낡은 제왕적 대통령제의 폐해가 얼마나 무서운 것인지를 알아야죠. 정권 초기에는 다 할 수 있지만 정권 말기에 가서는 아무것도 할 수 없는 그런 상황을 7번의 대통령 선거를 한 이후에 계속 반복해 왔다는 사실을 직시해야 된다는 거죠.

그러면 일 잘하고 강한 정부란 무엇이냐. 그거는 간단하죠. 여야 혹은 중도 세력이건 또 소수 정당이건 아직은 정치적인 세력까지는 못 된 젊은 세대 혹은 합리적인 전문가 세력이건 어떻게 대표성을 보완하면서 어떻게 연합 정치를 할 건가 이 구상을 국민들한테 얘기를 해야 기존 대통령과 달리 '나는 그런 실패를 반복하지 않는다'는 얘기를 하는 거죠.

'나는 저 사람과 달라요' '내가 하면 달라요' 이런 얘기를 반복해봐야 그것은 거의 거짓말 수준, 무책임한 말의 수준에서 벗어날 수가 없단 말이죠.

연정을 할 각오를 해야 되고요. 그 연정은 자기 정치 세력 내부부터 해야 해요. 지금 여당이든 야당이든 보이지 않게 이번 대선 경선 과정을 통해서 드러났지만 그 집안 자체가 너무나 갈라져 있잖아요.

그러면 그 안에서도 실력이 있는 사람이 있다면, 나를 지지하지 않았던 계파도 괜찮은 사람이면 써야 될 거 아니에요. 그 다음에 정치적 생각이죠. 사람만 쓰는 게 중요한 게 아니라 정치적 생각을 받아들여야 될 거 아닙니까. 조금 더 나아가면 양당에서 쟁탈전이 본격적으로 벌어질 거고 국민적인 다

수 지지를 확보하기 위해서 합리적이고 중간에 있는 목소리를 담기 위해 노력할 텐데 그걸 단순히 내가 당신들을 대변해 주겠소가 아니라 그러한 목소리가 국정운영 틀 속에 어떻게 담길 것인가에 대한 고민을 해야 된다는 거죠.

옛날 DJP 연합이 가졌던 긍정적인 의미, 노무현 대통령이 욕을 먹어가면서까지 대연정의 문제의식을 던졌던 그런 것을 생각하는 것이 굉장히 중요하고 또 하나는 정말 파격적으로 해볼 일은 총리를 자기 마음대로 임명하는 게 아니라 여야 간의 어떤 정책적 합의를 볼 수 있는 시간을 주는 거죠. 우리 사회가 가야 될 저성장 문제를 타개하고 불평등 불공정 문제를 극복하고 또 AI를 비롯한 미래 이슈에 잘 대처하기 위한 이런 정책들을 놓고 서로 일정하게 주고받기를 하면서 다수를 만들면 그런 사람으로 하여금 총리의 역할을 하게 한다면 어떨까요.

국회도 싸움판 국회가 되는 것이 아니라 공동으로 정책을 만들고 공동으로 책임지는 국회가 될 것이다 이거죠. 그리고 나아가서 정치가 좀 더 풍부해져야 되는데 국회 안에서의 논리를 벗어나서 우리 사회에 지금 다원화되어 있는 많은 세력들을 미래의 자기 정당 내로 혹은 국회 내로 혹은 지방자치단체 내로 혹은 여러 가지 사회적 협의 기구 내로 다양한 목소리를 담아줄 것인지 이런 노력을 추가로 해 나가는 것이 중요하다 이런 것이고 그것을 위해서는 노동 복지 혁신 세 가지에 대한 융합 해법을 함께 만드는 연합정부 혹은 책임 총리 정부의 예를 만들어내도록 해야 된다고 봐요. 만약 그렇지 않으면 탄핵으로 들어선 정부조차도 지금 성공을 말하지 못하고 있는데 국가적 난국을 타개하고 국민적 갈등의 극심한 상황을 타개하기 위한 그런 비전을 현실적으로 내놓지 않고 간다? 그 정권은 반드시 실패죠. 새로운 공론장을 언론 또 시민들이 본선이 다가오면 올수록 준비를 해 줘야 된다고 생각해요.

저나 김관영 전 의원이나 채이배 전 의원이 제3세력을 만들어보려다가 잘못한 것에 대한 부채감과 성찰의 결과 지난 1년 동안 많은 노력을 해서 '어젠다 K2022'라고 다음 정부가 해야 될 과제를 한 600여 페이지의 자료로 정리를 해서 내놨습니다. 생산적인 공론장을 열자는 취지에서 대안을 준비해 온 거거든요. 홈페이지(https://kipps365.com)를 통해서 관심 있는 분들은 다운도 받아서 보시면서 더 좋은 대안으로 공론장을 열어가면 좋겠습니다. 지금 공론장을 여는 게 굉장히 중요합니다.

▬ 이정식 : 역사로부터 좀 배웠으면 좋겠어요. 민주주의는 절차와 과정이 굉장히 중요한 거예요. 스스로 법을 지키면서 소통하고 대화하고 타협하고 절충하고 이래야 결과도 좋고 수용성도 있고 나중에 문제가 없어요. 근데 숫자가 많다고 막 가잖아요. 그건 민주주의가 아니지요.

그 모습을 보면 정치는 총만 안 들었지 전쟁이란 말이에요. 숫자로 하는 게 그게 전쟁이죠. 그냥 밀어붙이는 거잖아요. 그게 후유증이 있는 거죠. 예를 들어서 선진화법만 보더라도 만들 때는 상대방 잡으려고 했다가 나중에 제 발목 잡는 세상으로 돌아오거든요. 그래서 민주주의는 상대를 존중하고 다르다는 것을 인정한 상태에서 하는 거죠.

제도적으로 성공하면 국회의원 되려는 것을 잡아야 돼요. 직업 윤리라는 게 있는 거죠.

국회에 필요 이상으로 전 시대적인 특권이 너무 많이 있어요.

독재정권 시절에 때려 잡고 탄압하고 이럴 때 있었던 거 있잖아요. 국회의원이 특권의식을 가지고 시작하면 거기서부터 모든 게 나와요. 국민을 우습게 보는 게 거기서 나옵니다.

그걸 일단 없애야 되고 국회가 지금 현재 갈등이라는 측면에서 국민의 대표역할이나 갈등을 제대로 대변할 수 있는 체계가 아니에요. 법조인들이 너무 많고요. 새로운 영역에서 온 사람들은 소수이고요. 이해 대변 체계를 제대로 만들 수 있는 선거제도를 만들어야 돼요. 지금은 그게 중요할 것 같고 그다음에 나머지는 소통, 통합, 미래 지향입니다.

탕평 인사가 또 필요해요. 지역주의가 숨었는데 정권 잡고 나면 나오죠. 자주 나오는 얘기가 충청 대망론인데요. '충청도는 뭐 하고 있어' 이런 얘기죠.

지역 감정은 안 좋은 걸로, 전 근대적인 갈등이라고 돼 있지만 이 사회에 알게 모르게 왜곡돼서 나타나요. 이런 것들을 깨면서 갈등이 제대로 정리되고 표출되고 해결될 수 있도록 탕평 인사를 해야 된다는 거죠.

정치권부터 균열과 갈등 대립을 조장하고 그걸 이용하는 게 아니라 미래를 보고 과거 털지 말고 생산적인 정치를 해야 됩니다.

— 김성식 : 근데 그렇게 안 되는 이유가 있단 말이에요. 대안에 대한 생각이 다른 건 아닌데요. 왜 안 되냐, 왜 탕평 인사를 안 하냐. 제왕적 대통령제 하에 본질적으로 내장돼 있는 게 승자 독식 구조이기 때문이죠.

지금은 어떤 도덕성에 대한 논의라든가 혹은 이런 정치가 바람직하지 않는가에 대한 일반적인 방향 제시가 중요하지 않은 건 아닌데 그렇게 안 돼 온 주요 핵심 이유를 보고 그걸 바꾸기 위한 노력을 해야 되죠. 나름대로의 정치적 경험 속에서 느끼는 것은 이제는 87년 때 만들어진 무한한 권력을 갖고 동시에 '5년 단임'이라고 하는, 책임성은 매우 취약한 대통령제를 중심으로 내각과 국회와 정당이 대리전을 치르는 일종의 동원체제예요.

헌법에 단 한 줄도 없는 청와대 비서실이 청문회도 거치지 않고 선출된 사람도 아니면서 모든 보직 인사를 좌지우지한다는 것은 공공연한 비밀 아닌가요.

미국은 어떻게 하느냐. 백악관 직원 하나 늘리려면 전부 통제받아야 돼요. 근데 우리는 어떻게 합니까. 대통령령 하나로 청와대 구조를 마음대로 확대하고 거기에 기재부는 무조건 예산을 갖다 대는 거예요. 이걸 바꾸자는 거예요.

국회의원들은 어항 속에 고기처럼 많은 부분이 드러나 있어요. 특권이라는 게 특별히 뭐가 있을까요. 국회의원수가 많다면 깎으면 되죠. 불체포 특권을 없앤다? 그러면 권력에 어떻게 대들어요. 그건 욕심이 아니죠. 그런 국회의원 특권은 있어야 하죠.

가장 무서운 특권, 국민을 가장 우습게 보는 특권, 이게 뭘까요. 선거구 제도입니다. 국민의 눈치를 안 보고 공천만 받으면 무조건 당선인 선거구가 그렇죠. 그런 선거구가 널려 있어요.

그래서 선거 제도를 바꾸는 게 중요해요. 그런데 자유한국당에서는 연동형 비례대표제를 캡 씌우고 위성 정당 만들고 그랬죠. 특권의 핵심은 현재의 단순 소선구제에요. 수도권도 10군데정도 빼놓고는 민주당 강세지역, 국민의힘 강세지역이 다 정해져 있어요. 그러니까 공천이면 당선이니까 국회의원들이 국민을 알기를 우습게 보는 거죠. '국민들 좀 두려워 하며 정치하라'고 말한다고 되는 게 아니죠. 선거 제도를 바꿔야 하는 거죠.

우리가 두 가지 중요한 얘기를 사실 빠뜨렸는데 세대 문제와 젠더 문제입니다. 세대 문제는 기성 세대들의 성찰과 반성 혹은 기득권을 어떻게 조금 내려놓겠는가에 대한 고민이 따라 붙지 않는 한 해결되지 않는다고 봅니다. 예를 들어 65세 넘어야 국민연금을 지급받는 상황 속에서 정년이 65세까지 연장되면 좋겠다고 생각합니다. 그러나 그렇게 바로 이야기하기에는 젊은 세대들의 직장, 일자리는 어떻게 되느냔 말이죠. 적어도 정년 연장을 논의하려면 직무급으로의 전환이라든가 과도한 연공 서열제 폐지라든가 이런 합리적인 노동 관행의 개선과 더불어서 얘기를 해야 되는 거죠.

지금 젊은 세대들 입장에서는 저성장 시대에 접어들고 소수의 공기업과 공무원들 을 제외해 놓고는 모두 불안정하고 임금도 안 좋고 고용도 보장이 안 된단 말이죠. 아무리 노동시간이든 고용이든 보장한다 해봐야 중소기업이나 취약한 사업장들이 망해버리는 데 무슨 방법이 있냐 말이죠. 지금 젊은 세대들은 완전히 기회가 박탈되고 삶 자체가 생존 투쟁이란 말이에요. 진짜 오징어 게임에 들어가 있는 거란 말이죠.

이 점에 대해서 기성 세대들 또 기존에 좀 협상력이 강해서 제법 많은 권한을 갖고 있는 그런 쪽에서 젊은 세대들과 어떻게 동행할 것인가에 대한 고민이 있어야 되고요. 특히 제도 문제인데요. 우리 사회가 비교적 성공적으로 산업화와 민주화를 해 온 것 때문에 기득권 세력이 생긴 건데요. 그것이 조금씩 약화되고 새롭게 신진 대사가 되면 괜찮은 거잖아요. 그게 너무 강고해져 있는 부분에 대해서 좀 고민하면서 미래 세대에게 정치적 대표성을 확실히 키워주는 문제라든가, 어떤 정책에 있어서의 세대 간 공정성을 따져보는 걸 일상화한다든가 하는 것은 대단히 중요한 일이에요.

젊은 친구들에게 청년주택 몇 채 더 지어주겠다는 식의 사탕발림은 그만하고 그들의 정치적 대표성과 발언권을 어떻게 키워주고 기성세대가 갖고 있는 기득권 때문에 좁아진 그들의 기회를 열고 동행을 하기 위한 노력을 기성세대와 정치권이 어떻게 할 거냐가 굉장히 중요하다는 거죠. 안 그러면 우리 사회는 기존의 계층 갈등에 이어서 엄청난 세대 갈등으로 나누어질 거라는 거고요.

젠더 문제 또한 너무 능력주의적인 접근을 하면 안 돼요. 이 문제는 단순히 여성들을 위한 일 가정 양립 구조를 넘어서서 우리 사회 전체의 일과 생활의 밸런스 균형을 어떻게 잡아나갈 것인가하는 거거든요.

남성 여성 할 것 없이 이런 논의로 크게 바뀌면서 여성들에게도 유리천장이 줄어드는 그런 사회로 가는 게 굉장히 중요하다고 봅니다. 이 얘기 또한 중요한 통합의 과제라는 거고요.

또 하나 경제적 이야기는 너무나 당연시 하고 넘어갔는데요. 어느 시점부터는 국가 주도의 고도성장이 불가능해진 사회가 된 거잖아요. 우리 사회가 그만큼 성장하고 성숙했기 때문이죠.

과거처럼 그런 고도성장, 국가주도의 성장은 불가능하단 말이에요.

그러면 보수 세력이 사회 안정을 위해서라도 마치 과거에 비스마르크가 그랬듯이 체계적으로 복지를 확대하기 위한 노력을 선도적으로 했어야 됐죠. 왜냐면 산업화를 그들이 선도했으니까요. 고도성장이 불가능해진 시점에서 복지의 틀을 짜고 기회의 균형을 만들고 과도한 기득권을 좀 줄여주고 새로 나오는 미래의 싹들이 과거부터 축적돼 온 기득권 구조에 질식되지 않도록 하려는 이런 노력들을 하려니 어려운 거죠.

민주화 세력 또한 저성장기에 불평등과 불공정 문제가 심각하다는 것을 얘기는 했는데 그 불공정과 불평등을 실제로 줄여나갈 수 있는가에 대한 비전을 준비하고 사회 세력들 간의 공감대를 이끌어내면서 그것을 체계적으로 문제를 풀어나가는 것을 못했죠.

그냥 가진 자들의 문제로 항상 돌리면서 노동시장 이중구조 문제라든가 또 세금은 안 내면서 자꾸 복지를 하려고 한다든가 지속 가능하지 않은 프레임을 자꾸 짠다든가 한 거죠.

무상 시리즈보다 더 중요한 게 복지 서비스인데요. 이런 쪽은 또 좀 신경을 덜 쓰죠. 상대적으로 표가 안 된다고 보니까요. 이런 문제들을 이제는 해결해야 된다고 봐요.

재정을 가지고 성장률이나 취업자 숫자를 만지작거리는 정책은 이제 그만해야 돼요. 국민을 속이는 거고 돈만 낭비하는 거라고요.

복지를 체계화하고 노동시장 이중 구조를 점진적으로 개선해 나가고 어려운 근로자들에게 권리를 높여주고 미래를 위한 혁신의 길을 계속 열어줌으로써 새로운 일자리가 창출되게 해 나가는 공동의 노력을 이제 함께 하는 게 대단히 중요하고 그런 의미에서 보수 세력이 가졌던 국가 주도 고도성장에 대한 향수 속에서 우리 사회의 더불어 살아가기 위한 상생의 기반을 만드는 데 실패한 점에 대한 자기 반성이 특별히 있어야 된다고 생각해요.

또 진보 세력은 그런 문제를 풀어나가는 데 있어서 기존의 산업화 시대의 틀을 갖고 새로운 시대의 다양한 갈등과 노동시장 내부의 문제를 외면하고 복지를 하려면 증세도 같이 따라가 줘야 되는데 표가 안 된다고 그런 얘기는 하지 않는 일련의 포퓰리즘 정책들, 이런 것들이 얼마나 장애가 되었는가를 같이 성찰해야 저성장 시대에 우리 대한민국의 미래를 고민할 수 있다고 생각합니다.

▬ 사회 : 대담을 마무리하면서 강조하시고 싶은 대목을 말씀해주세요.

▬ 김성식 : 외환위기 때는 급성 쇼크로 봤잖아요. DJP 연정이라는 초유의 연정도 생기고 대기업 구조조정에 수많은 실업자들에 대한 대처 문제 또 노동 개혁 문제 이런 것들이 쭉쭉 진행됐어요.

가랑비에 옷 젖는다고 그렇게 급성 쇼크로 오는 게 아니라 만성 질환으로 올 경우에 사회가 치유력이 있는가, 병세에 대해 국민적 공감 능력이 있는가, 또 분열적이고 포퓰리즘적인 해법이 아니라 종합적이고 실질적인 해법에 다 같이 참여할 수 있느냐 이런 어려운 숙제가 놓여 있다고 생각합니다.

지금은 만성 질환의 시대란 말이에요.

그러니까 누구도 책임지려 하지 않고 정치권도 표 되는 것만 하려고 하고

표 안 되는 건 안 하려고 하고요. 입에 쓴 보약은 국민들도 안 먹으려 하고 당장 솜사탕엔 박수를 보내고요. 기존의 사회단체나 혹은 기업들도 익숙한 틀 속에서 안 벗어나려고 하고 있지만 우리가 살아가는 방식, 일하는 방식, 협력 구조가 완전히 달라져 가고 있잖아요.

이 만성 질환의 시기에 어떤 변화의 설계가 가능하고 어떤 통합의 실마리를 찾을 수 있는가, 이 점이 어려운 숙제인 것 같아요.

뾰족한 방법이 있는 건 아닌데요. 문재인정부가 탄핵을 통해서 들어선 국민적인 기대와 희망 속에서 출범을 했기 때문에 그런 만성 질환의 대한민국 문세를 극복하고 기득권 문제를 해결하면서 미래의 길을 열어가기를 바랐는데 만성 급성 질환이 아니다 보니까 여전히 인기 영합적인 국정과 승자독식적 국정으로 가면서 숙제를 해결하지 못했습니다.

숙제를 거의 그대로 다음 정권에 도로 안기는 게 되고 말았는데요. 이 만성 질환의 시기에 우리가 그 질환의 엄중함을 깨닫고 함께 솔루션을 만들고 함께 책임질 수 있는 그런 정치와 사회적 여건을 만들어 나갈 거냐 아니면 그냥 이 속에서 기득권을 지키며 살 거냐의 기로에 있는 거죠. 당장은 죽어 나가지 않으니까요. 당장은 사회 전체가 폭망하지는 않으니까요.

그러나 오징어 게임처럼 게임에서 지는 사람들은 계속해서 극단적으로 몰릴 거란 말이에요. 그렇게 해서 안으로부터 부서지는 사회가 될 것인지 아니면 만성 질환을 잘 극복하면서 기왕에 우리가 성취했던 것을 다시 잘 살려서 미래의 도전에도 극복해 나갈 수 있을 것인지 참으로 엄중합니다.

외환위기라면 차라리 금이라도 팔아가지고 국민들의 마음을 모아서 업고 갈 텐데요. 국민들에게 용기 있게 대화하는 정치인이 있어야 돼요. 자기가 표를 잃을 각오하고 국민들과 용기 있게 이 만성 질환을 함께 돌파할, 함께 극복할, 또 함께 고통을 짊어질 것을, 또 함께 기득권을 양보할 것을 주장하는 지도자가 필요한 거죠.

— 이정식:한국 사회의 문제는 말씀대로 저강도 위기가 계속되면서 위기를 위기로 인지하지 못하는 게 위기인 거죠.

— 김성식 : 성장을 절대로 목표로 삼으면 안 돼요. 삶의 질, 민주주의, 사회적 시민권 이런 게 중요한 거죠.

3

선택 강요당하는 외교안보 : G2 사이 균형전략

김준형 한동대 국제정치학과 교수(전 국립외교원장)
홍 민 통일연구원 선임연구위원(대북)
사회 _ **김종필** 내일신문 정치팀장

"선제적 외교원칙 없으면 미중 사이 선택의 문제로 봉착"
"20년 전 남북교류체계 · 부처별 나눠진 안보실, 교정해야"
"남북 백신협력, 과도한 기대는 금물"

문재인정부가 차기 정부에 남북관계의 어떤 모습을 넘겨줄 지에 관심이 모아진다. 문재인 대통령은 유엔총회에서 '종전선언'을 제안했고 북한이 긍정적으로 받았다. 현 정부에서 남북정상회담이 다시 한 번 열릴 것이라는 전망이 나온다. 하지만 한반도 주변정세는 우리나라에 그리 유리하지만은 않다. 조 바이든-시진핑의 대결구도는 더욱 강도가 세지면서 우리나라에 선택을 강요할 가능성도 높아지고 있다.

국내에서도 남북관계에 대한 피로도가 누적되는 분위기다. 새로운 세대에겐 통일보다는 평화가 더 중요하다. 2000년에 조성된 남북교류협력 구조를 바꾸고 부처마다 다른 시각을 조절할 새로운 시스템이 필요하다는 목소리도 있다.

특별 기획좌담을 통해 미국 바이든 행정부의 동북아정책에 대한 평가와 중국의 '장기전 전략'을 병렬식으로 짚어봤으며, 종전선언의 의미와 북한 반응에 대해 분석했다. 대한민국의 외교안보전략의 수정과제들도 꼼꼼히 따졌다.

▬ 사회 : 미중 강대국 사이에서 우리 민족의 운명을 어떻게 앞으로 헤쳐 나갈지 국민들의 관심이 높습니다. 우리 민족의 숙명이기도 한데요.

미국과 중국의 주도권 전쟁이 신냉전이라고 할 정도로 격화되고 있습니다. 미국이 바이든행정부로 교체가 된 지 10개월이 지났습니다. 지금까지 보여준 바이든행정부의 동북아 외교안보전략을 어떻게 평가하시는지 진단해 주시고 앞으로 어떤 방향으로 변화가 예상되는지 전망해주세요.

▬ 김준형 : 작년 대선은 단순히 '미국의 길'을 선택하는 이상으로 '세계의 길'을 선택하는 의미가 있었다고 생각합니다. 왜냐하면 탈냉전 이후에 두 가지 힘이 강하게 충돌하고 있는데 하나는 세계화, 신자유주의, 통합, 협

력, 국제 거버넌스 이런 것들입니다. 미국이 원래부터 추구했고 미국이 만든 질서이기도 하죠. 이걸 바꿔버린 게 트럼프 전 대통령이었죠. 트럼프는 국가이기주의, 민족주의, 파편화 이런 것들을 지향했어요. 미국이 자기가 만든 질서를 스스로 부정한 것이죠.

그걸 다시 한 번 선택을 한 게 2020년 선거였습니다. 국제협력과 과거의 미국 리더십을 상징하는 것이 바이든이라면 트럼프는 지금 부각되고 있는 새로운 질서 중에 하나인 지정학, 국가주의, 파편화 이런 것들을 앞세운 거죠. 결국 미국이 선택한 것은 바이든이고 과거로 돌아가겠다, 노말(normal)로 돌아가겠다는 거죠.

그런데 한 가지 달라지지 않은 게 있어요. 반중 전선입니다. 바이든식으로 얘기를 하면 중국하고도 협력을 해야 되거든요. 물론 일부에 있어서는 중국과 협력하겠다고 하지만 실제로는 중국에 대항하는 모습이 훨씬 더 강한 게 사실이고요. 미국이 돌아갔다고 했지만 실질적으로는 중국에 대해서는 때린다는 부분에서 미국의 외교 중심이 중국 경계에 있고 다만 1 대 1로 붙는 것보다는 동맹이라는 미국의 자산을 최대한 이용하겠다는 전략입니다. 소위 말하는 동맹의 연대를 통해서 중국을 견제하고 이기겠다는 거죠.

미국이 소위 말하는 비스포크(BESPOKE, 맞춤형) 전략을 사용합니다. 과거 소련의 진영을 하나로 만들어서 동맹을 모아 전부 반소 진영으로 만드는 것이었어요. 그런데 지금은 이슈별로 여러 가지 층을 만듭니다. 그게 파이브 아이즈(Five Eyes, 미국 영국 캐나다 호주 뉴질랜드), 쿼드(Quad, 미국 일본 인도 호주), 오커스(AUKUS, 미국 영국 호주)입니다. 이런 것들을 겹겹이 만들어서 소다자를 중심으로 중국을 경제부터 군사까지 총 망라해서 견제하겠다는 것입니다.

두 가지가 상충되는 부분입니다. 하나는 동맹의 의사를 듣고 동맹이 불편해 하지 않은 데서 합의를 통해서 중국 때리기를 하는데 실제로 그것은 거의 불가능하게 보입니다. 시간도 많이 걸리고요. 그래서 미국 내에서는 바이든의 방법이 성공할 수 없다며 비판을 하고요.

미국이 지난 번(트럼프정부 때)에는 동맹을 쥐어짜서 편을 정하게 했다면 이번(바이든정부 때)에는 동맹의 힘을 필요로 하니까 우리에게 선택을 요구하고 우리는 여전히 미중 사이에서 선택을 해야 된다는 프레임이 하나이죠. 또 한미 동맹 차원에서 세계를 봐야 된다는 시각이 여전히 존재하고 그것이 우리 내부의 이념 분열까지 연결돼 배타적 프레임이라는 게 놓여 있습니다. 이런 프레임을 타파해야 된다, 그 프레임과 싸워야 된다, 우리에게 도전거리라고 생각합니다.

▬ 홍 민 : 바이든 대통령이 후보자 시절 공약으로 내세웠던 외교안보전략, 핵정책을 현재적 관점에서 점검해 볼 필요가 있다고 봅니다. 미중 전략경쟁과 대중국정책의 조정, 핵 군비경쟁 조정과 군비통제에 대한 국제 리더십 회복, 유럽과의 대서양 관계 복원, 중동에서의 전쟁 종식과 안정성 회복 등이 주요한 내용이었습니다. 그런데 출범 이후 보이고 있는 행보들, 중간중간 발표되는 정책 방향은 이런 공약과 괴리된 것들이 있습니다. 어쩔 수 없는 부분도 있습니다. 공약 수립 당시 반트럼프적인 뭔가를 보여주기 위해서 내걸었던 정책이 취임 후 생각과는 다른 현실들에 직면하게 되면서 변경될 수밖에 없는 부분이죠. 그럼에도 상당히 모순적인 부분이 있습니다.

가령 핵정책만 보더라도 NPT(핵확산금지조약)체제를 강화하고 군사전략 및 외교에서 핵무기 역할 감소, 핵무기 재고 감소, CTBT(포괄적 핵실험금지조약) 비준, 핵무기금지조약(TPNW)에 대한 도덕적 지지 등이 공약 내용이었습니다. 핵심은 과열되고 있는 핵 군비경쟁을 최대한 레짐(규범)을 만들어 통제를 하겠다는 것입니다. 그런데 현재 미국은 오히려 핵 군비경쟁에 가세하여 안보딜레마를 한층 심화시키고 있는 측면이 있습니다. 물론 실제 현실을 보니 핵 군비경쟁이 구조적으로 더 이상 억제하기 어려운 부분들을 발견하면서 이에 대응하기 위한 것일 수 있습니다. 그러나 대중국 포위 · 압박과 핵 군비경쟁의 가세, 동맹 전선의 강화 등이 오버랩되면서 사실상 비확산 및 군비통제 레짐을 통해 핵 국제질서를 바로 세우고 미국의 핵 규범의 리더십을 강조했지만, 그런 공약이 사실상 상당히 무색해진 거죠.

대표적으로 최근에 오커스(AUKUS)와 같은 경우도 마찬가지입니다. 호주에게 핵잠수함 기술을 이전하겠다고 발표를 했는데 1958년 이후에 기술 이전은 처음입니다. 미국 내에서도 비판이 나오고 있어요. 심지어 바이든을 지지했던 싱크탱크나 그룹에서도 '핵 비확산 규범에 대한 전통적인 미국의 정책 지향이 이런 예외를 만듦으로써 비확산체제에 균열을 가져올 가능성이 높다'는 지적이 있습니다. 북한은 미국이 자신에게 비핵화를 요구하면서 필요에 따라 자신의 동맹에게는 핵에 대해 예외를 두는 이중기준을 두고 있다고 비난을 하고 있습니다. 이란이나 핵 개발을 시도하려는 국가들에게 이런 예외는 잘못된 신호를 줄 수 있습니다. 중국을 포위하고 압박하겠다는 정책에 지나치게 경도되면서 미국의 전통적인 규범이나 가치에 균열을 가하는 이중성들이 노출되고 있는 것입니다.

다른 한편 최근에 아프가니스탄에서 철군하는 과정에서 보여준 소위 '바이든 독트린'의 내용들을 보면 과거에 트럼프가 보여줬던 포퓰리즘적인 국익론과 다른 것 같지만 실제로는 그리 크게 차이가 없어 보입니다. 이 역시 중국의 부상과 러시아의 확장을 저지하는 데 집중하기 위해서라고 하는데 결과적으로 중동에서의 전쟁종식과 안정성 회복이란 공약을 무색케 하는 조치입니다.

이런 전반적인 내용을 봤을 때 미국이 중국 때리기를 위해 상당 부분 자세를 가다듬고 거기에 맞는 공세적 펀치들, 연합전선을 준비하려고 하는데 지나치게 중국 때리기로 경도되는 과정에서 바이든정부 출범 당시 내세웠던 공약들과 상당 부분 충돌하거나 퇴행하는 정책들이 나오고 있는 부분이 있습니다. 이것은 미국의 전통적인 대외정책 가치나 역할론과도 일정한 거리가 있습니다. 일종의 선택적 국익론이랄까요. 이제 중국에 대한 포위, 압박에 경도된 정책들이 조만간 한반도 문제와도 연관이 되고 한국의 정책과 상충하는 부분으로도 나타날 가능성이 내재돼 있다고 봅니다.

▬ 사회 : 미국의 행정부가 공화당 정부에서 민주당 정부로 바뀌었습니다. 바이든정부는 다른 정부와 같이 미국의 국익 관점에서 대응하는 기조로 읽힙니다. 중국 시진핑 지도부는 정체성을 강화하면서 미국에 강경한 태도를 취합니다. 변화된 미국 행정부에 대한 중국의 대응책이 달라질까요. 미중 간의 긴장 상태가 계속 지속되리라고 보나요.

▬ 김준형 : 미국 내부에서 이런 평가가 있습니다. 지금 하고 있는 방법이 나중에 실패할 것이다. 카터 2.0이 되든지, 아들 부시 2.0이 될 것이라는 거죠. 민주주의 인권을 내세우다가 아무 것도 못하는, 트럼프처럼 때리지도 못하고 있는 것을 2.0이라고 얘기하는 거죠. 오히려 네오콘(신보수주의)의 실패같이 다른 국가들에게 호응도 못 얻게 되는 상황, 이것도 아니고 저것도 아니게 될 상황이 될 가능성이 있다고 보는 건데 저는 그게 상당히 가능성이 좀 있다고 봅니다.

실제적인 결론을 하나도 못 내고 있어요. 이란, 북한에 대해서도 못하고 있지만 아프간에서도 저렇게 쫓겨났죠. 중국에 대해서도 트럼프는 적어도 관세라도 때려 겁을 줬는데 바이든은 G7의 동의를 얻어내고 중국 때리기에 참여를 시키지만 중국이 잘못한 부분에 대해 행동으로 같이 중국을 제재할 수 있느냐는 쉽지 않은 거죠. 프랑스와 독일이 미국의 기조에 동조하더라도 이익이 달라졌을 때엔 동참할 가능성이 많지 않다고 생각해요.

그것과 연결해서 중국은 미국을 어떻게 볼 것이냐. 중국은 긴가민가하면서도 여전히 바이든이 들어서도 오히려 더 강하게 나올 것이라는 예측이 훨씬 더 강하죠. 최근 양회에서 나온 중국의 방식은 두 가지입니다. 하나는 장기전으로 보는 겁니다. 그래서 자기들은 맷집 게임을 하겠다는 거죠. 미국의 펀치 게임에 바로 맞서기보다는 미국이 때리는 만큼은 어느 정도 반응을 하지만 맷집 게임을 하는 거죠. 시간은 자기들의 편이라고 생각을 합니다.

견디는 방법은 쌍순환(내수중심 성장)이라고 얘기를 하죠. 그래서 중국의 국내 경제 비율은 충분히 미국이 때리는 것을 흡수하고도 견뎌낼 수 있다고 보는 겁니다. 실제로 중국의 무역 의존도가 계속 낮아져서 20% 아래로 떨어졌습니다. 중국이 (맷집 게임에서) 성공한다는 보장은 아무도 예측하지 못하지만 미국이 생각하는 것보다는 오래 견딜 수 있다 이렇게 보는 것 같습니다.

그리고 중국이 견디면서 뭘 하냐. 다음 세대의 기술 패권을 차지하는 게 중국의 두 번째 전략인데요. 지금은 미국의 플랫폼에 중국도 올라가 있기 때문에 미국에 당할 수밖에 없지만 4차 산업 5G에서 선점을 하게 되면 적어도 미국에 독립적이거나 미국을 제압할 수 있다는 겁니다. 중국의 성공 여부를 떠나서 이게 장기적으로 이어질 겁니다.

왜냐하면 옛날처럼 한쪽을 완전히 제압할 수 있는 방법이 저는 없다고 보거든요. 미국이 중국을 완전히 압도하거나 중국이 미국을 추월하거나 또는 미국과 중국이 글로벌 거버넌스 리더십을 공유하는 이 세 가지 모두 저는 어렵다고 보거든요. 그러면 장기적으로 미중 사이의 갈등 속에서 다른 나라들이 계속 상당한 스트레스를 받게 될 것입니다. 끊임없는 요구와 프레임

속에서 그 프레임을 벗어나느냐, 안 벗어나느냐를 생각할 수밖에 없을 겁니다. 한쪽에 줄을 선다는 것이 상당히 위험하기 때문이죠.

━━ 홍 민 : 중국이 여기에서 후퇴하는 방식은 거의 불가능하다고 봅니다. 그만큼 중국은 사활적이고 구조적으로 자기 압박을 받고 있다는 거죠. 중국이 구조적으로 처해 있는 이 환경들은 과거의 냉전 시대와 달리 통제 레짐이 미약하다는 겁니다. 미국 바이든 행정부가 중국으로부터 가장 위협을 느끼는 건 경제 패권과 관련된 부분도 있지만 군사 안보와 관련해서도 위협감을 느끼는 부분이 있습니다. 지금은 미국이 압도적인 우위에 있지만 중국의 핵무기 증강은 굉장한 속도를 보여주고 있습니다. 무기 종류라든가 수준 자체가 이미 미국을 일정하게 추월할 가능성이 높은 것도 있고 경쟁 중인 무기들 대부분이 빠른 속도로 그 능력을 향상시키고 있습니다. 사실 시간문제일 뿐 개발을 저지하긴 힘든 측면이 있습니다.

그리고 러시아도 역시 군 현대화에 본격적으로 나선지 꽤 되었습니다. 이런 게 군사전략과 연결돼 동북아의 군사전략 자체가 무기체계와 더불어 같이 바뀌고 있는 거죠. 이런 상황에서 중국이 경제적인 문제 등 몇 가지 이유를 가지고 후퇴한다든가 조정할 수는 없는 상황이라는 거죠. 중요한 것은 군비 경쟁과 경제 패권 경쟁은 구조적으로 연동이 돼 있다는 점입니다. 경제에서 기술 패권의 핵심이 되고 있는 소재들이 군사 용도와 겹쳐 있거든요. 예를 들면 드론 부분이라든가 5G 같은 경우는 군사적으로도 중요할 뿐만 아니라 중국이 미국에 앞서 있는 부분도 있거든요. 경제와 군사 두 경쟁이 분리된 영역의 경쟁이 아니라 밀접하게 연계된 하나의 몸통을 갖는 경쟁이라는 거죠.

그 한복판에 소위 핵 군비경쟁이 자리하고 있습니다. 이 경쟁은 구조적으로 상당 부분 오랫동안 진행돼 왔고 지금은 일정한 목표와 전략적 변화를 수반하며 진행되고 있는 상황이기 때문에 중국이 자신의 의지대로 조정을 해서 후퇴하거나 수그러들 수 있는 상황은 전혀 아닙니다. 그래서 중국 입장에서는 지금의 군비 경쟁을 더욱 가열차게 밀고 나갈 수밖에 없고 미국에 대해서는 강경한 입장을 계속 취할 수밖에 없는 부분이 있다고 봅니다.

향후에 쟁점이 될 수 있는 부분들은 미국이 포위 전략을 펼치기 위해서 오커스, 쿼드 등 동맹의 전선을 조직해 포위망들을 짜고 이후에 단계별로 중국에 대해서 군비통제 레짐을 씌우려고 할 겁니다. 핵과 관련된 국제적인 리더십을 발휘해서 최대한 중국을 통제하려고 할 겁니다.

그런데 현재 중국의 핵무력 증강에 대해서 통제할 수 있는 레짐이 전혀 존재하지가 않습니다. 러시아도 겨우 뉴스타트(New Start, 미국 · 러시아 간 핵통제 조약인 '신전략무기감축협정')만 재연장해 근근이 유지하고 있는 상태이고 그 이전에 있었던 미 · 소중거리핵전력(INF)협정이라든가 오픈 스카이(영공 개방) 등은 아예 재연장도 안 하고 파기한 상태 그대로 있습니다. 그러니까 러시아의 무력 증강조차도 통제할 레짐이 존재하지 않습니다.

그래서 바이든 대통령이 취할 그다음 단계는 중국과 러시아에 대한 핵 통제레짐을 어떻게 만들 것인가, 이 부분이거든요. 미국이 지금까지 건드리지 않았던 군비경쟁 영역에 대해 중국을 압박하려고 할 가능성이 있다고 봅니다. 그러나 중국과 러시아의 핵무기 증강을 막을 통제 레짐을 만드는 것은 현실적으로 매우 어렵다고 봐요. 중국이 이런 압박에 밀려날 가능성이나 동기를 찾기는 현실적으로 어렵다고 봅니다. 그냥 갈 수밖에 없는 구조라는 거죠.

▬ 사회 : 시진핑 주석이 리더십을 연장하려는 의지가 강하고요. 중국의 시장경제 체제에 대한 일종의 규제라든가 억압이 좀 강화되는 측면도 있습

니다. 이 부분에 대한 문제의식을 갖고 계신가요.

▬ 김준형 : 트럼프의 거대한 두 힘이 싸운다고 했을 때 트럼프의 힘 중에 하나가 국내 정치와 국제 정치를 지배하는 겁니다. 그래서 외교의 국내 비용이 증가한다고도 얘기를 하는데 옛날에는 외부의 환경이 국내 정치를 결정하는 경우가 훨씬 많았습니다. 안보 포퓰리즘이라는 용어가 생길 정도로 국내여론에 강하게 보여야 하고 민족주의적 성향도 보여줘야 하죠. 중국도 아무리 권위주의 국가라도 거기에서 벗어나지 않죠. 과거에는 공산주의로 갔다가 그게 더 이상 자기들이 정치 독점을 정당화하지 않기 때문에 선택한 게 민족주의거든요. 민족주의를 하기 위해서 가장 보편화된 패턴을 시진핑도 따르고 있습니다. 차이는 다른 국가들은 다음 선거에서 떨어지거나 지면 끝나지만 중국은 끝나지 않는 것이죠. 거꾸로 얘기하면 그거 때문이라도 절대 뒤로 물러설 수 없죠.

그러면 이거를 어떻게 할 것이냐. 두 가지 방향이 있습니다. 규제, 국유화 등 소위 말하는 채찍질 방법이 있고요. 또 하나는 화웨이 같은 경우입니다. 미국이 화웨이를 보면서 미국의 공격이 중국에 먹힐까 하는 의심이 들게 한 게 뭐냐 하면 옛날에는 화웨이가 전 세계적인 것을 빠르고 잘 만들고 디자인도 좋았어요. 지금 제재를 받으면 미국 서구의 기준에서는 이건 벌써 뱅크런입니다. 그런데 중국은 민족주의에 호소하고 국가가 보조금을 대면서 더 무식하고 더 못 생겨도 견딜 수 있는 장을 마련해 주는 거죠.

중국이 얼마나 버틸지는 잘 모르지만 쌍순환이라는 게 그런 부분이거든요. 심지어 화웨이를 망가뜨리고 이름만 바꿔서 다른 걸로 출발을 할 수 있었는데 이게 먹힐 수 있는 이유는 미국과 중국의 상호 의존 중에 첨단 산업은 미국이 때릴 수 있고 리쇼어링(해외진출 기업의 국내 복귀)을 할 수 있지만 여전히 옛날식의 제조업들은 70~80%가 미국이 중국한테 의존하고 있다는 부분 때문입니다. 이게 중국에 유리한 점이기도 하고 또 오래 버틸 수 있는 이유이기도 합니다. 대치를 한 상황에서 전쟁은 할 수 없고 그렇다고 서로 물러날 수도 없는 상황에서 상당히 오래 갈 것입니다.

하나만 더 말씀드리면 이런 압박은 바이든도 받고 있다는 겁니다. 바이든이 4년 만에 과연 공약대로 스윙 스테이트나 러스트 벨트 중산층 회복을 가져올 수 있느냐, 불가능하거든요. 이게 바이든이 트럼프 2.0이 되는 이유 중에 또 하나입니다.

누가 얼마간 끝까지 버틸 수 있느냐는 아직 여전히 유동적이라고 생각합니다.

▬ 사회 : G2의 대치가 우리나라에는 안보 분야와 경제 분야에서 어떤 부담 요인이 있을지 정리를 해주시죠.

▬ 홍 민 : 한미동맹체계에 대한 변화 요구나 중국이 한미동맹체계를 바라보는 시선 또 실제 거기에 대한 일종의 반응이 과거와는 다른 방식으로 좀 더 강해질 가능성이 높다고 봅니다.

결론부터 얘기하면 이제 미국이냐 중국이냐와 같은 선택의 문제로 접근하는 게 좀 맞지 않다고 봅니다. 그보다는 선제적인 우리의 외교 철학, 우리의 원칙, 기준을 먼저 제시해서 미중이 갈등하는 영역, 우리가 곤혹스러울 수 있는 영역에서 선제적으로 철학과 원칙의 방어막을 치고 대응할 수 있는 논리를 만들어놓는 게 굉장히 필요하다고 생각합니다.

그러려면 미중의 경쟁 구도에서 우리가 곤혹스러운 상황에 처할 수밖에 없는 생점 영역, 소재, 예상되는 상황은 무엇인지 그리고 그것을 돌파해 낼 수 있는 논리는 무엇인지 꼼꼼하게 살펴보고 준비할 필요가 있습니다. 좀 추상적일 수 있겠지만 안보에 대한 패러다임, 우리가 생각하는 인식 프레임

자체를 바꾸는 전략적 시도가 우선되어야 한다고 봅니다.

국내에서도 논쟁하는 방식인데요. 경제 패권이냐 아니면 안보 패권이냐 이 구도 안에서 경제는 마치 중국이고 안보는 한미동맹이다, 이런 너무 단순화된 방식으로 상황을 보는 시각을 경계해야 합니다. 그런 프레임은 현실에 맞지 않는데다가 실제 그런 프레임을 갖고 접근할 때는 곧바로 한계에 부딪칠 수밖에 없어요. 현실성이 없는 접근 시각이죠. 경제와 안보라는 것은 기술적으로도 그렇고 실제 외교나 군사적 측면에서 밀접하게 결합돼 있는 굉장히 하이브리드한 복합적 의제의 영역입니다. 이분법의 구도로만 계속 인식하는 것은 문제를 푸는 시각을 갖지 못하게 한다는 거죠. 그래서 기존의 군사 중심적인 측면에서 안보라는 것만 부각시켰던 안보 개념이 아니라 '협력을 통해서 안보를 증진시킨다'는 방식의 프레임으로 바꿀 필요가 있어요. 미국과 협력하는 방식과 중국과 협력하는 방식은 다를 수는 있지만 핵심은 다양한 영역에서의 '협력'이 곧 안보 증진의 효과를 갖는다는 인식이 필요합니다. 그것이 곧 우리의 '국익'임을 외교적 가치로 제시하는 겁니다. 외교는 무 자르듯이 어느 한쪽과의 협력만으로 국익을 달성할 수 없기 때문이죠.

한편으로 한반도 분단상황에도 이런 접근은 유의미합니다, 상대가 미사일 하나를 더 만들면 나도 미사일 하나를 더 만들어야 한다, 상대가 동맹을 하나 더 만들었으면 나도 동맹을 더 만들어야 된다, 이런 식의 안보딜레마적인 경쟁이 아니라 적대하거나 경쟁하는 상대와도 협력을 통해서 안보를 증진시키는 방식의 안보관을 좀 더 전략적으로 우리가 피력할 필요가 있다는 거예요. 중국에 대해서든 북한에 대해서든 협력을 통한 안보 증진의 가치를 미국이라는 동맹이 존중할 수 있도록 하는 것이 필요합니다. 안보라는 것은 군사뿐만 아니라 비전통적이고 경제적인 부분들이나 문화적인 부분들에 대해 인식을 공유하는 부분 등 다양한 협력으로도 볼 수 있습니다. 협력안보 또는 포괄적인 안보 개념으로의 전환을 전략적으로 시도해 볼 필요가 있다고 봅니다. 그래서 단순한 이분법적 구도의 안보냐 경제냐 이런 식으로는 해법에 도달할 수 없어요.

또 하나는 북한 문제와 상충될 수 있지만 자주국방에 대한 부분도 외교철학의 형식으로 구상할 필요가 있습니다. 동맹에 의존하는 관성적인 태도에 따라 수동적으로 외교 전략이 수립되기보다는 자주국방이라는 기본 철학 속에서 외교 전략 구상이 나와야 한다고 봅니다. 동맹과 자주국방은 충돌하는 것이 아니라 양립 가능한 것입니다. 자주국방에 대한 자기 논리와 철학이 없는 상태는 동맹에 의존하는 수동적 외교로 나타날 가능성이 있고 미중 전략경쟁 구도에서 이런 외교는 늘 도전을 받을 수밖에 없다고 봅니다. 자주국방에 대한 철학은 외교를 포괄해 가질 필요가 있어요.

▬ 사회 : 자주국방을 강조했는데요. 자주국방의 근간이 되는 내용은 뭐죠. 자주국방이라고 하면 외교안보 전략이나 한반도 평화 관리를 위해서 한국 정부가 그 방향을 지향해야 됩니다. 자주국방은 군비라든가 안보에 있어서의 자주권을 확장하고 세우는 걸 텐데 군비나 군사력을 증강시키는 과거형 양적 팽창을 얘기하는 건 아니지 않나요. 자주국방 철학이나 원칙은 어떤 부분을 강조하는 건가요. 양강 사이에서의 주도성 내지는 한반도 운전자론 같은 역할로 이해해야 하나요.

▬ 김준형 : 어찌 됐든 안보는 미국과 동맹을 하고 있고 경제는 중국하고 하고 있는 것은 현실이란 말이에요. 우리가 가장 상한 압박을 받고 선택이 가장 어렵기는 하지만 전 세계가 그런 구도로 양분되고 있습니다.

예를 들면 군사 자문단이나 무기 판매 정도부터 우리처럼 고도의 동맹까지 하는 미국이 얘기하는 동맹 파트너라는 국가를 다 끌어 모으면 60개가 조금 넘습니다. 중국을 대상으로 무역 이익을 얻는 국가는 110개가 넘어요. 미국의 동맹국 거의 대부분이 중국과의 무역거래에서 이익을 얻고 있어요. 중복돼 있는 거죠.

두 가지 선택이 있어요. 이 프레임 속에서 양다리를 걸치면서 또는 기민하게 움직이면서 이용할 것이냐, 이게 첫 번째 선택이고요. 혼자는 힘들겠지만 이 프레임에서 벗어나는 것이 두 번째 옵션입니다. 당장에는 기본적으로는 기민하게 움직이는 수밖에 없다고 봅니다. 그러나 우리의 미래의 비전으로서의 안보 패러다임이나 국가의 전략 비전은 이 패러다임을 벗어나야 된다고 봅니다. 여기에서 몇 가지 정도를 생각해볼 수 있어요. 첫 번째는 선제적인 외교 원칙을 미리 마련해놓지 않으면 나중에 미중 사이의 선택의 문제로 귀결된다는 거죠. 예를 들자면 우리가 계속 문제가 되고 있는 남중국해 영토문제에 대해 '우리는 항해의 자유를 포기할 수 없다'고 선제적으로 던져놓으면 결론적으로 중국을 반대하는 것이지만 이게 우리의 원칙이란 말이에요. 그걸 미리 던져놔야 된다는 거예요. 또다른 예를 들면 '자유무역은 우리는 어떤 면에서도 지지한다'고 해놨다면 트럼프 때 우리가 반대했어야 맞는 거죠. 그런 것들을 싱가포르는 굉장히 잘합니다. 우리가 그런 것들을 미리 던져놓지 않으면 우리는 계속 이 프레임에서 조금도 벗어날 수가 없습니다. 그래서 선제적 외교 원칙을 마련해야 된다는 거고요.

두 번째는 연대 외교입니다. 우리 혼자는 힘들어요. 미국과 동맹관계인 60개국은 다 힘들단 말이에요. 그렇다면 저는 이걸 완충시킬 수 있는 소다자 모임을 많이 해야 된다고 봅니다. 특히 2열 국가, 중견국이란 말은 충분치 않다고 봐요. 미중 다음에 있는 국가들, 한국 독일 프랑스 캐나다 호주 같은 국가들이죠. 이들은 미국이 많이 당기고 있는 국가들이지만 실제로 중국 때리기에는 부담스러운 국가들입니다. 예를 들어서 오커스 같은 것을 프랑스나 독일과 하면 되겠느냐, 저는 안 될 거라고 보거든요. 그렇다면 이들 국가와 적어도 연대를 하면 미중 선택의 압박을 완충하거나 또는 미중이 지금 하고 있지 못하는 글로벌 거버넌스의 틈새에서 리더십을 발휘하는 것을 한 번 해볼 필요가 있다고 생각하고요.

세 번째는 남북 평화 공존이라고 생각합니다. 한미동맹이라는 프레임에서 남북 사이가 나쁘면 한미동맹이 커지는 거고 동맹이 커지면 안보는 미국을 선택할 수밖에 없지 않느냐. 그렇다면 어느 순간에 중국하고 대립할 수밖에 없다. 이런 흐름으로 가거든요. 아직은 신냉전이라고 부르고 싶지 않지만 우리 내부의 신냉전을 강화시키는 구조가 잠재하고 있어요, 북중러 한미일이라는. 그걸 벗어날 수 있는 것은 남북이 좋아지는 수밖에 없다고 봐요. 적어도 평화 공존을 하면 선택의 배타성 또는 선택에 대한 대가가 작아질 수 있다고 보거든요.

어떤 정권이 되든 이제 한반도 평화 프로세스는 우리의 치트키(비밀열쇠), 생존의 치트키라고 생각합니다. 그리고 장기적으로 미중 프레임을 벗어날 수 있는 가장 중요한 것이라고 생각합니다.

▬ 사회 : 대북 관계에 대한 질문을 드리려고 하는데요. 최근 문재인 대통령이 유엔에서 종전선언을 다시 제안하고 북한에서는 김여정 담화문 등이 나왔어요. 남북 정상회담이 탄력을 받을 가능성이 있다고 보시나요. 지금 보이는 북한의 행보로는 통신선도 복원하고 남북관계 개선에 대한 나름대로의 플랜을 갖고 들어오는 것 같은데 그것에 대한 진단과 전망을 해주시죠.

▬ 홍 민 : 북한의 의도와 배경부터 살펴보면, 이태성 외무성 부상과 김여정 부부장의 두 차례 담화 등 총 세 번의 담화가 나오면서 급하게 국면 전

환을 취하는 모습이 나타났습니다. 이미 7월 말부터 했던 얘기예요. '연합훈련만 중단한다면 사실상 획기적인 것들이 이미 준비되어 있었다. 그런데 한미가 훈련을 해서 할 수가 없게 됐다' 이런 얘기를 했거든요. 이번 국면 전환모색은 이미 그 전부터 기획이 됐고 타이밍을 엿보고 있었다고 봅니다. 타이밍을 본다는 것은 국면 전환의 적절한 명분을 찾는다는 얘기죠.

어떤 계기가 만들어져야 유화적 태도를 취할 수 있는데 북한이 선제적으로 만드는 것은 어렵습니다. 미국이 전향적 발언을 하든가 한국이 보다 적극적으로 뭔가 해야 하는데 한국이 할 수 있는 게 상당히 제한적이거든요. 기회를 엿본 것이 한미연합훈련인데 코로나 국면도 있고 하니까 한미가 중단할 수도 있지 않겠는가, 이 명분을 갖는다면 충분히 화해 국면으로의 전환이 가능하지 않겠냐, 이런 생각을 했을 수도 있어요. 그래서 한국의 유엔총회 연설을 주목했을 거라고 봅니다. 유엔 총회는 문재인 대통령이 주요한 대북 제안, 평화구상을 밝혔던 무대거든요. 이번 역시 문 대통령의 대북 제안을 예상했을 가능성이 높고 종전선언도 2018년 이후 매년 언급해 왔기 때문에 이번에도 예상 가능한 제안 중 하나였죠. 결국 준비된 자세로 종전선언이 나오자 적극적으로 나섰다고 봐요.

이태성 부상의 담화는 '시기상조다'에 무게가 실리는 부정적 해석이 가능한 담화였죠. 한국 언론도 부정적으로 해석했고요. 이런 반응을 보고 김여정 부부장이 7시간 만에 급하게 긍정적인 메시지로 조정해서 내놨고 이후 추이를 보다가 30시간 만에 또 담화를 내놓았어요. 이런 방식의 메시지 조정 및 수정은 상대에게 의도한 대로 메시지가 전달되길 바라는 조바심이 반영된 행동이라고 봐야 합니다. 빨리 국면 전환을 하고 싶다는, 메시지가 부정적으로 읽히고 싶지 않다는 의도가 굉장히 농후한 행동이죠.

그렇다면 왜 그랬을까요. 우선 대미 전략 차원에서 볼 수 있을 것 같습니다. 종전선언은 남북만의 문제가 아닙니다. 남북미중 또는 남북미의 문제이고 미국이 어떤 입장을 취할지, 어떤 인식을 갖고 있는지가 북한에게는 중요한 관심사항입니다. 향후 북미 협상에 대한 미국의 태도와 의지를 가늠해 볼 수 있거든요. 크게는 트럼프 정부와의 차이를 가늠해 볼 수 있죠. 바이든 정부는 어떤 의제를 갖고 북미가 협상할 수 있는지에 대한 구체성을 아직 밝힌 바가 없습니다. 때문에 북한에겐 미국의 의중을 파악하는 데 중요한 소재라는 거죠.

좀 더 구체적으로 보면 6.12 싱가포르 북미정상회담에서 양 정상이 구두로 '조속한 시일 내에 종전선언을 하겠다'고 합의한 것으로 북한은 보고 있습니다. 기존 합의를 계승하겠다라고 밝힌 바이든 정부가 종전선언에 대해서 어떤 입장을 취하느냐는 일종의 대북한 의중을 파악하는데 굉장히 중요한 부분이라고 봅니다.

그리고 종전선언은 한국이 제안을 했고 중국이 찬성하고 북한도 조건부지만 찬성하고 있습니다. 남북중이 찬성을 하고 있는데 미국이 거기에 대해 소극적이거나 반대한다? 그러면 굉장히 정치적 부담이 따를 수밖에 없습니다. 왜냐하면 한반도 평화를 위한 종전선언에 3개국이 찬성을 하는데 미국만 그걸 거부한다는 프레임이 만들어지는 것은 정치적 부담이 될 수 있습니다. 미중 전략경쟁 구도에서 중국은 한반도 평화의 원칙을 일관되게 강조하면서 종전선언을 찬성하고 있는데, 미국은 대화와 평화를 얘기하면서 실제로는 종전선언에 반대한다는 공세를 펼칠 수 있는 여지도 있어요.

그래서 북한이 이 종전선언 제안에 적극적으로 반응하고 나선 것은 미국의 의중도 파악하고 초기 행보를 끌어낼 수 있는 아주 중요한 소재로 본 것 같습니다. 미국이 딱 잘라서 거부하기가 매우 어려운 소재라는 것을 인식했을 가능성이 있습니다.

그리고 한국 대선도 상당히 중요하다고 봅니다. 대선 결과에 영향을 미치려는 의도는 아닌 것으로 보입니다. 그보다는 임기말 문재인정부와 아무런 모멘텀을 마련하지 않고 끝난다면 4.27 판문점 선언, 9월 평양공동선언 등 중요한 합의가 사실상 동력을 더욱 상실할 가능성이 높습니다. 특정한 이행 모멘텀 없이 끝나면 새로운 정부는 새로운 대북 정책으로 원점에서 시작하는 꼴이 될 수도 있습니다. 사실 문재인정부처럼 북한과 적극적으로 대화를 모색하고 북미협상 중재에 나설 정부를 만나기는 쉽지 않다고 봅니다. 그런 측면에서 북한은 기존 합의가 사장되지 않고 연속성을 일정 부분 갖길 바랄 수 있습니다. 차기 정부도 걷어차지 않고 어느 정도 계승할 수밖에 없는 어떤 모멘텀이 필요하다고 판단했을 수 있습니다.

2018년에 북한이 우선적으로 종전선언을 요구했던 이유는 국제사회에 북미가 적대관계를 종식했다는 걸 알리고 유엔 안보리 제재를 유연화할 수 있는 분위기를 조성할 수 있다고 본 거죠. 지금도 북한은 종전선언을 매력적인 카드로 생각하고 있을 가능성이 높습니다. 종전선언 쟁점화는 북한에게 손해 보는 장사가 아니라고 봅니다. 미국이 종전선언 논의에 동참한다면 북미협상에 임할 수 있는 명분과 계기가 될 수 있고 미국이 소극적이라면 미국을 공세적으로 비난할 수 있는 아주 중요한 소재를 확보하게 되는 겁니다.

▬ 김준형 : 하노이 북미협상이 깨진 이후에 북한이 건드리지 않는 마지노선, 레드 라인이 있다고 생각해요. 'ICBM(대륙간탄도미사일)과 핵실험을 하지 않는다. 그거 하면 끝이다'는 건 북한도 잘 알고 있죠.

두 번째로 정상은 안 건드렸어요. 트럼프와의 관계, 끝까지 안 건드렸고요. 문 대통령과의 관계도 안 건드렸습니다. 심지어 작년에 연락사무소를 폭파할 때도 문 대통령에 대한 비난을 마지막까지 막고 국면을 보호한 사람이 김정은이었어요. 지금도 보면 남북 통신선을 일으킨 것도 정상 간이란 말이지요. 결국 이 레드 라인 두 개를 살려놓으면 마지막에 국면 전환 카드로 계속 갖고 있다가 이걸 깨면 북한은 진짜 협상의 의도가 없는 것으로 볼 수 있죠. 이걸 계속 유지하면서 적어도 조건에 따라서 바뀔 수 있는 여지를 계속 가져 왔다는 부분을 염두에 둬야 할 것 같고요.

종전선언은 확실히 북미정상간 싱가포르에서 이면 합의였던 건 분명해 보입니다. 그리고 북한 김정은도 자기들이 해야 되는 대부분의 일이 선결조건에 있고 미국이 해야 되는 일은 조건부 후행에 있다는 전체 구조를 이해하고 있는데요.

그래서 일종의 신뢰 보증 수표로 몇 가지를 요구한 것이 첫째 군사훈련 중지, 두 번째 종전선언, 세 번째 제재 일부 완화, 이렇게 미국을 테스트한 겁니다. 앞의 두 개는 쉽게 싱가포르에서 이면합의로 얻었단 말이에요. 그런데 그게 지켜지지 않는 과정을 봤고 그래서 문재인 대통령이 평양에 갔을 때 영변을 내놓으면서 미국이 더 어려워하더라도 한 개를 더 얻은 게 제재 완화라고 보는데 그게 다 깨졌지 않습니까. 그러면 앞에 있는 두 개, 군사훈련 중지와 종전선언이 과연 살아 있느냐 하는 문제를 자기들은 생각했을 것이고요.

한미 정상회담에서 키 이슈가 싱가포르 추인이었습니다. 싱가포르 추인이지만 그다음에 판문점 추인이었는데 그 사이에 있는 게 이면 합의였거든요. 군사 훈련 중지, 종전선언을 약속한 트럼프는 약속을 지키지 않았어요. 바이든한테는 ' 이면합의 유효하냐', '너는 어떻게 생각하냐'를 물어 보는 거죠.

그런데 문 대통령이 '도발'이라는 단어를 사용한 것은 북한에 충격을 준 것 같습니다. '너마저 어떻게 이 용어를 쓰냐'며 상당히 실망했던 것 같은데 그러다보니 재빨리 다시 긍정적인 것으로 옮긴 건 확실해 보입니다.

하지만 북한판 전략적 인내가 당분간 갈 것이라고 보는 데요. 적어도 북한이 지난 2~3년간 동안에 속았던 것들을 상쇄할 수 있을 정도의 시간이 필요한데 미국에서 나오기 힘들다고 보면 한국을 다시 한 번 테스트하는 것 같습니다. 그러면 한국이 적어도 2018년처럼 미국을 설득시켜서 자세 변화를 이끌어내는지를 또한번 테스트를 해보는 것 같고요.

여기에서 한 가지 중요한 것은 협상의 결과로 지금 일이 벌어지는 건 전혀 아니라는 거죠. 일부에서 북한이 이 정도로 나온 것은 물밑에서 뭐가 있었기 때문이 아니냐는데 저는 아니라고 보고요. 오히려 반대로 스파크용으로 쓰는 것 같습니다.

종전선언은 3자가 완전히 다르게 생각하고 있거든요. 북한은 '보증 수표'로 보고 있고요. 우리는 톱다운의 시작이고 막힌 것을 푸는 스파크로 보고 있고요. 미국은 종전선언이 정전 체제를 흔드는 과정이라는 측면에서 해석하고 있단 말이에요. 트럼프가 이면에서 합의하고 돌아갔을 때 야단 난 게 뭐냐 하면 그거 해 주면 미군 철수, 정전체제 무너진다는 거였거든요. 그것을 지금 다시 문 대통령이 가져왔다는 것은 이게 하나의 스파크가 될 수 있다고 본 거죠. 핵심은 미국을 얼마나 설득시킬 수 있느냐에 달려 있죠.

또 마지막 하나는 중국입니다. 지난번에 중국을 배제했다가 이번 유엔총회에서 문 대통령이 중국을 집어넣은 게 우리 정부는 일종의 묘수로 본 것 같아요. 중국이 지난번에는 트럼프가 패싱하는 바람에 방해꾼의 역할을 했어요. 이번에는 적어도 비확산, 방역, 기후 변화는 중국과 협력할 분야라고 했거든요. 비확산은 이란하고 북한이 들어가는 거거든요. 북한 문제는 협력할 수 있으니까 미국도 북한 문제에 중국의 협력을 받을 수 있지 않겠냐고 생각한 것 같아요. 두 번째는 베이징 올림픽이라는 계기가 있죠. 남북정상회담만 하면 다음 정부에게 최대한의 자산을 넘겨준다고 생각한 것 같고요. 중국은 지금 미국이 만든 프레임처럼 평화를 망치는 국가가 아니라 평화를 지향한다는 것, 미국의 프레임이 잘못됐다는 것을 증명하기 위해서라도 베이징 동계올림픽에서 평화적 신호를 준다면 한반도 평화 프로세스에 도움이 될 수도 있지 않겠느냐고 생각하는 것 같습니다

▬ 사회 : 지금 북한의 코로나 상황도 중요한 변수일 텐데요. 어떤 정보나 판단을 갖고 계신가요.

▬ 홍 민 : 매년 북한에서 오신 분들에 대한 인터뷰를 하는데 코로나 이후 그 수가 급격히 줄었어요. 그래서 사실 내부 상황을 상세하게 파악하긴 어려운 상황입니다. 그나마 전해진 정보 역시 지역, 계층, 종사업종에 따라 정보 편차가 큽니다. 몇몇 내부 정보를 근거로 상황을 거칠게 추론해 볼 수밖에 없습니다. 북중 국경지역 거주 주민들은 당국의 통제를 강하게 받다보니 현 코로나 상황을 매우 심각하게 받아들이고 있어요. 당국의 통제가 심하다 보면 주민들 사이에 유언비어나 소문이 돌게 됩니다. 사람들이 죽어나간다는 식의 소문이죠. 강한 통제가 공포심을 불러오고 주민들을 심리적으로 위축시키는 측면이 있다고 봅니다. 그렇다고 일상의 심각한 제약을 받는 정도는 아닌 것으로 보입니다.

반면 황해남북도나 강원도 등 내륙에서는 상대적으로 코로나에 대한 위기감이 덜한 것으로 보입니다. 당국에서 비상방역하라니까 하긴 하는데, 초기엔 일종의 두려움이 있었는데 장기화되면서 크게 위협으로 느껴지진 않는다는 거예요. 물론 지역 간 이동이나 물자가 과거처럼 활발하게 움직이지는 않지만 기본적인 시장 활동은 대부분 어느 정도 이루어지고 있습니다. 대중국 수출입이 줄다 보니 중간재 수입을 통해 가동되던 공장들의 가동률

이 떨어지고 환율의 변동폭이 커진 부분은 있습니다. 그러나 아직은 대체로 내수시장 활동을 통해 잘 버텨가고 있는 것으로 보입니다. 예상보다 안정적이라고 볼 수 있습니다. 다만 이것이 지속되기 어렵다고 봅니다.

비상방역체계에 대한 북한의 평가는 선전적인 부분이 있지만 실제 효과도 객관적으로 볼 필요가 있습니다. 지난해 초기에는 격리 시스템을 만들어가면서 미비한 부분이 많아 주민들을 아예 집 밖에도 못 나오게 강력하게 통제를 한 반면 올해 들어서는 상당 부분 완화되는 부분이 있는 것 같습니다. 북한 당국도 비상방역체계를 실제 주민생활 차원에서 운영할 때는 일정한 유연성을 가지고 가야된다는 걸 안 거죠. 지금 북중 국경무역을 재개하고 정상화하기 위해 물자에 대한 검역체계, 관련 법률과 규정을 만들고 북중간 협의를 해 온 것으로 압니다. 그리고 세계적으로 코로나가 백신 국면, 위드 코로나 국면으로 전환을 하고 있는 시점이라 북한도 이런 추세에 맞게 준비를 하고 있다고 봅니다. 최근 국제기구의 지원물품이 들어가기 시작한 것도 이런 분위기를 보여주는 측면이 있습니다.

▬ 김준형 : 저도 비슷한 생각인데요. 북한이 코로나19 감염확산에 대해 처음에는 엄청난 공포를 가졌던 것 같습니다. 왜냐하면 대북 제재 정도는 이제 면역성이 생겼고 중국 라인, 러시아 라인으로 힘들지만 버틸 수 있는 정도였는데 여기서 만약 코로나까지 터지면 죽는다는 생각을 확실히 했던 것 같고요. 그러다 보니까 자기들한테 생명선이라고 할 수 있는 중국도 봉쇄 시킨 거란 말이예요.

▬ 사회 : 북한식 격리방식으로 관리가 잘 되고 있어 백신 등의 인도적 지원이 남북관계 개선을 위한 유효한 실효적 카드로 활용하기 어렵다는 판단이신가요.

홍 민 : 우리 정부와 미국이 계속 인도주의적 협력 및 지원을 제안하고 있고 일부에서는 대북 백신 지원을 언급하고 있습니다. 그러나 백신 지원은 북한의 내부 상황, 통치체제를 고려해 신중한 제안 태도가 필요합니다. 백신이 들어오려면 공급이 계속 일정하게 확보돼야 해요. 내부적으로 유통되기 위한 시스템도 필요하고요. 또 그걸 주기적으로 통계화시켜서 관리하는 체계도 필요하죠. 북한도 콜드 체인 체계가 기본적으로 있어서 불가능한 건 아닙니다. 전산체계도 일정하게 인프라를 갖추면 됩니다.

하지만 가장 큰 문제는 백신 공급의 안정성 부분입니다. 코백스 퍼실리티 차원에서 북한에게 배정된 500만 회분을 받아서 우선 접종한다고 합시다. 그래봐야 250만 명 정도만 1, 2차 접종할 수 있습니다. 나머지 절대 다수인 2000만 명은 접종을 못 받습니다. 그리고 일부만 접종한다는 소문이 날 게 아니에요. 왜 저 사람들만 접종하고 우리는 안 하냐는 얘기가 나오죠. 제한된 백신 공급은 위화감이나 불안감을 조성할 수 있습니다. 북한 인구가 신속하게 1, 2차 접종을 받기 위해선 최소한 5000만 회분이 필요합니다. 그것도 6개월 내 단계적으로 백신이 공급된다는 전제가 필요합니다. 5000만 회분밖에 못 들어온다면 통치상 안 들어오는 게 낫거든요. 그리고 외부로부터 백신을 공급받는다는 것은 어떻든 백신 외교를 해야 한다는 것이고 그 과정에서 내부 상황이 공개되는 것에 대한 부담도 있다고 봅니다. '저렇게 낙후한 국가가 백신도 없이 어떻게 버틸 수 있냐' 이렇게 생각하는데 일단 외부의 접촉을 차단하는 수준에서는 상당히 성과를 보고 있다고 봐야 해요.

김준형 : 저도 비슷한 생각인데요. 국경을 완전히 봉쇄시켰기 때문에 방역에 성공했죠. 그런데 문제는 이게 얼마나 갈 수 있느냐 인데요. 저는 북한이 '이것 때문에 경제적으로 힘들어 협상이나 대화에 나올 거 아니냐'는 것은 매우 잘못된 분석이라고 생각합니다. 적어도 몇 년은 버틸 수 있는 것

이고 그 정도가 스스로 자기한테 부과한 생션(제재)이죠. 정말 죽을 것 같으면 스스로 풀면 되는 거거든요. 그러면서도 여전히 언제까지 계속 가져갈 수 있느냐 하는 문제는 남아있다는 거죠.

그래서 백신 몇 백만 개 받으려고 우리한테 연락한다는 것은 어림도 없다는 지적에 전적으로 동의하고요. 백신의 역할을 너무 과장하는 거는 문제가 있다고 생각해요. 경제 성공을 해야 하고 그러기 위해 도움이 필요하긴 하지만 반드시 지금 받고 그것 때문에 큰 걸 내준다고는 보지 않습니다.

▬ 사회 : 문재인정부 들어 남북정상회담, 북미정상회담 등으로 이어진 화해분위기가 하노이 노딜로 깨졌죠. 이제 우리나라는 대선 국면으로 접어들었고요. 남북관계 개선에 대해 국민적 공감대가 성숙돼 있다고 보기도 어렵습니다. 임기 말의 문재인정부로서는 종전선언 정도가 현재로서는 최선이라고 보시나요. 또 이 흐름이 남북, 북미 간에 어떻게 전개될 걸로 예상을 하시는지요.

▬ 김준형 : 2018년을 생각하면 매우 아쉽죠. 일부의 냉소도 있었지만 국민들 전체적으로는 굉장히 기대가 충만했고 '진짜 바뀌었는가 보다'라는 생각을 했고 남북미가 저렇게 선순환으로 돌아가는 걸 본 적이 거의 없지 않습니까. 그래서 한반도 평화 프로세스는 정권의 성격에 관계없이 우리에게 꼭 필요한 기능이라고 생각을 하는데요. 방향에 대해서는 의심의 여지가 없다고 생각합니다.

그러나 능력의 문제나 방법의 문제는 미진했거나 안 되는 부분이 분명히 존재했기 때문에 실패를 한 거고요. 구체적으로는 미국을 적극적으로 설득하지 않고 트럼프가 원하는 대로 하게 내버려뒀죠. 그때 당시에는 트럼프가 잘할 줄 알았기 때문에 내버려 둔 측면이 있었는데 그렇게 변명은 할 수 있어도 그게 실책이었다고 생각합니다.

지금은 종전선언으로 그 불씨를 다시 살려내는 스파크가 필요한데요. 어떻게, 어떤 상황에서 다음 정부에 넘겨주느냐가 매우 중요하니까요. 그렇다면 최소한의 관리, 좋아지는 쪽으로 틀어놓고 다음 정부에 넘기는 게 상당히 중요하다고 생각하는데 국내 정치적으로 북한 문제는 늘 여론 분열의 문제였어요.

문제는 국민들의 피로감을 어떻게 극복할 수 있느냐가 중요할 것 같고요. 다음 정권에서도 국민들에게 가시적인 결과라는 걸 충분히 숙성시킨 이후에 제시해야 된다고 봐요. 이건 미국도 마찬가지입니다. 미국은 북한 문제에 대해서 골치 아프고 풀 수 없는, 잘해도 본전이라는, 북한이 핵을 포기하지 않을 것이라는 게 보수나 진보에서 거의 합의를 이루는 역설적인 현상이 일어나요. 우리는 아직 그렇지는 않잖아요. 이걸 해결하려면 요새 말하는 밀키트처럼 딱 냄비에만 넣으면 될 정도로 나올 때까지는 너무 라이브 방송하지 않아야 된다고 생각합니다. 이번에는 라이브 방송을 해가지고 문제가 됐기 때문에 적어도 합을 맞춰볼 때까지는 물 밑으로 들어가야 된다고 생각해요.

▬ 홍 민 : 요즘 MZ세대에 주목하고 있습니다. 인구사회학적인 변화가 진행돼 왔어요. 한반도 정세의 구조적 환경도 변화했어요. 그런데 한반도 또는 안보 문제를 바라보는 시각은 오래된 관성에서 벗어나질 못하고 있어요. 남북관계를 바라보는 시각도 역시 마찬가지인 것 같아요.

외교 · 안보 · 통일 관련 정부 부처의 구조도 그렇습니다. 2000년 6.15 남북정상회담 이후 남북한 교류협력이 10년 여 활발하게 진행되었는데 그때 교류협력체제가 통일부의 지금 부처 체제입니다. 그런데 이 시기는 북한체제가 비상관리되던 시기거든요. 군을 전면에 내세우는 선군정치를 통해 국가를 비상관리하던 체제였어요. 식량난 극복을 위해 외부로부터 도움을 받아야 했고 남북한 교류협력은 상황을 극복하는 중요한 방편 중 하나였다고 봅니다.

그런데 중요한 것은 그 시기 교류협력 패턴을 정상성으로 볼 수 있냐는 겁니다. 2019년 말 김정은 위원장은 금강산관광지구를 현지지도하면서 국력이 미약했던 시기의 잘못된 결정이었다고 평가를 합니다. 북한은 그것을 비정상성으로 보는 겁니다. 이제 남북관계의 패턴과 패러다임을 바꾸고 싶은 거죠. 사실 대북제재만 어느 정도 유연화된다면 북중 교역이나 무역 다각화로 자기 발전을 충분히 모색할 수 있다고 보고 있습니다. 남북 경제협력이 유일한 수단이 전혀 아닌 것이죠. 남북한 경제협력을 포함한 교류협력은 정치적, 행정적 비용이 많이 들고 통치상에도 부담이 따릅니다.

그런데 우리는 아직도 남북관계를 과거 20년 전 패턴으로 보고 있어요. 그것을 정상성으로 보는 거죠. 교류협력, 경제협력을 빨리 많이 해야지만 마치 정상인 것처럼 당연시하는 거예요. 북한이 가장 비정상적일 때 했던 행동을 남북관계의 가장 좋은 정상성으로 보는 것이죠. 일단 이런 시각부터 교정하고 냉철하게 현실화해야 합니다. 교류협력의 빈도나 양적 규모가 중요하기보다는 양측의 관계를 안정화하는 소위 본질적 문제, 정치군사적 상호 안전보장의 문제가 선행되어야 합니다. 교류협력을 통해 서서히 의존성을 확대해 정치적 통합으로 간다는 기능주의적 사고로 보기엔 북한의 핵무기 고도화나 한반도 및 동북아 정세는 하루가 다르게 변하고 있습니다. 상호 위협을 점진적으로 감소시키고 안전을 보장하는 체제, 지속 가능한 평화적 공존, 그리고 이후 평화적 통일을 추구하는 보다 본질적인 문제를 중심으로 통일부의 위상을 제고하고 통일 · 외교 · 국방의 유기성을 적극화할 필요가 있다고 봅니다.

대학생, 청소년들과 이야기를 나누면 남북한이 '왜 꼭 교류협력을 해야 하는지 잘 모르겠다'고 해요. '그냥 싸우지 않고 알아서 살게끔 규칙을 더 많이 만들면 되는 거 아니냐'고요. MZ 세대들이 갖는 현실감이라는 건 우리가 과거 아주 규범적으로 생각했던 것과는 차이가 납니다.

이게 한국만 그러냐. 북한도 완전히 바뀌었어요. 외부 사조, 한류가 북한으로 일정하게 들어가면서 북한 청소년들이 한국을 높게 평가해서 넘어온다고 보는데 사실 그렇지만은 않아요. 외부 문화를 일정하게 향유하는 것이 한국뿐만 아니라 중국이나 다른 문화도 같이 접하는 기회가 되고 전체적으로 세계관 변화를 가져오고 국가 의존도라든가 조직을 생각하는 마음이 달라질 수 있는데 그렇다고 해서 체제나 지도자를 거부하는 것으로 나타난다고만 볼 수 없어요. 최근 탈북 동기를 보면 김정일 시대 때 넘어온 사람들은 경제적 궁핍과 체제 염증이 중요한 동기였다면 요즘은 좀 더 나은 삶이라는 웰빙을 추구하는 경향이 많죠. 사실 탈북자 수 자체가 절대적으로 줄어든 측면도 주목해야 하고요.

문화적으로 외부 사조의 향유는 오히려 돈 있고 힘 있는 권력층, 자본가층에서 더 많이 합니다. 이런 게 내부적으로 체제의 균열이 아니라 좀 더 고급문화를 향유한다는 계급적 구분 짓기의 일환이죠. 그래서 북한의 MZ세대도 기존에 북한의 기성세대와는 완전히 결이 달라요. 국가가 싫지만 국가를 이용하기도 하고 활용하는 전략들을 펴고요. 형식적 순응, 시장 중심의 생활 영위, 공적 규범을 적절하게 이용하고 활용하는 전략이죠.

그래서 남북한 그리고 남북미, 남북미중이 상호안전을 보장하면서 공존할 수 있는 체제, 지속 가능한 평화체제를 우선하면서 보다 현실적인 인식, 구상, 실천방안이 나올 필요가 있다고 봅니다. 부처의 발상도 바뀌어야 하고 철학도 좀 바뀔 필요가 있다고 생각해요. 물론 통일의 지향을 버리자는 건 아니고요.

국민적 피로감 얘기를 했는데요. 한 가지 덧붙이자면 한반도 문제는 다 비핵화로 번역이 되잖아요. 이걸 경유하지 않으면 아무것도 문제가 해결 안 되는 것처럼 하는 것은 엄청난 피로감이라고 보거든요. 당장 해결되기 어려운 이 문제를 놓고 계속 이게 안 되면 모두 안 되는 걸로 설정하는 것 자체가 피로도를 높이고 무력감을 주는 거죠. 따지고 보면 비핵화라는 것은 결과잖아요. 그게 원인이라고 보는 지금의 구도는 잘못됐다는 거예요. 그러니까 비핵화가 안 됐기 때문에 평화가 안 오는 게 아니죠. 관계가 적대적이기 때문에 그 관계를 우호적으로 바꾸면 되는 거고 그 우호적으로 바뀌는 과정에서 비핵화도 달성 가능한 수준으로 가는 거거든요. 원인을 핵 문제에 두거나 비핵화에 두는 발상에서 좀 더 관계를 바꿔 가는 과정으로 발상이 바뀌어야 되는 부분이 있다는 거죠. 정부 부처나 국정 철학에 이런 측면이 반영이 될 필요가 있다는 거고요.

종전 선언을 미국이 받을 것이냐라는 부분에서는 저는 다소 회의적인데요. 미 국무부에 있는 사람들조차 북한 불신이 팽배하죠. 조금 전향적인 의견은 거의 대부분 반영이 안 되고 완전히 사장되는 걸로 알고 있어요. 미 국방부 역시 내년 초에 각종 전략서에 북한을 상당히 표적화하는 내용들을 많이 담을 가능성이 높거든요. 이런 구도에서 과연 종전선언이라는 게 미국 정부 차원에서 수용 가능한지 의문이 드는데요. 물론 아예 가능성이 차단된 것은 아니죠. 바이든 대통령의 정무적 결단은 남아 있죠. 그러나 북한문제는 잘해야 현상유지, 못하면 실패 오명을 그대로 뒤집어 쓸 수 있는 현안이죠. 남은 임기 내 '종전선언'을 하며 과연 모험을 하려 할까요? 쉽지 않습니다. 그렇다고 북한이 나오길 기다리며 북한의 전략 · 전술무기 증강을 보고만 있는다는 것도 비난받을 수 있고 실패로 귀결될 수 있습니다.

아주 현실적인 질문을 던져 볼 필요가 있습니다. 종전선언을 한 다음에 북한이 미사일 발사나 핵실험 등 자극적 행동을 계속할 수 있을까요? 그렇게 하기가 더욱 어려워질 수 있어요. 종전선언은 북미 양자 모두에게 하나의 가능성이자 구속이 될 수 있습니다. 또 국내외적으로 중요한 정치적 소재가 될 수도 있는 거죠.

그래서 저는 조만간 남북한 대화는 바로 재개될 것이라고 봅니다. 왜냐하면 김여정이 저렇게 담화를 냈을 때는 개인 의견이라고 보이지 않거든요. 남북 정상회담, 종전선언, 남북공동연락사무소 재설치 등 한국이 좋아할 만한 소재를 다 넣거든요. 이런 내용을 논의하기 위해선 어떻든 남북 대화가 바로 이뤄질 것이고 빠른 시간 내 4.27 판문점 선언을 재확인하는 과정이 펼쳐질 수도 있다고 봅니다. 남북정상회담은 판문점 선언의 재확인과 향후 집중해야할 의제를 추가적으로 합의해 내는 데 중요한 형식이 될 수 있습니다. 시기적으로는 2021년 연내가 가장 이상적일 겁니다. 내년 초 북한이 당 전원회의를 열고 전략적 기조를 내놓는데 그 이후에 정상회담을 하는 것보다는 연내에 정상회담을 하고 전략적 기조를 자연스럽게 바꾸는 게 흐름상 자연스럽습니다. 그 이후에 미국과 할 수 있는 3자 또는 4자 회담 등을 도모할 가능성도 있어요. 아주 긍정적 시나리오를 본다면 그렇게 가야지 타이밍이 맞다는 생각이 들어요.

▬ 사회 : 내년 3월 9일에 대선이 예정돼 있는데요. 차기 대통령이 남북관계나 한반도 평화관리에 있어서 어떤 리더십을 발휘하는 게 시대적 요구에 맞다고 보시는지요.

그리고 문재인정부의 계승할 점과 극복해야 할 정책방향이 있다면 어떤 게 있을까요.

▬ 김준형 : 우리가 '비핵화를 통한 평화'와 '평화를 통한 비핵화'를 얘기합니다. '비핵화가 돼야 평화가 된다'고 생각하는 인식이 비핵화에 집중하는 블랙홀을 만들었어요.

'평화를 통한 비핵화'는 북한이 원하는 것이죠. 북한은 핵무기를 놓으면 죽는다는 생각을 하고 있기 때문에 핵무기를 놓을 수 있는 분위기를 만들라는 게 조건이거든요. 북한의 뜻대로 하자는 게 아니라 협상을 통해 합의점을 만들자는 거죠. 평화는 강자의 양보 없이는 절대로 안 된다고 생각해요. 미국은 북한에 속아서 기분 나쁘고 체면이 구겨지지만 죽지는 않잖아요. 그런데 북한은 협상에 따른 합의가 이행되지 않으면 당장 죽는단 말이에요. 강자의 양보가 전제되거나 적어도 인센티브가 주어지지 않는다면 이 문제가 풀리지 않기 때문에 이제는 '평화를 통한 비핵화'를 생각해 볼 때가 됐다고 생각해요. 문재인정부의 방향성은 분명히 '평화를 통한 비핵화'를 하자는 것이었는데 실제로는 이루지 못했어요.

두 바퀴가 같이 가야 하는데 한 바퀴가 '평화를 통한 비핵화'이고요. 두 번째는 역설적으로 북한 문제의 비중이 낮아졌으면 좋겠다는 겁니다. 우리 외교의 북한 비중이 너무 높아요. 진보 정부의 상징적인 정책인 동시에 발목을 잡았다고 생각해요. 북한 문제에 매몰되다 보면 동맹이냐 남북이냐 등 굉장히 소모적인 논쟁을 할 수밖에 없죠. 북한 문제는 단기간에 해결할 수 없는 문제라는 것이 미국한테도 거의 합의처럼 되어 있고요. 현실적으로 상당한 기간이 걸릴 수밖에 없다면, 적어도 비핵화를 좀 길게 본다면 북한 문제의 비중을 낮추고 미국만을 통해서 북한의 비핵화를 끌어내는 것이 아니라 중국 러시아 유럽까지 외교를 다양화시키는 것이 오히려 이 문제를 해결할 수 있는 역설적 지름길이라고 생각합니다.

▬ 홍 민 : 리더십을 외교안보 쪽으로만 한정해서 얘기하면 총괄성을 회

복할 필요가 있다고 봅니다. 남북이 해야 할 일과 북미가 해야 할 일을 너무 쉽게 구분 짓고 있어요. 일단 북미관계가 남북관계로 선순환되는, 마치 분리된 트랙이 있고 북미 간에 뭔가를 잘 한다면 남북도 잘된다는 일종의 선순환 구조에 대한 관행적 인식이 있는데 이 발상을 벗어나는 게 굉장히 중요하다고 봅니다. 북미가 아무것도 안 되면 남북은 전혀 아무것도 할 수 없는, 그래서 영원히 남북을 계속 수단화시키도록 만드는 이 프레임을 계속 우리가 얘기해요. 북한도 남북을 그렇게 중요하게 생각하지 않는 이유가 그거거든요. 북미를 더 중요하고 가치 있고 우위에 두는 관행적 시각의 문제죠.

비핵화 문제, 평화와 관련된 중요한 결정은 모두 북미가 협상하도록 돼 있고 남북은 그 부산물로서의 교류협력이나 남북한에 제한된 군비통제만을 논의하는 것처럼 돼 있는 구도는 매우 잘못된 설정이라는 거죠.

그래서 남북미 구도가 중요합니다. 비핵화 문제는 북미의 문제만이 아니라 남북의 문제, 한미의 문제이기도 합니다. 북미 양자만의 협상 의제가 될 수 없습니다. 남북한 군비통제도 남북만 아니라 한미와도, 북미와도 밀접하게 연계돼 있습니다. 더 나아가 군비통제를 재래식 군비통제만 생각하는데 비핵화도 군비통제의 일환이죠. 군비통제라는 틀로 비핵화 문제도 다루고 남북한 재래식에 관련된 위협을 줄이는 것도 다루고 한미가 해야 할 통제적인 부분도 다룰 수 있는 거죠. 이것을 포괄적으로 같이 생각을 해야 하거든요.

그런데 국방부는 남북한 재래식 군비통제만 하고 통일부는 남북 교류협력만 하고 외교부는 비핵화 외교만 하는 걸로 설정돼 있죠. 전부 분절적으로 나눠져 있는데 입장도 다르고 유기적이지 않을 때가 많아요. 이 부처들이 총괄성을 갖지 못하고 있어요. 물론 청와대 국가안보실이 총괄해서 컨트롤 하는데 내부 구조를 보면 각 부처에서 올라온 사람들이 대부분 그 연결 지점을 차지하고 있잖아요. 안보전략실, 평화기획, 통일이 다 부처 개념으로 나눠져 있잖아요. 그 안에서 똑같이 그 부처의 논리를 가지고 발상을 해요.

의제의 통합성과 유기성이 잘 안 만들어지고 다른 방식의 발상을 갖고 의제를 제약하는 거예요. 이런 구조를 가지고 과연 총괄성을 살린 전략 구상이 나오겠느냐, 어렵다고 봅니다. 외교안보 철학이 나오기 힘든 구조일 수 있죠. 그래서 외교안보부문에서 리더십을 살리려면 한반도 문제를 남북이나 북미로 구분해서 의제를 설정하고 접근하는 방식에서 완전히 탈피해야 한다고 봐요. 남북미가 핵심 코어로 가는 부분에 대해 생각하고 중재자가 아니라 당사자라는 것을 인식하면서 그 구도로 의제를 설정해야 돼요. 그러려면 비핵화 문제도 북미 문제가 아니라 남북미의 문제이고 남북미가 해야 될 군비통제의 영역 안으로 끌고 와야 되고 그것을 외교부만 다루는 것이 아니라 전방위적으로 관련 부처가 다 같이 다루면서 총괄성을 가져야하는 문제가 되는 거죠. 이렇게 좀 더 종합적이고 합의된 생각을 해야 된다는 게 리더십을 회복하면서 굉장히 중요하다고 생각을 합니다.

문재인정부 정책 중 계승해야 될 부분은 '일관성'이죠. 어떠한 평화 프로세스나 의지의 일관성이 어느 정부보다 강했던 것 같아요. 다만 극복돼야 될 문제는 끊임없이 남북과 북미간 설정된 분리된 트랙을 가지고 조합을 시켜보려고 한 게 결정적으로 문제를 풀지 못했던 영역이 아닌가 생각합니다.

▬ 사회 : 남북한 통일방안에 관한 질문을 드리려고 합니다. 범국민적인 의견을 모아 통일방안을 도출하는 방안에 대해서는 어떻게 생각하시나요.

▬ 김준형 : 우리는 지금까지 동북아에서 중국, 북한 변수만 생각했는데요. 우리의 변화 또는 남북이 합쳐질 때의 임팩트가 너무 커졌어요. 이게 꼭 통일에 대한 반대라기보다는 주변 국가들에게 위협을 주고 고민을 주고 있

죠. 거꾸로 얘기하면 우리의 통일이 위협이지 않는다는 담론으로 끊임없이 주변 국가를 설득하지 않으면 통일이 쉽지 않을 거라고 봐요.

오히려 명분적으로 아무도 우리 통일을 반대할 수 없을 겁니다. 우리의 통일이 전체의 안정을 흔들지 않고 오히려 평화에 기여한다는 것에 외교를 집중하는 게 매우 필요하다고 생각하고요.

또 한국에 몇 가지 깡패가 있다는 얘기를 하고 싶은데요. 기후 깡패, 난민 깡패 그다음이 북한 문제 깡패인데요. 외교 무대에서 우리가 기후문제에 대한 노력들을 안 했고 난민 안 받아들이는 것으로 유명해요. 또 하나가 북한 문제만 얘기한다는 거였습니다. 북한 문제나 통일 문제가 중요하지만 역설적으로 비중을 축소하고 평화 공존으로 가야 된다고 생각을 하고요. 평화 공존은 다른 국가와의 연대를 통해 만들어가야 합니다.

▬ 홍 민 : 평화 공존이 우선입니다. 핵을 무장한 북한이라는 존재는 굉장히 오랫동안 같이 할 수밖에 없는 존재라고 보거든요. 그렇다면 그것을 한 번에 없애거나 체제를 붕괴시키겠다는 방식으로 적대적 문제화를 통해 살 것인지, 단계적으로 위협을 감소시키는 접근, 군비통제 레짐이라든가 안전보장 레짐을 만들어가면서 위협을 줄여가는 삶, 지속 가능한 평화 공존 체제를 만들어갈 것인지 고민이 좀 필요한 시점이 아닌가 생각합니다. 너무 지나치게 관념적 통일 그 자체에 무게감을 두기보다는 평화 공존을 위한 방법들이 뭐가 있을지, 특히 이제 북한의 핵과 어떻게 공존하면서 살아가야하는지 그 방법에 대해서도 현실론 차원에서 고민해야 할 시점이 아닌가 하는 생각을 합니다.

4

경제양극화, 해법을 찾아서 : 양극화 해소와 지속가능한 국가

강철규 서울사회경제연구소 이사장(전 공정거래위원장)
홍성국 국회의원(전 미래에셋대우 대표이사)
사회 _ **김종필** 내일신문 정치팀장

"국민소득 3만불 시대, 국토균형 · 교육은 1만불 수준"
"'신분사회'로 전락, 20년 중장기 로드맵 제시해야"
"문재인정부, 행정 미숙" "다양성 담은 드림팀 필요"

양극화가 사회 전반에 퍼져 있다. 소득이나 자산 양극화가 만들어낸 결과다. 교육, 취업 등으로 깊숙이 들어가 있고 간격을 좁히기 어려울 만큼 벌어져 고착화되는 게 아니냐는 말까지 나온다. '부의 대물림'은 '그들만의 리그전'을 만들었다. 양극화는 분열과 반목으로 이어져 국민 통합에 치명적이다. 특히 청년세대로 갈수록 희망을 잃고 많은 것을 도전하지 않고 포기해야 하는 상황까지 이어지고 있다. 분배의 악화가 저성장을 부추겨 악순환의 고리가 더욱 단단해지고 있다.

강철규 서울사회경제연구소 이사장(전 공정거래위원장), 홍성국 더불어민주당 의원('수축사회' 저자)과 함께 '경제양극화 해법'에 대해 의견을 나눴다.

우리나라의 양극화 수준과 과정을 역사적으로 짚어봤다. IMF체제 이후 극심하게 벌어진 '부의 불균형'이 4차 산업혁명시대를 맞아 어떻게 구축되고 있는지를 점검하면서 대안까지 같이 테이블에 올려놨다. 또 새로운 정부에서 챙겨봐야 할 부분들을 집중 논의했다.

▬ 사회 : 양극화 현상이 전 세계로 퍼져 있죠. 자본주의의 고도화로 생긴 불가피한 현상이라는 진단도 있는데요. 특별히 한국 사회만의 특징이 있는지 먼저 진단해 주시죠.

▬ 강철규 : 세계적인 추세는 맞는 것 같습니다. 피케티가 300여 년간 자본주의 주요국 자료를 가지고 분석해서 2014년에 '21세기 자본론'을 발표했는데 논리는 간단합니다. 기본 메시지는 자본수익률이 경제성장률보다 높기 때문에 자본가가 항상 더 높은 소득을 가지게 돼서 부의 불평등이 고착화, 가속화돼 간다는 거죠.

자본수익률을 감마(r)라고 하는데 감마가 성장률(g)보다 항상 크단 말이죠. 이것이 계속 벌어져 가는 거예요. 세계 선진자본주의국가는 대개 이런 추세를 보인다는 건데요.

피케티의 제 일 법칙은 자본소득분배율(α)은 자본수익률(r) 곱하기 소득비율(β, 자본/소득 비율) 이죠. 피케티 방식으로 선진국의 이 (자본소득) 배수를 보니 2010년대에 대략 6배가 나와요. 600%죠. 평균 자본 수익률은 5% 나오고요. 그래서 자본소득분배율이 30% 나오는데 한국은 어떠냐하면 같은 방식으로 계산하니까 2012년에 자본 수익률이 5.2%고 자본소득 배율이 600% 정도 되니까 자본소득분배율이 31% 정도로 비슷해요. 그런데 한국의 문제는 베타에 토지자산까지 포함시키면 9배가 된다는 거예요. 자본소득분배율이 49% 정도가 되는 거죠. 불평등 양극화가 심해져요.

그렇다고 해서 자본주의 시장경제를 버릴 수는 없잖아요. 개혁 또는 개선해서 고쳐나갈 수밖에 없지 않겠어요. 피케티가 제시한 해결책은 이 불평등을 해소하기 위해서 자산에 대해서 고액 누진세율을 부과해서 세금으로 해결하자는 건데 거기엔 찬반 의견이 있죠.

사회 : 홍 의원님은 현장과 시장에 밝으시니까 현실적인 측면에서 설명해 주실 수 있으신가요.

홍성국 : 가장 중요한 부분들은 18세기 중반 이후에 발생한 산업혁명에 의한 성장이 한계에 도달했다는 거죠. 성장의 한계 원인은 인구 감소, 과학기술 발전으로 노동사용이 줄고 환경 안전에 많은 투자를 해야 하는 겁니다. 전반적인 성장률이 떨어지니까 우리 사회의 성장이라는 것이 제로섬을 기반으로 하는 성장으로 바뀐 거죠. 21세기 되면서부터 그래요.

요즘에 가장 중요한 화두가 공정인 이유가 뭐냐 하면 과거에도 필요했지만 우리 사회가 제로섬 사회가 되다 보니까 서로 갈등구조가 심화되고 그러다 보니까 이 룰이 굉장히 중요해지고 공정이 중요해진 거죠. 양극화라는 이 구도를 소득 양극화 중심으로 보고 있는데 자산 양극화, 지역 양극화, 세대 양극화도 있고요. 디지털 사용에서도 양극화가 있어요. 21세기 들어 살아가는 방식이 모두 바뀌면서 자본주의의 위기 그 이상으로 보고 있어요.

그래서 '역사적인 대전환'이라는 용어를 씁니다. 이매뉴얼 월러스틴 교수가 20년 전에 트랜지션, 대전환이란 용어를 썼는데 한국 사회에선 제가 집중적으로 많이 사용했죠. '대전환'은 총체적인 차원에서 접근이 돼야 되는 겁니다. 단순하게 소득 하나에 대해 하겠다고 하면 포퓰리즘으로 보여질 겁니다. 자산만 해도 마찬가지고요. 그러니까 많은 나라들이 이렇게 단기 처방을 하고 있는 게 문제죠. 20년 전의 경제학 잣대로 논리도 안 맞는 표 중심의 권력을 위한 것이 되는 거죠. 이게 총체적인 위기이고 이게 우리가 혁명이라는 말을 쓸 만큼 운명을 바꿀 만한 것이죠. 그 정도의 큰 변화라고 보고 있고요. 전 지구적 현상이지만 해답을 찾기가 어려울 것이라고 봅니다.

▬ 사회 : 한국적 현실을 우리가 정확히 살펴봐야 되는데요. 그래야 해법도 나올 테고요.

지금 현재 한국사회의 양극화 정도가 세계사적인 보편성도 있지만 한국사회가 갖는 특성이라든가 역사성이 있을 것 같아요. 그런 맥락에서는 어떻게 진단할 수 있을까요.

▬ 홍성국 : 우리가 경제개발 5개년 계획을 1962년부터 시작해서 내년이 만 60년 환갑이 되는 거죠. 60년 동안 우리는 세계에서 기적 같은 성장을 이뤄냈고 1대 2대 3대까지 넘어오면서 부가 고착화되고 있고요. 21세기 들어서 디지털 혁신이 왔는데 거기에서 디지털 혁신을 끌고 갈 사람들은 손을 꼽을 정도밖에 안 돼요. 디지털에서도 격차가 많이 벌어진 거죠.

선진국들은 산업화를 1750년부터 해오면서 270년 정도의 과정들을 겪었는데 우리는 너무 급속하게 성장하면서 양극화가 고착화되고 권력도 고착화됐죠. 또 한국은 민간보다 오히려 정치권이나 관료사회에서 특정 세력들이 지연 학연들로 굉장히 공고해졌다는 느낌을 많이 받았어요.

60년 동안에 우리가 이런 것을 고치지 못하고 쉼 없이 달려왔고 지금 와서 세계사적인 흐름이 확 나타나니까 한국이 양극화의 상징적인 국가로 보일 수밖에 없는데요.

그 배경에는 또 다른 게 있어요. 한국보다 더 불평등이 심한 나라들은 남미 아프리카 중앙아시아 등 이머징 국가들 중에서 하단에 있는 국가들이죠. OECD(경제협력개발기구)에서 보게 되면 한국의 양극화 속도가 글로벌 금융위기 이후 급속도로 빨라지고 있다는 것은 사회적으로 대단히 중요한 위기 신호라고 할 수 있어요.

또 이런 담론이 우리나라에서 특히 많이 나와요. 한국의 교육수준이 세계 최고수준인 것도 있고요. 소셜 미디어, SNS 등 새로운 소통들에 대한 인식도가 가장 빠르니까요. 이런 인식이 문화적인 현상으로 오징어 게임 기생충 등 이런 한류에도 영향을 주고 있죠.

▬ 강철규 : 우리나라 양극화 수준은 세계 최고수준이죠. 특히 외환위기 이후에 90년대 중반 이후에 속도도 빨라지고 수준도 최고예요.

최근에 연구를 보면 2019년 최상위 10%의 소유집중도가 49.4%예요. 전체 자산의 약 50%를 상위 10%가 가지고 있다는 겁니다. 미국이 50%를 조금 넘어요. 미국에 근접한 거죠.

부동산까지 아마 지금쯤 미국 수준을 포함하면 넘지 않았나 싶네요. 자본주의 발전국 가운데서 가장 높은 수준이 틀림없죠. 또 최상위 10% 내에서도 그 중 1%가 차지하고 있는 자산 비중이 2009년에 11.8%였는데 2019년에는 15%로 올라왔어요. 아주 극단적인 양극화가 지금 이루어지고 있다고 볼 수 있죠.

소득 항목을 보면 임금, 금융소득, 사업소득 등 세 가지인데 임금소득은 2010년 이전까지는 증가율이 높았다가 그 이후부터는 금융소득 특히 배당소득과 사업소득의 불평등이 크게 높아지고 있죠. 금융으로 돈 번 사람이 많고 부동산까지 포함하면 초 양극화가 이뤄지고 있죠.

금융소득 안에서도 상위 1%도 아니고 0.1% 집단이 전체의 30% 정도를 차지하고 있어요. 빈익빈 부익부가 급속하게 실현되고 있죠. 사업소득은 의료업 도소매업 등인데 도소매업인 빅데이터를 이용한 각종 온라인 거래에서 나오는 수입들이 증가한 것으로 보이고요. 쿠팡 네이버 배달의 민족 등의 사업 소득이 빨리 증가한다는 자료도 나와 있어요.

해방 이후에는 평등 사회였어요. 농지개혁을 했죠. 지주-소작 관계가 해체되니까 이동의 자유가 생겼어요. 모두 가난했지만 도시로도 올라가고 공장도 가고 이런 게 동력이 되고 성과를 내기도 했죠. 민주화의 원동력이 이 평등에서 나왔다고 나는 봐요. 이런 게 90년대까지 지속되죠. 가계소득도 증가하고 직장에 다니는 사람들이 많아지기 때문에 소위 산업인구가 증가하고 그래서 상당히 높은 성장률을 유지하면서도 평등이 유지됐어요.

그런데 90년대 중반 이후에 기업소득이 가계소득에 비해 확 올라가 버려요. 크로스가 된 거예요. 가계소득은 뚝 떨어지고 그때부터 불평등이 커지기 시작한 거죠.

피케티 공식에 의하면 성장률(g)은 떨어지고 자본수익률(r)은 증가 하는 추세로 가는 거죠. 선진국이 돼 갈수록 성장률은 떨어지게 돼 있습니다. 우리도 90년대 중반까지만 해도 성장률이 한 10% 정도였는데 매 5년마다 1% 포인트씩 떨어집니다. 그래서 지금 2~3%까지 내려왔지만요. 산업이 성숙화 되면 더 투자할 데가 없고 혁신이 일어나지 않아서 그렇기도 하지만 다른 한편으로는 불평등 불균등이 생기면서 성장률이 떨어지기도 합니다. 2015년 IMF 보고서를 보면 소득 상위 20%의 소득이 1% 증가하면 전체 성장률은 향후 5년간 0.8%가 떨어진다는 겁니다. 소비 수요가 줄어서 그런 거죠. 그런데 소득 하위 20%가 소득 1% 늘어나면 성장률에 대한 기여도가 0.38% 정도가 올라간다는 거예요. 중하위층 소득 증가가 성장의 엔진인데 그게 빠르게 떨어지니까 성장률이 선진국으로 가면 떨어지게 마련인데 더 떨어지게 된다는 거죠.

그래서 우리 성장률이 가파르게 낮아지는 이유가 불평등, 불균형에서 나오는 게 아니냐 하는 겁니다. 저소득층의 소득 수준이 낮아지면 교육 기회도 줄어들고 영양 섭취도 줄어들고 그래서 생산성이 떨어지는 것이죠. 그리고 희망이 또 없어지니까 열심히 일하려는 의욕도 떨어지고 일자리가 줄어드니 직업 선택의 자유라든가 잠재력을 발휘할 수 있는 기회가 줄어들기 때문에 소득 불평등이 성장률을 더 떨어뜨리는 원인이 되고 있는 거예요.

▬ 사회 : 자본주의가 변화, 발전하면서 계속 수정하는 노력을 해 왔는데요. 양극화가 이렇게 세계사적 흐름이라면 경제 구조를 바꿔야 하는 게 아닐까요.

▬ 홍성국 : 지금은 불공정을 넘어서 독점 이슈가 굉장히 강해지고 있거든요. 유럽 같은 데서 구글이 포탈을 다 잠식하고 있잖아요. 아무리 규제를 해도 대항마가 없는 거예요. 2등이 안 나오는 거죠. 우리나라에서도 네이버를 아무리 규제한다고 해도 사람들이 많이 써요.

네이버의 독점성이라는 것들이 앞으로 엄청난 이슈가 될 거예요. 이게 양극화를 초래하는데요. 예를 들어서 이번 코로나 국면에서 일자리의 변화를 보면 다 망한 걸로 알지만 통신 판매하는 사람 일자리가 한 22만 개 이상 늘었어요. 통신 트래픽의 중심에 있는 포탈이나 빅테크들은 어마어마한 이익을 갖고 오는 거죠.

그래서 이제는 이 양극화를 넘어서 독점을 어떻게 규제할 것인가가 중요한 거죠. 과거 제조업에 의한 독점은 관리하기가 편했어요. 미국에서 정유회사 스탠다드 오일을 반독점법으로 록펠러에서 잘라낼 수가 있었어요. 그런데 신산업 독점은 소비자들의 선택이고 편리하니까 사람들이 계속 쓰는 거거든요. 이 독점율이 계속 올라가고 있어요. 그럼 이게 혁신이냐 독점이냐는 문제가 남죠. 과학기술계에 있으신 분들은 혁신이라고 얘기를 하는데 끊임없이 빅테크 기업들의 공정 이슈가 제기되고 있죠. 공정위에도 제가 계속 주문하는 게 큰 틀로 한번 잡아야 되겠다는 거죠.

관할인 과기정통부에서는 혁신이다, 2등이 안 나오는데 어떡하냐고 해요. 이 새로운 네트워크는 하나에 집중할 수밖에 없는 아주 독특한 구조를 갖고 있어서 앞으로 굉장히 우리 사회의 커다란 위협이 될 거고요. 이런 것에 대해서 진짜 심각하게 봐야 돼요

━ 강철규 : 공정거래위원회에서 일하는 분들 사이에서는 국내나 해외나 다 마찬가지로 기존 4차 산업 이전 시대 산업구조에 맞는 공정거래 규제를 가지고 대응하죠. ICBM(인터넷, 컴퓨팅 하는 클라우딩 컴퓨터, 빅데이터, 모바일)이 융합기술 시대에 새로 등장하는 4차 산업혁명 시대인데 이런 대기업들을 구식의 공정거래법으로 규제할 수 있느냐는 거죠. 그렇게 하면 도저히 안 된단 말이죠.

이 산업의 독점화 속도가 굉장히 빠르죠. 세계에서 온라인 침투율이 가장 빠릅니다. 지금 플랫폼 규제하는 법 없이 공정거래위가 하고는 있죠. 그것도 세계서 빠른 거예요. 이 분야 법의 개혁이 있어야 돼요.

그런데 이게 참 복잡한 것이 개인정보를 보호하는 빅데이터 시대이기 때

문에 개인정보를 보호하는 그 법도 중요하고 또 혁신도 중요하죠. 이것을 규제 관리해서 독점의 피해를 막느냐 이런 게 다 과제죠. 국회에서 법으로 해 줘야 해요.

▬ 사회 : 산업화 시대, 민주화 시대, 지식정보화 시대를 거치면서도 폐해 중의 하나가 부익부빈익빈입니다. 이를 극복하고 시장경제 발전과 민주적 리더십을 통일적으로 발휘할 유능한 리더가 필요합니다. 한국적 현실에서 볼 때 차기 정부의 리더십은 어떤 내용을 갖춰야 할까요.

▬ 홍성국 : 우리나라 리더들도 양극화돼 있어요. 리더 그룹이 산업화 시대 때 개발향수에 빠져 있는 거죠. 그 당시에는 그게 옳았어요. 어느 나라나 개도국 초기 국면에서는 다 그랬죠. 터키, 대만, 말레이시아, 싱가포르 다 그랬단 말이죠.

그런데 경제 구조와 사회 구조가 완전히 바뀌었어요. 정치세력 간에도, 우리 시민들도 마찬가지입니다. 우리나라 중위 연령이 43세, 44세정도 됩니다. 그 이전 세대와 이후 세대 간 세상을 바라보는 잣대가 완전히 다르거든요. 그 이전에 산업화 세대는 공정 이슈도 마찬가지지만 독점 이슈도 제조업 중심으로 보는 거고요.

문제는 우리나라 리더 그룹이 양분돼 있다는 거죠. 가장 힘든 부분입니다. 왜냐하면 리더 그룹들의 생각이 좀 비슷해야 되는데 극단을 달리고 있거든요. 똑같은 사물을 다르게 본다는 거죠.

그래서 과거형으로 하는 거냐, 미래형으로 하는 거냐가 굉장히 중요한 부분들인데요. 이번 대선에선 양쪽을 잘 이해하는 사람이 돼야 합니다. 지금은 과도기입니다.

아직도 한국에 있어서는 제조업이 주력이고 수출산업이란 말이지요. 제조업을 키워야 되죠. 동시에 새로운 형태의 4차 산업혁명과 관련된 부분도 한국이 잘하고 있어요. 다음 정부는 실용적으로 두 가지를 어떻게 조화시키고 융합시키느냐가 핵심과제가 될 겁니다.

▬ 강철규 : 윌리엄 보몰, 로버트 E. 라이턴 등이 쓴 '좋은 자본주의 나쁜 자본주의'라는 책이 있어요. 현존하는 세계 자본주의 형태를 네 가지로 나눠 보고 있어요. 첫째는 정부 지도 자본주의죠. 박정희 정권처럼 정부가 지도하는 자본주의고요. 과두지배 자본주의는 소수의 석유 재벌이라든가 재벌 가족이라든가 가족 또는 집단이 지배하는 자본주의가 있죠. 또 하나는 대기업 자본주의인데 일본이나 유럽의 몇 나라들이 이런 형태예요.

마지막으로 기업가 자본주의가 있어요. 기업가 자본주의가 돼야 그 자본주의가 계속 발전할 수 있다는 거죠. 기업가 자본주의는 신흥 기업이 매년 계속 생겨나야 되고 그중에 한 10%는 성장해서 대기업이 될 수 있어야 된다 이렇게 보는 겁니다. 그렇게 하는 나라는 미국 정도로 거의 없어요.

그게 정치 리더십하고는 어떤 관계가 있냐 하면은 시대에 따라 좀 달라진다고 봐요. 우리처럼 자본이 부족하고 개발연대 초기에는 국가가 자본축적을 위해서 무리수를 두고 계획도 세우고 그런 게 필요할지 모르죠. 국민을 위한 독재인거죠. 그런 점에서는 박정희 전 대통령이 기여한 점이 있다고도 볼 수 있지만 집권 후반기에 들어오면서 해서는 안 되는 부분에 관여하고 영구집권을 노렸기 때문에 파멸로 간 거죠.

또 대기업, 재벌 중심, 재벌 주도로 만들어졌어요. 그게 문제점이에요. 정부 주도, 재벌 주도로 해야 성장한다는 생각, 의식, 사고방식이 지금까지도 계속되고 있어요.

그런데 4차 산업혁명시대는 융합 기술이기 때문에 중소기업과 대기업이 같이, 또 산업 분야도 디지털, 모바일, 데이터, 제조업 등 여러 분야가 섞여야 되거든요. 융합 기술을 어떻게 잘 조절해 나갈 수 있느냐가 핵심이죠.

그래서 기업가 자본주의가 돼야 된다고 봐요. 새로운 기업들이 계속 나오고 그 중에서 10% 정도는 살아나서 융합기술에 보탬이 되고 하는 그런 사회로 나가야 성장이 되는 거죠. 그게 바로 양극화도 해소하는 방법이에요. 중소기업이 새로 등장하고 성장해서 대기업도 될 수 있는 기회가 되는 사회, 그런 경제를 만들 수 있는 리더십이 뭐냐, 그걸 우리가 연구해야 된다는 거죠.

▬ 사회 : 현상에 대한 진단에서 실마리들이 나오는 것 같습니다. 양극화의 해법, 기회의 불균형을 해소할 수 방법은 무엇인가요.

▬ 홍성국 : 한국이 배울 나라는 없습니다. 독일 산업에서도 한때 히든 챔피언이 잘 나오다가 유로화 약세 때문에 최근 들어서 힘이 많이 빠지고 있어요. 독일이 4차 산업혁명에 늦은 거죠.

독일의 빅테크 기업 못 들어보셨죠. 그렇다고 영미형으로 가게 되면 과점기업 중심으로 될 수밖에 없죠. 새로운 사람이 (중소, 벤처)기업을 만들면 대기업에 팔고 나가면서 대기업이 점점 커지는 거죠. 지금 전 세계에서 시가총액이 1조 달러 넘는 기업이 거의 미국 기업인데요. 애플 구글 테슬라 마이크로소프트 등입니다. 이 기업들의 성장 스토리를 보면 젊은이들이 개발하면 그 회사를 사요. 돈이 많으니까 일단은 10개 사서 2개 성공해서 100배 먹고 나머지 8개는 버리는 거죠. 이런 걸 우리가 따라갈 수가 없어요.

그래서 한국형이 돼야 될 것 같고요. 우리나라에서 제조업 비중이 점점 낮아지고 있는 건 사실이고 선진국도 다 그런데 그럼에도 불구하고 한국은 제조업을 해야 된다고 봐요. 미국에서 공부하는 사람들이 미국경제만 보고 섣불리 서비스업만 하려고 하면 안 되죠. 미국은 기축 통화국가이고 세계 패권 국가니까 제조를 안 해도 되지만 우리는 그렇지 않거든요. 그렇기 때문에 제조업 혁신을 하기 위해서라도 (제조업과 서비스업) 양쪽을 같이 해야 되죠. 4차 산업혁명, 특히 소셜미디어 갖고서 SNS로 수출하기가 정말 어렵거든요. 예를 들면 네이버 라인이 일본 가서 크게 성공하고 인도네시아까지 갔다고 했지만 이익이 안 나거든요. 그러니까 이번에 손정의 회장과 손잡고 야후재팬과 합병해서 1등을 만들어 네트워크를 독점하겠다고 하고 있거든요.

그런데 우리는 데이터 표준도 못 만들고 있어요. 데이터 표준이 비슷해야지만 나중에 쫙 모아서 금방 융합할 거 아니에요. 데이터를 표준에 맞게 만들려고 하니까 (표준이 서로 달라서) 일자리가 생긴다는 거예요. 물론 그럴 수도 있는데 데이터가 산재한 걸 규칙을 만들어야지 나중에 뭐든 할 수 있게 됩니다. 총체적인 차원에서 이중 구조로 가야 하는데 4차 산업혁명 부분하고 제조업 부분입니다. 제조업은 이제 지원하기도 어려워요. 다 세계 1위권에 와 있고요. 지원하다보면 또 다른 나라에서 불공정하다고 제소하잖아요. 그래서 조선사 합병이라든가 항공사 합병도 다른 나라들이 탐탁치 않게 보는 거죠. 솔직히 얘기해서 카카오가 미국 가서 돈을 과연 벌 수 있을까를 한번 생각을 해본다면 마켓쉐어(시장점유율) 규제까지도 필요하다고 봐요. 균형을 좀 맞춰야 될 것 같고, 여기에 대한 출발은 모두가 하는 게 교육입니다. 마이크 샌들의 '공정하다는 착각'을 보면 '공정' 요구는 제로섬 사회이기 때문에 나오는데 '공정'을 하기 위한 출발은 다 교육이죠.

우리나라 같은 경우는 이걸 총체적으로 다시 짜야 된다는 이유가 뭐냐면 교육에 있어서 지금 어느 정도까지 와 있냐면 제 지역구(세종특별자치시갑)가 세종시잖아요. 공무원들이 과거처럼 밤새워서 일하는 게 아니에요. 이들은 잘 사는 집에서 과외공부 해서 좋은 대학 나오고 좋은 경력으로 비슷한 계층의 사람과 결혼해요. 삶의 질을 중요시 하죠. 성취욕 자체가 굉장히 떨어지죠. 과거에는 너무 과도해서 문제였는데요. 그러면서도 이게 양극화가 되는 거거든요. 지금 지방대가 소멸 위기잖아요. 지역 양극화라는 게 어마어마하게 벌어지고 있습니다.

서울 내에서도 그래요. 제 얘길 해드릴까요. 도봉구 방학동에서 제가 50년 살았습니다. (고향인) 조치원에서 올라온 다음부터 도봉구에서 이사도 안 하고 부채도 없이 지금껏 살았어요. 20년 전에 55평짜리 집을 3억2700만원인가에 샀어요. 지난 선거(21대 총선)때 재산신고 때문에 봤더니 지금 공시지가가 3억6000만원이더라고요. 당시 강남은 더 쌌어요. 지금 어떻게 됐냐면 그 동네 사는 사람은 다 포기하고 살아요. 서울 내에서도 그런 거죠.

우리가 양극화를 균형으로 만들어야 해요. 사회구조가 아령형이잖아요. 양극화 해소의 출발은 교육으로 해야 해요. 세금도 한계가 많아요. 담세율이 상당히 많이 올라와서 더 올리기도 어려운 측면이 있죠.

다만 희망을 갖게 된 게 자발적으로 ESG(환경, 사회, 지배구조)가 나온 거죠. 정부가 하라고 한 거 아니에요. 한국이 앞서 가는 거죠. ESG인증이 600가지가 넘는 답니다. 인증기관도 서로 난립하고 있죠. 총리실에서 중심을 잡아야 합니다.

과제는 두 가지예요. 첫 번째는 국민소득이 3만 2000~3만 3000불 되지만 사회 여러 영역을 놓고 보면 아직 만 불도 안 되는 쪽이 많아요. 국토 균형발전이나 교육을 보면 우리나라 1만불때나 지금이나 별 차이가 없어요. 문화적인 불평등도 상당히 차이가 많고요. 전반적으로 보편복지를 어느 수준까지 올려놓고 그 다음에 우리가 세계로 나가 성장을 회복하기 위한 노력들을 해야 됩니다. 그래서 정부도 반도체, 배터리 등에 과감하게 지원해주고 있어요. 성과가 나려면 시간이 좀 걸리거든요. 미래 산업에 대한 지원, 지금은 좀 시늉만 내는 것 같은데요. 리더급들이 균형을 잡아줘야 되는데

화두가 '공정'에서 '균형에 기반한 성장'을 함께 추구해야 되지 않을까라는 생각이 듭니다

▬ 강철규 : 기본소득 논쟁이 있지 않습니까. 4차 산업혁명 시대 또는 빅데이터 자본주의다 이렇게도 얘기하거든요. 그러면 이 데이터를 가지고 사업 비즈니스를 해서 수익을 내는 사람들이 큰 기업으로 성장하고 있잖아요. 그런데 빅데이터에는 국민 개개인의 정보가 들어가 있거든요. 계좌번호, 이름, 주민번호 이런 것들 말이죠. 내 데이터가 들어가 있으면 내가 투자자인 거죠. 그거에 대한 배당금을 받아야 되는 거예요. 그렇다면 배당금을 요구할 권한이 있는 거고요. 그것을 주는 것이 기본소득이라고 할 수 있죠.

데이터가 들어간 모든 국민은 기본소득을 받을 권리가 있는 거예요. 금액의 크고 작은 것은 비즈니스로 얼마나 돈을 많이 벌었느냐에 따라 달라지는 거죠. 선택의 문제가 아니라 당연한 권리인 거예요. 빅데이터 뿐만이 아니고 공유 성격의 토지에 대한 사용료도 이 값이 올라가면 국민이 받아야 됩니다. 지식도 있어요. 인류의 지식이라는 게 공유되는 거거든요. 토지, 지식, 빅데이터 이런 것을 사용해서 하는 사업에서 나오는 이익이나 부는 배당금으로 받을 권리가 있는데 그게 기본소득이라는 거고요. 그래서 기본소득제는 시행을 하는 게 옳다고 봅니다. 복지하고는 별도로요.

양극화 해법으로 여러 사람들은 기회 균형 얘기를 하고 있잖아요. 그런데 그건 소득 격차가 해결이 되면 결과로 선순환되는 건데 거꾸로 기회 균등부터 시켜놓으면 소득 격차가 해소될 것이라고 하는 것은 서로 연관은 있지만 순서는 바뀌어야 되지 않느냐고 생각하고요.

소득격차 사회가 이제 너무 구조화돼 있으니까 소위 희망을 가지는 사람, 희망을 상실하고 사는 사람 두 그룹으로 나눠져 희망 격차 사회라고도 해요.

이게 나는 신분사회라고 보는데요. 농지개혁 이후에 평등사회가 돼서 이게 민주화 산업화에 동력이 됐는데 소득과 부의 격차가 벌어지는 바람에 다시 신분사회로 가고 있어요. 신분적 차이가 기회의 불균등을 만들고 있는 거죠. 그래서 이것을 해소하려면 우선 교육기회가 평등하게 가도록 노력을 해야 되고 취업기회가 평등하도록 노력해야 되고 주택, 의료혜택에서도 기회가 평등하게 이뤄질 수 있는 구체적인 방법들을 찾아내 고쳐나가야죠.

다시 종합해서 말하면 산업 쪽에서 보면 진입 장벽을 해소하는 게 제일 중요합니다. 선진국을 따라잡는 시대에서 지금은 자생적 혁신을 해야 하는 시대로 바뀌었거든요. 우리 자신이 이제 개척해 나가야 되는 그런 시대란 말이죠. 기업가 자본주의로 가야 자생적 혁신이 이뤄질 수 있고요. 중소기업을 하고 싶은 사람이 많아지고 거기에 창업해서 무언가를 아이디어를 내고 성공하고 싶어 하는 사람이 많아지고 경쟁하게 되는 거죠.

일단 운동장이나 시장에 들어가지 못하도록 진입장벽에 막혀 있지요. 그게 문제라고요. 기득권을 가지고 있는 재벌 집단이나 대기업들이 출발선에서부터 막고 있어요. 그런데 혹시 그 담을 뛰어넘어서 운동장에 들어갔다 하더라도 운동장이 기울어져가지고 조금만 나가다 보면 다 고꾸라집니다. 그래서 중소기업들이 클 수가 없는 진입 장벽을 어떻게 해소하느냐가 제일 문제입니다.

정치권에서는 일본과 같이 대대로 세습하지는 않지만 각종 정치권력, 경제권력이 세습화가 되기 시작하면 이게 상당히 심각한 거죠. 그걸 막아주는 방법을 우리가 찾아내야 되고요. 기득권이나 독과점 또는 불공정거래를 막아주는 공정거래위원회의 기능이 강화돼야 되는데 4차 산업혁명이 되니까 거기에 맞는 규제와 틀을 빨리 만들어야 되는 거죠.

그다음에 부동산 등 자산 불평등을 어떻게 해소하느냐가 중요한 과제인데요. 양극화가 금방 해결은 안 될 겁니다. 그래도 앞으로는 이렇게 하자 하는 것을 합의를 하고 조금씩 제도 개혁을 해나가고 그러면 앞으로 더 악화는 안 되는 것이고 과거 것은 그 단계 단계에서 해소를 해 나가면 조금 더 양극화 문제가 풀릴 수 있지 않겠나 생각해요.

▬ 사회 : 지금 기업들의 화두가 지속가능한 경영입니다. 또 여러 가지 규제를 개혁한다든가, 시장의 요구나 변화에 맞는 법과 제도를 개선하려는 노력이 필요해 보이는데요. 정부와 정치권(국회)에서는 무엇을 어떻게 해야 할까요.

▬ 홍성국 : 솔직히 비관적입니다. 현재 우리나라의 정치 세력들은 말 그대로 권력 투쟁 중심으로 왔죠. 전문가라고 하는 사람들이 꽤 많이 있는데 구성의 오류라고 있죠. 누구나 합리적인 행동으로 최선을 다하지만 전체로 보면 잘 안 되는 거죠. 일본을 비유할 때 보면 불황이 오니까 전부 다 허리띠 졸라매고 돈 안 썼더니 나라가 추락했다는 거잖아요. 전문가라는 사람들이 자기 영역에서 양극화를 해소하려고 나름대로 다 노력을 합니다. 그런데 그 영역을 벗어나지 못해요.

우리가 얘기하지 않은 게 있어요. 인간의 선호가 바뀌고 있는 거죠. 2030 세대의 생각이 중요해요. 숫자(통계)로 보는 것과 다르거든요. 20대들은 '이것도 행복하다'고 보기도 하고 '제발 간섭만 하지 마라'고 하잖아요. 다음 정부가 이 부분을 종합적으로 보기를 바랍니다.

큰 그림으로 국민적인 인식도 아직도 안 돼 있잖아요. 그리고 양당이 정책으로 내놓은 것을 양극화라는 틀로 프리즘을 한번 쫙 봤을 때 이걸 다 엮어서 상호 의존적인 관계로 하면 과연 양극화 해소에 맞을까 봤을 때 서로 정책 간에 엇박자들이 많이 나고 제대로 준비되지 않은 게 많아요. 그래서 우리가 자기의 기득권과 인식의 틀을 수정하는 이 부분에 대한 작업이 지금 우리 사회의 리더에겐 없다라는 게 제 입장이고요. 정치권에 굉장히 아쉽다라는 생각을 하고 있어요.

기존의 기업인들 중에도 이건 아닌 것 같다라고 하는 사람들이 의외로 많아지고 있어요. 역으로 빅테크 경영하는 친구들이 어릴 때부터 수도권 좋은 학교와 미국 MBA 나오고 신자유주의에 팍 물들어 있어요. 그런데 사회성이나 관계에 대한 인식은 전혀 없어요.

한국이 교육 수준은 높고 네트워크가 워낙 많이 발달된 사회라서 이런 양극화 등 담론들이 많이 나와서 좋은데 확실하게 해법을 내기는 어려워요. 해법을 내기 위해서는 자신의 틀을 저 스스로 깨야 해요. 자신이 가지고 있는 틀을 깨지 않고서는 전체를 못 보는 거죠.

이번 대선에서 여야 후보의 핵심 공약은 양극화 해소일 겁니다. 거기에 플러스 성장 전략이겠죠.

━ 사회 : 헌법 정신이나 민주주의 원칙대로 보면 그 공동체의 구성원이 주권자 즉 일반 국민들인데요. 국민들이 양극화의 고난을 겪고도 있지만 미래의 변화를 위해 어떤 역할을 해야 되고 어떤 노력이 필요하다고 보시나요.

━ 강철규 : 결국 사회가 발전하려면 정부 기업 국민 등 그 사회 구성원들이 공통의 목표를 가지고 있어야 되거든요. 궁극적으로 추구하는 가치에 대해 합의를 봐야 해요. 중간적인 어떤 가치를 내세우면 하기가 힘들어요. 전부 해석이 다르고 의미가 다르니까요. 기본 가치, 누구든지 다 합의할 수 있는 '사회 구성원들 개개인의 행복 추구'는 누구든 부인할 수 없는 거잖아요. 행복 추구를 위해서는 생명이 존중돼야 되고 또 개개인의 자유가 확대돼야 되고 또 사회 전체 구성원들의 신뢰가 쌓여야 된단 말이죠. 쉽게 말하

면 생명 존중 자유 신뢰 구축 이런 것들이 기본 가치라고 할 수 있습니다. 거기에 대해서는 합의가 가능하거든요. 그러면 이것이 내 행복에 도움이 되는 가치인데 이 정부가 하는 정책 또는 이 기업이 하는 이윤추구 행위가 여기에 맞는다면 국민들은 박수를 칠 것이고 그렇지 않으면 불만을 표시할 겁니다. 투표로 국민들이 '그것만 하고 있을 거냐' 그러면 기본 가치 실현에 적극적으로 정부는 나서서 정부가 어느 정도 여기에 개입을 해서 그걸 끌고 나갈 것인지를 결정해야 하는 거죠.

요즘은 정부가 적당히 개입을 하라는 쪽으로 기운 것 같아요. 방향이 잘못된 건 시정하라는 거죠.

소위 능력주의를 주장하는 학자들도 있었어요. 각자 자기의 노력과 능력으로 열심히 일하고 능력에 따르게 놔두면 시장은 알아서 적정한 가격으로 소득 분배를 하고 발전시킨다는 거죠.

능력에 맡기자는 게 능력주의죠. 근데 그 능력이 이제 틀렸다는 거 아니에요. 그 능력이 오만하다는 거죠. 일종의 사기성 공정이라는 거예요. 이제 유럽이나 서구에서 많이 발전하는 게 복지거든요. 차이가 나는 거는 복지로 좀 메워주자는 거죠. 아동 복지라든가 노인 복지라든가 또 실업 복지라든가 실업 고용보험으로 해서 인간, 인격을 존중하는 차원에서 지원하는 거예요.

근데 그것도 비판이 많아요. 완전 해결도 안 될 뿐만 아니라 거기에서 복지를 수혜 받는 사람이 자발적으로 받는 게 아니기 때문에 자존심 상한단 말이죠. 그래서 아예 처음부터 출발선에서부터 공정하게 출발할 수 있는 그런 사회를 먼저 만들어주자. 그래서 소위 '시정주의'라는 게 나온 겁니다.

드워킨 같은 사람들이 얘기를 하는 건데 인종차별이나 능력차이라든가 장애 피부색 빈부격차가 있는 상태에서 경쟁을 시키면 안 맞으니까 이 출발선에서부터 똑같이 공정하게 출발할 수 있는 제도나 판을 만들어주자는 거죠. 그게 시정주의입니다. 그것도 완벽하게 될 수는 없지만 예를 들면 대표적인 게 농촌학생 우대해서 서울대학에 입학시키는 거죠. 그런 시정을 하는 건데 그걸 어디까지 할 수 있겠느냐 그런 것을 국민들이 국회나 정부에 요구를 해야 돼요.

그게 개인이 잘 됩니까. 전문가가 아무리 떠들어도 잘 안 되니까 시민운동 시민단체 활동 연대 또 노동운동 등 다 같이 나가야 되는 거죠. 이게 일반 국민이 할 수 있는 일이 아닌가요. 그거 하다하다 안 되면 이제 촛불혁명밖에 없죠. 사회가 발전하는데 국민들이 깨어 있으면 그렇게까지 극단적으로 안 가더라도 좀 시정해 나갈 수 있지 않겠느냐 하는 생각을 갖고 있고요. 그걸 하기 위해서는 '우리가 하면 이걸 고칠 수 있다', '개혁하고 개선할 수 있다' 하는 희망을 주는 정치가 있으면 좋겠다고 생각해요.

▬ 사회 : 차기 리더십은 유능한 개혁, 민생에 대한 현실적 요구에 직면해 있는데요. 어떤 과제를 가장 최우선적으로 풀어나가야 되는지에 대한 말씀을 주세요.

▬ 홍성국 : 최근에 와서 촛불에 대한 평가에서 박근혜 전 대통령에 대한 울분이냐 아니면 양극화에 대한 울분이냐 라고 봤을때 양극화에 대한 울분이 더 크다고 보는 게 있어요. 21세기 들어서 한국도 그렇고 딴 나라도 그렇고 굉장히 성장이 한계에 부닥칠 때마다 부채를 늘려 본 거죠. 이제는 코로나 때문에 부채를 더 늘렸어요.

그래서 포스트 코로나가 되면 이 양극화 문제가 어마어마하게 등장할 거로 보고 있고요. 그 예고편이 오징어 게임이 아닌가라는 생각이 들어요.

다음 정부, 예고편 정부는 그와 같은 일들이 우리 사회에 있다는 생각을 갖고 정치 세력들이 준비를 해야 할 것 같고요.

다음 새로운 정부가 해야 할 세 가지는 먼저 기존 산업들은 보호주의에 대처하기 위한 지원이 필요하고요. 디지털에서는 4차 산업혁명 관련된 부분에서 새롭게 나오는 디지털 기능들에 대한 사회 문화적인 공유가 굉장히 필요하고요. 또 우리 사회 전체적으로 다양성을 높이기 위한 노력들을 해야 돼요.

새 정부 출범하는 시점에 현재 예상으로 코로나 방역이 정상화 되면은 지금까지 우리가 부채라는 어떤 진통제로 지금 살아왔는데 이게 이제 더 이상 스스로 감내하기 어려운 상황이기 때문에 이 부분에 대해서 큰 그림을 갖고 가야 될 것 같고요.

국민의 입장에서는 제로섬 게임에 몰두하고 있죠. 이 제로섬 게임을 하다 보면 '나의 이익이 단돈 10원이라도 손해 보는 건 참을 수 없다'는 게 우리 사회적인 현상이 됩니다. 연대성에 대한 우리 시민들의 자각이 지금 상당히 필요하고 '다른 사람이 행복해야 내가 행복하다'는 것으로 개념을 바꿔야 해요. 사무엘슨의 행복 방정식은 분모는 욕망이고 분자가 소유예요. 우리는 역사 시대 이후로 분모인 욕망은 내버려두고 분자인 소유를 늘려서 행복을 찾았는데 이제는 이게 거의 불가능해진 시대가 됐죠. 그러면 이젠 분자를 늘리기 위해서 정부도 노력을 해야 되겠지만 분모인 욕망을 스스로 어떻게 조절할 것인가는 우리 시민들의 몫도 있죠. 정부 정책은 포용성장이고 개인의 입장에서는 미니멀리즘 같은 소비 최소화, 사회활동, 환경운동 등으로 하면서 자신의 탐욕을 조절하는 거죠. 삶의 철학도 우리가 재정리할 필요가 있지 않을까라고 생각해요.

━ 강철규 : 정부가 정말 국민을 만족시킬 수 있는 그런 정부가 되기 위해서는 두 가지가 중요하다고 봐요. 하나는 어떤 철학을 가지고 있느냐 하는 것이고 또 하나는 행정 차원에서 어떻게 할 것이냐 하는 것인데요. 철학은 공정 또는 성장의 균형이라든가, 인간 존중의 기본 가치 실현 등이죠.

그것을 실현하는 방법이 행정이거든요. 지난 정부와 현 정부의 아쉬운 점은 '미숙'이에요. 행정 미숙이죠. 소득주도성장을 처음에 들고 나섰는데 그게 틀린 건 아니거든요. 방향성이나 좋은 의도로 보고 한 것이고 중하위층 소득을 높여서 결국 성장시키는 목표로 가자는 취지이기 때문이죠. 그런데 실현하는 방법이 너무 거칠었어요. 최저임금 몇 % 올린다든가 그리고 52시간으로 줄인다든가 하는 것인데 그것도 필요한 건지는 모르지만 어느 단계, 어느 수준에 가서 필요한 것인데 소위 로드맵을 만들지 않고 하다보니 역공을 당해가지고 그 좋은 의도마저도 사라져버리고 오히려 비판 대상이 되지 않았습니까.

주택 문제도 그렇거든요. 부동산 투기 억제하고 싶겠죠. 수없이 많은 대책들을 핀셋 대책이라고 내세웠지만은 집을 짓듯이 제대로 기초부터 가면서 기둥 세우고 지붕 올리고 내부 단장을 하고 이런 순서로 하지 않은 거죠. 그러니 찬스마다 투기를 노리는 사람들이 등장을 해가지고 전체 집이 허물어진거죠. 말하자면 행정이 엄청나게 미숙해가지고 좋은 뜻 좋은 철학이 실현이 안 됐다고 할 수 있어요.

다음 정부가 들어선다면 자기들의 철학을 분명하게 제시하고 이걸 실현하기 위해서 이러이러한 방법으로 이걸 실현하겠다 하는 로드맵을 구체적으로 정해야 되지 않겠나 그렇게 생각을 해요. 콘트롤 타워를 만들어 가지고 중장기적으로 5년 10년 이렇게 해서 해결해 나가겠다는 로드맵에 따라서 진행을 하면은 낫지 않을까 생각하고요. 그 과정에서 온갖 지혜를 다 모아야 되기 때문에 여야, 관료, 전문 영역에 있는 사람을 모아 위원회를 만들든지 집단지성을 모으는 그런 장치를 마련해가지고 하면돼요. 우리 민족이 능력이 있거든요. 이제 결국 철학과 행정을 좀 다시 생각해 봐라, 그런 얘기를 좀 해 주고 싶어요.

▬ 사회 : 내년 대선은 역대급으로 가장 선명한 진영 대결이 될 가능성이 있다고 보여지는데요.

그래서 누가 되든 그 리더십은 불안정할 확률이 매우 높다 라고 염려를 많이 합니다. 종합을 해서 이 정부가 마무리까지 어떻게 할 건지에 대한 문제와 미래대책을 전망해주시죠.

▬ 강철규 : 양극화가 참 심해요. 이분법 사고, 흑백논리가 지배하고 있습니다. 다양성이 필요하거든요. 흑백 안에는 빨간색 노란색 파란색 등 여러 색이 있죠. 그런데 그런 얘기를 하면 기회주의자라고 배척을 해요. 진보, 보수 이런 양극에 있지 않으면 전부 기회주의자이고 사회적으로 존경 받지 못하는 그런 사람으로 생각을 하죠. 이것을 우리가 해소해야 되죠.

언론이 부추기기도 하죠. 언론도 이분법 사고에서 벗어나야 해요. 다양성을 존중하는 사회로 가고 합리성을 존중하는 사회로 가야 돼요. 세계적으로 보면 다른 진영 사람도 행정할 때 필요하면 힘을 합치기도 하고 연합도 하고 하지 않습니까. 드림팀을 짤 필요가 있다는 거죠.

어느 정부가 들어서든지 처음에 모든 걸 한꺼번에 다 해결할 수 있다 생각하면 잘못인 것 같아요. 지금 가장 중요한 기본 의식주 중 '주'가 문제잖아요. 이 문제를 풀어줘야 선진국이라고 할 수 있어요. 소득이 아무리 높아도 집 문제를 해결 못 하는 사회가 무슨 선진국이라고 할 수 있겠어요. 그다음이 의료 교육 격차 해소죠. 이런 기본적인 것을 하나씩 풀어나가는 일은 계속해 나가야 되죠. 그래야만 큰 문제도 해결할 수 있다고 생각합니다.

▬ 홍성국 : 우리 사회 전체적으로 역사적인 위치 감각을 상실하고 지도 위에서 나침판이 막 빙빙 돌아갈 정도입니다. 지금 베이비부머가 은퇴를 하고 있어요. 사회적인 중심이 지금 이동되고 있는 과정이죠. 이런 모든 부분들을 인정하고서 새 정부가 해야 될 것 같고요.

정책의 목표를 이렇게 잡았으면 좋겠어요. 20년 후에 한국을 한번 생각을 해보면 그때는 인구가 줄고 있을 거고 인구 구조가 역피라미드가 됐을 거고 어르신들 돌봄수요가 아이들 키우는 비용보다 훨씬 더 많이 들어갈 겁니다. 그러면 아예 더 많이 낳기 위한 또 출생을 장려하는 정책과 더불어서 이런 것들을 미리 만들어 놓아야 되는데 20년 후에 닥쳐서는 못 한다는 얘기죠. 지금부터 20년 동안의 로드맵이 만들어지고 단계별로 진행하면 그게 가장 좋은 경기 부양책이 될 겁니다.

사회적 흐름과도 연결이 됩니다. 예를 들면 우리나라 이과 학생 수가 지금 50%가 안 돼요. 우리 고등학교 다닐 때는 7대 3으로 이과가 더 많았습니다. 맨날 일자리를 만들자고 하는데 일자리, 일을 만들려면 기초과학 하는 사람이 필요합니다. 예체능이 대학정원 중 12.5%예요. 이 상태로 계속 가다 보면 예체능 전공한 사람 중에 실업자가 엄청 많아지잖아요. 그러니까 큰 그림으로 교육을 바꾸기 위해서는 20년에서 30년을 내다본 정책을 가정하고 그 당시 사람의 눈으로 봐야 하는 거죠. 지금부터 장기 20년 로드맵을 만들고 현 정부에서 우리는 이만큼 할게, 이렇게 생각하시면 국가가 제대로 방향을 잡을 것 같습니다.

5

수도권-지방, 다 같이 사는 법 : 자치와 분권의 미래상

최문순 강원도지사
이철우 경북도지사
사회 _ **김종필** 내일신문 정치팀장

"젊은이들 수도권으로 빨려들어 … 이대로 가면 지방은 살아날 수 없어"
"26년째 지방자치, 재정·조직·인사 모두 중앙이 틀어쥐어"
"구조적 해법은 개헌 … 중앙정부 '재정·입법·인사권' 과감한 지방 이양 필요"

벚꽃 피는 순서대로 대학이 망한다는 말이 현실화되고 있다. 대학의 위기가 지방의 위기, 국가의 위기로 번지는 중이다.

지방선거가 부활한 지 26년이 지났지만 현장에서는 여전히 중앙정부 중심의 수도권 공화국으로 체감하고 있다. 중앙-지방의 양극화는 더욱 벌어졌고 지역 간, 지역 내에서의 양극화 역시 확대되고 있다. '소멸'이라는 단어가 이상하지 않게 들릴 정도로 상용화되기 시작했다. 지방이 소멸하면 국가가 존재할 수 있을까.

최문순 강원지사와 이철우 경북지사가 만났다. 최 지사는 MBC 노조위원장, 대표이사 사장 출신으로 국회의원을 지냈고 강원지사만 3선째다. 이 지사는 국회의원 3선을 지낸 중진으로 광역단체장으로도 역량을 확인받았다는 평가를 받고 있다.

지방자치단체를 운영하면서 느낀 중앙 집중의 현실과 폐해를 적나라하게 들어봤다. 이는 문재인정부의 다양한 분권과 지역균형발전에 대한 평가로 이어졌다. 대학의 위기를 비롯한 지역소멸 현상을 차단하거나 극복할 현실적인 대안들이 나왔다. 지역에서 찾아낸 '생존전략'에 대한 논의도 흥미로웠다.

사회 : 두 분의 광역자치단체장님을 모시고 중앙집권적 폐해를 극복하고 수도권과 지역이 상생하는 방향을 모색하는 소통의 장을 마련했습니다.

한국사회가 이념, 자산 양극화도 심각하지만 수도권과 지방 역시 양극화돼 국민들이 아픔을 겪고 있습니다. 지방자치 최일선에서 보실 때 어떤 문제가 가장 심각하다고 생각하시나요.

최문순 : 지역 불균형이 국가 위기 요인 중 첫 번째라고 보고 있습니다. 코로나 위기도 있고 북핵 문제도 있지만 무엇보다 지역격차 양극화와

그에 따른 인구 소멸이 국가 위기 요인 중 첫 번째 위기 요인이고 가장 중요한 위기 요인이라고 보는 거죠.

우리나라가 만약에 앞으로 위기를 맞는다면 이 문제로 맞게 될 겁니다. 1997년 IMF 이후에 승자독식 체제가 완전히 관철되면서 이렇게 됐다고 생각합니다. 승자독식 체제가 우리나라의 정치 경제 교육 문화 언론 모든 것과 관련돼 있죠. 약육강식 체제가 나라 전체에서 관철돼 한 두 가지 조치로 끝날 게 아닙니다. 돈과 권력 교육이 수도권으로 모이는 체제로 돼 있습니다. 이 문제를 해결하기 위한 지역불균형의 해법, 균형발전이 시대정신이라고 생각합니다.

━ 이철우 : 국회의원 세 번하고 도지사로 이제 4년 차에 접어들었는데요. 현재의 느낌은 이대로 가면 대한민국 망할 것 같다는 거죠. 지방은 도저히 살아날 수 없는 구조로 되어 있어요. 모든 게 중앙으로 다 축적돼 가 있어요. 중앙 권력과 수도권 권력이죠.

과거 '영원한 싸움'이라고 한 것은 영남 호남 사람들이 자리를 차지하려는 것이었는데 이제는 달라졌어요. 얼마 전부터 우리 경북도에 15명의 행정고시 출신들이 수습을 하고 있어요. 이 중 두 사람 빼놓고 모두 서울 사람이에요. 인재가 다 바뀌는 거예요. 그래서 지금 당장부터 망하기 시작하는데 어떻게 해야 되느냐는 거죠.

26년 째 지방자치를 했는데 모든 권한을 중앙에서 다 쥐고 있어요. 그래서 국회에 있을 때 제가 헌법 개정을 통해서 지방재정 분권을 어떻게 할 거냐며 국세를 지방세로 바꾸려고 노력했는데요. 문제는 아무리 바꾸고 지원을 해줘도 결국 다 수도권으로 간다는 거죠. 지금도 시방 소비세를 16%에서 21.1%로 올렸잖아요. 그런데 올려도 수도권은 배가 터지고 지방은, 강원도나 우리 같은 지역은 본전도 안 되는 거예요.

세목을 바꿔도 아무 소용이 없어요. 이미 운동장이 너무 많이 기울어졌어요. 이제는 중앙과 지방의 판을 바꿔야 돼요. 이 기울어진 운동장에서 뭘 조금씩 조금씩 바꿔봐야 효과가 없어요. 완전히 바꿔야 돼요.

지방에서 1년에 10만 명이 대학에 가려고 서울에 올라가요. 지방 대학을 졸업한 사람들이 1년에 10만 명이 또 수도권에 갑니다. 인재들이 대학에 가려고, 졸업한 이후에 직장을 찾아서 수도권으로 가는 거죠. 그런 청년들이 취직하고 결혼하고 집을 사야 되잖아요. 수도권에 집을 아무리 지어봐야 1년에 수십만 채 공급할 수 있냐는 거죠. 불가능한 일을 하고 있는 거예요.

지방 균형발전을 안 하고는 더 이상 대한민국 발전이 어렵다고 봅니다. 그렇기 때문에 이 제도를 완전히 바꿔야 되지 그냥 조금씩 조금씩 바꾸는 것은 안 됩니다.

▬ 사회 : 어떻게 바꿀 거냐가 문제 아니겠어요.

▬ 이철우 : 우선 굉장히 중요한 게 재정이잖아요. 재정을 중앙에서 쥐고 전부 공모하듯이 하고는 밤 놔라 대추 놔라 다 지정해 주는 거예요.

그러니까 우리나라 지방자치단체장을 뽑은 지가 26년 됐고 지방의회부터 따지면 30년이 됐는데 어느 지방자치단체가 일 잘했다고 빛나는 사람이 있나요. 30년 동안 스타가 어디 있다고 하나요. 왜냐면 전부 똑같은 잣대로 갖다 대니까요.

결국은 일을 잘해서 스타가 되는 게 아니고 말로 스타가 되는 거죠. 일을 잘하고 판을 바꾸고 이런 건 불가능한 이야기를 하는 거예요.

▬ 사회 : 현장에서 느끼는 수도권과 지방 격차 등 불균형의 현주소를 말씀해 주세요.

▬ 이철우 : 현재 경북 인구가 263만 명인데요. 1949년만 해도 321만 명으로 전국 1위였죠. 1970년에 서울에 역전된 후 빠르게 추락했어요. 지방자치 30년간 선거 밖에 바뀐 게 없어요. 재정 분권도 소비 지수를 근거로 하니 운동장은 더 기울어지고 빈익빈부익부는 더 심해졌죠. 지방소득세 인상 등은 또 다른 불균형을 만들어냈어요.

수도권 주요사립대가 10년 넘게 2만 명 수준의 학부생 규모를 유지하고 있어요. 미국 하버드대나 예일대가 6000명 수준이고 일본 동경대가 1만 4000명 정도인 것을 고려하면 지방대학으로 갈 학생들을 빨아들이는 블랙홀을 유도하고 있다고 할 수 있습니다.

그러다보니 대한민국은 수도권 공화국이 됐어요. 전국 45개 상급종합병원 중 21개가 수도권에 집중돼 있고 경북은 전무합니다. 국내대학 신입생 미충원 인원 4만586명 중 75%가 비수도권이고요. 산학협력단 보조금의 72.3%가 수도권 대학에 집중되고 있죠.

지방대 위기는 지역경제의 위기이고 지방소멸의 경고음입니다. 지원은 지방대부터, 정원감축은 수도권 중심으로 정책흐름을 바꿔야 합니다.

▬ 최문순 : 강원도 인구는 2000년부터 153만 명 내외로 큰 변동이 없지만 유소년층과 생산가능인구는 줄어들어요. 전출자보다 전입자가 많아 인구는 늘어나더라도 20대 연령층은 순유출이 지속되고 있고요. 이런 인구구조의 왜곡은 저성장으로 이어지고요. 지역경기 침체와 지역소멸 위기로 연결되지요. 20~30대 연령층이 수도권으로 지속적으로 나가는 것은 일자리 교육 문화 생활 인프라 격차 탓이에요. 수도권과 지방의 불균형 때문이지요. 대학진학과 구직활동을 위해 서울로 올라가는 상경자의 90%가 20대입니다. 전국 1000대 기업 중 강원도 입주기업은 4개뿐이거든요. 매출액 비중으로 보면 0.1%에 불과해요. 전국 17개 시도 중 병원접근성은 최하권이고요.

그동안 정부는 수도권 집중 억제와 지역불균형 완화 정책들을 다양하게 수행해왔지만 시간이 지날수록 지역 불균형 현상은 더욱 심화되고 있어요. 국가균형발전을 위한 '국가균형발전 프로젝트'를 통해 예타(예비타당성조사) 면제나 지역균형 뉴딜, 초광역 협력 프로젝트 등을 추진 중에 있는데 기업 일자리 연구개발 등에 대한 투자가 수도권에 집중되다보니 결국 지역 간 격차만 더욱 심화됐죠. 수도권을 위한 정부의 광역전철과 신도시 건설 추진은 지역 경쟁력을 더욱 약화시키고 공공기관 추가 이전도 지지부진한 상황입니다.

강원도는 지역 간 발전격차 심화, 불균형 양상의 지속, 낙후지역 도민들의 정책 소외의식 확산, 저출산 · 고령화 등 인구감소와 맞물려 지역소멸의 고위험 단계로 접어들었습니다. 수도권과 지방 격차뿐만 아니라 도내 3대 도시인 춘천 · 원주 · 강릉과 15개 시군의 불균형 양상도 두드러지고 있습니다.

▬ 사회 : 지방정부가 예산이나 조례 제정 등에서 제대로 독립되지 못해 실질적인 지방자치가 어렵다는 지적도 있습니다. 균형발전, 분권이 어려운 직접적인 원인은 무엇인가요.

▬ 이철우 : 32년 만에 지방자치법이 전부 개정됐어요. 의원시절이었던 2012년에 최초 발의한 중앙지방협력회의도 신설됐고요. 제 2의 국무회의가 기대됩니다. 자치경찰제, 지방일괄이양법 신설도 성과라고 할 수 있지요.

하지만 한계가 뚜렷합니다. 주민 권리 제한, 의무 부과, 벌칙 규정에 있어서는 지방정부에 법률위임이 필요합니다. 재정분권으로 지방세 비율이 8대2에서 7대3으로 올리겠다는 약속이 아직 지켜지지 않고 있죠. 1, 2단계 재정분권을 달성해도 국세와 지방세 비율은 7.26대 2.74에 그칩니다. 중앙정부가 이렇게 여전히 돈줄을 쥐고 있게 되면 재정독립은 요원하다고 할 수 있어요.

■ 사회 : 정부에서는 나름대로 진전된 정책들을 내놓고 있지만 지방분권으로 가는 데는 많은 한계가 노출된 것 같습니다. 이런 한계를 넘어설 방법은 어떤 게 있을까요.

■ 이철우 : 근본적인 제도와 의식 개혁이 필요합니다. 지방분권형 개헌으로 지자체를 지방정부로 바꾸고 중앙-지방간 권한을 배분해야 합니다. 조례 제정범위를 확대해 자치입법권을 줘야 하고요. 조직통제를 해소해서 자치조직권도 강화해줘야 해요. 중앙의 포괄 과세 이후엔 인구 면적 등을 감안해 지방에 재정을 배분해서 자치재정권을 강화해야 합니다. 이런 입법, 조직, 재정의 권한이 확실하게 지방에 옮겨와야 해요.

과감하게 지방에 이양해 중앙-지자체간 윈-윈하는 사례를 만들고 확산시킬 필요도 있고요.

지방분권형 개헌을 통해 대통령 권력을 분산하고 다극체제로 전환해야 합니다. 지역을 대표하는 상원제를 도입할 필요가 있어요. 지방에 영향을 미치는 정책에 대한 관심도와 영향력을 강화하는 거죠.

■ 최문순 : 일자리 창출, 청년인구 유입 등 맞춤형 정책 발굴을 통해 지역사회 활력이 떨어지는 악순환을 해소하는 데도 주력해야 합니다.

지역사업에 대한 예비타당성조사 면제라든가 공공기관 추가이전, 지역균형 뉴딜 등 정부의 강력한 추진의지와 실행력을 보여줄 수 있는 균형발전정책도 적극적으로 추진해야 합니다.

강력한 재정분권으로 지역특성에 맞는 자주적 정책을 추진할 수 있게 해야 합니다. 지방세 비율을 단계적으로 확대하고 지방재정을 확충할 필요가 있어요. 지방재정 자립기반 구축을 위한 구조적 개혁도 필요하고요.

지역 스스로 권한과 책임 아래 주민이 원하는, 지역특성에 맞는 정책을 실현하는 것이 자치분권의 핵심가치라고 할 수 있습니다. 자치분권과 균형

발전은 불가분의 관계인거죠. 분권이야말로 수도권에 집중된 인구가 지방으로 이동될 수 있는 토대인거고요. 중앙의 권한과 재정의 지방이양, 지방의 자립노력들이 지방분권과 균형발전 실현을 앞당기는 지름길입니다.

━ 사회 : 기획재정부, 행정안전부 등 기존 중앙관료들의 기득권 지키기에서 분권 부진의 원인을 찾는 시각도 있습니다. 청와대, 국회 등도 겉으로는 분권을 말하지만 실제로는 속도가 느린 것 같습니다. 어떤 걸림돌이 있습니까.

━ 이철우 : 지방분권 진전에는 중앙정부 중심의 패러다임을 전환하는 게 필수적입니다. 중앙부처는 지방분권을 중앙부처의 권한과 조직을 축소하는 것으로 받아들여서 소극적으로 대응하죠. 또 입법, 조직, 재정을 통한 지방통제 관행에 익숙해 있어서 권한 이양도 그리 탐탁지 않게 생각해요.

지방비 부담 규모나 기존 인프라 등 공모사업을 가지고 지자체 줄 세우기가 조장되기도 하죠. 도지사 3년 동안 중앙부처 과장에게 부탁하고 인사하기 바빴어요.

현 정부도 '연방제 버금가는 강력한 지방분권'을 천명했지만 크게 바뀐 건 없었어요. 모든 것 다 가진 제왕적 대통령제에서는 쉽게 놓기 어렵겠죠. 수도권 위주로 구성돼 있는 국회는 정책입안이나 결정과정에서 수도권 중심으로 결정하고 있어요. 지역구 국회의원 253명 중 수도권이 48%인 122명이에요. 인구비례로 국회의원수를 정하기 때문이죠. 지방분권을 어렵게 하는 걸림돌이에요.

━ 최문순 : 문재인정부가 역대 어느 정부보다 강도 높은 자지분권 정책을 추진하고 있는 것은 사실입니다. 지방자치법 전부개정, 자치경찰제 시행, 지방이양일괄법 제정, 재정분권 등이죠. 하지만 수도권과 지방의 불균

형 문제는 여전해요.

중앙과 지방 또 지방간 재정불균형 문제가 지방분권과 균형발전을 저해하고 있어요. 정부의 재정분권 추진에도 불구하고 지방정부의 재정자립도는 지속적으로 떨어지고 있죠. 2021년 전국 평균 재정자립도는 48.7%로 처음으로 50% 밑으로 떨어졌고요. 강원도 역시 28.3%로 최저수준으로 내려갔어요. 중앙정부의 재정지원에 지방정부 의존도가 매우 높은 상황이라고 할 수 있는 거죠.

사회 : 내년에 출범하는 새로운 정부에서는 어떤 발전전략에 중점을 둬야 할까요.

이철우 : 안으로는 각종 갈등을 해소해 국민대통합을 이뤄내야 해요. 밖으로는 영민한 외교정책으로 위협요인을 줄이고 선진국의 위상을 세워야 합니다. 내부 갈등에 지나치게 매몰돼 위기상황을 인식하지 못하는 경향이 있어요.

또 지방정부를 국정 파트너로 생각할 필요가 있는데요. 국민 대통합을 위해서는 지역간 격차를 해소해야 합니다. 지방정부의 적극적인 역할이 필요한 거죠. 외교에서도 지방정부의 역할을 확대해야 하는데요. 특히 경북 새마을세계화 사업 등 지방과 협력할 수 있는 사업은 과감히 지원할 필요가 있어요.

성장동력이 필요한데요. 지방이 주도하는 분권시대는 새로운 성장엔진이 될 겁니다. 지방정부를 통합해 500만 이상의 경제권을 만들어야 합니다. 그래야 세계적인 도시권과 경쟁할 수 있어요. 특별법을 만들어 광역행정을 통합 지원하는 지방분권 전략이 필요합니다. 지역 커뮤니티나 주요 산업과 연계해 청년들이 굳이 서울로 가지 않아도 꿈을 펼칠 수 있는 공간을 마련해야 해요.

▬ 사회 : 내년 3월 9일에 대선이 예정돼 있고 6월 1일엔 전국동시지방 선거가 있습니다. 차기 정부가 지방 분권, 국토 균형발전 차원에서 염두에 둬야 할 과제나 정책을 말씀해 주세요.

▬ 이철우 : 재정을 인구 비례, 땅의 넓이 비례해서 통(총액)으로 줘야 돼요. 어디에 얼마, 어디에 얼마 이렇게 하지 말고 총액으로 주는 거죠. 중앙에서 5조원이나 6조원 내려 보내려면 그냥 총액으로 주고 알아서 쓰라고 하면 되는 거예요. 전권을 줘야 해요. 그러면 각종 아이디어들이 나와서 대한민국 곳곳이 발전돼 있을 텐데 이것을 똑같은 잣대로 보고 있거든요. 저거 안 돼, 이거 안 돼 하면서 통제를 계속하는 거예요.

그 다음은 법이에요. 우리가 조례 제정을 못 하게 되어 있어요. 지금 미국(주)은 법을 제정해요. 미국과 우리를 다르게 만드는 차이죠. 그 도에 미치는 영향을 고려해 법을 뛰어넘을 수 있는 조례를 제정할 수 있도록 만들어 줘야 하는데 이게 헌법 사항이잖아요. 현재는 이 상태로 갈 수밖에 없죠.

또 지방자치단체장이 도지사나 장관, 총리를 했던 사람이 되더라도 급수가 차관급으로 돼 있어요. 돈(급여)으로 묶어놨어요. 행정안전부 장관이 (광역지자체장보다) 자신이 더 높은 줄 알아요. 이걸 없애야 돼요. 어느 나라도 그런 곳이 없어요. 급수는 없는 거예요. 형편에 따라서 하는 거죠. 지방에서 도지사가 선출직인데 무슨 급수가 있어요.

중앙정부가 지자체장을 밑에 있는 사람처럼 생각을 해요. 부지사를 파견해 놓고는 부지사 급수를 1급을 하면서 광역단체장을 보위하라 이런 식이죠. 미국 같은 데가 그렇게 하면 난리가 납니다.

코로나 예방 같은 것도 마찬가지입니다. 미국 같으면 도지사가 자율적으로 해요. 회의에서 이것을 전부 풀어달라고 했어요. '군 단위는 풀어라'는 거였죠. '시골에 가면 4명 만나기 어렵다' 하는 데도 밥도 못 먹게 한 거죠. 이게 말이 되냐고요. 왜 우리는 자꾸 가로막느냐는 거죠.

자율권을 줘야 해요. 인사부터요. 행안부가 자율권을 줘야 하는데 일 좀 하려고 '과' 하나 만드는 것도 중앙에서 안 된다고 하고 부이사관 자리 하나 만들려고 해도 중앙에서 안 된다고 해요. 총액으로 나눠 주면 그 안에서 도지사가 5명을 쓰든, 한 명을 쓰든 자율권을 줘야 하는 거예요.

▬ 최문순 : 저는 개헌까지 가야 된다고 생각해요. 양원제를 포함해서 나라의 틀을 바꿔버려야 분권이 가능하다고 보고 워낙 나라의 틀 자체가 IMF 이후에 속도, 평등이라는 개념이 깨진 구조로 됐죠. 양원제까지 갔으면 좋겠다는 생각이에요.

미국 같은 데는 '지역 재투자법'이라는 것이 있어요. 캘리포니아에서 생긴 돈은 캘리포니아를 벗어나지 못하게 돼 있습니다. 우리는 싹 다 중앙으로 빨려 들어가게 되죠. 강원도에는 지역 은행도 없습니다. 그냥 돈 모아서 대기업들한테 대출하는 방식으로 돼 있고 지역의 소상공인들은 더 높은 이율로 써야 해요. 금융에서부터 정치 경제 교육 문화 다 이렇게 돼 있죠. 그러니까 큰 틀의 변화를 하지 않으면 다음 대통령도 누가 되든 이 문제를 벗어날 수 없는 겁니다. 고급 인력들이 다 중앙에 빨려 들어가죠. 집값 못 잡고요.

▬ 이철우 : 조금 더 부연하면요. 17개 시도가 중앙정부와 대화를 한다고 하면 말이 안 돼요. 싸움 자체가 안 되게 되어 있어요. 시도를 통합해야 돼요. 서울 경기 인천 등 수도권은 그대로 두더라도 부울경, TK, 충청도·전라도는 각각 합치고 강원도, 제주도는 특별도로 하고요.

앞으로는 아이디어 산업이 핵심이죠. 아이디어 없으면 4차 산업은 죽는 거예요. 그런데 이대로 놔두면 대학이 벚꽃 피는 순서대로 망한다고 하잖아요. 대학 정원이 55만 명인데 학생은 27만 명이에요. 모두 대학을 가도 반밖에 안 차요. 이것을 어떻게 할 거냐는 거죠. 이 틀을 바꿔서 자체 내에서 아이디어를 낼 수 있는 대학을 살려야 돼요.

제일 좋은 방안은 대학이 스스로 지방으로 가도록 만들어야 돼요. 연세대와 경북대 합치면 현재 연세대 부지 30만평에 집 짓도록 해주는 거죠. (용도를) 풀어주면 15조~20조원정도 되고 이 중 5조~6조원으로 대학을 잘 지으면 세계적인 대학을 만들 수 있어요.

서울대도 마찬가지예요. 내려가라는 거죠. 한전이 2만 5000평을 10조원에 팔았잖아요. 서울대는 57만 평이죠. 수십조 원을 같은 방식으로 하는 거죠. 이걸 가지고 지방에서 수십조 원짜리 대학을 지으면 세계적인 대학을 만들 수 있어요. 최신식 장비로 정말 멋진 대학을 짓고 100퍼센트 기숙사에 들어가게 하고 외국 대학생들 다 장학생으로 받을 수 있고요. 외국 교수, 천재들 다 볼 수 있어요. 서울대가 완전히 달라집니다. 맨날 앉아서 조금씩 바꾸면 안돼요. 이런 정책들로 확 바꿔야 해요. 과감하고 혁신적인 변화가 필요해요.

▬ 사회 : 좋은 일자리로 구별되는 공공기관 지방이전 원칙도 중요한 부분이 될 것 같은데요.

▬ 이철우 : 공공기관만 옮겨서는 한계가 있어요. 수도권에 남아있는 기관을 지방에 나눠준다는 '시즌2' 개념은 실질적인 효과를 보기 어려워요. 지방에서 보면 이런 방식은 항아리에 가득 찬 얼음물에 더운 물 한 숟가락 붓는 수준이에요. 혁신도시를 통한 지역 성장거점을 구축해야 합니다. 그러려면 공공기관, 대학, 연구소, 기업이 연계되는 생태계를 만들어줘야 합니다.

또 3권 분립 개념을 토대로 법원, 공영방송, 언론, 대학, 연구소 등 파격적 이전이 필요하고요. 파급력이 있는 기관을 지방으로 분산시켜서 진짜 성장 거점을 만들어야 지방분권이 가능해집니다. 또 이전 지역을 보면 이미 수도권화돼 있는 지역보다는 경북 강원 전남 등 지방소멸 위기에 처한 지역을 우선적으로 배려해야 합니다.

▬ 사회 : 분권형 메가시티를 하나의 대안으로 보는 것 같은데요.

▬ 이철우 : 이명박정부는 5+2 광역경제권, 박근혜정부는 시군구를 연계한 생활권 중심 정책을 추진한 바 있죠. 하지만 이 정책들은 정부 주도의 획일적 방식이었어요.

대구 · 경북의 경제통합위원회, 한뿌리 상생위원회와 부울경의 동남권 광역경제 발전위, 동남권 상생발전 협의회 등은 지방주도로 이뤄진 협력사업인데 강제력이 없다보니 또 한계에 봉착했어요.

그래서 글로벌 경쟁력을 확보하고 수도권 1극체제를 극복하기 위해서는 지역주도의 초광역협력 '행정통합'에 대한 구체적인 지원방안이 제시돼야 합니다. 올 10월 국가적으로 의제화돼 관계부처에서 내놓은 '초광역협력 지원전략'이 있는데요. 초광역협력 법적근거나 교통 · 산업 · 인재 등 분야별로 특별지자체 행정통합 등 단계별 지원방안이 들어가 있죠. 하지만 광역지자체간 행정통합에 대한 구체적인 지원방안은 빠졌어요.

▬ 최문순 : 메가시티로 대표되는 지역 간 초광역 협력은 수도권 일극체제 극복에 효과적이라고 봅니다. 수도권의 주거와 교통 문제가 가속화하고 비수도권 지역의 인구문제 등으로 지역 위기 대응을 위한 지역주도의 연계협력 전략이 부각되고 있는 건데요. 부울경 동남권 메가시티나 광주전남, 대구경북 등에서 추진하고 있어요. 지방자치법 개정으로 특별지방자치단체 설립이 가능해졌고 범정부차원에서 초광역 협력 사업 지원을 위해 노력하

고 있는 것도 잘 알고 있습니다.

하지만 강원이나 전북, 제주 등은 메가시티 추진이 다소 어려운 지역입니다. 특히 강원도는 지리적, 문화적으로 다른 지자체와의 초광역 협력이 현실적으로 쉽지 않습니다. 강원도는 그동안 안보와 경제발전을 위해 많은 희생을 감내해왔는데요. 이런 흐름 속에서 더욱 소외되지 않을까 하는 위기감도 느껴집니다. 또 어려운 상황에서도 한반도 평화 프로세스의 중심이 되기 위해 강원 특별자치도를 지속적으로 추진하고 있는데요. 이처럼 지역 특성에 맞는 발전 전략에 대해 중앙정부 차원에서의 지원이 필요합니다.

▬ 사회 : 중앙정부의 역할 뿐만 아니라 지방정부의 역할도 중요해 보이는데요. 6.1 지방선거에서 당선될 광역단체장이 챙겨야 할 지방정부의 역할과 시대정신은 무엇일까요.

▬ 이철우 : 모든 지방정부가 인구감소를 막고 지역의 새로운 성장동력을 마련하기 위해 안간힘을 쓰고 있습니다. 중앙정부는 많은 시책들을 공모방식으로 추진해 지방정부간 과당경쟁으로 자원소모가 매우 큽니다.

광역단체장은 타 지방정부와의 연대와 협력을 통한 윈윈전략을 마련해야 합니다. 지역사회의 지속가능성을 높일 수 있는 네트워크가 필요한 거죠. 경북도와 강원도는 동해안 자원을 공유해 동해안 시대를 같이 열어야 합니다. 서남해안에 비해 상대적으로 낙후된 동해안을 새롭게 개발해야 하는 거죠. 경북 북부와 강원 남부의 충분한 산림자원을 중심으로 탄소중립시대를 선도할 수 있을 것으로 기대됩니다.

지방도 양극화가 주요 문제인데요. 대면 근로 위주인 저소득층과 소상공인이 코로나19 장기화와 부동산 폭등에 따른 경제피해가 집중되고 있습니다. 경제적 측면을 넘어 장기간 사회적 부담으로 작용해 갈등과 후유증이 오래갈 것으로 예상됩니다. 현장 목소리를 바탕으로 민생경제를 견인하기 위한 적극적인 행보가 필요합니다.

차기 지방정부의 리더십은 국가발전을 주도하겠다는 적극성을 가져야 합니다. 중앙정부의 시책을 받아 수행하고 행정서비스를 제공하는 정도로 한정해선 안돼요. 저출산, 저성장 등 국가의 구조적인 문제에 대해서도 지방정부가 선도적인 전략을 구상해 지방정부가 기획하고 추진해야 해요.

세상이 다변화되고 복잡해지고 있어요. 전통적 방식으로는 이런 문제를 해결하기 어렵죠. 지방정부는 대학 기업 지역주민 등 다양한 지역혁신 주체와 함께 해야 하고 권한과 재정을 분산해 도정과 함께 참여하는 협치 모델로 전환해야 합니다.

경북은 연구중심 혁신도정을 추진합니다. 전문가들의 아이디어를 새로운 사업으로 만들기 위한 넷북연구단 33개를 운영하고 있습니다. 도 산하 공공기관, 대학 및 기업과 공동사업, 인사교류, 공동운영도 추진하고 있어요.

우리나라 문화가 앞으로 10~20년간 세계적인 영향력을 확장할 것으로 기대되는 데요. 지방정부는 이 기회요인을 부가가치로 연결하도록 준비해야 합니다. 경북은 문화콘텐츠와 관광산업에 대한 투자를 확장해 청년들이 좋아하는 창의적 일자리를 만들려고 합니다. 경북은 세계유산을 5건이나 확보하고 있어요. 전국에서 가장 많지요. 동해안 백두대간 낙동강 등 수려한 자연환경 등 높은 수준의 문화관광 자원도 가지고 있어요. 또 역사자원도 풍부해요. 영화, 드라마 등 각종 콘텐츠도 만들 수 있지요. 최근에는 메타버스 시대 한글문화 콘텐츠를 생산하기도 했어요.

▬ 최문순 : 강원도가 시도한 정책들이 있습니다. 정부의 국가균형발전 사업 추진과 별도로 강원도 지역균형 발전 지원조례를 만들었어요. 기본계획을 수립하고 2021년부터 순수 자주재원인 도비를 투입해 균형발전특별회

계를 설치했고요. 삶의 질 향상, 생활 SOC 확충, 인구감소와 지역소멸 대응 등 시범사업을 추진하고 있어요.

국가균형발전은 청년들이 학교나 일자리를 찾아 수도권으로 가지 않고 태어나 살던 곳에서 취직하고 결혼해 아이를 낳아 기를 수 있는 그런 나라를 만들자는 거잖아요. 인구감소와 지역소멸 위기, 저출산 · 고령화 문제, 청년실업과 일자리 등 사회적 문제는 지역이 골고루 잘사는 균형 잡힌 대한민국이 될 때 해결이 가능합니다.

강원도는 과거 한반도의 중심이었죠. 인적, 물적 교류의 중추적 역할을 담당했어요. 하지만 아직 전쟁의 상흔이 남아있고 남북으로 분단돼 있어 한반도의 축소판이거든요. 이런 지리적 여건을 극복하려고 교통망 확대에 노력했어요. 철도, 도로 등 새로운 대형 교통 SOC로 사람, 기술, 자본이 들어왔고요. 이를 토대로 물류 유통도 활발해졌죠. 강원도 성장의 견인차 역할을 한 거고요.

한반도 평화정책의 물꼬를 트기 위해서도 힘을 보탰어요. 변방, 맹지에서 벗어나기 위해 진취적인 자세로 남북관계를 통한 발전을 고려한 거죠. 경색된 남북관계로 어려움이 있지만 평창 동계올림픽을 성공적으로 치른 자신감이 있고 이를 바탕으로 '2024 강원 동계 청소년올림픽'을 남북 공동으로 개최하는 방안을 추진하고 있어요. 한반도 평화프로세스를 다시 한 번 시작하는 거죠.

분단과 냉전체제 속에서 각종 규제와 불이익을 받아왔던 강원도가 세계 유일 분단도로 자치분권 2.0시대, 남북교류 협력과 관련한 특별지위 권한을 부여받아 한반도 평화정착과 공동번영 기반을 조성하는 데 앞장서야 합니다.

5부

특별대담

시대를 살피다 '대한국민'을 말하다

특별대담

시대를 살피다. '대한국민'을 말하다

장명국 내일신문 대표이사(발행인) · 조선민족대동단기념사업회 회장
대담 _ **김종필** 내일신문 이사

- '유권자(주권자) 운동'의 실천과 지향
- 주거복지, 부동산문제 해법을 밝힌다
- 대통령 선거와 전국동시지방선거의 핵심 키워드와 시대정신
- 내일신문의 '사원주주시스템에 기반한 자주관리경영'을 말한다
- '조선민족대동단' 재정립의 필요성과 역사적 의의
- 2030 청년세대에게 전하는 조언

김종필 : 정치와 국가라는 공동체를 볼 때 권력, 후보자(정당) 중심이 아니라 유권자, 주권자 중심으로 보는 시각이 필요합니다. 평소 강조하셨던 유권자운동의 시각에 대해 신념이나 철학을 말씀해 주세요.

장명국 : 세상이 급변하고 있습니다. 이른바 국가 권력, 스테이트 파워의 시대이었습니다. 권력이라는 파워의 시대에서 봉사, 섬김의 의미인 서비스의 시대로 바뀌고 있죠. 검찰도 프라시큐션 서비스(Prosecution Service)라고 하고 국가정보원(National Intelligence Service)의 영어 표현에서도 서비스를 넣었죠. 왜냐하면 시대가 그걸 요구하기 때문이에요. 그렇게 안 바뀌면 조직이 해체될 수밖에 없으니까요. 생존을 위해서 그렇게 하는 거죠.

정치인은 정당을 통한 국민, 유권자의 대리인이죠. 다들 바쁘니까 대리인들을 통해서 하라는 거고 그래서 정당이 그리고 국회, 의회가 만들어진 거죠. 정당원들은 직접 가입을 합니다. 뽑힌 사람은 아니죠. 그러나 정당 가입할 때도 선정을 합니다. (입당이 완전히)자유롭지는 않아요.

우리 정치가, 현재 정당이 제 역할을 잘못한다는 얘기를 해요. 유권자운동이나 주권자운동은 이런 반성에서 부각되는 것 같습니다.

이 주권자운동이 제일 극명하게 표현되는 것은 엄마들의 모임인 맘카페입니다. 맘카페에서 정치적인 견해들을 많이 표출하고 있지요. 맘카페는 주로 20 · 30 · 40대 여성들이 들어와 있어요. 인터넷 디지털로 인해 사회가 바뀌면서 이러한 주부나 여성 생활인 모임들이 생겨난 거죠. 1980년대엔 대학 운동권이나 동이리 서클을 통해서 정치의식화가 됐어요. 그전에는 학회 같은 게 있었고요. 최근에는 학생이 아니라 일반인 누구나 생활인들이 정치적으로 선거 때 발현이 되면 이게 주권자운동의 하나의 싹들이라고 볼 수가 있습니다. 좀 더 이론적으로 본다면요. 이들은 생활인입니다. 거기에 건전한 상식을 가진 생활인들이 모임이나 사회를 통해 활동하고 있는 거죠. 옛날에 20~30대들이 학생운동을 통해서 정치에 참여를 했는데 그 사이 취업난 등 여러 가지 이유로 학습도 이념도 많이 붕괴됐어요. 하지만 이런 것들을 통해서 변화가 일어나면서 한동안 소강 상태였던 것들이 최근 들어서 한국사회에서 나타나기 시작했다고 볼 수 있어요.

이런 움직임이 나오기 전엔 지역신문들이 많이 만들어졌어요. 지역신문 역시 주권자운동의 한 표현이었죠. 1987년 6월항쟁 이후에 나타난 넓은 의미의 주권자운동의 하나로 역사적 형태라고 볼 수가 있습니다. 지금은 지역신문들이 경영의 어려움으로 인해서 어려워졌어요. 유튜브 같은 것으로 자기 의견을 표현하게 된 것도 역시 넓은 의미의 주권자운동이라는 생각이 듭니다.

지금은 일반 시민들의 비판의 질이 굉장히 높아졌죠. 민주주의는 잘 아시다시피 최선이 안 되면 차선을 추구하는 거죠. 지금 우리 사회가 차선이냐 차악이냐를 가지고 논쟁을 하고 있는데 저는 항상 불만이 있는 사람들은 차악이라고 그러고 보통 사람들은 차선을 말한다고 봅니다.

이번 20대 대선도 차선을 선택하는 거라고 생각해요. 유권자들마다 자기 마음에 안 드는 게 있죠. 하지만 보다는 나은 후보가 나왔다고 볼 수 있습니다.

▬ 김종필 : 많은 생활인들이 문재인정부 들어 부동산 문제로 고통을 받고 있습니다. 부동산 가격 폭등이 사회 양극화를 부추기는 역할을 하고 있습니다. 이번 대선에서 핵심적인 사안이 부동산 문제인데 어떻게 보시는지요.

▬ 장명국 : 생활인들의 최대 관심은 의식주예요. 의식주 중 가장 국가권력과 관계된 것은 물가하고 부동산인데요. 물가는 어느 정도 안정이 됐어

요. 올랐다 하더라도 3%, 높아야 5% 수준이지요.

하지만 이 부동산은 말이에요. 이게 국가권력이 '지목'을 결정합니다. 소위 말해서 가장 정책에 민감한 데가 이 부동산 문제라고 봐야 해요. 생활인들의 관심이 큰 이유죠.

옛날 봉건제는 귀족들, 부자들의 정치였죠. 그때는 의식주 생활이 별로 중요하지 않았어요. 부동산문제라는 게 없었죠. 땅 많이 갖고 풍요로운 자들이었으니까요. 그러니 권력 싸움만 했던 거죠. 그게 지금도 중요하죠. 그 시대에서 그냥 옮겨오는 시대예요.

파워에서 서비스 즉 섬김과 봉사로 가야 하는데 누가 봉사를 잘 할 거냐를 보는 지금은 과도기죠. 그래도 그 쪽으로 가고 있어요.

문재인정부가 촛불혁명 또는 촛불항쟁으로 등장해 기대가 컸어요. 국회에도 여당한테 180석 가까운 의석을 줬죠. 하지만 부동산 문제를 해결하지 못했어요. 가만히 있으면 중간이라도 하는데 26번이나 대책을 냈어도 할 때마다 나빠져요. 그러니까 아무리 선의라 해도 소위 나쁘게 말하면 촛불항쟁을 물 말아 먹은 것이라는 표현이 나오는 거예요.

부동산문제는 아까 말한 맘카페를 비롯한 생활인들한테는 아주 직결되는 문제죠. 특히 20대와 30대에게는 말이죠. 그래서 정당도 바뀌었어요. 한나라당의 후신인 국민의힘에 이준석 같은 30대가 대표로 뽑힌 거죠. 세상의 변화를 단적으로 표현한 것입니다. 뿐만 아니라 국민의힘에서는 다선 의원 등 8명이 대선에 도전했는데 4명이 떨어지고 최종 결선에 4명이 남았어요. 경기고를 나온 엘리트가 무너지는 거죠. 그중에서 국회의원 한 번도 안 한 사람이 후보가 됐어요. 정치 초년생이 말이에요.

동시에 민주당에서도 비슷한 현상이 나타나고 있어요. 청와대와 멀수록 당선 가능성이 높아지는 거죠. 이낙연 후보나 정세균 후보 입장에서는 잘 이해가 안 되는 거죠. 권력이나 파워로부터 멀고 가장 서비스를 잘 하는 사람, 그 사람들을 선택하는 것이 바로 유권자운동입니다.

주도하는 생활인, 건전한 상식을 가진 사람들에게 가장 절실한 한국사회의 문제는 의식주 중 주거 문제이고 이게 핵심이에요. 그것이 이번 대선과 지방선거에서 핵심 의제로 등장할 겁니다.

▬ 김종필 : 문재인정부는 공급을 잘못 예측한 측면이 있습니다. 많은 부동산 대책들이 실효를 거두지 못했어요. 어떤 부분에 문제가 있었을까요. 부동산 문제의 해법은 무엇인가요.

▬ 장명국 : 아주 쉬워요. 부동산 문제는 두 가지로 이뤄져 있어요. 하나는 토지와 건물입니다. 부동산은 전체가 아니라 주거 문제로만 한정해서 보는 것이 이해하기가 쉽습니다.

리조트 만드는 부동산이 아니죠. 국민의 입장, 생활인들의 입장에서 주택은 주거복지에서 출발합니다. 주거복지는 땅과 건물이에요. 생활인들 특히 서민들의 입장에서는 내 집 한 채를 갖고 싶어 해요. 임대주택보다도 내 집 한 채 마련하겠다는 거예요. 왜냐면 노후가 기다리고 있기 때문이죠. 공무원연금을 가진 사람은 노후생활이 어느 정도 보장되지만 공무원이 아닌 사람(물론 공무원까지도 그런 경우도 있지만요)은 노후생활이 보장되지 않죠. 공무원연금과 보통 사람들의 국민연금은 두 배 차이가 나요. 그걸 어디서 메울 거냐가 관건인데요. 주택비용이 문제죠. 주택비용이 들어가지 않게 하는 방법은 자기 집을 마련하는 거예요. 그리고 그 집은 빚이 없어야 되죠.

왜? 노령화 사회니까요. 우리나라 노령화가 빠르게 진행되고 있고 자녀가 노인을, 자기 부모를 케어 할 수가 없는 상황인거죠. 이 부분에 대해서는 따지지 맙시다. 도덕적이고 문화적 문제 이런 거지요.

모든 노인들이나 중년들의 목표는 또 젊은이들의 목표는 다 자기 집 한 채를 갖겠다는 것이라는 점도 간과해선 안돼요. 그 원인은 연금에서 나온 겁니다. 서구는 상대적으로 임대주택을 가지고 있어도 되는 게 연금이 평준화 돼 있죠. 노후 생활이 상대적으로 우리보다 나아요. 우리나라 노인 빈곤율 1위, 자살률 1위가 그걸 나타내잖아요. 우리가 선진국에 들어갔지만 자살률의 핵심은 뭐예요. 노인이고 그것은 빈곤에서 온 것이죠. 외로움도 있지만 큰 게 빈곤이에요.

집 한 채를 마련하려고 보면 땅값과 건물값 중 건물값은 경제학에서는 노동생산물이죠. 사회가 발전하면 노동생산물의 가격은 떨어집니다. TV값이 떨어지는 것 처럼요. 그런데 토지는 국가권력이 가지고 있어요. 국가의 3대 요소가 국민 주권 그리고 영토잖아요. 이 영토를 가지고 정부가 지목을 지정하는 거죠. 이른바 녹지를 대지로, 대지를 아파트 지을 땅으로 바꾸는 거죠. 바꾸기만 하면 가격이 5~10배 뛥니다. 여기에 모든 핵심이 있는 겁니다. 아주 간단하죠.

이 땅값을 낮춰 줘야 돼요. 녹지를 대지로 만드는 땅값을 낮춰주면 됩니다. 그런데 그걸 높여서 욕을 먹는 거예요.

대지 공급을 많이 해야죠. 그것을 하는 곳이 국토부, LH 이런 데죠. 지목 변경은 중앙, 지방정부가 하는 거고요. 해결능력이 있으면 스타가 되는데 해결 못하면 아예 보통보다 못한 사람이 낫다고 하는 거죠. 몸담지 않은 사람이 최고죠. 여당에 해결할 능력이 있느냐 기대를 했는데, 못한 거예요. 거창한 얘기만 해요. 민주주의가 어떻고 평화가 어떻고. 구름 잡는 얘기 좀 그만하고 우리 집값 좀 안정시켜주세요 하니까 야당 때문에 못 하겠다 그러니까 180석 만들어 준 거 잖아요. 지자체 선거도 몰아 준 거고요. 그런데 더 부동산 값이 오른 거예요. 게임 끝이죠. 그런데 왜 그런지 진단도 못하고 있어요.

시멘트 가격은 싸지고요. 물론 에너지는 더 들 수 있지만요. 노동생산물은 크게 오르지 않아요. 그런데도 주택가격은 뛰는 거죠. 지방은 안 뛰어야 하는 데 도요. 지방소멸의 시대인데 또 뛰어요.

또 하나 문제는, 지금 여야가 다 비판받는 이유인데 뭐냐 면요. 가만히 보니까 국회의원이나 정치인들이 미래의 한국 재정이 구멍 날 것 같으니 이걸 보충하려고 부동산 값으로 세금 수입을 올리려는 것이라고 본다는 거죠. 적극적이든 소극적이든 모두 동조를 하는 거예요. 언론도 마찬가지고요. 모두가 욕을 먹는 시대인거죠. 다들 통탄합니다.

그러니까 젊은이들은 처음엔 부모를 욕할 수 있지요. 부모가 집을 안 사줬다고요. 그런데 그걸 욕할 수가 없잖아요. 그러니까 나라님을 욕하는 거죠. 그래서 나라님과 멀수록 좋고 대항하는 사람이 가장 인기가 있는 거예요. 스타가 된 거죠. 개인적인 흠 이런 것이 중요하지 않아요. 이 문제를 해결하면 되는 거예요.

부동산 해법은 쉽죠. 이 해법대로 하고 나면 나머지는 알아서 해요. 기업가들이 막 짓습니다. 공급이 늘어나면 가격은 떨어져요. 수요공급의 기본원리죠. 세금은 부차적인 거예요. 그런데 대통령한테 제대로 말을 못하죠. 왜냐면 인사권을 꽉 쥐었으니까요. 이 제왕적 대통령제의 핵심이 인사권을 자기 멋대로 하는 거 아니에요. 바른 말을 할 수가 없어요.

제가 이렇게 얘기를 했어요. 옛날에요. 지금 말고요. 도시화가 되면 군부대가 도시 근처에 있으면 안 된다는 거죠. 도시 근처에 탱크가 왔다 갔다 할 수 있을까요. 못 한다고요. 군부대를 조금 더 바깥쪽으로 빼고 그 곳을 싸게 공급하면 돼요. 또 지금은 좀 달라졌지만 IMF때 골프장이 안 됐어요. 이걸 정부가 싸게 사서 다 집 지으면 된다고 했죠.

그린벨트를 풀면 안돼요. 공기 나빠지고 물도 나빠져요. 그러면 안 되죠.

자연도 훼손되고 이미 다 버려놓은 골프장, 군부대를 활용하는 거죠. 위례 신도시가 그런 거죠. 특전사 옮겨서요. 엉뚱하게 태릉선수촌 옮기는 것 말고요. 군부대 많잖아요. 토지 공급을 싸게 만들어주라는 거죠. 그래서 LH공사 만든 거 아닌가요.

1인 1가구엔 세금을 낮춰야 돼요. 2가구 이상엔 높여야 되죠. 그런데 1인 1가구도 높이고 2가구도 높이고 다 높인 거죠. 그러니까 정치인이 욕을 먹은 거예요. 그 결과가 이번에 정치 가장 안 한 사람을 좋아하는 것으로 나타나요. 청와대에서 가장 먼 사람을 지지하는 거예요. 거기에 유권자운동과 맘카페가 있고 2030세대의 빠른 변화가 있는 거죠. 국민의힘에 대한 지지율이 높잖아요. 민주화를 앞장서던 운동권들이 많이 모여 있는 더불어민주당은 아직 진단도 제대로 못하고 있어요.

▬ 김종필 : 내년에 3월 9일 대통령 선거와 6월 1일 전국지방선거가 같은 해에 열립니다. 20년 만에 동시선거인데요. 국민들이 코로나19로 인해 많이 힘들어하고 있고, 미래 비전에 대한 요구도 있습니다. 내년 선거에서 유권자들의 관심이 집중될 사안은 무엇이고, 핵심 키워드는 무엇이라고 보시나요.

▬ 장명국 : 주거복지가 핵심이에요. 지금 집권 여당의 후보인 이재명 후보가 이 주택문제와 관련해서 깔끔하게 해결능력을 보여주면 당선될 수가 있죠. 그런데 지금은 불리합니다. 왜냐하면 집권여당의 후보이기 때문이죠. 구름 잡는 얘기는 그만하라고 하죠. 사람들이 요새 인터넷으로 정보를 빠르게 알아버려요.

우리 국민들이 경제가 선진국으로 들어가면서 생각도 서서히 바뀌고 있어요. 국민이 정치인보다 더 똑똑하죠. 선거 끝날 때마다 언론사 정치부 분석기사가 '역시 국민이 똑똑하다'잖아요. 내가 맨날 하는 얘기가 가장 모르는 사람이 구중궁궐에 있는 청와대, 두 번째 모르는 사람이 여의도 바닥이에요.

핵심 키워드는 주거복지인데 주거복지와 성장, 분배가 같이 움직여야 돼요. 주거복지 성장 분배가 어우러져서 잘 가면 좋겠다 이런 것이죠. 정치학자들은 이번 대선과 지방선거 시대정신을 '통합'이라고 할 거예요. 그러나 그것은 이론적인 것이고요. 구체성이 없어요. 제가 볼 때는 주거복지가 더 키워드라고 봐요.

▬ 김종필 : 내일신문이 1993년에 창간해서 28주년을 맞이했습니다. 내일신문 발전과정에서 경영적으로 견지한 핵심가치와 사회적으로 실현하고자 한 시대정신에 대해서도 말씀해 주시죠.

▬ 장명국 : 중앙일간지가 11개입니다. 내일신문이 가장 후발 주자죠. 매출액도 제일 작고요. 신문 산업은 사양산업이에요. 당연히 망해야죠. 그런데 내일신문이 왜 안 망할까요.

이유가 있어요. '자주관리경영'이죠. '자주관리경영'의 핵심은 '사원주주시스템'입니다. 주거복지가 기본이 되면서 성장과 분배가 잘 어우러지면 안정성을 확보할 수 있는 그것을 저는 아인슈타인이 얘기한 통일장이라고 생각합니다. 이 경영방식을 4차원 경영이라고 하는데요. 4차원 경영은 통일장을 만들어내는 통합으로 가는 원리죠. 통합을 만드는 키워드인 주거복지가 안 되면 양극화가 커져요. 그래서 '자주관리경영'은 4차원 경영의 하나의 모델이라고 할 수 있습니다.

모든 것이 투명해야 됩니다. 생활인들이 그걸 요구하고 있어요. 사원주주를 기반으로 경영을 할 때도, 마케팅을 할 때도 사원들의 요구가 투명이에요. 월급까지도 공개하라, 경영 지표를 매달 공개해라 그러죠. 대표이사 사장이 어떻게 하고 있는지도 공개하라고 합니다.

직원들이 주주가 안 되고 한 사람한테 권력이 모이면 그 권력자는 투명하게 하고 싶어 하지 않거든요. 감추고 싶어 하죠. 세상은 점점 더 정보화사회로 가고 있어요. 사람들이 다 똑똑하고 정보가 평준화돼 누가 잠시 거짓말을 해서 일시로 선동을 할 수는 있겠지만 금방 없어져요. 그러므로 포퓰리스트가 나올 수가 없죠. 투명해지면 사람들이 자기 직장이 지속가능할 수 있다, 자기가 주인이 돼야겠다하는, 아까 말한 주권자운동이나 참여운동이 나오는 거죠.

내일신문사가 28년 됐는데 가만히 보면 대체로 흐름이 (회사)주식을 가지고 있는 사람, 주식을 좀 더 사려고 하는 사람들은 이직을 고민하지 않습니다. 대개 문제를 일으키거나 떠난 사람들을 보면 주식이 적은 사람들이라는 게 특징적으로 더 보여요. 이런 사람은 비판을 많이 하지만 소위 새로운 것을 만들어내는 창조를 해내기가 어렵죠.

성장이라는 것은 창조하는 것입니다. 성장을 해서 분배하는 것이고 그 분배의 가운데에 사람이 있어요. 사람이 복지예요. 성장과 분배와 주거복지를 만들어내는 사람들이 누구냐, 창의적인 사람들이고요. 내일신문에서는 이런 창의적인 사람들을 만들려는 거죠. 창의적인 사람이 만들어지면 내일신문이 지속가능해지는 것이고 그것은 주주로서 참여할 때 창의성이 생길 수 있는 가능성이 커진다는 것을 입증하는 거죠. 물론 주주가 아니더라도 창의성이 있을 수 있어요. 열심히 일할 수 있죠. 다만 상대적으로 주주인 경우에 더 관심이 많지 않겠어요. 소위 말해서 열성파가 되는 거죠.

한 군데에서 한 분야를 오래 파면 전문가가 돼요. 그래서 사원주주시스템이 좋다고 보는 거예요. 물론 이게 만능은 아닙니다.

━━ 김종필 : '자주관리경영'이라는 시스템을 실현하기 위해 견지했던 방향과 방침을 설명해주세요. 현실에 뿌리를 내리려면 어떤 것들이 필요한가요.

━━ 장명국 : 프랑스 혁명이념은 자유 평등 박애인데요. 평등을 굉장히 강조하게 돼 있어요. 예외가 없어요. 그러나 자유를 기반으로 한 창의성, 소위 말해서 개성을 가진 창의성이 필요해요. 그것에 의해서 생산성을 높일 수 있는 거거든요. 성장의 동력이에요. 슘페터는 이것을 이노베이션이라고 했어요.

지금은 R&D 투자, 인력 투자가 중요하죠. 이게 돈만 가지고 되는 건 아닙니다. 자기의 관심과 여러 가지가 섞여서 그런 것을 할 수 있는 시스템으로 가는 데 그 이름을 '자주관리경영'이라고 하는 거예요. '자주'를 기반으로 '민주'를 중심으로 '통일'을 지향해 나간다는 겁니다.

민주는 여러 사람들이 모여서 쉽지 않죠. 자라온 환경이 다르죠. 여기서 가장 큰 걸림돌은 뭐냐면 권력지향적인 사람입니다. 자리를 차지하려고 하는 사람들이 항상 걸림돌로 작용하는 거죠. 그래서 파워맨들은 안 돼요. 소위 말해서 서비스맨들이 좋은 거죠.

내일신문이 '자주관리경영'을 해서 안 망하고 유지하고 있고요. 처음에 월급 50만 원, 연봉 600만 원으로 시작해서 지금은 직원 평균 연봉이 1억 원을 넘어가니까 소득도 많이 높아지면서 복지가 이뤄진 거죠. 주거복지가 생겼어요. 주주복지도 이뤄지고 있죠. 주주복지를 위해 매년 이익배당을 계속하고 있어요. 예외적으로 건물을 사려고 돈이 부족할 때만 배당을 조금 줄였고 나머지 때는 대체로 (액면가의) 20~30%씩 배당을 계속해 왔어요. 우리는 주거복지와 함께 더 나아가서 우리의 삶의 터전인 주주복지를 추구합니다.

▬ 김종필 : 조선민족대동단 기념사업회 회장을 맡고 계시는데요. 최근 '대동단 총재 김가진' 책을 내셨습니다. '조선민족대동단' 재정립의 필요성과 역사적 의의에 대해 소개해주세요.

▬ 장명국 : 우리 역사를 다시 한 번 해석해 봐야 될 때인 것 같아요. 구한말 때인데요. 이른바 위장척사파라고 해외를 배격한 거죠. 개화파의 반대쪽인데요. 조선민족대동단에 참가했던 주요 간부들은 개화파 입장에 서 있었어요. 위정척사파 쪽이 아니죠. 개혁 개방을 주장하는 거죠.

개혁개방의 방향도 중요할 텐데요. 중국을 따를 것이냐, 일본을 따를 것이냐죠. 상대적으로 개화파 사람들은 일본의 유신을 따르자는 쪽이었어요. 그중에 이완용 같은 사람은 친일파로 갔고요. 그리고 친일을 안 한 반일 개화파들의 모임이 조선민족대동단의 멤버들이었죠. 3.1운동 이후에 만들어진 지하 비밀조직이었어요. 대동단은 그 당시 제일 큰 조직으로 서훈 받은 사람만 80명 정도예요. 이런 것을 우리는 어릴 때 배우지 못했어요. 우리가 어릴 때 배운 독립운동은 상해임시정부와 만주 무장투쟁이었죠. 이승만은 미국에서 외교활동을 했고요.

국내에서는 대중들이 3.1운동을 펼쳤죠. 나중에 지하조직이 만들어진 거예요. 비록 실패를 했지만 큰 조직이 존재했었다는 사실은 한번 되새겨볼 필요가 있는 거죠. 이 지하조직의 총수가 동농 김가진이었고요. 결국 검거 선풍이 들어오니까 상해로 망명했죠. 상해임시정부에 참여해 공직(임시정부 및 김좌진 장군의 북로군정서 고문)을 맡게 된 것도 의미가 있어요.

상헤의 임시정부에 많은 문제점이 있었지만 우리 헌법 전문에는 3.1운동이 들어갔고 대한민국 임시정부도 들어갔죠. 당시엔 재정난이 컸어요. 이 재정난을 해결하는 데 많은 역할을 했던 게 대동단이었고 총재 김가진을 새롭게 평가하게 하는 대목이죠. 1846년생인 김가진 총재는 또 이승만 전 대통령을 많이 도왔어요. 이승만이 1875년생인데 공화정을 주장했고 그래서 고종으로부터 종신형, 즉 무기징역을 받게 됩니다. 김가진 총재가 그를 풀어주는 데 역할을 했던 것을 이승만이 자신 자서전인 독립정신 3판 서문에 넣었어요.

가족들의 증언에 의하면 고종으로도 하사받은 땅 1만 평이 종로구 경복궁역 청운동에 있었는데 이것이 동양척식주식회사로 넘어가게 됐고 아들 되는 분이 이승만한테 도움 요청을 보냈다는 거죠. 그것이 이번에 밝혀졌어요. 그 책에 실었습니다.

그런데 이 아들이 한독당 간부였어요. 실제로는 안 도와줬어요. 말은 도와준다고 하고 뒤로는 안 한 거죠. 이 분이 납북돼 북한에 있었어요. 김가진 총재의 묘소가 중국 만국공원 묘에 있어요. 그리고 며느리 묘소는 대전현충원에 있고요. 재미있는 요소도 있고 새롭게 해석한 것도 있어요.

━━ 김종필 : 우리나라 역사를 보면 새로운 해석, 새로운 발견들이 많은 것 같습니다. 다양한 시각과 다양한 견해가 존중받아야 할 것 같은데요. 2030세대들에게 전해 주고 싶은 말씀을 부탁드립니다.

━━ 장명국 : 우리가 식민지와 6.25전쟁을 거치면서도 선진국으로 들어갔던 결정적인 힘이 어디서 나왔느냐, 교육열도 있지만 국가의 입장에서는 헌법 전문에 세 가지를 언급하고 있어요.

첫째는 유구한 역사와 전통이죠. 중장년 세대의 경험과 지혜를 배웠으면 좋겠어요. 헌법 전문에 명시돼 있듯이 대한민국이 아니라 대한국민이에요. 유권자죠. 대한국민이 유권자운동을 하는 거죠. 이게 촛불입니다. 촛불집회에 여성도 많이 나오고 아이들 데리고 맘카페에서도 많이 나왔죠. 자주를 기반으로 민주를 통해 하나의 통일장을 만들어낸 겁니다. 중장년 세대의 경험을 토대로 하면서요.

그 다음은 자율과 조화를 기반으로 한 자유민주적 기본질서예요. 자유민주적 기본질서가 뭘까요. 폐쇄사회에서는 자유경제가 만들어질 수 없어요. 개혁개방을 해야 합니다. 세계로 나가야 하는 거죠.

세 번째로 우리 헌법에서는 기본적으로 개성과 자아 존중을 강조하죠.

유구한 역사와 전통, 자유, 자기만의 개성 등 이 3가지 교훈을 조화해야 집단 창의성을 발휘할 수 있어요. 경제만이 아닌 사회 전체가 선진국이 될 수 있는 거죠.

2030세대가 할 일이고 할 수 있다고 봅니다. 큰 흐름은 잘 가고 있어요. 1960년대보다 70년대가 낫고, 70년대보다 80년대가 나아요. 2020년대도 아주 좋은 시대로 가고 있지요. 희망찬 내일을 기대할만 합니다.

정치레시피 호모폴리티쿠스

초 판 1 쇄 2021년 12월 10일
2 쇄 2022년 1월 5일

지은이 김종필 박준규
펴낸이 장민환
발행처 석탑출판(주)
주 소 서울시 종로구 새문안로 3길 3, B3 (신문로 1가, 내일신문)
전 화 02-2287-2290 **팩 스** 02-2287-2291
이메일 seoktoppub@naver.com
디자인 디자인내일
인 쇄 프린피아

값 20,000원
ISBN 978-89-293-0446-1